Kirchen- und Theologiegeschichte in Quellen

Ein Arbeitsbuch

herausgegeben von
Heiko A. Oberman, Adolf Martin Ritter
und Hans-Walter Krumwiede

Band I
Alte Kirche

Alte Kirche

**Ausgewählt, übersetzt und kommentiert von
Adolf Martin Ritter**

2. Auflage 1982

Neukirchener Verlag

© 1977 – 2. Auflage 1982
Neukirchener Verlag des Erziehungsvereins GmbH, Neukirchen-Vluyn
Alle Rechte vorbehalten
Umschlagentwurf: Kurt Wolff, Düsseldorf
Gesamtherstellung: Breklumer Druckerei Manfred Siegel
Printed in Germany – ISBN 3-7887-0518-3

CIP-Kurztitelaufnahme der Deutschen Bibliothek

Kirchen- und Theologiegeschichte in Quellen:
e. Arbeitsbuch / hrsg. von Heiko A. Oberman . . . –
Neukirchen-Vluyn: Neukirchener Verlag
NE: Oberman, Heiko A. [Hrsg.]
Bd.I. Alte Kirche / ausgew., übers. u. kommentiert
von Adolf Martin Ritter. – 2. Aufl. – 1982.
   ISBN 3-7887-0518-3
NE: Ritter, Adolf Martin [Bearb.]

Vorwort der Herausgeber

Ziel der mit diesem Bande eröffneten Reihe »Kirchen- und Theologiegeschichte in Quellen« ist es, durch eine Quellensammlung für Haupt- und Überblicksvorlesungen sowie für das Selbststudium dem seit langem wohl dringendsten Desiderat des akademischen Unterrichts im Felde der Kirchen- und Theologiegeschichte abzuhelfen. Die in dieser Sammlung dargebotenen, zweckentsprechend eingeleiteten und erläuterten Quellenstücke aus Kirchen- und Profanhistorikern, aus Väter- und Philosophenschriften, Synodalakten, staatlichen Religionsgesetzen, kirchlichen Rechtsbüchern, Universitätsdisputationen und Bekenntnissen u. a. m. sollen den Benutzer in möglichst unmittelbaren Kontakt mit der jeweils behandelten Zeit und ihren wirkungsgeschichtlich relevantesten Phänomenen bringen. Dabei ermöglicht es die in aller Regel chronologische Anordnung der Texte, die einzelnen mit den Worten der Alten berichteten Ereignisse und Probleme in ihrem jeweiligen geschichtlichen Zusammenhang zu betrachten. Auch ist die Auswahl von der Absicht geleitet, Kirchengeschichte in der Vielfalt ihrer Aspekte zu Gesicht zu bringen und – beispielsweise – eine einseitig theologiegeschichtliche Orientierung zu vermeiden.

Daß im gegebenen Falle durchweg übersetzte Quellen geboten werden, unter Beifügung allerdings der wichtigsten Begriffe und Wendungen in der Originalsprache sowie solcher Passagen, die ernsthafte Verständnisprobleme bieten und bei denen daher der Rekurs auf den Urtext unumgänglich ist, ist unsererseits nicht nur als ein Entgegenkommen gegenüber künftigen Realschul- und Gymnasiallehrern als potentiellen Interessenten an unserem Quellenwerk gemeint; vielmehr soll es dem Tatbestand Rechnung tragen, daß auch bei Theologiestudenten mit dem Berufsziel Pfarrer ausreichende Sprachenkenntnisse immer weniger vorausgesetzt werden können. Nun aber ist es sicher besser, exemplarisch wichtige Texte der Vergangenheit in Übersetzung – als gar nicht zu kennen!

Der leichteren Benutzbarkeit unserer Sammlung dient auch die jedem Band beigegebene Aufschlüsselung durch mehrere Register.

Mit dem allen ist, wie wir zuversichtlich hoffen, ein praktisches Hilfsmittel zum Studium der Kirchen-, Dogmen- und Symbolgeschichte entstanden bzw. im Entstehen, ein »Lesebuch«, das ein farbiges Bild von den einzelnen Zeitaltern der Kirchen- und Theologiegeschichte vermittelt.

Ein Wort herzlichen Dankes zum Schluß! Es gilt zum einen den Fachkollegen, die uns auf verschiedenen Tagungen der Sektion Kirchengeschichte innerhalb der »Wissenschaftlichen Gesellschaft für Theologie« oder auch – auf unsere Anfrage hin – brieflich sowohl bei der Konzeption des Projektes im ganzen als auch bei den Textauswahlen im einzelnen beraten und durch ihre sachverständige Kritik sehr geholfen haben; die so erfahrene kollegiale Zusammenarbeit gehört gewiß zum Beglückendsten unserer Tätigkeit als Herausgeber und Bearbeiter dieser Sammlung und ihrer einzelnen Bände. Unser Dank gilt zum anderen dem Verlag, der das Wagnis der Publikation dieser Reihe, bei ansprechender Ausstattung der Bände und zu einem für Studenten als unseren Hauptadressaten noch erschwinglichen Preis, auf sich genommen hat.

H. A. Oberman   A. M. Ritter   H.-W. Krumwiede

Vorwort

Nach dem im Vorwort der Herausgeber Gesagten bleibt mir als dem Bearbeiter dieses ersten altkirchlichen Bandes nur noch übrig, den Kollegen namentlich zu danken, die sich die Mühe gemacht haben, in z. T. umfangreichen Stellungnahmen zu einem Entwurf meiner Textauswahl ihre Vorschläge zu unterbreiten. Es sind außer den Mitherausgebern die Herren Kollegen K. Beyschlag – Erlangen, H. von Campenhausen – Heidelberg, H. Karpp – Bonn, H. Kraft – Kiel, G. Ruhbach – Bethel, M. Tetz – Bochum sowie die auf der Tagung der Sektion Kirchengeschichte in Bethel im September 1975 anwesenden Patristiker B. Aland – Münster, M. Elze – Hamburg, G. May – München, R. Staats – Heidelberg. Besonders dankbar bin ich dafür, daß mich auch ein ausführliches Votum eines katholischen Kollegen, K. Suso Franks – Freiburg, erreicht hat, welches zeigte, daß eine Verständigung über die elementaren Vorgänge und Probleme der alten Kirchen- und Theologiegeschichte über die Konfessionsgrenzen hinweg ohne besondere Schwierigkeiten möglich ist, und vielleicht als Hinweis darauf zu nehmen ist, daß dieser Band für die Lehr- und Studienzwecke auch an katholisch-theologischen Fakultäten im deutschsprachigen Raum Verwendung finden kann.

Natürlich trage für die endgültige Auswahl der Quellen und die Textpräsentation ausschließlich ich die Verantwortung; wie ich mir auch dessen voll bewußt bin, daß die zahlreichen sich bei der Vorbereitung stellenden Probleme nicht auf einmal und nicht schon bei der ersten Auflage zu lösen waren. Darum bitte ich um weitere kritische Begleitung des Unternehmens seitens der Kollegen wie der studentischen Benutzer.

Göttingen, im Oktober 1976   Adolf Martin Ritter

Inhalt

Verzeichnis der Texte

Corrigenda

S. 31,	1.Z.v.o.	statt »pessinuntische«: pessinutische
S. 35,	23.Z.v.o.	statt »der zu Unrecht abgeteilte Schluß«: den zu Unrecht abgeteilten Schluß
S. 40,	15.Z.v.u.	statt »Sätte«: Stätte
S. 49,	20.Z.v.o.	statt »des«: dessen
S. 54,	11.Z.v.o.	statt »empfangen an den einen Gott«: empfangen an einen Gott
S. 65,	15.Z.v.u.	statt »(7) . . . Ihre Einheit«: (7) . . .(8) . . . Ihre Einheit
S. 85,	7.Z.v.u.	statt »Nr. 55c«: Nr. 54a; 56a.b
	2.Z.v.u.	statt »υἱεῖς [statt υἱός]«: υἱοί [statt υἱός] oder: ἀκριβεῖς.
S. 88,	13.Z.v.u.	statt »geso-«: geson-
S. 99,	4.Z.v.o.	statt »Gen. 3,16«: Gen, 1,28
S. 105,	4.Z.v.u.	statt »dem Vater«: Gottvater
S. 120,	9.Z.v.o.	»haben« delendum est
S. 121,	17.Z.v.o.	statt »Herr«: Heer
S. 132,	10.Z.v.u.	statt »[bereits]«: [bereits, sc. im Vater]
S. 133,	8.Z.v.o.	statt »indem«: womit
	12.Z.v.u.	einfügen nach »im Gesetz«: (wohl Prov. 8,22ff.)
S. 148,	4.Z.v.u.	statt »BGE«: BGBE
S. 162,	18.Z.v.o.	statt »Götterrn«: Göttern
S. 168,	5.Z.v.o.	statt »Laßt«: Laß
S. 169,	7.Z.v.o.	statt »Loofs«: Lietzmann
	8.Z.v.o.	statt »Loofs«: Lietzmann
	23.Z.v.o.	statt »Loofs«: Lietzmann
	20.Z.v.u.	statt »Loofs«: Lietzmann (2x)
	19.Z.v.u.	statt »Loofs«: Lietzmann
S. 170,	4.Z.v.u.	statt »Loofs«: Lietzmann
S. 171,	10.Z.v.o.	statt »Loofs«: Lietzmann
S. 177,	9.Z.v.u.	statt »Ulfila«: Wulfila
S. 178,	2.Z.v.o.	statt »las«: la
	2.Z.v.o.	statt »Ulfila«: Ulfila(s)
S. 179,	9.Z.v.o.	statt »dem«: der
S. 180,	9.Z.v.o.	statt »den Herrn, der da«: der da Herr ist und
S. 184,	Z.20ff.v.u.	statt »Dich preist«: Dich preis'
		statt »Dich tönt«: Dich tön'
		statt »Dich schließt«: Dich schließ'
		statt »Dich betet«: Dich bete
	13.Z.v.u.	statt »erhellt,«: erhellt;
	Z.4ff.v.u.	statt »wir«: wir,
		statt »In Christi und des Vaters Geist:«: Zu Christi und des Vaters Geist,
		statt »über alles sei«: über allen: sei
S. 194,	5.Z.v.u.	statt »Buch 8«: Buch 18
S. 230,	linke Spalte	einfügen zwischen Ignatius und Joh. Chrysostomos: Irenäus Darst. d. apost. Verkündigung 47 54 Wider die Häresien 1,8,1 55 1,10,1f. 54

1,10,3	55
1,24,4	50
1,26,1	49f.
1,26,2	51f.
2,27,1f.	55f.
3,1,1	55
3,1,2	56
3,3,1	53
3,3,2f.	53f.
3,11,7ff.	56
4,9,1	54f.
4,26,2	53
5,35.36	57

S. 231, rechte Spalte   einfügen zwischen Plotin und Seneca:
Porphyrius und Pseudo-Athanasius
(d.h. Reihenfolge im Register ändern)

S. 239, rechte Spalte
16.Z.v.u.   einfügen nach »58.«: 65f.

1. Altrömische Religion (Cicero, Über das Wesen der Götter 2,8.72; Über den Bescheid der Eingeweideschauer 9,19)

Die frühchristliche Mission erging, auch wo sie die Grenzen Palästinas überschritt, keineswegs in einen religiösen Leerraum hinein, »wie es der Ausdruck Heidentum suggeriert, sondern in eine Welt voll religiöser Überzeugungen und kultischer Riten« (P. Stockmeier). Darunter war die Religion der Römer von ganz eigener Prägung. Ihre Eigenart zu erkennen, ist für das Verständnis der alten Kirchen- und Theologiegeschichte deshalb besonders wichtig, weil es sich hierbei nicht nur um die »Religion der Christenverfolger« handelte, sondern weil sich auch charakteristische Züge besonders der frühen lateinischen Theologie nur von »römischen« Denkvoraussetzungen aus, und d. h. nicht zuletzt, von einer kritischen Aufnahme des altrömischen Religionsbegriffes her, verstehen lassen. – Einer der wichtigsten Zeugen spezifisch römischer Religiosität ist M. Tullius Cicero (106–43 v. Chr.), zumal mit seiner Schrift De natura deorum. Aus dieser sei zunächst ein Passus aus einer Philosophenrede (2,7 ff.) angeführt, in der es um den Beweis einer göttlichen Vorsehung (providentia), u. a. aus den Siegen und Niederlagen der römischen Geschichte, geht. Es heißt dort (2,8):

Aus ihrem [sc. der frevlerischen römischen Feldherrn in den beiden punischen Kriegen] Untergang ist zu erkennen, daß durch *deren* Herrschaft das Gemeinwesen erweitert worden ist, die den Geboten der Religion gehorcht haben (qui religionibus paruissent). Und so wir unsere Leistungen mit fremden vergleichen wollen, werden wir uns in den übrigen Dingen entweder gleich oder sogar unterlegen finden; in der Religion aber, d. h. in der Verehrung der Götter (religione id est cultu deorum), weit überlegen.

An anderer Stelle des gleichen Buches (2,72) gibt Cicero eine ebenso aufschlußreiche wie geschichtsmächtige etymologische Ableitung des Wortes religio, wenn er sagt:

Die Menschen, die alles, was für die Verehrung der Götter wichtig ist, sorgfältig bedenken und gleichsam immer wieder durchnehmen, nannte man danach »religiös« (qui . . . omnia, quae ad cultum deorum pertinent, diligenter retractarent et tamquam relegerent, sunt dicti religiosi ex relegendo[1]).

Als Zusammenfassung der verschiedenen, in Ciceros Ausführungen verstreuten Momente und Aspekte des römischen Religionsbegriffes kann folgender Auszug aus seiner Rede De haruspicum responso (9,19) dienen:

. . . Wer nämlich ist dermaßen von Sinnen, daß er . . . nicht erkennte: dieses Riesenreich ist durch ihr [der Götter] Walten (numen[2]) entstanden, gewachsen und erhalten worden . . .; denn an Frömmigkeit (pietas), Religiosität (religio) und dieser einen Weisheit (sapientia), erkannt zu haben, daß durch der Götter Walten (numen) alles regiert und gelenkt werde, sind wir [Römer] allen Völkern überlegen[3].

Quellen: W. Ax, Cicero. De natura deorum, BT, 1933[2] (Nachdr. 1961); W. Peterson, M. Tulli Ciceronis Orationes, V. Oxford (1911) 1959. – *Literatur:* F. Altheim, Römische Religionsgeschichte, I, 1956[2] (= SG 1035); A. Wlosok, Römischer Religions- und Gottesbegriff in heidnischer und christlicher Zeit, AuA 16, 1970, S. 39–53 (m. weit. Lit.); P. Stockmeier, Glaube und Religion in der frühen Kirche, 1973; ferner J. Vogt, Zur Religion der Christenverfolger im Römischen Reich, 1962.
1. Dagegen der Christ Laktanz in seinen »Göttlichen Unterweisungen« (Divinae Institutiones) 4,28,2: »Wir werden ja unter der Bedingung geboren, daß wir Gott, der uns erschaffen, gerechte und schuldige Gehorsamsleistungen (iusta et debita obsequia) erbringen, ihn allein anerkennen, ihm fol-

gen. Durch diese Fessel frommer Verpflichtung sind wir an Gott rückgebunden (obstricti deo et religati); von daher hat die Religion selbst ihren Namen bekommen, nicht, wie Cicero es deutete, von relegere« (vgl. dazu A. Wlosok a.a.O., S. 49).

2. numen (von nuere) eigentlich = gebietendes »Nicken«. Wenn dies schließlich die bevorzugte Gottesbezeichnung der Römer wurde, so erhellt daraus: »Ein Gott ist für die Römer . . . in erster Linie machtvoller Wille und Forderung« (A. Wlosok).

3. Zu diesem »Dogma« von der einzigartigen Religiosität Roms s. auch etwa Tertullian, Apol. 25,2, wo er gegen die Behauptung angeht, »die Römer seien zum Lohn für die allergewissenhafteste Religionsausübung (religiositatis diligentissimae) zu solcher Höhe emporgehoben worden«.

2. Augustus und die Konsolidierung des römischen Reiches nach seinem »Tatenbericht« (Res gestae divi Augusti)

Nach Sueton (Augustus 101) hinterlegte Augustus-Octavian (Princeps von 27 v.–14 n. Chr.) kurz vor seinem Tode bei den Vestalinnen (s. unten, A. 9) vier Dokumente, darunter ein »Bericht von dem, was er vollbrachte«. Zum größeren Teil ist dies Dokument in einer Kopie erhalten, die in lat. Sprache in der Vorhalle und in griech. Übersetzung auf einer Außenwand des Augustus- und Romatempels zu Ankyra-Ankara (Monumentum Ancyranum) eingemeißelt war. Obwohl teilweise (Wiederherstellung der Republik!) gewiß zu propagandistischen Zwecken verfaßt, scheint das in diesen augusteischen Res Gestae enthaltene Tatsachenmaterial weithin zuverlässig zu sein. Es läßt auch erkennen, welcher Stellenwert innerhalb der politischen Programmatik des Augustus der Erneuerung der alten Religion zugekommen sein muß; es läßt ferner ermessen, wie sehr die Ausbreitung des Christentums von dem unter ihm eingeleiteten, den gesamten Mittelmeerraum erfassenden Stabilisierungsprozeß profitierte und wie wenig der schließlich sprichwörtlich gewordene »Augusteische Friede« (Pax Augusta) schiere Phrase war. – In der folgenden Auswahlübersetzung sind Ergänzungen des verstümmelten lat. Textes aus der griech. Übersetzung nicht eigens gekennzeichnet.

(1) Im Alter von 19 Jahren [44 v. Chr.] stellte ich aus eigenem Entschluß und aus eigenen Mitteln ein Heer auf, mit dessen Hilfe ich den durch die Gewaltherrschaft (dominatio) einer Partei unterjochten Staat in die Freiheit zurückführte. Aus diesem Grund nahm mich der Senat unter dem Konsulat des C. Pansa und des A. Hirtius [43 v. Chr.] aufgrund ehrenvoller Beschlüsse in seine Reihen auf . . . und übertrug mir die militärische Befehlsgewalt (imperium) . . . Das Volk aber wählte mich im gleichen Jahr, da beide Konsuln gefallen waren, zum Konsul und zum Triumvirn[1] zwecks Konsolidierung des Staates (rei publicae constituendae).

(3) Kriege habe ich zu Wasser wie zu Lande, gegen Bürger wie auswärtige Gegner auf dem ganzen Erdkreis (orbis terrarum) oftmals geführt und als Sieger alle Bürger, die um Gnade flehten, geschont. Auswärtige Völkerschaften (gentes), denen man mit Sicherheit verzeihen konnte, habe ich lieber erhalten als ausrotten wollen. Annähernd 500 000 römische Bürger haben unter meinem Fahneneid (sacramentum) gestanden. Von ihnen habe ich nach Beendigung der Feldzüge mehr als 300 000 in Siedlungsstädten (coloniae) angesiedelt oder in ihre Gemeinden (municipia) entlassen und ihnen allen Land angewiesen oder Geld als Belohnung für den Kriegsdienst ausgehändigt . . .

(5) Die Diktatur (dictatura), die mir in meiner Abwesenheit wie in meiner Anwesenheit vom Volk sowohl wie vom Senat unter dem Konsulat des M. Marcellus und des L. Arruntius [22 v. Chr.] angetragen wurde, habe ich nicht angenommen . . .

(7) . . . Oberster Priester (pontifex maximus[2]), Augur[3], einer der Quindecimvirn zur Besorgung der Kulte[4], einer der Septemvirn zur Veranstaltung der Göttermahle[5], Mitglied der Arvalischen Bruderschaft[6], Sodalis Titius[7] und Fetiale[8] bin ich gewesen.

(8) . . . In meinem 6. Konsulat [28 v. Chr.] habe ich mit M. Agrippina als Amtsgenossen eine Schätzung (census) der römischen Bevölkerung durchgeführt; das [dazugehörige] Sühneopfer (lustrum) war das erste seit 41 Jahren. Dabei sind an römischen Bürgern 4 063 000 geschätzt worden . . .

(12) . . . Als ich aus Spanien und Gallien, nachdem in diesen Provinzen alles glücklich vollbracht war, . . . nach Rom zurückkehrte [13 v. Chr.], gelobte der Senat, für meine Rückkehr am Marsfeld einen Altar der Pax Augusta zu weihen, auf dem nach seinem Befehl Magistrate, Priester und Vestalinnen[9] alljährlich ein Opfer darbringen sollten . . .

(15) Der römischen Plebs habe ich aufgrund eines Testaments meines Vaters Mann für Mann 300 Sestertien gezahlt und in eigenem Namen 400 Sestertien aus der Kriegsbeute in meinem 5. Konsulat [29 v. Chr.] gegeben . . . Diese meine Spenden kamen niemals weniger als 250 000 Menschen zugute . . .

(20) . . . 82 Göttertempel habe ich in Rom in meinem 6. Konsulat [28 v. Chr.] auf Senatsbeschluß hin wiederhergestellt und dabei keinen übergangen, der zu jener Zeit der Restaurierung bedurfte . . .

(26) Das Gebiet all jener Provinzen, denen Völkerschaften benachbart waren, welche sich unserer Herrschaft (imperium) nicht beugen wollten, habe ich ausgeweitet . . .

(27) Ägypten habe ich dem Befehlsbereich (imperium) des römischen Volkes zugefügt . . .

(28) Militäransiedlungen (coloniae militum) habe ich in Afrika, Sizilien, Makedonien, beiden Spanien, Achaia, Asien, Syrien, Gallia Narbonensis und Pisidien gegründet . . .

(34) In meinem 6. und 7. Konsulat [28 und 27 v. Chr.] habe ich, nachdem ich die Ära der Bürgerkriege definitiv beendet hatte, obwohl ich nach einmütigem Wunsch aller in den Besitz der Allgewalt gelangt war (potitus rerum omnium), den Staat aus meiner Amtsgewalt (potestas) dem Ermessen des Senats und des römischen Volkes überantwortet. Und für dies mein Verdienst (meritum) bin ich durch Senatsbeschluß ›Augustus‹ [der Erhabene] genannt worden . . .; auch ist ein goldener Schild in der Julischen Kurie [Rathaus] aufgestellt worden, den mir Senat und Volk von Rom um meiner Tapferkeit (virtus) und Milde (clementia), meiner Gerechtigkeit (iustitia) und Frömmigkeit (pietas) willen verliehen haben. Seit dieser Zeit habe ich an Würde (dignitas) alle übertroffen, an Amtsgewalt (potestas) jedoch um nichts mehr besessen als die übrigen, die mir in dem jeweiligen Amt Kollegen gewesen.

(35) Als ich zum 13. Mal das Konsulat innehatte [2 v. Chr.], haben Senat, Ritterstand und das gesamte Volk von Rom mir den Namen ›Vater des Vaterlandes‹ (pater patriae) verliehen und beschlossen, dies in der Vorhalle meines Hauses, in der Julischen Kurie und auf dem Augustusforum unter das Viergespann (quadrigae), das mir auf Senatsbeschluß gesetzt worden war, einmeißeln zu lassen. Als ich dies geschrieben, stand ich im 76. Lebensjahr.

Quelle: Th. Mommsen, Res gestae divi Augusti, (1865) 1883². – *Literatur:* M. Schade – H. S. Schultz, Ankara und Augustus, 1937 (Übersetzung) – W. Weber, Princeps I, 1936.

1. Teilhaber an der »Dreimännerherrschaft«. Das von Octavian zusammen mit Lepidus und Antonius 43 v. Chr. gebildete Triumvirat war das zweite nach dem zwischen Pompejus, Caesar und Crassus 60 v. Chr. geschlossenen Bündnis. »Die Begründung des Zweiten Triumvirats war der endgültige Untergang der Republik« (A. Heuß).
2. Monarchische Spitze des römischen Priesterkollegiums zur Beaufsichtigung des gesamten öffentlichen wie privaten Kults. Daß Caesar und nach ihm sämtliche Kaiser bis zu Gratian (382) sich mit dem Amt des – seit dem 3. vorchristlichen Jahrhundert vom Volk auf Lebenszeit gewählten – P. M. bekleiden ließen, weist auf dessen Wichtigkeit und besonderes Ansehen hin.
3. A. (von augere, ›mehren‹) – Angehöriger desjenigen römischen Priesterkollegiums, das den Königen und später den Magistraten der Republik bei der Einholung der Vorzeichen (Beobachtung und Deutung des Vogelflugs und der Himmelszeichen) zur Seite stand.
4. Dieses »Fünfzehnmänner«-Kollegium hatte die Aufsicht über die im höchsten Staatsheiligtum aufbewahrten »sibyllinischen« Schicksalsbücher wie über alle offiziell in Rom eingeführten Kulte.
5. Sie organisierten das Festmahl für Jupiter während der »römischen« und »plebeischen« Spiele (13. Sept., 13. Nov.), übten aber wahrscheinlich – zur Entlastung der pontifices – noch andere sakrale Pflichten aus.
6. Uralte, von Augustus wiederhergestellte Priesterschaft zur Feier des Flurumgangs im Frühling.
7. Die – ursprünglich wohl der Ausübung der Augurenkunst gewidmete – Bruderschaft der Sodales Titii war ebenfalls fast untergegangen, als Augustus sie wiederherstellte; welche Funktion sie fortan ausübte, ist unklar.
8. Die 20 Männer des Fetialenkollegiums hatten vor Kriegserklärungen und vor Friedensschlüssen bestimmte Riten zu erfüllen. In der Spätzeit der Republik jeder Bedeutung verlustig gegangen, wurden sie von Augustus für kurze Zeit restauriert.
9. Die 6 Priesterinnen der röm. Feuergöttin Vesta, die, aus adeligen Familien Roms stammend und für die Zeit ihrer insgesamt dreißigjährigen Novizen- und Priesterschaft zur Jungfräulichkeit verpflichtet, gemeinschaftlich nahe dem Tempel der Göttin auf dem Forum lebten und in enger Beziehung zum Pontifex Maximus standen; ihre Hauptaufgabe war der Unterhalt des heiligen Stadtfeuers. Im Unterschied zu vielen andren altrömischen Kulteinrichtungen hat diese noch den Sieg des Christentums bis zu Theodosius I. überlebt.

3. Die Lage der Landwirtschaft um 50 n. Chr. (Columella, Über die Landwirtschaft, Buch 1, Vorwort)

Obwohl die antike Zivilisation seit alters auf der städtischen Lebensform (Polis) beruhte, war – wie in jeder Kultur bis zum Beginn des Maschinenzeitalters – die Landwirtschaft gegenüber Handel und Industrie der weitaus wichtigste Wirtschaftszweig. Wie es um sie im 1. nachchristlichen Jahrhundert bestellt war, lehrt folgende Schilderung eines der führenden Landwirtschaftstheoretiker der Zeit:

(1) Wieder und wieder höre ich führende Männer unseres Staates Klage führen, bald über die Unfruchtbarkeit der Äcker, bald über die Ungunst des Klimas, das schon seit langem den Früchten schade . . . (2) Alle diese Gründe indes sind nach meiner festen Überzeugung weit von der Wahrheit entfernt; denn Sünde ist es zu glauben, die Natur, die der Urschöpfer mit ewiger Fruchtbarkeit beschenkte, sei mit Unfruchtbarkeit wie mit einer Krankheit geschlagen . . . (3) Demnach vermag ich nicht zu glauben, dies alles sei über uns gekommen durch Wüten des Himmels [oder: Ungunst der Witterung] (violentia [v. l. intemperantia] caeli); eher sind wir selbst daran schuld, die wir die Landwirtschaft, welche doch gerade die tüchtigsten unter unseren Vorfahren nach bestem Vermögen betrieben hatten, dem allerschlechtesten der Sklaven[1] wie einem Henker zur Bestrafung ausgeliefert haben . . . (20) Und so ist es dazu gekommen, daß wir heutzutage »in diesem La-

tium, diesem Land des Saturn« [Ennius?], wo die Götter selbst ihre Kinder die
Fruchtbarkeit [oder: Bebauung] der Felder gelehrt haben, öffentliche Verdingun-
gen veranstalten und lieber, um nicht Hungers zu sterben, Getreide aus den über-
seeischen Provinzen importieren und die Weinlesen von den Kykladen und aus
den Baëtischen [Spanien] und Gallischen Landen in unsere Keller einbringen[2].

Quelle: V. Lundström – A. Josephson, L. Iuni Moderati Columellae opera quae supersunt, fasc. II,
Göteborg – Uppsala 1917. – *Literatur:* M. Weber, Agrarverhältnisse im Altertum (in: ders., Ges.
Aufs. z. Sozial- u. Wirtschaftsgesch., 1924); M. Rostovtzeff, Gesellschaft und Wirtschaft im römischen Reich, 1931; N. Brockmeyer, Sozialgeschichte der Antike (Urban-Tb. 153), 1972, S. 104–115
(m. weit. Lit.); K. Ahrens, Columella. Über Landwirtschaft (Übers., Einf., Erl.), Schriften z. Gesch.
u. Kultur d. Antike 4, 1972.
1.   Zur Sklaverei und ihrer Rolle in der Landwirtschaft der Zeit s. N. Brockmeyer a.a.O., S. 112 f.;
vgl. auch unten Nr. 17.
2.   Vgl. dazu etwa noch Plinius d. Ä., Naturgeschichte 18,35:»Die Alten meinten, daß zumal beim
Landbesitz ein Maß eingehalten werden müsse; waren sie doch der Ansicht, es sei besser, weniger zu
säen und besser zu pflügen . . . Um die Wahrheit zu gestehen, haben die Latifundien Italien ruiniert
und werden dies wahrlich bald auch bei den Provinzen zuwege gebracht haben. Sechs Landherren [nur]
hatten die eine Hälfte der Provinz Afrika in Besitz, zu der Zeit, als Kaiser Nero sie umbringen
ließ . . .!«

4. Rückgang der Forschung (Plinius d. Ä., Naturge-
schichte 2,117 f., i. Vgl. m. Seneca d. J., Über das Wohltun
7,1,3–7)

Für die vom Christentum bei seinem missionarischen Vorstoß in die Weite des römischen Reiches vor-
gefundene geistige Lage ist eine spürbare Verarmung im Vergleich zur blühenden Fülle noch der hellenistischen Kultur kennzeichnend. Sie tritt wohl am deutlichsten im Zerfall der Fachwissenschaften zutage, wie ihn z. B. Plinius d. Ä. (gest. 79 n. Chr.) an einer Stelle seiner großangelegten Historia naturalis (2, 117 f.) beklagt:

(117) Über diesen Gegenstand [sc. die Winde] haben mehr als 20 alte griechische
Schriftsteller Beobachtungen überliefert. Um so mehr wundere ich mich darüber,
daß zu einer Zeit, da der Erdkreis uneins und in verschiedene Reiche, d. h. in einzelne Glieder, zerteilt war, so viele Männer sich solch schwer zu erforschender
Gegenstände annahmen, zumal mitten zwischen Kriegen und bei unzuverlässi-
gem Gastrecht . . ., während heute in so festlicher Friedenszeit, unter einem Fürsten, der solche Freude hat am technischen und geistigen Fortschritt, überhaupt
nichts Neues hinzugelernt wird aufgrund neuer Forschung, ja nicht einmal das
von den Alten Entdeckte gründlich angeeignet wird. (118) Die Belohnungen waren nicht größer, als die Größe des Finderglücks sich auf viele verteilte, und jene
Entdeckungen haben die meisten von ihnen um keinen anderen Lohn gemacht als
den, der Nachwelt zu nützen. *Moralisch* sind die Menschen vergreist, nicht [im
Hinblick auf] ihr Gewinnstreben. Eine Menge ohne Zahl betreibt die Seefahrt,
jetzt, da jedes Meer offensteht und man an allen Küsten gastfrei landen kann – jedoch des Gewinnes, nicht der Wissenschaft (scientia) wegen[1].

Quelle: K. Mayhoff, C. Plini Secundi Naturalis Historiae libri XXXVII, I, BT, 1906. – *Literatur:*
O. Gigon, Die antike Kultur und das Christentum, 1966, S. 34–69; E. R. Dodds, Die Griechen und das

Irrationale, 1970, S. 123–140 (m. weit. Lit.); vgl. auch ders., Pagan and Christian in an age of anxiety, Cambridge 1965 (Nachdr. 1968).

1. Daß dieser Niedergang wohl nur Symptom »eines generellen Umschlags in der geistigen Atmosphäre der Mittelmeerwelt« (E. R. Dodds) gewesen ist, läßt sich u. a. auch an dem Schrifttum des Philosophen Seneca d. J. (ca. 4 v.–65 n. Chr.) aufzeigen. Zu Beginn des 7. Buches seiner Schrift De beneficiis führt Seneca zustimmend die Ansicht des ihm befreundeten kynischen Philosophen Demetrius an, es sei viel besser für uns, einige wenige philosophische Maximen zu besitzen, die jederzeit zu Gebote stünden und anwendbar seien, als ein umfängliches Wissen zu erwerben, das doch keinerlei praktischen Zwecken diene, und zitiert sodann wörtlich: (4) »Wie nämlich«, sagt er [Demetrius], »der beste Ringer nicht derjenige ist, der sämtliche Stellungen und Kunstgriffe beherrscht, die er doch selten bei einem Gegner zu landen Gelegenheit haben wird, sondern der, der sich in dem einen oder anderen [Kniff] tüchtig und gründlich geübt hat und [nun] ungeduldig darauf wartet, ihn anwenden zu können (denn es zählt nicht, wieviel er weiß, wenn er nur genug weiß, um zu siegen), so ist es auch bei dieser Bemühung (studium): es gibt da gewiß viel Interessantes, aber nur wenig wirklich Entscheidendes (multa delectant, pauca vincunt). (5) Magst du auch nicht wissen, welches der Grund für den Gezeitenwechsel des Ozeans ist; warum das 7. Jahr allemal ein Stufenjahr [im Leben des Menschen] ist . . .: es wird dir nicht sonderlich schaden, daran vorbeigegangen zu sein, was zu wissen weder möglich noch von Nutzen ist. Hier liegt die Wahrheit tief verhüllt und verborgen. (6) . . . Was uns dagegen edler, was uns glücklich machen kann, das liegt entweder offen da oder doch nicht fern. (7) Wenn nämlich unser Geist . . . es so weit gebracht hat, daß ihm klar vor Augen steht, der Tod sei keines Übels Quelle, wohl aber vieler [Übel] Ende, wenn er sich der Tugend geweiht hat und alle Wege, auf die sie ihn ruft, für gebahnt hält, . . . dann hat er das vollkommene Wissen von dem erreicht, was nützlich und notwendig ist. Was sonst noch sein mag, sind Zerstreuungen für Mußestunden . . .«

5. Die Christenverfolgung unter Nero im Jahre 64 n. Chr. (Tacitus, Annalen 15,44,2–5)

Die neronische Verfolgung ist das früheste uns bezeugte Vorgehen der römischen Staatsgewalt gegen die Christen. Obwohl nur Glieder der stadtrömischen Gemeinde betroffen gewesen zu sein scheinen, gilt sie seit alters (Tertullian!) nicht nur als Präzedenzfall, sondern in irgendeinem Sinne auch als Ursprung der Rechtslage der Christen im römischen Reich bis zu Decius (s. unten Nr. 34): in welchem, ist allerdings bis heute umstritten.

Zusammenhang des – im einzelnen vielfach unsicher überlieferten und schwer deutbaren – Berichts des Tacitus (ca. 61/62–120 n. Chr.): »Ob durch Zufall entstanden oder aber durch Tücke des Kaisers (denn beides [n. b. nur dieses!] berichten die Quellen) . . .« (Ann. 15,38,1), hatte im Juli 64 ein Großbrand weite Teile Roms vernichtet; es wurden sofort Wiederaufbaumaßnahmen ergriffen und Sühnezeremonien veranstaltet:

(2) Doch weder durch humanitäre Hilfe (ope humana) noch durch Schenkungen des Kaisers oder Sühneopfer für die Götter wollte die üble Nachrede (infamia) weichen; man blieb vielmehr des Glaubens, es habe auf [allerhöchsten] Befehl gebrannt. Um also dem Gerücht ein Ende zu machen, schob Nero andere als Schuldige vor (subdidit reos) und belegte sie mit den ausgesuchtesten Strafen: diejenigen nämlich, die bei der ungebildeten Menge, wiewohl ihrer Schandtaten (flagitia)[1] wegen verhaßt, die ›Biedermänner‹ (Chrestianos)[2] hießen. (3) Der Name leitet sich [indes] von Christus her, welcher unter Tiberius vom Prokurator Pontius Pilatus hingerichtet worden war; [dadurch] für den Augenblick unterdrückt, brach der verderbliche Aberglaube (exitiabilis superstitio)[3] wieder aus, [diesmal jedoch] nicht nur in Judäa, von wo das Unheil ausgegangen, sondern auch in Rom, wo sich ja die Greuel und Gemeinheiten aus aller Welt ein Stelldichein geben und begei-

sterten Anklang finden. (4) Zunächst also griff man diejenigen auf, die bekannten [zu ergänzen wohl: sie seien Christen][4], hernach auf deren Anzeige hin eine riesige Menge, und überführte sie [andere, weit weniger wahrscheinliche Lesart: tat sie hinzu] nicht so sehr der Brandstiftung, als [daß man sie] vielmehr [aufgrund] allgemeinen Menschenhasses[5] [als Verbrecher erwies] (Igitur primum correpti qui fatebantur, deinde indicio eorum multitudo ingens[,] haud proinde in crimine incendii quam odio humani generis convicti [v. l.: coniuncti] sunt). Dazu trieb man mit den Todgeweihten noch seinen Spott: in Tierfelle eingenäht, ließ man sie von Hunden zerfleischen; andere wurden an Kreuze geschlagen [oder zum Feuertod bestimmt] (aut crucibus adfixi [aut flammandi atque: zu streichen?]) und nach Einbruch der Dunkelheit zur nächtlichen Illumination abgebrannt. (5) Für dieses Schauspiel hatte Nero seine Gärten zur Verfügung gestellt; auch veranstaltete er ein Zirkusspiel, wobei er sich selbst, als Wagenlenker verkleidet, unter die Menge mischte oder einen Rennwagen bestieg. So kam es, daß sich gegen die, die doch schuldig waren und die ärgsten Strafen verdienten, Mitleid regte, als ob sie nicht dem Gemeinwohl (utilitas publica), sondern zur Befriedigung der Mordlust eines einzelnen geopfert würden[6].

Quelle: E. Koestermann, Cornelius Tacitus Annales, BT, 1965². – *Literatur:* A. Wlosok, Rom und die Christen. Zur Auseinandersetzung zwischen Christentum und römischem Staat, Der altsprachl. Unterr., Beih. 1 z. R. XIII, 1970, S. 7–26, 75f. (Lit.!); dazu J. Molthagen, Der römische Staat und die Christen im 2. und 3. Jahrhundert, Hypomnemata 28, 1970, S. 21–27 (m. weit. Lit.). – Zur Diskussion um das von Tertullian (z. B. An die Heiden 1,7,8–9) sog. ›Institutum Neronianum‹ s. J. W. Ph. Borleffs, Institutum Neronianum, VigChr 6, 1952, S. 129–145 (dt. Übers. in: Das frühe Christentum im römischen Staat, hg. v. R. Klein, WdF 267, 1971, S. 217–235; J. Zeiller, »Institutum Neronianum«. Loi fantôme ou réalité, RHE 50, 1955, S. 393–399 (dt. Übers.: ebd. S. 236–243); Ch. Saumagne, Tertulien et l'Institutum Neronianum, ThZ 17,1961, S. 334–355.

1. Vgl. dazu unten Nr. 20.
2. Dies ist sicher die bessere Lesart gegenüber dem sonst bezeugten ›Christianos‹. »*Chrestiani* ist die gut belegte vulgäre Namensform für die Christen, und als solche bezeichnet sie Tacitus hier ja ausdrücklich. Diese Namensform läßt sich von dem verbreiteten griechischen Eigennamen Chrestos ableiten, der die Bedeutung ›tüchtig‹, ›rechtschaffen‹ hat. *Chrestiani* heißt also eigentlich ›die Wackeren‹ oder ähnlich. Und gerade mit dieser Bedeutung, die dem Volke kaum zum Bewußtsein gekommen sein dürfte, treibt Tacitus an unserer Stelle sein ironisches Spiel« (A. Wlosok a.a.O., S. 9 f.). Der Ausdruck ›Biedermänner‹ stammt von H. Hommel (Theologia Viatorum 3, 1951, S. 16 f.). Andere Deutungsmöglichkeit: Chrestiani (Χρηστιανοί) = iotazistische Form für Christiani (Χριστιανοί).
3. Vgl. dazu unten Nr. 10.
4. Daß sie ein ›Geständnis‹ der Brandstiftung ablegten, kann jedenfalls Tacitus, wie die Einleitung (15,38,1) und die unmittelbare Fortsetzung lehren, nicht gemeint haben.
5. Vgl. zu diesem vor den Christen besonders gegen die Juden gerichteten Vorwurf der Misanthropie etwa 1. Thess. 2,15 mit den Kommentaren z. St.; ferner A. Wlosok a.a.O., S. 20 ff. (m. weit. Lit.).
6. Zur neronischen Christenverfolgung vgl. noch Sueton, Nero 16,2 (»Mit Todesstrafen wurde gegen die Christen vorgegangen, eine Menschengattung, die sich einem neuartigen, gemeingefährlichen Aberglauben verschrieben hatte« [genus hominum superstitionis novae ac maleficae]); 1. Clem. 5.6 dagegen ist weithin topisch und gibt historisch so gut wie nichts her, während der Bericht des Sulpicius Severus, Chron. 2,28,3–29,4 auf Tacitus basiert.

6. Der Jüdische Krieg (66–70 n. Chr.) und der Fall Jerusalems (Euseb, Kirchengeschichte 3,5,3; Josephus, Jüdischer Krieg 7,216 ff.)

Der Fall Jerusalems (Sept. 70 n. Chr.) am Ende einer fast vier Jahre dauernden bewaffneten Erhebung, ausgelöst, wie es scheint, ebenso sehr durch starre Strenge und Bestechlichkeit der römischen Besatzungsmacht wie durch Gewalttätigkeiten einer revolutionären jüdischen Minderheit, war nicht nur für das Judentum, sondern auch für das junge Christentum von einschneidender Bedeutung. Denn mit ihm endete die Geschichte der »Urgemeinde«. Zwar gibt es bald danach wieder eine Christengemeinde in Jerusalem; doch hat diese nicht annähernd mehr dieselbe Bedeutung für die Gesamtkirche wie zuvor. – Nach einer u. a. in Eusebs »Kirchengeschichte« aufbewahrten Nachricht, die in ihrer Glaubwürdigkeit allerdings sehr umstritten ist, ist die judenchristliche Gemeinde von Jerusalem vor Ausbruch der Feindseligkeiten nach Pella – vorübergehend? – ausgewandert. Es heißt dort (3,5,3):

Als endlich das Volk der Kirche von Jerusalem gemäß einem Orakel, das den bewährten Männern (δόκιμοι) dort durch eine Offenbarung gewährt worden war, den Befehl erhalten hatte, die Stadt vor Ausbruch des Krieges zu verlassen und nach einer Stadt in Peräa namens Pella überzusiedeln, und als dann die an Christus Glaubenden von Jerusalem ausgezogen waren [und es deshalb war], als hätten heilige Männer die königliche Hauptstadt der Juden und das gesamte jüdische Land ganz und gar geräumt, da suchte zuletzt das Strafgericht Gottes an den Juden all die Freveltaten heim, die sie an Christus und seinen Aposteln begangen hatten, indem es jenes Geschlecht der Gottlosen unter den Menschen mit Stumpf und Stiel vertilgte.

Über die Geschichte des Jüdischen Krieges selbst und den Fall Jerusalems nach einer furchtbaren Hungersnot und entsetzlichem Blutvergießen berichtet am ausführlichsten der jüdische Historiker Josephus (gest. Anf. des 2. Jahrhunderts), der weithin Augenzeuge des Geschehens gewesen war, in seinem sieben Bücher umfassenden Bellum Iudaicum, aus dem hier nur ein Abschnitt mitgeteilt sei, welcher von den Kriegsfolgen für die jüdische Bevölkerung spricht:

(7,216) Um diese Zeit schickte der Kaiser [Vespasian] an Bassus [seinen Legaten in Judäa] und an Liberius [andere Lesart: Laberius] Maximus, den derzeitigen Prokurator, den schriftlichen Befehl, das gesamte Land der Juden zu verkaufen. (217) Denn eine neue Stadt wollte er daselbst nicht gründen, behielt sich also das Ackerland als seinen persönlichen Besitz vor; lediglich 800 ausgedienten Soldaten wies er im Raum von Emmaus, welches 30 Stadien von Jerusalem entfernt liegt, Ländereien an. (218) Allen Juden aber, wo sie auch wohnten, legte er eine jährliche Kopfsteuer von zwei Drachmen auf, die sie für das Kapitol [sc. für Jupiter Capitolinus], wie früher für den Jerusalemer Tempel [vgl. Mt. 17,24], zu entrichten hatten. So traurig war damals die Lage der Juden[1].

Quellen: B. Niese, Flavii Iosephi Opera, VI, 1894 (vgl. dazu O. Michel – O. Bauernfeind, Flavius Josephus. De Bello Iudaico [Zweisprachige Ausgabe m. Einl., Anm. u. weit. Lit.], Bd. II,2, 1969); E. Schwartz, Eusebius Werke, II: Die Kirchengeschichte (I), GCS 9,1, 1903. – *Literatur:* G. Strecker, Das Judenchristentum in den Pseudoklementinen, TU 70, 1958, S. 229 ff. (Lit.!); M. Hengel, Die Zeloten, AGSU 1, 1961.
1.   Zum sog. fiscus Iudaicus s. auch etwa Cassius Dio, Röm. Gesch. 65,7,2: ». . . Von dieser Zeit an – so wurde angeordnet – mußten alle Juden, die die Sitte ihrer Väter bewahrten, jährlich dem kapitolinischen Jupiter zwei Drachmen entrichten.« Trotz ihrer Geringfügigkeit wurde diese Maßnahme von traditionsbewußten Juden als besondere Schande empfunden.

7. Aus dem »1. Klemensbrief«

Wohl kurz nach dem Ende der domitianischen Christenverfolgung[1] (95/96 n. Chr.) – einer frühen und durchaus glaubwürdigen Tradition zufolge durch den römischen Presbyter Klemens – abgefaßt (vgl. 1,1), beruht die Bedeutung dieses umfangreichen Briefes, der selbst keine Einzelpersönlichkeit als Verfasser nennt, sondern sich als Gemeindeschreiben der römischen an die korinthische »Kirche Gottes in der Fremdlingschaft« gibt, nicht zuletzt darauf, daß aus ihm zum ersten Mal in der Kirchengeschichte die Stimme Roms vernehmbar wird! Dazu ist er eine äußerst wichtige Quelle für die Entwicklung der Kirchenverfassung und des Kirchenrechts (Kontroverse Sohm – Harnack!), für Liturgie- und Verkündigungsgeschichte in nachapostolischer Zeit. – Hier sei nur auf den verfassungsgeschichtlichen Aspekt abgehoben.

a) Das Vorbild der alttestamentlichen Kultordnung (Kap. 40 f.)

Zusammenhang: Veranlaßt durch einen Konflikt innerhalb der korinthischen Gemeinde über die Amtsdauer der Gemeindebeamten (Presbyter), ergeht sich das Schreiben zunächst in allgemeinen Belehrungen über die Gefahren der Zwietracht und die Notwendigkeit von Buße, Gehorsam, Demut und Friedfertigkeit (Kap. 4–36), ehe es in einem zweiten Hauptteil (Kap. 40 ff., vorbereitet durch die überleitenden Kap. 37–39) die Adressaten direkt zur Unterordnung unter die rechtmäßigen Amtsträger auffordert, u. a. unter Hinweis auf die alttestamentlichen Vorschriften über Priestertum und Opferdienst.

(40,1) Da uns dies alles nun offenbar ist und wir Einblick gewonnen haben in die Tiefen der Gotteserkenntnis (θεία γνῶσις), müssen wir alles, was der Herr (δεσπότης) zu festgesetzten Zeiten zu tun befohlen hat, ordnungsgemäß (τάξει) tun. (2) Was den Vollzug der Opfer (προσφοραί) und die Erfüllung der Kultpflichten (λειτουργίαι) anlangt, so hat er ja nicht befohlen, sie sollten aufs Geratewohl oder ohne Ordnung geschehen, sondern zu bestimmten Zeiten und Stunden. (3) Wo und durch wen er den Vollzug wünscht, hat er selbst in seinem allerhöchsten Ratschluß bestimmt, auf daß alles gewissenhaft und nach seinem Wohlgefallen geschehe und seinem Willen genehm sei. (4) Die also ihre Opfer zu den vorgeschriebenen Zeiten darbringen, sind Gott angenehm und selig; denn sie folgen den Satzungen (νόμιμα) des Herrn und sündigen nicht. (5) Sind doch dem Hohenpriester (ἀρχιερεύς) eigene Kultpflichten zugewiesen, den Priestern (ἱερεῖς) ihr je besonderes Amt (τόπος) zugeteilt und den Leviten eigene Dienstleistungen (διακονίαι) auferlegt. Der Laie (ὁ λαϊκὸς ἄνθρωπος) ist an die für Laien geltenden Vorschriften gebunden. (41,1) Möge also »jeder von uns, meine Brüder, »an seinem Platz« [vgl. 1. Kor. 15,23] Gott wohlgefallen, mit gutem Gewissen, indem er von der für seinen Dienst festgelegten Richtschnur nicht abweicht, und in ehrbarem Wandel. (2) . . . (3) Die aber dem, was seinem [Gottes] Willen gemäß ist, zuwiderhandeln, erhalten als Strafe den Tod. (4) Seht, Brüder, je größer die Erkenntnis ist, deren wir gewürdigt wurden, um so größer ist auch die Gefahr, die wir laufen.

b) Die Sukzession des Amtes (Kap. 42. 44)

(42,1) Die Apostel empfingen für uns das Evangelium vom Herrn Jesus Christus. Jesus, der Christus, aber ward von Gott gesandt. (2) Also: Christus von Gott, und die Apostel von Christus; beides geschah demnach in schöner Ordnung (εὐτάκτως) nach Gottes Willen. (3) Nachdem sie nun Weisungen empfangen hatten und durch die Auferstehung unseres Herrn Jesus Christus mit Gewißheit erfüllt und voll Glauben in dem [oder: durch das] Wort Gottes waren (πιστευθέντες ἐν τῷ λόγῳ τοῦ θεοῦ), zogen sie mit der Fülle (πληροφορία) des Hl. Geistes aus und verkündigten, daß das Reich Gottes kommen werde. (4) Sie predigten so in Stadt und Land und setzten ihre Erstlinge (ἀπαρχαί) [vgl. Röm. 16,5; 1. Kor. 16,15] nach voraufgegangener Prüfung im Geist zu Bischöfen und Diakonen derer ein, die künftig zum Glauben kommen würden. (5) Und dies war keine Neuerung; stand doch seit langen Zeiten von Bischöfen und Diakonen geschrieben. Denn so sagt die Schrift an einer Stelle: »Ich will einsetzen ihre Bischöfe in Gerechtigkeit und ihre Diakonen in Treue« [freies Zitat von LXX – Jes. 60,17].

Nach einer weiteren Begründung des christlichen Gemeindeamtes, besonders aufgrund von Num. 17 [Sprossender Aaronsstab], fährt der Brief fort:

(44,1) Auch unsere Apostel wußten durch unseren Herrn Jesus Christus, daß Streit entstehen werde um das Bischofsamt (περὶ τοῦ ὀνόματος τῆς ἐπισκοπῆς). (2) Aus diesem Grunde nun, da sie darüber im voraus genauen Bescheid bekommen hatten, setzten sie die Genannten ein und gaben hernach die Anweisung, es sollten, wenn sie stürben, andere bewährte Männer deren Dienst übernehmen. (3) Wenn nun diejenigen, die von jenen [Aposteln] oder hernach von anderen bewährten Männern, unter Zustimmung der ganzen Gemeinde, eingesetzt wurden und ihren Dienst an der Herde Christi einwandfrei versehen haben: demütig, friedsam und keineswegs engherzig (ἀβαναύσως), und dazu noch von allen seit langem ein gutes Zeugnis erhielten, ihres Dienstes enthoben werden, dann halten wir das für Unrecht! (4) Denn es wird uns als nicht eben geringfügige Sünde angerechnet werden, wenn wir die, die die Opfergaben (τὰ δῶρα) tadellos und gewissenhaft darbrachten, ihres bischöflichen Amtes entkleiden. (5) Selig die [uns] vorangegangenen Presbyter, die einen Heimgang hatten reich an Ertrag und vollkommen; denn sie müssen nicht mehr fürchten, es könnte sie jemand von dem für sie errichteten Platz verdrängen! (6) Sehen wir doch, daß ihr einige, die einen guten Wandel führten, von dem durch sie tadellos verwalteten und in Ehren gehaltenen Amt vertrieben habt.

Quelle: F. X. Funk – K. Bihlmeyer – W. Schneemelcher, Die Apostolischen Väter, I, SQS 2,1,1, 1970³. – *Literatur:* A. von Harnack, Einführung in die alte Kirchengeschichte, 1929; H. von Campenhausen, Kirchliches Amt und geistliche Vollmacht in den ersten drei Jahrhunderten, 1963² (Register!); G. Brunner, Die theologische Mitte des ersten Klemensbriefes, Frankf. theol. Studien 11, 1972 (m. weit. Lit.).
1. Vgl. dazu K. Gross, Art. Domitianus, RAC 4, 1959, Sp. 91–109 (hier: Sp. 101 ff.), und jetzt vor allem J. Speigl, Der römische Staat und die Christen. Staat und Kirche von Domitian bis Commodus, 1970.

8. Aus der »Apostellehre« (Didache)

Die »Lehre des Herrn [durch die zwölf Apostel] für die Heiden«[1] ist die älteste erhaltene Kirchenordnung. Über Entstehungszeit und -ort lassen sich keine sicheren Angaben machen. Am wahrscheinlichsten dürfte jedoch die Annahme sein, das Werk sei – unter Aufnahme und christlicher Bearbeitung einer jüdischen Grundschrift – im letzten Jahrzehnt des 1. Jahrhunderts im syrisch-palästinischen Raum entstanden.
Die Schrift zerfällt in zwei Teile: der erste (Kap. 1–6) stellt einen Katechismus in Form einer »Zwei-Wege-Lehre« dar (vgl. u. a. Barnabasbrief, Kap. 18–20 [gemeinsame literarische Quelle?], der zweite (Kap. 7–15) enthält Anweisungen für die Liturgie und das Gemeindeleben. Den Abschluß bildet die Mahnung, das nahe Weltende in Wachsamkeit zu erwarten (Kap. 16).

a) Über den christlichen Gottesdienst (7–10)

(7,1) Zur *Taufe* (βάπτισμα). Tauft so: Nachdem ihr dies alles [sc. die im voraufgehenden Katechismus enthaltene Sittenlehre] mitgeteilt habt, tauft auf den Namen des Vaters und des Sohnes und des Hl. Geistes [vgl. Mt. 28,19], [und zwar] in fließendem Wasser (ἐν ὕδατι ζῶντι). (2) Wenn du aber kein fließendes Wasser hast, so taufe mit anderem Wasser. Kannst du nicht in kaltem [Wasser taufen], so [taufe] in warmem. (3) Hast du aber beides nicht, so begieße dreimal das Haupt, auf den Namen des Vaters und des Sohnes und des Hl. Geistes. (4) Vor der Taufe aber sollen Täufer und Täufling ein Vorfasten halten, und wenn möglich noch einige andere [mit ihnen]. Dem Täufling aber gebiete, ein oder zwei Tage vorher zu fasten.

(8,1) Eure *Fasten* (νηστεῖαι) sollen jedoch nicht gleichzeitig mit den Heuchlern [vgl. Mt. 6,16] gehalten werden. Sie fasten am zweiten und fünften Tag nach dem Sabbat; ihr dagegen sollt am vierten und am Rüsttag fasten. (2) *Betet* auch nicht wie die Heuchler [vgl. Mt. 6,5]; sondern wie der Herr in seinem Evangelium geboten hat, so sollt ihr beten [folgt das Vaterunser, mit geringfügigen Abweichungen gegenüber Mt. 6,9–13 und der nicht – ursprünglichen Schlußdoxologie] . . . (3) Dreimal täglich sollt ihr so beten.

(9,1) Zur *Eucharistie* (εὐχαριστία). Das Dankgebet sollt ihr so sprechen (οὕτως εὐχαριστήσατε): (2) Zunächst über dem Kelch (ποτήριον): Wir danken dir, unser Vater, für den heiligen Weinstock Davids, deines Knechtes, den [sc. den Weinstock] du uns kundgetan hast durch Jesus, deinen Knecht. Dir sei die Ehre in Ewigkeit! (3) Und über dem gebrochenen Brot (κλάσμα): Wir sagen dir Dank, unser Vater, für das Leben und die Erkenntnis (γνῶσις), die du uns kundgetan hast durch Jesus, deinen Knecht. Dir sei die Ehre in Ewigkeit! (4) Wie dies Brot zerstreut war auf den Bergen und nun, zusammengebracht, eins geworden ist, so werde deine Kirche zusammengebracht von den Enden der Erde in dein Reich. Denn dein ist die Herrlichkeit und die Kraft durch Jesus Christus in Ewigkeit! (5) Keiner esse und trinke aber von eurer Eucharistie außer denen, die getauft sind auf den Namen des Herrn. Denn auch hiervon gilt das Herrenwort: »Gebt das Heilige nicht den Hunden« [Mt. 7,6].

(10,1) Nachdem ihr euch gesättigt habt, sollt ihr so danksagen: (2) Wir danken dir, heiliger Vater, für deinen heiligen Namen, den du in unseren Herzen hast wohnen lassen, und für die Erkenntnis und den Glauben und die Unsterblichkeit (ἀθανασία), die du uns kundgetan hast durch Jesus, deinen Knecht (παῖς). Dir sei die Ehre in Ewigkeit! (3) Du, Herr, Allmächtiger, hast das All erschaffen um deines Namens willen, Speise und Trank den Menschen zum Genuß gegeben, damit sie dir danken. Uns aber hast du geistliche Speise und Trank und ewiges Leben geschenkt durch [Jesus], deinen Knecht. (4) Vor allem sagen wir dir Dank, daß du mächtig bist. Dir sei die Ehre in Ewigkeit! (5) Gedenke, Herr, deiner Kirche, daß du sie erlösest von allem Übel und sie vollendest in deiner Liebe, und sammle sie von den vier Winden, die [dir] geheiligt ist, in dein Reich, das du ihr bereitet hast. Denn dein ist die Kraft und die Herrlichkeit in Ewigkeit! (6) Es komme die Gnade, und es vergehe diese Welt. Hosanna dem Gott Davids [vgl. Mt. 21,9]. Ist einer heilig (ἅγιος), so trete er herzu. Ist er es nicht, so tue er Buße (μετανοείτω). Maranatha. Amen [vgl. 1. Kor. 16,22]. (7) Den Propheten aber gestattet, Dank zu sagen, sooft sie wollen.

b) Über die Ämter und Charismen in der Gemeinde (Kap. 11. 13. 15)

(11,1) Wenn einer kommt und euch all das bisher Gesagte lehrt, so nehmt ihn auf. (2) Wenn er, der *Lehrer*, sich aber selbst abkehrt und eine andere Lehre lehrt, [die] zur Auflösung [führt: vgl. Mt. 5,17], so hört nicht auf ihn. [Lehrt er] dagegen zur Mehrung der Gerechtigkeit und Erkenntnis des Herrn, so nehmt ihn auf wie den Herrn [selbst]. (3) Was aber *Propheten* und *Apostel* anlangt, so handelt gemäß dem Gebot (δόγμα) des Evangeliums [folgendermaßen:] (4) Jeder Apostel, der zu euch kommt, [werde aufgenommen wie der Herr.] (5) [Er] bleibe [aber]² nur einen Tag; nötigenfalls auch noch einen zweiten. Bleibt er aber drei [Tage], so ist er ein Falschprophet. (6) Beim Weiterziehen soll der Apostel nichts mitnehmen als Brot- vorrat bis zur [nächsten] Übernachtung. Verlangt er Geld, so ist er ein Falsch- phet. (7) Und jeden Propheten, der im Geist redet, sollt ihr weder versuchen noch prüfen [anders 1. Kor. 14; 1. Thess. 5, 20 f.; 1. Joh. 4,1; Offb. 2,2]. Denn jede Sünde wird vergeben werden, diese Sünde aber wird nicht vergeben werden [vgl. Mt. 21,31]. (8) Freilich ist nicht jeder, der im Geist redet, ein Prophet; [er ist es] nur, wenn er die Lebensart (τρόποι) des Herrn an sich trägt. An der Lebensart also wird der falsche und der echte Prophet erkannt. (9) Und jeder Prophet, der im Geist [für die Armen] einen Tisch bereiten läßt, ißt nicht selbst davon; tut er es doch, so ist er ein Falschprophet. (10) Jeder Prophet, der die Wahrheit lehrt, aber nicht tut, was er lehrt, ist ein Falschprophet. (11) Jeder Prophet, der erprobt und wahrhaftig ist und auf das kosmische Geheimnis der Kirche hin wirkt, ohne das zu tun zu lehren, was er selbst tut, soll bei euch nicht gerichtet werden. Denn das Ur- teil über ihn steht bei Gott. Ebenso haben auch die alten Propheten getan. (12) Wenn einer im Geist sagt: Gib mir Geld oder sonst etwas, hört nicht auf ihn. For- dert er aber für andere Bedrängte zu geben auf, so soll ihn niemand richten.

Folgen (Kap. 12) Bestimmungen über durchreisende Brüder, die gewährleisten sollen, daß niemand in den Gemeinden arbeitslos ist und sich unter dem Christennamen kein Schmarotzertum breitmacht.

(13,1) Jeder wahre *Prophet*, der sich bei euch niederlassen will, ist seiner Nahrung wert [Mt. 10,10; vgl. Lk. 10,7; 1. Kor. 9,13.14; 1. Tim. 5,17.18]. (2) Genau so ist ein wahrer *Lehrer*, wie jeder Arbeiter, seiner Nahrung wert. (3) Alle Erstlings- frucht von Kelter und Tenne, von Rindern und Schafen, sollst du also nehmen und als Erstlingsgabe (ἀπαρχή) dem Propheten geben. Denn sie sind eure Hohenprie- ster. (4) Habt ihr aber keinen Propheten [unter euch], so gebt [seinen Anteil] den Armen . . .
(15,1) Wählt euch nun *Bischöfe* und *Diakonen*, würdig des Herrn, gütige Männer, frei von Habsucht, wahrhaftig und bewährt. Denn auch sie leisten euch den Dienst von Propheten und Lehrern. (2) Achtet sie also nicht gering; denn sie sind eure Geehrten zusammen mit Propheten und Lehrern. (3) Weiset einander zurecht, nicht im Zorn, sondern im Frieden, wie ihr es im Evangelium findet. Und mit kei- nem, der sich wider seinen Nächsten vergangen hat, soll einer sprechen, noch soll er von euch angehört werden, bis er Buße getan hat. (4) Mit euren Gebeten, euren Almosen und allem Tun sollt ihr es so halten, wie ihr es im Evangelium unseres Herrn findet.

c) Über die Feier des Herrentages (Kap. 14)

(14,1) Am Herrentag (κυριακὴ κυρίου) sollt ihr zusammenkommen, Brot bre- chen und Dank sagen, nachdem ihr eure Übertretungen bekannt habt, auf daß euer Opfer (ϑυσία) rein sei. (2) Wer aber mit seinem Nächsten Streit hat, soll so lange nicht mit euch zusammenkommen, bis sie sich versöhnt haben, damit euer Opfer nicht entweiht werde. (3) Denn so lautet das Wort des Herrn:»An jedem Ort und zu jeder Zeit soll man mir darbringen ein reines Opfer; denn ich bin ein großer König, spricht der Herr, und mein Name ist wunderbar unter den Heiden« [Mal. 1,11.14].

Quelle: F. X. Funk – K. Bihlmeyer – W. Schneemelcher, Die apostolischen Väter, I, 1970³. – *Literatur:* A. Adam, Erwägungen zur Herkunft der Didache, ZKG 68, 1957, S. 1–47 (wieder abgedr. in: ders., Sprache und Dogma, 1969, S. 24–70); J. P. Audet, La Didachè – Instructions des Apôtres, Paris 1958 (Text, Übers., Komm., Bibliographie), und dazu B. Botte in: RHE, 1959, S. 515–523; H. de Riedmatten in: Ang, 1959, S. 410–429.
1. Zur Frage des ursprünglichen Titels s. J.-P. Audet a.a.O., S. 91 ff., 247 ff.; G. Klein, Die zwölf Apostel, 1961, S. 80–83; C. Andresen, Die Kirchen der alten Christenheit, 1971, S. 61 f.
2. Vgl. J.-P. Audet z. St.

9.   Der Bruch zwischen Synagoge und Kirche: Die 12. Benediktion des »Achtzehnbittengebetes« und das Zeugnis Justins (Dialog mit Tryphon 16,4)

Als Folge der Ereignisse des Jahres 70 n. Chr. setzte innerhalb des Judentums, ausgehend von der mit Vespasians Genehmigung gegründeten Akademie in Jamnia (Jabne), ein Regenerationsprozeß ein, in dessen Verlauf bis etwa um 100 n. Chr. durch Synodalbeschluß festgelegt wurde, was – unter Führung der pharisäischen Richtung (Schule Hillels) – fortan allein als orthodox gelten sollte. In diesem Zusammenhang wurde u. a. auch die 12. Benediktion des Schmone ᾽Esre, des rabbinischen Hauptgebetes und eines der ältesten Teile des Synagogengottesdienstes, zu einer Art »Testbitte« (C. K. Barrett) ausgestaltet, die – ähnlich wie die Anathematismen der späteren christlichen Glaubensbekenntnisse – kein Irrgläubiger nachsprechen konnte. – Die hier folgende Textform entspricht der älteren palästinischen Rezension und dürfte dem ursprünglichen Wortlaut sehr nahe kommen:

Den Abtrünnigen sei keine Hoffnung, und die freche Regierung [Rom?] mögest du eilends ausrotten in unseren Tagen, [und die Nazarener] und die Minim [Ketzer] mögen umkommen in einem Augenblick, ausgelöscht werden aus dem Buch des Lebens und mit den Gerechten nicht aufgeschrieben werden. Gepriesen seist du, Jahwe, der Freche beugt. (P. Billerbeck)

Daß auch das ›und die Nazarener [=Christen]‹, welches wohl nicht zum ursprünglichen Text gehörte, kaum allzu lange nach der Jahrhundertwende eingefügt sein wird, geht u. a. daraus hervor, daß der Apologet Justin in seinem um die Mitte des 2. Jahrhunderts verfaßten »Dialog mit Tryphon«, »unwidersprochen durch seinen rabbinischen Gesprächspartner« (C. Andresen), erklären kann (16,4):

Denn ihr [Juden] habt den Gerechten getötet [Jak. 5,6] und vor ihm seine Propheten [vgl. Jes. 57,1; 1. Thess. 2,15]. Und nun verwerft ihr die, die auf ihn hoffen, samt dem, der ihn gesandt hat, Gott, dem Allmächtigen und Schöpfer des Alls, und entehrt sie, soviel an euch liegt, indem ihr die verflucht in euren Synagogen, die an Christus glauben (καταρώμενοι ἐν ταῖς συναγωγαῖς ὑμῶν τοὺς πιστεύοντας ἐπὶ τὸν Χριστόν). Denn ihr habt nicht das Recht, selbst Hand an uns zu legen, derentwegen, die jetzt die Gewalt innehaben [sc. die Römer]; wann immer aber ihr könntet, würdet ihr auch dies tun[1].

Quellen: W. Staerk in: Altjüdische Liturgische Gebete, KlT 58, 1930²; E. J. Goodspeed, Die ältesten Apologeten, 1914. – *Übersetzung:* P. Billerbeck in: Bill. IV, S. 212 f. – *Literatur:* H. L. Strack, Jesus, die Häretiker und die Christen, 1910; M. Simon, Verus Israel, Paris 1964², S. 214 ff.; K. H. Rengstorf in: ders. – S. von Kortzfleisch, Kirche und Synagoge, I, 1968, S. 36, 52 ff.

1.   Ähnlich ist vom Synagogenbann noch die Rede Dial. 47,4; 93,4; 96,2 (Stellen nach C. Andresen a. o. [Nr. 8, A. 1] a.O., S. 93).

10.   Zur Rechtslage der Christen im römischen Reich: Der Briefwechsel zwischen Plinius und Trajan (Plinius d. J., Briefe 10, 96 f.)

In der Zeit zwischen 109 und 113 wurde Plinius d. J., berühmter Epistolograph und Panegyriker, in der außerordentlichen Stellung eines kaiserlichen Legaten »mit der Vollmacht eines Konsuls« nach Bithynien und Pontus geschickt, um dort als verläßlicher Beamter die verlotterten Zustände in Ordnung zu bringen. So kam er zum ersten Mal auch mit dem Christenproblem als Richter in Berührung. Sein in dieser Angelegenheit mit Kaiser Trajan geführter Briefwechsel bringt alles Wesentliche zu Gesicht, was sich mit einiger Sicherheit über die Rechtsgrundlagen für das Vorgehen der römischen Behörden gegen die Christen bis zur Mitte des 3. Jahrhunderts sagen läßt. Überdies enthält er den ersten uns bekannten Bericht aus heidnischem Munde über den Gottesdienst der Christen (7); wie er auch den ungewöhnlichen Missionserfolg des Christentums gerade in den von Plinius bereisten kleinasiatischen Landstrichen bezeugt.

(10,96) C. Plinius an Kaiser Trajan:
(1) Es ist meine Gewohnheit, Herrscher, alles, worüber ich im Zweifel bin, Dir vorzutragen. Denn wer könnte besser mein Zaudern lenken oder meinem Unwissen aufhelfen? An Verfahren (cognitiones) gegen Christen habe ich noch nie teilgenommen. Darum weiß ich auch nicht, was und wieweit man hier zu strafen und zu untersuchen pflegt. (2) Auch war ich mir einigermaßen unsicher, ob ein Unterschied [in der Bestrafung] aufgrund des Alters zu machen sei oder ob man ganz Junge genau so behandeln solle wie Ältere; ob ferner Reue (paenitentia) Straffreiheit (venia) bewirke oder ob es einem, der einmal Christ gewesen, gar nichts nütze, wenn er es nicht mehr ist; ob [schließlich] der bloße [Christen-] Name (nomen ipsum), auch wenn keine Verbrechen vorliegen, oder [nur] die mit dem Namen zusammenhängenden Verbrechen bestraft werden müssen. Einstweilen bin ich mit denen, die mir als Christen angezeigt wurden, folgendermaßen verfahren: (3) Ich habe sie gefragt, ob sie Christen seien. Gestanden sie, so habe ich ihnen unter Androhung der Todesstrafe ein zweites und drittes Mal dieselbe Frage gestellt; beharrten sie [bei ihrem Geständnis], so habe ich sie [zur Hinrichtung] abführen lassen. Denn ich zweifelte nicht: Was immer sie gestehen mochten, so verdienten allein schon ihre Hartnäckigkeit (pertinacia) und ihr unbeugsamer Starrsinn (inflexibilis obstinatio) Bestrafung. (4) Andere, die einem ähnlichen Wahnsinn verfallen waren, habe ich, weil sie das römische Bürgerrecht besaßen, zur Rückführung nach Rom vormerken lassen. Wie es aber zu gehen pflegt, nahmen auf das gerichtliche Einschreiten (tractatus) hin bald die Anschuldigungen zu und kamen weitere Fälle zur Anzeige. (5) Eine anonyme Anklageschrift wurde vorgelegt, die zahlreiche Namen enthielt. Die leugneten, Christen zu sein oder es je gewesen zu sein, habe ich entlassen zu können geglaubt, sobald sie, nach meinem Vorgang,

die Götter anriefen und deinem Bild, das ich mit den Götterstatuen zu diesem Zweck hatte herbeischaffen lassen, mit Weihrauch und Wein opferten, außerdem noch Christus lästerten – alles Dinge, zu denen sich, wie es heißt, überzeugte Christen niemals zwingen lassen. (6) Andere von dem Denunzianten Genannte gaben erst zu, Christen zu sein, widerriefen aber gleich darauf: sie seien es wohl [einmal] gewesen, hätten es aber [längst] wieder aufgegeben, [und zwar] manche vor drei, manche vor [noch] mehr Jahren, ein paar sogar schon vor 20 Jahren. Sie alle haben ebenfalls deinem Bild sowie den Götterstatuen gehuldigt und Christus gelästert. (7) Sie beteuerten jedoch, ihre ganze Schuld oder auch ihre Verirrung habe darin bestanden, daß sie gewöhnlich an einem festgesetzten Tag vor Sonnenaufgang sich versammelt, Christus als ihrem Gott im Wechsel Lob gesungen (quod essent soliti stato die ante lucem convenire carmenque Christo quasi deo dicere secum invicem) und sich mit einem Eid (sacramentum) verpflichtet hätten – nicht etwa zu irgendeinem Verbrechen, sondern [gerade] zur Unterlassung von Diebstahl, Raub, Ehebruch, Treulosigkeit und Unterschlagung von anvertrautem Gut. Danach sei es bei ihnen Brauch gewesen, auseinanderzugehen und [später] wieder zusammenzukommen, um ein Mahl einzunehmen, allerdings ein ganz gewöhnliches und unschuldiges; selbst das aber hätten sie nach meinem Edikt eingestellt, mit dem ich entsprechend deinen Verfügungen das Bestehen von Hetärien [Vereinen] verboten hatte. (8) Um so mehr hielt ich es für angezeigt, aus zwei Sklavinnen, sog. ›Dienerinnen‹ (ministrae [= Diakonissen!]), die Wahrheit unter der Folter herauszubekommen. Ich fand aber nichts anderes heraus als minderwertigen, maßlosen Aberglauben (superstitio). (9) Daher setzte ich das Verfahren aus, um eiligst deinen Rat einzuholen. Mir schien nämlich die Sache einer Konsultation wert, vor allem um der großen Zahl derer willen, die hierbei auf dem Spiele stehen [oder: die angeklagt sind]; sind doch zahlreiche Angehörige jeglichen Alters und Standes, auch beiderlei Geschlechts, von diesen Untersuchungen betroffen und werden es noch sein, da sich nicht allein in Städten, sondern auch über die Dörfer und das flache Land hin die Seuche dieses Aberglaubens ausgebreitet hat. Dennoch scheint es möglich, sie einzudämmen und auszurotten. (10) Fest steht jedenfalls, daß man die schon fast verödeten Tempel wieder zu besuchen beginnt, daß die regelmäßigen Opfer, die lange unterbrochen waren, wieder aufgenommen werden und das Fleisch der Opfertiere, für das es eben noch kaum mehr einen Käufer gab, überall wieder Absatz findet. Demnach ist es leicht vorzustellen, welch große Zahl von Menschen auf den rechten Weg zu bringen wäre, wenn man nur ihrer [tätigen] Reue stattgäbe.

(10,97) Trajan an Plinius:
(1) Du hast, mein Secundus, als du die Fälle derer untersuchtest, die bei dir als Christen angezeigt wurden, ein völlig korrektes Verfahren eingeschlagen. Denn es läßt sich [in der Tat] nichts allgemein Gültiges verfügen, das sozusagen als feste Norm gelten könnte. (2) Fahnden soll man nicht nach ihnen (conquirendi non sunt); wenn sie aber angezeigt und überführt werden, muß man sie bestrafen, so jedoch, daß einer, der leugnet, Christ zu sein, und dies durch die Tat, d. h. durch Vollzug eines Opfers für unsere Götter, unter Beweis stellt, aufgrund seiner Reue zu begnadigen ist, wie sehr er auch für die Vergangenheit verdächtig sein mag. Anonyme Anzeigen dürfen freilich bei keiner Anklage berücksichtigt werden. Denn das wäre ein äußerst schlechtes Beispiel und entspräche nicht dem Geist unserer Zeit (nec nostri saeculi est).

Quelle: R. A. B. Mynors, C. Plini Caecilii Secundi epistularum libri X, Oxford 1966². – *Literatur:*
W. Weber, Nec nostri Saeculi est. Bemerkungen zum Briefwechsel des Plinius und Trajan, 1922;
A. N. Sherwin – White, The letters of Pliny. A historical and social commentary, Oxford 1966;
R. Freudenberger, Das Verhalten der römischen Behörden gegen die Christen im 2. Jahrhundert, dar-
gestellt am Brief des Plinius an Trajan und den Reskripten Trajans und Hadrians, 1967; J. Speigl a. o.
[Nr. 7, A. 1] a. O., S. 58 ff.

11. Ignatius von Antiochien

Ignatius, mit dem Beinamen »der Gottesträger« (θεοφόρος), Bischof des syrischen Antiochien, ist
bald nach 110 in einer zur Betonung der römischen Orientherrschaft – wohl von Hadrian, dem damaligen Statthalter in Syrien – veranlaßten lokalen Christenverfolgung verhaftet und nach Rom verbracht
worden, wo er um 115 (?) den Märtyrertod fand. Auf dem Wege dorthin verfaßte er sieben Sendschreiben, fünf an kleinasiatische Gemeinden (Ephesus, Magnesia, Tralles, Philadelphia und Smyrna),
eines an den Bischof von Smyrna, Polykarp, und eins an die Gemeinde der Hauptstadt Rom. – Von dem
ungewöhnlichen theologischen Gehalt, der Vielfalt der in diesen Briefen angesprochenen Themen und
der sich darin überschneidenden Einflüsse und Tendenzen mag folgende Auswahl einen Eindruck geben:

a) Warnung vor der doketischen Häresie (An die Trallaner 6.7.10)
(6,1) So rufe ich euch nun zu – [nein], nicht ich, sondern die Liebe Jesu Christi:
Gebraucht nur die christliche Speise und enthaltet euch des fremden Gewächses,
d. h. der Häresie. (2) Sich mit einem Schein von Vertrauenswürdigkeit umge-
bend, mengen sie [die Häretiker] sich [sc. ihrer Lehre] Jesus Christus bei, reichen
gleichsam tödliches Gift mit Honigwein, das der Unwissende in schlimmer Lust
gern nimmt: es ist sein Tod!
(7,1) Hütet euch daher vor solchen. Das aber wird geschehen, wenn ihr euch nicht
aufbläht [vgl. 1. Kor. 4,18 f.; 5,2; 13,4] und unzertrennlich seid von [unserem]
Gott Jesus Christus, vom Bischof und den Anordnungen der Apostel.
(10) Wenn er [Christus] aber, wie einige Gottlose, d. h. Ungläubige, behaupten,
nur zum Schein gelitten hat (τὸ δοκεῖν¹ πεπονθέναι), während sie selbst nur
zum Schein existieren, wozu bin ich dann in Banden, wozu sehne ich mich dann
nach dem Kampf mit den Bestien? Umsonst also sterbe ich. Also bringe ich Lügen
vor wider den Herrn!

b) Das rechte Christusbekenntnis (An die Trallaner 9; An die Epheser 7,2)
(Trall. 9,1) Werdet darum taub, wenn jemand fern von Jesus Christus euch etwas
vorschwatzt, [ihm,] dem aus Davids Geschlecht, dem aus Maria, der wahrhaftig
(ἀληθῶς) geboren wurde, aß und trank, wahrhaftig unter Pontius Pilatus verfolgt, wahrhaftig gekreuzigt wurde und starb vor den Augen der himmlischen, irdischen und unterirdischen Mächte, (2) der auch wahrhaftig auferweckt ward von
den Toten, indem sein Vater ihn erweckte, welcher auch uns, die an ihn glauben,
nach seinem Gleichbild (κατὰ τὸ ὁμοίωμα) auferwecken wird in Christus Jesus,
fern von dem wir kein wahres Leben haben.
(Eph. 7,2) Einer [nur] ist Arzt, fleischlich sowohl wie geistlich, geboren und unge-
boren, ins Fleisch gekommener Gott, im Tode wahrhaftiges Leben, aus Maria sowohl wie aus Gott, erst leidensfähig, dann unfähig zu leiden, Jesus Christus, unser
Herr (εἷς ἰατρός ἐστιν, σαρκικός τε καὶ πνευματικός, γεννητὸς καὶ ἀγέννη-

τος, ἐν σαρκὶ γενόμενος θεός, ἐν θανάτῳ ζωὴ ἀληθινή, καὶ ἐκ Μαρίας καὶ ἐκ θεοῦ, πρῶτον παθητὸς καὶ τότε ἀπαθής, Ἰησοῦς Χριστὸς ὁ κύριος ἡμῶν).

c) Das Paradox der Jesusgeschichte (An die Epheser 18,2–19,3)

(18,2) Denn unser Gott Jesus Christus wurde von Maria nach Gottes Heilsplan im Schoße getragen, aus dem Samen Davids, aber [zugleich] aus heiligem Geist; er wurde geboren und getauft, auf daß er im Leiden [oder: durch sein Erleiden] (τῷ πάθει) das Wasser heiligte.

(19,1) Und es blieb verborgen dem Fürsten dieser Welt die Jungfrauschaft Mariens und ihr Gebären, ebenso auch der Tod des Herrn: drei laut kündende Geheimnisse, die sich unter dem Schweigen Gottes verwirklichten (τρία μυστήρια κραυγῆς ἅτινα ἐν ἡσυχίᾳ θεοῦ ἐπράχθη). (2) Wie wurden sie nun den Äonen offenbar? Ein Stern erstrahlte am Himmel, heller als alle [übrigen] Sterne [vgl. Mt. 2,2 ff.] . . .; und es herrschte Verwirrung, woher die neuartige, ihnen unvergleichliche Erscheinung rühre. (3) Die Folge war, daß alle Magie zugrunde ging, alle Fessel der Bosheit verschwand. Die Unwissenheit wurde beseitigt, die alte Herrschaft gebrochen, als Gott sich in Menschengestalt offenbarte (θεοῦ ἀνθρωπίνως φανερουμένου) zu neuem, ewigem Leben. Da nahm seinen Anfang, was bei Gott bereitet war. Von da an geriet alles in Bewegung, weil die Vernichtung des Todes im Gange war.

d) Nichts ohne den Bischof! (An die Trallaner 7,2; An die Philadelphier 7; An die Smyrnäer 8)

(Trall. 7,2) Wer sich innerhalb des Altarraumes (θυσιαστήριον) befindet, der ist rein; wer aber außerhalb des Altarraumes ist, der ist nicht rein, d. h. wer etwas ohne Bischof, Presbyterium oder Diakon tut, der ist nicht rein im Gewissen (συνείδησις).

(Philad. 7,1) Wenn mich nämlich auch einige dem Fleische nach irreführen wollten, läßt sich doch der Geist (τὸ πνεῦμα) nicht irreführen, da er von Gott ist; denn er weiß, woher er kommt und wohin er fährt [Joh. 3,8; vgl. 8,14]; und er bringt das Verborgene an den Tag. Da ich in eurer Mitte war, schrie ich mit lauter, mit Gottes Stimme: Haltet zum Bischof und zum Presbyterium und zu den Diakonen! (2) Die mich aber verdächtigten, ich redete so, weil ich von der Abspaltung (μερισμός) einiger [bereits] vorher wußte – der, in dem ich in Banden bin, ist mein Zeuge, daß ich es von menschlichem Fleisch nicht erfahren hatte. Der Geist ist's vielmehr, der verkündete: Tut nichts ohne den Bischof, bewahrt euer Fleisch als Tempel Gottes, habt die Einheit lieb und meidet die Spaltungen; werdet Nachahmer Jesu Christi [vgl. 1. Kor. 11,1], so, wie er Nachahmer seines Vater ist!

(Smyrn. 8,1) Folgt alle dem Bischof, wie Jesus Christus dem Vater [folgte], und dem Presbyterium wie den Aposteln; die Diakonen aber achtet wie Gottes Gebot! Keiner tue etwas ohne den Bischof, soweit es die Kirche betrifft. [Nur] jene Eucharistie werde als gültig anerkannt, die unter der Leitung des Bischofs oder eines von ihm Beauftragten stattfindet. (2) Wo immer der Bischof erscheint, dort soll auch die Gemeinde sein, gleichwie dort, wo Jesus Christus ist, da ist auch die katholische Kirche (ὅπου ἂν φανῇ ὁ ἐπίσκοπος, ἐκεῖ τὸ πλῆθος ἔστω, ὥσπερ ὅπου ἂν ᾖ Ἰησοῦς Χριστός, ἐκεῖ ἡ καθολικὴ ἐκκλησία). Ohne Bischof ist es weder erlaubt zu taufen, noch ein Liebesmahl (ἀγάπη) zu veranstalten; was vielmehr jener für gut befindet, das ist auch Gott wohlgefällig, auf daß alles sicher und zuverlässig sei, was ihr tut.

e) Das eucharistische Brot als »Unsterblichkeitsmedizin« (An die Epheser 20,2)

[Eph. 20,1: Wenn mich Jesus Christus durch euer Gebet würdigen wird . . ., werde ich euch in einem zweiten Schreiben . . . des weiteren aufklären . . . über den Heilsplan (οἰκονομία), der sich auf den neuen Menschen Jesus Christus bezieht . . .] (2) [Ich werde dies] zumal dann [tun], wenn der Herr mir offenbart, daß ihr, Mann für Mann und alle gemeinsam, in Gnaden zusammenkommt in *einem* Glauben und in Jesus Christus, der dem Fleische nach aus dem Geschlecht Davids stammt, dem Menschensohn und Gottessohn, um dem Bischof und dem Presbyterium mit ungeteiltem Herzen Gehorsam zu bezeigen, *ein* Brot brechend, das da ist die Arznei der Unsterblichkeit und ein Gegengift, das den Tod verhindert, vielmehr ermöglicht, fort und fort in Jesus Christus zu leben (ὅς ἐστιν φάρμακον ἀθανασίας, ἀντίδοτος τοῦ μὴ ἀποθανεῖν, ἀλλὰ ζῆν ἐν Ἰησοῦ Χριστῷ διὰ παντός).

f) Sehnsucht nach dem Martyrium (An die Römer 4 f.)

(4,1) Ich schreibe an alle Kirchen und schärfe es allen ein, daß ich freiwillig für Gott sterbe, wenn anders ihr es nicht verhindert. So bitte ich euch, daß ihr mir [euer] Wohlwollen nicht zur Unzeit erzeigt! Laßt mich den Bestien zum Fraß werden; durch sie ist es mir möglich, zu Gott zu gelangen. Gottes Weizen bin ich und werde durch die Zähne der Bestien gemahlen, um als reines Brot Christi erfunden zu werden. (2) Schmeichelt lieber den Bestien, damit sie mir zum Grabe werden und nichts von meinem Körper übriglassen . . . Dann werde ich wahrhaft ein Jünger Jesu Christi sein . . . Fleht für mich zu Christus, daß ich durch diese Werkzeuge als ein Opfer für Gott erfunden werde. (3) Nicht gebiete ich euch wie Petrus und Paulus. Sie waren Apostel, ich bin ein Verurteilter; sie waren frei, ich bin bis zu dieser Stunde ein Sklave. Wenn ich aber gelitten haben werde, dann werde ich zum Freigelassenen Jesu Christi werden und in ihm, als ein Freier, auferstehen. Jetzt aber lerne ich, als Gefesselter, nichts mehr zu begehren.

(5,1) Von Syrien bis nach Rom kämpfe ich mit Bestien, zu Wasser und zu Lande, bei Tag und bei Nacht, gefesselt an 10 Leoparden, d. h. an eine Mannschaft Soldaten, die selbst, wenn man ihnen Wohltaten erzeigt, nur [um so] bösartiger werden. Unter ihren Mißhandlungen werde ich jedoch [nur] besser geschult, bin darum aber nicht gerechtfertigt [vgl. 1. Kor. 4,4]. (2) . . . (3) Verzeiht mir; ich weiß, was mir frommt. Jetzt fange ich an, ein Jünger zu sein. Nichts Sichtbares und Unsichtbares soll sich um mich bemühen, daß ich [nur ja] zu Jesus Christus gelange . . .

g) Christentum und Sklaverei (An Polykarp 4,3)

Sklaven und Sklavinnen behandele nicht von oben herab. Doch sollen auch sie nicht aufgeblasen sein, sondern zur Ehre Gottes erst recht dienstbar [vgl. 1. Tim. 6,2], damit sie vor Gott eine [um so] bessere Freiheit erlangen. Sie sollen nicht darauf brennen, auf Gemeindekosten frei zu kommen, um nicht als Sklaven der Lüste erfunden zu werden.

Quelle: F. X. Funk – K. Bihlmeyer – W. Schneemelcher a. o. [Nr. 7] a. O. – *Literatur:* H. Schlier, Religionsgeschichtliche Untersuchungen zu den Ignatiusbriefen, 1929; Ch. Maurer, Ignatius und das Johannesevangelium, Zürich 1949; H. von Campenhausen a. o. [Nr. 7] a. O. (Register!); N. Brox, Zeuge und Märtyrer, 1961, S. 209–225.

1.   Daher die Bezeichnung »Doketismus« für jene Anschauung, nach der Christi Menschwerdung, insbesondere aber seine Passion, nur »zum Schein« geschah.

12. Aus den Lehren des Stoikers Epiktet

In der Zeit, als sich das Schwergewicht des Christentums vom palästinischen auf den griechisch-römischen Bereich verlagerte und es ihm gelang, nach und nach auch in den Bildungsschichten des römischen Reiches Fuß zu fassen, behaupteten eklektisch verfahrende Weltanschauungen das Feld; unter ihnen dominierte anfänglich noch die Stoa (griech. ›Säulenhalle‹), d. h. die nach der Stätte der Lehrvorträge ihres Gründers, Zenon von Kition (ca. 300 v. Chr.), benannte jüngste unter den vier großen athenischen Philosophenschulen, die gerade im lateinischsprachigen Raum, in der römischen Mittel- und Oberschicht (Mark Aurel!), die größte Breitenwirkung ihrer Geschichte erzielte. – Einer ihrer letzten bedeutenden Vertreter war der einstige Sklave Epiktet aus Hierapolis in Phrygien (ca. 50–120), dessen nur mündlich vorgetragene Lehren der Nachwelt – mindestens teilweise – in drei von seinem Schüler Arrian etwa ein Jahrzehnt nach seinem Tode veranstalteten Sammlungen erhalten sind: in 8 Büchern »Diatriben«, 12 Büchern »Homilien« und einem »Encheiridion« seiner wichtigsten Gedanken, das in der Spätantike und dann wieder im 16.–18. Jahrhundert ein vielgelesenes Trost- und Erbauungsbuch war.

a) Grundprinzipien stoischer Philosophie (Handbüchlein 1,1–13)
(1,1) Von allem, was ist, steht das eine in unserer Macht, das andere nicht (τὰ μέν ἐστιν ἐφ’ ἡμῖν, τὰ δὲ οὐκ ἐφ’ ἡμῖν). In unserer Macht steht: unser Vorstellen, unser Trachten, Begehren und Meiden – mit einem Wort: alles, was wir selbst [zu] bewirken [vermögen] (ὅσα ἡμέτερα ἔργα). Nicht in unserer Macht dagegen steht: unser Leib, unser Besitz, unser Ansehen, unser Wirkungskreis [›Amt‹] – kurzum: alles, was außerhalb unserer Einwirkungsmöglichkeit liegt. (2) Ferner: was in unserer Macht steht, das ist von Natur aus frei, kann weder gehindert noch gehemmt werden; was aber nicht in unserer Macht liegt, ist hinfällig, unfrei, leicht zu hindern, fremd[em Einfluß ausgesetzt] (ἀλλότρια). (3) Denke nun daran, daß du dann, wenn du das von Natur aus Unfreie für frei und das Fremde für dein eigen hältst, nur Unannehmlichkeiten haben, [nur] klagen, verwirrt sein und Göttern und Menschen Vorwürfe machen wirst; hältst du aber nur das für dein Eigentum, was wirklich dein eigen ist, das Fremde dagegen für fremd, wie es sich ja auch in Wirklichkeit verhält, so kann niemand je Zwang auf dich ausüben, niemand dir Hindernisse in den Weg legen, . . . wirst du keinen Feind haben; denn du wirst dann überhaupt keinen Schaden erleiden.

b) Die Umstände sind nichts; nur unsere Einstellung zu ihnen ist wichtig (Gespräche 1,12,17)
[Unsere Erziehung hat nicht den Zweck], die Umstände zu ändern (das ist uns weder gegeben noch nützlich); vielmehr [zielt sie darauf ab], daß wir angesichts der Umstände, wie sie nun einmal notwendigerweise sind, uns selbst in das, was geschieht, willentlich einfügen.

c) Der Mensch als ein Teil Gottes (Gespräche 2,8,11–14)
(11) Du aber bist [anders als die übrigen Geschöpfe] ein Wesen von erstrangiger Bedeutung, bist ein Stück (ἀπόσπασμα) von Gott; du hast ein Teilchen von ihm in dir selbst. Warum verkennst du [diese] deine Verwandtschaft? (12) Warum weißt du nicht, woher du stammst? Willst dessen nicht gedenken, während du issest, wer du bist, der da ißt, und wen du ernährst? Willst dessen nicht gedenken, während du Geschlechtsverkehr hast, . . . in Gesellschaft bist, dich Leibesübungen unterziehst, dich unterhältst . . .? Einen Gott trägst du mit dir herum und weißt es nicht, du Elender! . . . (14) Wenn auch nur eine Bildsäule des Gottes da-

stünde, würdest du dich nicht erkühnen, etwas von dem zu tun, was du tust. Dagegen schämst du dich nicht, dergleichen zu denken und zu tun, wo doch Gott selbst in dir gegenwärtig ist und alles sieht und hört. Wie wenig erkennst du deine Natur! Wie sehr mußt du Gott mißfallen!

d) Vom Vertrauen in die göttliche Vorsehung und von der Dankbarkeit für Gottes Gaben
(Gespräche 2,16,42 f.; 1,16,15–21)

(2,16,42) Brauche mich hinfort, [Gott,] wozu du willst. Ich bin mit dir eines Sinnes; ich bin der Deine. Gegen nichts will ich mich sträuben, was du mir ausersehen. Führe mich, wohin du willst; bekleide mich mit einem Gewand, wie du willst. Ist es dein Wille, daß ich ein Amt führe? Daß ich Privatmann sei? Daß ich in der Heimat bleibe? Daß ich in die Verbannung muß? Daß ich arm, daß ich reich sei? [Was immer es sei:] in allem werde ich dein Fürsprech vor den Menschen sein; (43) ich werde zeigen, welches die wahre Natur eines jeden Dinges ist.
(1,16,15) [Vorausgeht eine Schilderung der göttlichen Vorsehung, wie sie sich in der zweckvollen Ordnung der Natur und alles Geschaffenen bekundet.] Sind dies die einzigen Werke der Vorsehung an uns? Ja, und welche Worte reichen hin, sie gebührend zu loben . . .? Was sollten wir doch, so wir Vernunft hätten, anderes tun – gemeinsam und jeder für sich –, als Gott (τὸ θεῖον) zu loben und zu preisen und seine mannigfachen Wohltaten (χάριτες) zu verkünden? (16) Müßten wir nicht beim Pflügen und Graben, beim Essen und Trinken den Lobgesang Gottes anstimmen? »Groß ist Gott, denn er schenkte uns dies Werkzeug, die Erde zu bebauen; (17) groß ist Gott, denn er schenkte uns Hände, schenkte uns Genießen und Verdauen, Wachsen, ohne daß wir's merken, und Erquickung im Schlaf?« (18) So müßten wir singen bei jedem Werk; doch den höchsten und göttlichsten Lobgesang müßten wir dafür anstimmen, daß er uns die Kraft gab, all dies zu begreifen und richtig zu gebrauchen. (19) Nun aber, da ihr anderen großenteils verblendet seid, muß da nicht einer sein, der diesen Platz ausfüllt und für alle den Lobgesang anstimmt zu Gottes Preis? (20) Was kann ich lahmer Greis denn anderes tun, als Gott zu loben? Wäre ich eine Nachtigall, so täte ich, was die Nachtigall kann . . . Nun aber bin ich ein vernunftbegabtes Wesen; darum muß ich Gott lobsingen. (21) Das ist mein Amt; ich erfülle es und bleibe auf diesem Posten, solange es mir vergönnt ist; und euch rufe ich auf, einzustimmen in diesen selben Lobgesang.

Quelle: H. Schenkl, Epicteti Dissertationes ab Arriano digestae, BT, (1894) 1916². – *Literatur:* A. Bonhoeffer, Epiktet und die Stoa, 1890; ders., Die Ethik des Stoikers Epiktet, 1894; ders., Epiktet und das Neue Testament, 1911; J. Moreau, Epictète ou le secret de la liberté, Paris 1964.

13. Der Bar-Kochba-Aufstand von 132–135/136 (Cassius Dio, Römische Geschichte 69,12 ff.; Justin, Apologie I,31)

Über Ursachen und Verlauf der 2. jüdischen Revolte gegen Rom sind wir ungleich schlechter informiert als über den Krieg von 66–70, obwohl seit 1951 in der judäischen Wüste zahlreiche Originalfunde gemacht wurden, die von so wichtigen Details wie der Persönlichkeit und dem Wollen des Führers in diesem antirömischen Aufstand ein deutlicheres Bild vermittelten, als man es bis dahin besaß, und auch zum ersten Mal seinen eigentlichen Namen belegten: Simon ben Kosiba, genannt Bar Kochba

(›Sternensohn‹ [nach dem messianisch gedeuteten und von Rabbi Akkiba auf S. bezogenen Wort Num. 24,17]). Fest steht jedenfalls, daß es ein ernstzunehmender Krieg war, der sich längere Zeit hinzog, und sein Ausgang (bis 1948!) das Ende der nationalen Selbständigkeit Israels besiegelte. – In den Augen des griechischen Historikers Cassius Dio (um 200) in seiner »Römischen Geschichte« (69, 12 ff.) nimmt sich dieser Krieg so aus:

(12,1) Daß er [Hadrian] an Stelle der zerstörten Stadt Jerusalem eine andere aufbauen ließ, die er Aelia Capitolina nannte, und an der Stelle, wo der [70 n. Chr. niedergebrannte] Tempel des [jüdischen] Gottes stand, einen Tempel für Jupiter aufführen, beschwor einen ebenso gefährlichen wie langwierigen Krieg herauf. (2) Denn die Juden hielten es für einen Greuel, daß Ausländer ihre Stadt bewohnen und ein fremder Gottesdienst daselbst eingeführt werden sollte . . .
(13,1) Zunächst nahmen die Römer gar keine Notiz von ihnen [sc. den jüdischen Rebellen]; als aber ganz Judäa in Aufruhr war und die Juden überall auf Erden Unruhen anstifteten und zusammenströmten, auch den Römern teils geheim, teils offen vielfältigen Schaden zufügten und viele andere, auch Fremdstämmige, sich ihnen in Hoffnung auf Gewinn anschlossen[1] . . ., (2) da schickte Hadrian seine besten Feldherrn ihnen entgegen und übertrug den Oberbefehl Julius Severus, den er von Britannien zum Feldzug gegen die Juden beordert hatte. (3) Dieser wagte es nun nicht, sich mit den Feinden auf eine förmliche Schlacht einzulassen, da er ihre Menge und ihren verzweifelten Mut erkannte, ließ aber einzelne ihrer Haufen durch seine Unterbefehlshaber angreifen, schnitt sie von der Lebensmittelzufuhr ab und schloß sie ein. Auf diese Weise gelang es ihm endlich, zwar langsam, aber desto sicherer, sie zu schwächen [und] aufzureiben . . .
(14,1) Nur wenige kamen davon, 50 ihrer festesten Plätze, 985 ihrer bedeutendsten Ortschaften wurden zerstört, 580 000 kamen bei den Ausfällen und in den Schlachten um (die Zahl der durch Hunger, Seuche und Feuer Umgekommenen läßt sich nicht ausmachen), (2) so daß fast ganz Judäa zur Einöde wurde . . . (3) Aber auch die Römer hatten in diesem Kriege bedeutende Verluste, weshalb auch Hadrian in seinem Bericht an den Senat nicht, wie sonst bei Selbstherrschern (αὐτοκράτορες) üblich, die Worte vorausschickte: »Wenn ihr und eure Kinder euch wohlbefindet, so freut es mich; ich befinde mich mit dem Heer in gutem Zustand.«

Unter den Auswirkungen dieses Krieges hatten auch die Christen in Palästina zu leiden, wie Justin in seiner Apologie (I,31,6) berichtet:

Während des zu unserer Zeit tobenden jüdischen Krieges befahl nämlich Bar Kochba, der Anführer der jüdischen Abfallsbewegung, nur gegen die Christen vorzugehen, welchen er schwere Strafen auferlegte, wenn sie nicht Christus verleugneten und schmähten.

Quellen: U. P. Boissevain, Cassii Dionis Cocceiani Historiarum Romanarum quae supersunt, II, 1901; E. J. Goodspeed a. o. [Nr. 9] a. O. – *Literatur:* Y. Yadin, Bar Kochba, 1971.
1.   Wahrscheinlich Sklaven; bis zum Ende der Antike versuchten diese immer wieder, Insurrektionen und Barbareneinfälle dazu zu benutzen, um ihr Joch abzuschütteln.

14. Das Problem der Buße nach dem »Hirten« des Hermas (Gesichte 2,1,1–3; 2,2,1–7; Gebote 4,3)

Der »Hirt« ist eine (vermutlich in Rom) zwischen 140 und 150 verfaßte, aus 5 visiones (»Gesichten«), 12 mandata (»Geboten«) und 10 similitudines (»Gleichnissen«) bestehende Apokalypse, in der dem Verfasser, Hermas, die als Matrone (›Greisin‹) figurierende himmlische Kirche erscheint, um ihn über Möglichkeit, Form und Wirkung einer »zweiten« Buße nach der »ersten«, nämlich der Taufe, zu belehren. Umstritten ist, ob damit gegenüber einem älteren Rigorismus etwas völlig Neues und nur ausnahmsweise Zugestandenes verkündigt werden soll (H. Windisch) oder ob es Hermas – im Sinne »pastoraler Pädagogik« (B. Poschmann) – lediglich darum geht, »mit der Ankündigung einer letzten, nie wiederkehrenden und bald vergehenden Chance die säumigen Sünder endlich aufzuschrecken« (von Campenhausen).

(Ges. 2,1,1) Als ich um dieselbe Zeit wie im Vorjahr nach Cumae[1] wanderte, da gedachte ich im Gehen der Vision des Vorjahres [vgl. Ges. 1,1,3 ff.]; und wiederum ergriff mich der Geist [vgl. Mt. 4,1] und führte mich an denselben Ort wie im Jahr zuvor. (2) . . . (3) Als ich mich vom Gebet erhob, erblickte ich die Greisin, die ich auch im Vorjahr gesehen, vor mir, wie sie im Gehen ein Büchlein las [vgl. Offb. 10,2]. Und sie sprach zu mir: »Kannst du das den Auserwählten Gottes verkünden?« Ich antwortete ihr: »Herrin, so viel kann ich nicht behalten; doch gib mir das Büchlein zum Abschreiben.«
(2,2,1) . . . Es stand nun darin folgendes geschrieben: (2) »Deine Kinder, Hermas, haben sich wider den Herrn vergangen und ihn gelästert, auch ihre Eltern verraten . . . (3) . . . (4) Wenn du ihnen [sc. deinen Kindern wie deiner Frau] jedoch diese Worte mitgeteilt hast, die mir der Herr dir zu offenbaren befahl, dann werden ihnen die früheren Sünden, die sie begingen, vergeben werden; ebenso den Heiligen, die bis zu diesem Tage gesündigt haben, falls sie von ganzem Herzen bereuen (μετανοήσουσιν) und all die Zweifel (διψυχίαι) aus ihrem Herzen reißen. (5) Denn der Herr hat geschworen bei seiner Herrlichkeit über seine Auserwählten: ›Wenn nun, nachdem diese Frist festgesetzt ist, noch [immer] Sünde begangen wird, dann finden sie keine Rettung mehr. Denn die [Frist der] Buße hat für die Gerechten ein Ende; beendet sind die Tage der Buße für alle Heiligen. Den Heiden hingegen bleibt die Buße [sc. in der Taufe] bis zum Jüngsten Tage offen.‹ (6) Sage daher den Gemeindevorstehern (προηγούμενοι τῆς ἐκκλησίας), sie sollten ihren Wandel in Gerechtigkeit vollführen, auf daß sie im Vollmaß der Verheißungen mit großer Herrlichkeit teilhaftig werden. (7) Haltet nun aus, die ihr die Gerechtigkeit übt, und zweifelt nicht, auf daß ihr eingehen möget zu den heiligen Engeln. Selig ihr alle, die ihr der kommenden großen Trübsal standhaltet; [selig] auch die, die ihr Leben nicht verleugnen.«
(Geb. 4,3,1) [Gespräch des Hermas mit dem Hirten oder Bußengel] »Noch eins, o Herr, will ich dich fragen.« »Sprich«, erwiderte er. »Herr, ich habe von einigen Lehrern gehört, daß es keine andere Buße gebe als jene, [die uns gewährt ward,] als wir ins [Tauf-]Wasser hinabstiegen und Vergebung unserer früheren Sünden empfingen« [vgl. Hebr. 4,6 ff.; 10,26 ff.; 12,14 ff.]. (2) Spricht er zu mir: »Du hast richtig gehört. So verhält es sich auch. Denn wer Vergebung der Sünde empfing, hätte nicht mehr sündigen dürfen, sondern in Züchten leben müssen. (3) Da du aber alles ganz genau wissen willst, so will ich dir auch dies offenbaren, ohne jedoch denen, die künftig zum Glauben an den Herrn kommen werden oder jetzt [gerade] gläubig geworden sind, [damit] einen Vorwand [zum Sündigen] zu lie-

fern. Denn jenen, die [erst] jetzt gläubig geworden sind oder künftig zum Glauben kommen werden, gilt die Sündenbuße nicht; wohl aber gibt es für sie Vergebung (ἄφεσις) ihrer zuvor begangenen Sünden [in der Taufe]. (4) Denen also, die vor dieser Frist berufen wurden, hat der Herr eine Bußmöglichkeit verordnet. Wußte der Herr als »Herzenskündiger« [vgl. Apg. 1,24; 15,8] doch alles im voraus und erkannte die Schwachheit der Menschen wie die Verschlagenheit des Satans: daß dieser den Gottesknechten Böses antun und schlecht gegen sie handeln werde. (5) Da aber der Herr mitleidig ist, so erbarmte er sich über sein Geschöpf und setzte diese Buße ein; und mir hat er die [Vollzugs-]Gewalt (ἐξουσία) über diese Buße verliehen. (6) Ich sage dir indes«, sprach er: »Wenn jemand nach jener großen und heiligen Berufung [in der Taufe], vom Satan versucht, sündigt, dann hat er [diese] eine [Möglichkeit zur] Buße. So er aber immer wieder sündigt und bereut, nützt das einem solchen Menschen gar nichts; wird er doch schwerlich das Leben erlangen.« (7) Darauf ich: »Noch einmal habe ich das Leben empfangen, dadurch, daß ich das so genau von dir erfahre; denn ich weiß [nun], daß ich gerettet werde, falls ich zu meinen Sünden keine weiteren hinzufüge.« »Du wirst gerettet«, schloß er, »[du] samt allen, die so handeln.«

Quelle: M. Whittaker, Der Hirt des Hermas, GCS 48, 1967². – *Literatur:* H. Windisch, Taufe und Sünde im ältesten Christentum bis auf Origenes, 1908; B. Poschmann, Paenitentia Secunda, Theophaneia 1,1940; H. von Campenhausen a. o. [Nr. 7] a. O. (Register!); St. Giet, Hermas et les Pasteurs, Paris 1963.
1. Südwestlich von Capua; heute Cuma. Berühmt vor allem wegen der Grotte der cumäischen Sibylle (vgl. Vergil, Aeneis 3,443 f.; 6,42–44.98 f.).

15. Die »Reformation« des Markion

Markion entstammte einer christlichen Familie in Sinope (Pontus). Sein Geburts- wie sein Todesjahr sind unbekannt. Nur so viel steht fest, daß er sich – nach kurzer kirchlich-theologischer Tätigkeit in seiner kleinasiatischen Heimat, bei der er u. a. mit Polykarp von Smyrna zusammenstieß – auf eigenem Schiff (er war wie sein Vater ursprünglich Reeder) nach Rom begab, wo er sich der dortigen Christengemeinde anschloß und ihr sein beträchtliches Vermögen zur Armenpflege vermachte. Hier verfaßte er auch seine (verlorenen) »Antithesen«, wohl eine Art »Einleitung in das Neue Testament«, sowie seine Bearbeitung des von ihm als ursprünglich und unverfälscht angesehenen »apostolischen« Schrifttums. Doch muß es auch hier schon bald zu heftigen Auseinandersetzungen mit dem Klerus gekommen sein, die 144 mit seiner Exkommunikation und der Bildung einer markionitischen Gegenkirche endeten, welche bis weit in die Zeit der Reichskirche hinein neben der katholischen existierte. – Über die Antriebe und das Ergebnis seines höchst folgenreichen Unternehmens ist aus der (durchweg indirekten) Überlieferung folgendes Bild zu gewinnen:

a) Aufspaltung des Gottesbegriffes (Tertullian, Wider Markion 1,2; 4,6)
(1,2,1) Zwei Götter bringt der Mann aus Pontus bei, gleichsam als die beiden Symplegaden[1], an denen er Schiffbruch erlitten: der eine, den er nicht wegleugnen konnte, ist der Schöpfer, also unser [Gott]; der andere, den er schwerlich hat beweisen können, ist sein eigener. Den Anstoß zu diesem Hirngespinst empfing der Unglückselige aus einem ganz einfach[zu verstehend]en Abschnitt der Verkündigung des Herrn, wo – in Anwendung auf Menschen, nicht auf Götter! – das Doppelbeispiel des guten und des schlechten Baumes gebracht [und gesagt] wird, daß weder der schlechte Baum gute noch der gute schlechte Früchte bringen könne

[vgl. Lk. 6,43] . . . (2) Erschöpft nämlich vom Grübeln über das Problem des Bösen, wie es auch jetzt noch viele sind, zumal Häretiker: woher das Böse stamme
(unde malum)[2], und benommen von unmäßiger Wißbegierde (curiositas), stieß er
auf den Ausspruch des Schöpfers: »Ich bin's, der ich Unheil schaffe« [Jes. 45,7].
Und je mehr er sich . . . eingebildet hatte, daß dieser [Gott] der Urheber des Bösen
sei, um so eher deutete er den schlechten Baum mit den schlechten Früchten, d. h.
mit den Übeln, auf den Schöpfer und nahm an, daß [daneben], entsprechend dem
guten Baum mit den guten Früchten, ein anderer Gott existieren müsse. (3) Und
so entdeckte er in Christus gleichsam eine andere Heilsordnung (dispensatio): die
der ausschließlichen, reinen Güte und von der [Wesensart] des Schöpfers ganz und
gar verschieden, und hatte leichtes Spiel mit dem Beweis, daß es eine neue, fremde
Gottheit sei, die sich in seinem Christus offenbarte . . .
(4,6,1) . . . Denn das ist gewiß, all sein [exegetisches] Bemühen, vorbereitet auch
noch durch die »Antithesen«, ist auf dieses [eine] konzentriert, auf die gleiche
Weise wie die Verschiedenheit Alten und Neuen Testamentes auch dies festzustellen, daß sein Christus vom Schöpfer getrennt sei, daß er einem anderen Gott zu-
gehöre und mit Gesetz und Propheten nichts zu schaffen habe. (2) . . . (3) . . .
Markion hat [also] dekretiert, es sei zu unterscheiden zwischen dem Christus, der
zur Zeit des Tiberius von dem bis dahin unbekannten Gott offenbart worden sei
zum Heil aller Völker, und demjenigen, den der Schöpfergott dazu bestimmt
habe, das Judentum in seinen vorigen Stand zu versetzen (in restitutionem Iudaici
status) und der irgendwann einmal kommen werde. Zwischen diesen [beiden]
reißt er einen derart großen und totalen Gegensatz auf, wie er zwischen gerecht
und gut, zwischen Gesetz und Evangelium, zwischen Juden- und Christentum bestehe[3].

b) Antithetik von »Gesetz« und »Evangelium« (ebenda 1,19,4 f.)
(1,19,4) . . . Die Trennung von Gesetz und Evangelium ist Markions eigentliches
und hauptsächliches Werk (Separatio legis et euangelii proprium et principale opus
est Marcionis), und seine Schüler werden schlecht leugnen können, daß ihre höchste Autorität, durch die sie auch in diese [seine] Ketzerei eingeweiht und darin befestigt werden, eben hierauf beruht. Das aber sind Markions »Antithesen« oder
Gegenüberstellungen (contrariae oppositiones), welche darauf abzielen, die Un-
vereinbarkeit von Gesetz und Evangelium bloßzulegen, um [sodann] aus den einander widersprechenden Aussagen beider Testamente (utriusque instrumenti) die
Gegensätzlichkeit [ihrer] Götter zu beweisen. (5) Da es folglich diese Trennung
von Gesetz und Evangelium ist, die die Idee eines anderen Gottes, [des Gottes] des
Evangeliums im Gegensatz zu dem des Gesetzes, hat aufkommen lassen, so ist am
Tage: von einem Gott, der erst im Gefolge des Trennungsmanövers [Markions]
bekannt wurde, hat man vor dieser Trennung nichts gewußt; also ist er auch nicht
durch Christus offenbart worden, der [ja schon] vor dieser Trennung auftrat.
Vielmehr hat ihn Markion ersonnen, der auch die Trennung ins Werk setzte, entgegen jenem Friedenszustand zwischen Gesetz und Evangelium, wie er seit dem
Erscheinen Christi bis zu Markions Frechheit unangefochten und unerschüttert
fortexistierte und genau darin seinen Grund hatte, daß man außer dem Schöpfer
keinen anderen Gott als Gott sowohl des Gesetzes wie des Evangeliums gelten ließ.
Gegen ihn nun hat nach so langer Zeit der Mann aus Pontus die Trennung eingeführt.

c) Verwerfung des »Alten Testaments« und der allegorischen Schriftauslegung (Irenäus, Wider die Häresien 1,27,2; Tertullian, Wider Markion 3,5,4)

(Iren., W. d. H. 1,27,2) [Markion bezeichnete, schamlos und gotteslästerlich, wie er war, den Gott des Gesetzes und der Propheten als den Urheber des Bösen, den Anstifter der Kriege, unbeständig in seinen Entschlüssen und sich selbst widersprechend] Jesus dagegen stamme von jenem Vater ab, der über dem Schöpfer der Welt stehe; unter dem Landpfleger Pontius Pilatus, welcher Prokurator des Kaisers Tiberius war, sei er nach Judäa gekommen, und indem er sich denen in Menschengestalt (in hominis forma) offenbarte, die in Judäa waren, habe er die Propheten, das Gesetz und alle Werke des Gottes, der die Welt erschaffen – ihn bezeichnete er auch als Weltherrscher (cosmocrator) – aufgehoben . . .

(Tert., W. M. 3,5,4) [Auch wenn es Markion und die Seinen nicht wahrhaben wollen: Die heiligen Schriften bedienen sich außer der Typologie immer wieder auch der figürlichen Redeweise, mithilfe von Rätseln, Allegorien und Parabeln, und müssen insoweit anders interpretiert werden, als es dem Wortlaut entspricht.] Doch was verbreite ich mich länger über jene [Rede-]Weise? Deutet doch auch der Apostel der Häretiker [sc. Paulus!] die Gesetzesbestimmung, die da gestattet, dreschenden Ochsen das Maul unverbunden zu lassen [vgl. 1. Kor. 9,9 f. m. Deut. 5,25], nicht etwa auf Ochsen, sondern auf uns [Menschen] und macht [weiterhin] geltend, daß der Fels, der [Israel auf seiner Wüstenwanderung] begleitete, um [ihm] einen Trank bereitzuhalten, [niemand anders als] Christus gewesen sei [vgl. 1. Kor. 10,4 m. Num. 20,11; Deut. 8,15]; ebenso . . . läßt er den Ephesern gegenüber durchblicken, daß er [für seine Person] das, was im Anfang über den Menschen ausgesagt sei: daß er Vater und Mutter verlassen werde und die beiden zu einem Fleisch würden, auf Christus und die Kirche beziehe [vgl. Eph. 5,31 f.].

d) Kritik der christlich-»apostolischen« Überlieferung (Tertullian, Wider Markion 1,20,1 f.)

(1,20,1) . . . Sie [die Markioniten] behaupten . . ., Markion habe mit seiner Trennung von Gesetz und Evangelium weniger eine Neuerung der Glaubensregel (regula) eingeführt, als vielmehr deren frühere Verfälschung rückgängig gemacht. O du allergeduldigster Herr Christus, der du die Verdrehung deiner Verkündigung so viele Jahre solltest hingenommen haben, bis dir – man denke! – ein Markion zu Hilfe kam! (2) Denn selbst Petrus und die übrigen, Säulen des Apostelamtes, so wenden sie ein, mußten sich von Paulus bereits rügen lassen, weil sie sich nicht geradewegs auf die Wahrheit des Evangeliums zubewegten . . .

e) Markions »Neues Testament« (Epiphanius, Arzneikasten 42,9)

(9,1) . . . Dieser [Markion] behält ja als einziges Evangelium das nach Lukas bei, [allerdings] auch dieses [bereits] am Anfang verstümmelt wegen der [dort bezeugten] Empfängnis des Heilands und seiner Ankunft im Fleisch (ἔνσαρκος παρουσία). (2) Aber nicht genug damit, daß er – sich selber mehr noch beschmutzend als das Evangelium – den Anfang ausgelassen; nein, er hat auch vom Ende und aus der Mitte vieles verstümmelt von den Worten der Wahrheit; anderes wiederum hat er dem, was geschrieben steht, hinzugefügt. Das also ist die Art, wie er als einziges das Lukasevangelium benutzte! (3) Es gibt bei ihm jedoch auch zehn Briefe des heiligen Paulus, die er als einzige [kanonische Briefe anerkannt und] benutzt hat. Allerdings fand nicht alles, was in ihnen geschrieben stand, bei ihm Verwendung;

sondern einige Kapitel verstümmelte, andere änderte er. Dies sind die beiden Bücher [= Teile des neutestamentlichen Kanons Markions], deren er sich bediente . . . (4) Ausgesondert wurden bei ihm folgende Briefe: 1. der Galater-, 2. der [1.] Korinther-, 3. der zweite Korinther-, 4. der Römer-, 5. der [1.] Thessalonicher-, 6. der zweite Thessalonicher-, 7. der Epheser-, 8. der Kolosser-, 9. der Philemon- und 10. der Philipperbrief . . .

f) Markions Galaterbrief nach der Rekonstruktion A. von Harnacks[4]

Gal 1,1

(Nach Nestle)	(Nach Markion)
Paulus, Apostel, nicht von Menschen, auch nicht durch Menschen, sondern durch Jesus Christus und Gott, den Vater, der ihn auferweckt hat von den Toten	Paulus, Apostel, nicht von Menschen, auch nicht durch Menschen, sondern durch Jesus Christus, der sich selbst auferweckt hat von den Toten

Gal. 3,6–9

[Perikope über Abrahams Glauben und Abrahams Segen]	[Fehlte bei Markion]

Gal. 3,15–25

[große Ausführung über das Testament, Abraham und das Gesetz]	[Fehlte bei Markion]

Gal. 4,24–26

(24) Und das [sc. was geschrieben steht von Abraham und seinen Söhnen, dem von der Sklavin und dem von der Freien] ist allegorisch zu verstehen. Diese [Frauen] bedeuten nämlich zwei Bundschlüsse: der eine vom Berg Sinai, der zur Knechtschaft gebiert, das ist Hagar. (25) Denn das Wort Hagar bedeutet den Berg Sinai in Arabien, entspricht aber dem jetzigen Jerusalem; ist dieses doch dienstbar mit seinen Kindern. (26) Das obere Jerusalem dagegen ist eine Freie, und das ist unsere Mutter.	(24) Und das ist allegorisch zu verstehen. Diese sind nämlich die beiden Schaustellungen[5]; die eine ist die vom Berg Sinai, die zur Synagoge der Juden, gemäß dem Gesetz, in die Knechtschaft gebiert. [V. 25 fehlte bei Markion] (26) [Text unsicher] Die andere aber gebiert, erhaben über alle Herrschaft und Macht und Gewalt und über jeden Namen, der je genannt wird – nicht nur in diesem, sondern auch im kommenden Äon [vgl. Eph. 1,21!] –, in Hinsicht auf welche wir uns zu einer heiligen Kirche bekannten[6], und das ist unsere Mutter.

Quellen: Ae. Kroymann, Q. S. Fl. Tertulliani Adversus Marcionem, in: CChr 1,1954; W. W. Harvey, Sancti Irenaei . . . ll. quinque adv. Haereses, I, Cambridge 1857; K. Holl, Epiphanius (Ancoratus und Panarion), II, GCS 31, 1922. – *Literatur:* A. von Harnack, Markion. Das Evangelium vom fremden Gott, (1921) 1924² (Nachdr. 1960); H. von Campenhausen, Die Entstehung der christlichen Bibel, 1968 (= BHTh 39), S. 174 ff.; K. Rudolph, Gnosis und Gnostizismus, ThR 37, 1972, S. 358 ff.; B. Aland, Marcion – Versuch einer neuen Interpretation, ZThK 70, 1973, S. 420–447.

1. Die »zusammenschlagenden« Felsen, die nach der Argonautensage, dank Phineus' gutem Rat, die Argonauten mit knapper Not durchfahren konnten – eine Anspielung auf Markions Durchfahrt durch den Bosporus auf seiner Reise nach Rom.

2. Vgl. dazu etwa Augustin, Bekenntnisse 7,5,7.

3. Zu den im engeren Sinne »christologischen« Konsequenzen, die sich aus Markions Aufspaltung des Gottesbegriffes ergaben, s. z.B. Tertullian, Wider Markion 3,8,2: »[Bei Markion feiert die alte doketische Leugnung der Erscheinung Christi im Fleisch – vgl. 1. Joh. 2,18 f. u. ö. – fröhliche Urständ. Allerdings war sie einst nicht darauf gemünzt, die Behauptung eines anderen Gottes im Unterschied zum Schöpfer zu rechtfertigen, sondern einfach so gemeint, daß ein »Gott im Fleisch« unmöglich sei.] Um so eher hat der Antichrist Markion das Hirngespinst aufgegriffen; bot er doch die besseren Voraussetzungen zur Leugnung der körperlichen Substanz Christi, sofern er nämlich aufgebracht hatte, sein

Gott habe weder das Fleisch erschaffen, noch werde er es auferwecken, er, der auch in dieser Hinsicht Inbegriff der Güte und vom Lug und Trug des Schöpfers weltenweit verschieden sei. Um deshalb nicht zu lügen und zu betrügen und somit womöglich für den [Christus] des Schöpfers gehalten zu werden, war sein Christus nicht der, der er zu sein schien . . .: Fleisch, und doch wieder nicht Fleisch; Mensch, und doch wieder nicht Mensch; ebenso, glaube ich, Gott, und doch wieder nicht Gott!«

4.   A. von Harnack a. a. O., S. 67* ff.

5.   Tertullian, auf den sich hier Harnacks Rekonstruktionsversuch stützt, las in dem markionitischen Bibelkodex, dem er folgte, ›ostensiones‹ (= griech. ἐπιδείξεις oder ἐνδείξεις o. ä.).

6.   Tertullian: in quam repromisimus sanctam ecclesiam.

16.   Aus dem »2. Klemensbrief«

Nach und neben dem Schreiben der römischen an die korinthische Gemeinde (s. oben Nr. 7) ist Klemens von Rom, der Hermas (Ges. 2,4,3) zufolge für den auswärtigen Schriftverkehr der römischen Gemeinde zuständig war, eine Fülle weiterer Schriften zugeschrieben worden, darunter, als »2. Klemensbrief«, eine Homilie, die älteste uns erhaltene christliche Gemeindepredigt, die von ihrem Verfasser dazu bestimmt war, im Gemeindegottesdienst nach der Schriftlektion verlesen zu werden (vgl. 19,1). Ihre Abfassungszeit ist ebenso unbekannt wie ihr Abfassungsort. Doch passen die in ihr vorausgesetzten Gemeindeverhältnisse in die Zeit um die Mitte des 2. Jahrhunderts. – Hier sei nur der Anfang der Predigt mitgeteilt, als eine klassische Formulierung des Anliegens der Gemeindefrömmigkeit:

(1,1) Ihr Brüder, so müssen wir über Jesus Christus denken wie über Gott (οὕτως δεῖ ἡμᾶς φρονεῖν περὶ Ἰησοῦ Χριστοῦ, ὡς περὶ θεοῦ)[1], wie über den »Richter der Lebendigen und der Toten« [vgl. Apg. 10,42; 2.Tim. 4,1; 1.Petr. 4,5]. Und wir dürfen über unser Heil nicht gering denken. (2) Denn so wir es gering achten, hoffen wir auch, nur Geringfügiges zu empfangen . . .; wir versündigen uns, wenn wir uns nicht bewußt sind, woher, von wem und zu welcher Stätte wir berufen wurden und was alles Jesus Christus auf sich nahm, für uns zu leiden. (3) Welchen Lohn oder welch würdige Frucht werden wir ihm [Christus] wiedererstatten für das, was er für uns getan? . . . (8) Berief er uns doch, die wir nicht waren, und wollte, daß wir aus dem Nichtsein zum Sein gelangten [vgl. Röm. 4,17; 1. Kor. 1,28].

Quelle: F. X. Funk – K. Bihlmeyer – W. Schneemelcher a. o. [Nr. 7] a. O. – *Literatur:* J. Rendel Harris, The Authorship of the so-called second epistle of Clement, ZNW 23, 1924, S. 193–200; G. Krüger, Bemerkungen zum 2. Klem., Studies in Early Christianity, hg. v. S. J. Case, 1928, S. 417–439; B. Poschmann a. o. [Nr. 14] a. O., S. 124 ff.; C. Stegemann, Über die Entstehung des sogenannten 2. Klemensbriefes, Theol. Diss. Bonn 1972.
1.   Vgl. das Zeugnis des Plinius, Briefe 10,96,7 (oben Nr. 10).

17.   Kaiserlicher Entscheid zugunsten der Sklaven (Justinian, Institutionen 1,8,2)

Das Ende der Bürgerkriege unter Augustus und der weitgehende Verzicht seiner Nachfolger auf Eroberungspolitik hatten auch zur Folge, daß die Zahl der Kriegsgefangenen und damit (allmählich) auch die der Sklaven sich verminderte. Hinzu kamen außer zahlreichen Freilassungen, namentlich von

Haus- bzw. (aus Prestigegründen gehaltenen) Luxussklaven, Strukturänderungen der Agrarwirtschaft von den marktwirtschaftlich organisierten Großbetrieben (Latifundien) zur Parzellenwirtschaft mit Kleinpächtern, die bewirkten, daß mehr und mehr »Kolonen«, also freie oder auch grundhörige Bauern, an die Stelle der Sklaven traten, wenn dieser Kolonat auch meist nur eine raffiniertere Form der Sklaverei darstellte. Dagegen blieb die Sklavenarbeit die Grundlage für den Betrieb der riesigen kaiserlichen Domänen und der in kaiserlichem Besitz befindlichen Handwerks- und Bergbauunternehmen sowie für die kaiserliche Hofhaltung. – Doch waren die Kaiser nicht nur die größten Sklavenhalter der Spätantike. Vielmehr trugen sie auch für den Ausbau des Sklaven*rechts* Sorge, und das, wie es scheint, vor allem aus zwei Gründen: Einmal war dem immer unlösbarer werdenden Problem der Sklavenflucht, die in dem Mangel an Arbeitskräften ihre objektive Bedingung hatte, nicht länger ausschließlich mit der Verhängung drakonischer Strafen beizukommen. Zum andern übte die stoische Philosophie einen humanisierenden Einfluß aus, die entgegen der Lehre des Aristoteles (Politik 1,5), daß die Menschen von Natur aus entweder Freie oder Sklaven seien, den naturrechtlichen Grundsatz von der Gleichheit aller Menschen qua Vernunftwesen vertrat[1], ohne daraus allerdings irgendwelche die antike Gesellschaftsordnung revolutionierenden Konsequenzen zu ziehen. – Von daher versteht sich auch etwa folgendes Reskript des Kaisers Antoninus Pius (138–161) an den Prokonsul des baëtischen Spanien, Aelius Marcianus, das noch die im 6. Jahrhundert in kaiserlichem Auftrag mit der Kodifizierung des römischen Rechts befaßten Juristen der Aufnahme in ihre unter Justinians Namen veröffentlichten »Institutionen«, eine einführende Darstellung des Rechtsstoffes, für wert erachteten:

Zwar gehört es sich, daß die Gewalt der Herren ihren Sklaven gegenüber unvermindert ist und daß keinem Menschen sein gesetzmäßiges Recht entzogen werde. Doch es liegt auch im Interesse der Herren, daß denen, die aus berechtigten Gründen um Gnade bitten, nicht die Hilfe verweigert wird gegen Grausamkeit, Hunger oder unerträgliches Unrecht. Daher stelle eine Untersuchung an über die Beschwerde derer aus dem Gesinde des Iulius Sabinus, die bei meiner Statue Schutz gesucht haben[2]. Und wenn du feststellst, daß sie entweder härter gehalten wurden, als es billig ist, oder ihnen schändliches Unrecht geschah, so befiehl, sie zu verkaufen, so daß sie nicht wieder in die Gewalt des Sabinus geraten. Sollte dieser meine Anordnung zu hintergehen versuchen, so soll er wissen, daß ich sein Vergehen härter verfolgen werde[3].

Quelle: P. Krüger – Th. Mommsen – R. Schoell – G. Kroll, Corpus iuris civilis, I, 1954[16]. – *Literatur:* R. H. Barrow, Slavery in the Roman Empire, London 1928; E. M. Schtajerman, Die Krise der Sklavenhalterordnung im Westen des römischen Reiches, deutsch 1964; W. W. Buckland, The Roman Law of Slavery, (Cambridge 1908) Nachdr. New York 1969; H. Bellen, Studien zur Sklavenflucht im Römischen Kaiserreich, Forsch. z. ant. Sklaverei 4, 1971.
1. Vgl. dazu bes. Seneca, Moral. Briefe 47; ders., »Über das Wohltun« 3,22; Eratosthenes bei Strabo I,66; Philo von Alexandrien, De septen. et fest. diebus (p. 283, vol. II Mang.): Ἄνθρωπος γὰρ ἐκ φύσεως δοῦλος οὐδείς.
2. Zur Entwicklung der römischen Ausprägung des Asylschutzes (confugere ad statuam) und des Beschwerderechts der Sklaven s. H. Bellen a. a. O., S. 64 ff.
3. Vgl. auch den Brief des Kaisers Septimius Severus an den Stadtpräfekten Fabius Cilo (Justinian, Digesten 1,12,11) aus den ersten Jahren des 3. Jahrhunderts. Zur Tragweite solcher rechtlicher Bestimmungen ist immerhin zu beachten, daß noch Konstantin sich genötigt sah, ausdrücklich zu verbieten, daß man Sklaven aufhänge, vergifte, langsam verbrenne, verschmachten oder verfaulen lasse (Cod. Theod. 9,12,1 vom 11. Mai 319)!

18. Der Montanismus

Der Montanismus oder die »neue Prophetie«, wie wahrscheinlich die Selbstbezeichnung lautete, ist eine nach Montanus, einem ihrer Gründer, benannte enthusiastische Erneuerungsbewegung, die, aus unbekannten Gründen (vielleicht im Gefolge einer lokalen Christenverfolgung) plötzlich, und zwar um 156/157 (andere Datierung: 171), in Phrygien – daher auch »(kata-)phrygische« Sekte genannt – entstanden, rasch auf das übrige Kleinasien und schließlich auch auf Gallien, Rom und Nordafrika übergriff und mindestens noch im 3. Jahrhundert über einen beträchtlichen Anhang und eine festgefügte Gemeindeorganisation außerhalb der catholica verfügte.

a) Die Entstehung des Montanismus nach dem antimontanistischen Anonymus bei Euseb (Kirchengeschichte 5,16,6–10)

(16,6) . . . Ihr Auftreten wie ihre jüngst erfolgte häretische Abspaltung von der Kirche hatte folgenden Grund: (7) Im phrygischen Mysien soll es ein Dorf geben namens Ardabau. Dort soll, wie es heißt, ein Mann mit Namen Montanus – einer von denen, die erst jüngst zum Glauben bekehrt worden waren – zur Zeit, als Gratus das Prokonsulat in der Asia innehatte, in unbändigem Verlangen nach der Führung [in der Gemeinde] dem Widersacher bei sich Zutritt gewährt haben, so daß er, vom [satanischen] Geist ergriffen, plötzlich in Verzückung und außer sich geriet und dabei ekstatische, unverständliche Laute ausstieß und in einer Weise zu prophezeien begann, die dem alten, durch Tradition und Sukzession verbürgten Herkommen (τὸ κατὰ παράδοσιν καὶ κατὰ διαδοχὴν ἄνωθεν τῆς ἐκκλησίας ἔθος) offenkundig widersprach. (8) Unter denen, die damals seine illegitimen [nicht vom Hl. Geist gewirkten] Aufschreie hörten, wandten sich zwar die einen voller Unwillen gegen ihn als einen verrückten, vom Dämon besessenen, im Geist des Irrtums befangenen und die Menge verwirrenden Menschen, bedrohten ihn und suchten ihn am Sprechen zu hindern, dessen eingedenk, daß der Herr die Unterscheidung [der Geister] (διαστολή) geübt und gewarnt hatte, beim Auftreten der Falschpropheten ja wachsam und auf der Hut zu sein [vgl. Mt. 7,15]. Andere aber ließen sich durch ihn verführen, als spräche aus ihm ein heiliger Geist und als besäße er ein prophetisches Charisma, waren besonders aufgeblasen und vergaßen die Unterscheidung des Herrn; von ihm betört und irregemacht, forderten sie den blödsinnigen, schmeichlerischen, volksverführerischen Geist [sogar noch] heraus, sich ja nicht zum Schweigen bringen zu lassen. (9) Durch eine List also oder vielmehr, indem er sich derart böser Schliche bediente, setzte der Teufel das Verderben der Ungehorsamen ins Werk und erregte und entflammte . . . ihren eingeschläferten und vom Glauben abgekehrten Sinn also, daß er auch noch zwei Frauen [sc. Prisca und Maximilla] erweckte und mit dem[selben] falschen Geist erfüllte, so daß auch sie gleich dem genannten [Montanus] unsinniges, unpassendes, fremdartiges Zeug daherredeten. Während nun der Geist [des Montanus] diejenigen, die sich seiner freuten und stolz auf ihn waren, seligpries und sie durch die Größe seiner Verheißungen aufgeblasen machte, hin und wieder allerdings auch in [scheinbar] treffsicherer und Vertrauen erweckender Weise auf den Kopf zu ein Verdammungsurteil fällte, um sich den Anschein zu geben, als sei er zu überführen fähig (und doch waren es nur wenige Phryger, die sich täuschen ließen) . . ., (10) kamen die Gläubigen im asiatischen Bereich häufig und vielerorts in Asien zusammen, prüften die neuen Lehren, entlarvten ihre Gemeinheit und verwarfen die Häresie. Auf diese Weise wurden sie [sc. die Montanisten] der Kirche verwiesen und von der [Abendmahls-]Gemeinschaft (κοινωνία) ausgeschlossen.

b) Sprüche des Montanus (Epiphanius, Arzneikasten 48, 4.10)

(48,4,1) [Der Geist spricht aus Montanus also:] Siehe, der Mensch ist wie eine Leier, und ich fliege herzu wie der Schlegel; der Mensch schläft, und ich wache. Siehe, der Herr ist es, der die Herzen der Menschen erregt [in Ekstase versetzt] und gibt den Menschen ein [neues] Herz [vgl. Jer. 24,7; Ez. 36,26].

(48,10,3) . . . Was nennst du den, der größer ist als Menschen, einen Geretteten? Sagt doch [der Geist]: Der Gerechte wird hundertmal heller glänzen als die Sonne, die »Kleinen« unter euch [aber], die gerettet werden, hundertmal heller als der Mond [vgl. Mt. 13,43].

c) Vision der Prophetin Prisca (ebenda 49,1)

Christus kam zu mir . . . in Gestalt einer Frau und in leuchtendem Gewand und legte in mich seine Weisheit und offenbarte mir, daß dieser Ort [sc. Pepuza in Phrygien] heilig sei und hierhin das himmlische Jerusalem herabkommen werde.

d) Spruch der Prophetin Maximilla (ebenda 48,13,1)

Der Herr hat mich gesandt als Anhänger, Verkünder und Dolmetscher dieser Mühsal [des Martyriums?], dieses Bundes und dieser Botschaft, die Erkenntnis Gottes zu lernen; ich muß es, ob ich will oder nicht.

Quellen: E. Schwartz a. o. [Nr. 6] a. O.; K. Holl a. o. [Nr. 15] a. O. – *Literatur:* P. de Labriolle, La crise montaniste, Paris 1913; W. Schepelern, Der Montanismus und die phrygischen Kulte, 1929; K. Aland, Kirchengeschichtliche Entwürfe, I, 1960, S. 105 ff., 143 ff.; H. von Campenhausen a. o. [Nr. 15] a. O., S. 257 ff.

19. Die Mysterien der Isis nach den »Metamorphosen« des Apuleius von Madaura

Hatte es schon in klassischer Zeit, in Griechenland wie in Rom, nicht an Strömungen gefehlt, die außerhalb der offiziellen, sozial und politisch festgelegten Ordnung religiöse Anliegen verfolgten, so griffen diese in der Zeit des Hellenismus immer weiter um sich. Die Zeit der sog. (orientalischen) »Mysterienreligionen« war gekommen. – Eins der wichtigsten Zeugnisse, auf denen heutzutage ihre Kenntnis beruht, ist der Roman »Verwandlungen oder Der goldene Esel« des aus Nordafrika stammenden Rhetors und Wanderlehrers Apuleius aus Madaura (geb. um 125 n. Chr.). Darin beschreibt der Autor, der sich selbst in zahlreiche Mysterienkulte hatte einweihen lassen, im letzten Buch ausführlich, welche Stationen sein Held, Lucius, durchlaufen mußte, um dem blinden »Schicksal« seiner Verwandlung in einen Esel zu entrinnen und in der persönlichen Begegnung mit der ägyptischen Kultgöttin Isis und in ihrem »heiligen Kriegsdienst« Erlösung zu finden.

a) Isis als Allgottheit (Metamorph. 11,5,1–3)

(11,5,1) [Auf die Bitte des Lucius hin, ihm seine Menschengestalt zurückzugeben, erscheint ihm die Göttin im Traum.] Da bin ich, Lucius, durch dein Gebet gerührt, ich, Allmutter Natur, Beherrscherin aller Elemente, erstgeborenes Kind der Zeiten, höchste der Gottheiten, Königin der Totengeister, erste der Himmlischen, ich, die ich in mir aller Götter und Göttinnen Erscheinung in einer Gestalt vereine (deorum dearumque facies uniformis)[1], . . . deren einzigartiges Walten (numen unicum) unter so vielfältiger Erscheinungsform, so mannigfachem Brauch und so vielerlei Namen der ganze Erdkreis verehrt. (2) Dort heiße ich den Erstgeborenen der Menschen, den Phrygern, pessinuntische Göttermutter, hier den Attikern, Urbewohnern ihres Landes, kekropische Minerva; den meerumschlungenen Zyprern paphische Venus; den pfeiltragenden Kretern diktynnische Diana; den dreisprachigen Siziliern stygonische Proserpina; den Eleusinern Altgöttin Ceres. Andere nennen mich Juno, andere Bellona; diese dort Hekate, jene Rhamnusia. Sie aber, welche die göttliche Sonne (deus Sol [eigentlich also: »der Sonnengott«])[2] beim Aufgehen mit ihren ersten Strahlen erleuchtet, die Äthiopier beider Länder[?], und die Ägypter, durch uralte Weisheit ausgezeichnet und durch eigene Bräuche mich ehrend, sie rufen mich mit meinem wahren Namen an: Königin Isis.

b) Preis der Isis (ebenda 11,15,3–5)

(11,15,3) [Spruch des Isispriesters] . . . Nun [nach vieler und mannigfacher Mühsal, umhergetrieben von mächtigen Stürmen des Schicksals] bist du in die Obhut des Schicksals genommen, aber eines sehenden, das mit dem Glanz seines Lichtes auch die übrigen Götter erleuchtet. (4) Mach nun ein fröhliches Gesicht, wie es deinem weißen Kleid (candidus habitus)[3] entspricht, begleite den Festzug (pompa) der Erlösergottheit (dea sospitatrix) mit frohlockendem Schritt . . . (5) Doch auf daß du sicherer und besser geschirmt seist, laß dich für diesen heiligen Kriegsdienst (sancta militia)[4] anwerben, zu dem du auch vor kurzem vereidigt wurdest (cuius non olim sacramento . . . rogabaris); weihe dich schon jetzt dem Gehorsam gegen unsern Religionsdienst (obsequium religionis nostrae) und nimm freiwillig das Joch der Dienstbarkeit auf dich. Denn wenn du begonnen hast, ein Knecht der Gottheit zu sein, wirst du erst recht die Frucht der Freiheit schmecken.

c) Die Weihe des Mysten (ebenda 11,23,4–24,5)

(11,23,4) [Nach vielerlei Vorbereitungen, unter rituellen Reinigungen und zehntägigem Fasten] war [endlich] der Tag [der Einweihung (teleta = griech. τελετή)] da, der mir durch göttlichen Termin bestimmt war; und die Sonne neigte sich und brachte den Abend herbei. Da, schau, strömen von allen Seiten die Scharen herbei und ehren mich nach altem religiösem Brauch, Mann für Mann, mit mancherlei Geschenken. (5) Darauf werden alle Uneingeweihten (profani) weit entfernt, ich werde mit einem Gewand aus rohem Leinen angetan, und der Priester faßt mich bei der Hand und führt mich in das Innere des Heiligtums. (6) – Du fragst mich vielleicht ziemlich ängstlich, eifriger Leser, was dann gesprochen wurde, was nun geschah. Ich würde es dir sagen, wenn ich es sagen dürfte; du würdest es erfahren, wenn es dir zu hören erlaubt wäre. Allein, gleich hart würden Ohren und Zunge zu büßen haben für unbedachte Wißbegier (curiositas). (7) Doch will ich dein womöglich frommes Verlangen nicht länger auf die Folter spannen. (8) So höre denn, aber glaube; es ist wahr! Ich bin dem Grenzbereich des Todes genaht, und nachdem ich Proserpinas Schwelle niedergetreten, habe ich alle Elemente durchfahren und bin dann zurückgekehrt. Mitten in der Nacht sah ich die Sonne in blendend weißem Licht leuchten, nahte den unteren und oberen Göttern von Angesicht zu Angesicht und betete sie aus nächster Nähe an. (9) Sieh, nun habe ich dir berichtet. Du hast es zwar gehört; aber trotzdem verstehst du es notwendigerweise nicht. So will ich dir denn erzählen, was allein, ohne daß man sich versündigt, den Uneingeweihten zur Kenntnis gebracht werden kann.

(24,1) Es war früher Morgen [inzwischen] geworden; da trat ich nach Vollendung der heiligen Handlung (perfectis sollemniis) [aus dem Adyton des Tempels] heraus, durch zwölffache Stola geweiht . . . (4) In meiner Rechten trug ich eine flammende Fackel, und mein Haupt zierte ein Palmenkranz, dessen schimmernde Blätter wie Strahlen hervorragten. Nachdem ich so, als Bild der Sonne ausgeschmückt, einer Bildsäule gleich da stand, wurde plötzlich der Vorhang weggezogen, und das Volk strömte herzu, mich zu schauen. (5) Hierauf beging ich meinen festlichen Geburtstag als Eingeweihter (festissimus natalis sacrorum)[5].

d) Dankgebet des Mysten (ebenda 11,25,1–6)

(25,1) Du heilige, beständige Erlöserin (sospitatrix) des Menschengeschlechts, die du stets den Sterblichen gewogen und wohltätig bist, die süße Zärtlichkeit einer Mutter erzeigst du den Elenden in ihrem Leid. (2) Es vergeht kein Tag und keine Nachtruhe, ja nicht einmal ein kurzer Augenblick ohne deine Wohltaten (beneficia), ohne daß du zu Wasser und zu Lande die Menschen beschirmtest . . . und deine helfende Hand ausstrecktest, mit der du die unentwirrbar verflochtenen Fäden des Verhängnisses (fata) wieder aufdrehst, die Stürme des Schicksals (Fortuna) beschwichtigst und den schädlichen Lauf der Gestirne[6] hemmst. (3) . . . Dir antworten die Gestirne, kehren wieder die Jahreszeiten, jubeln die Götter, dienen die Elemente . . . (5) Ich aber bin zu schwach an Geist, dein Lob zu singen, . . . Auch steht mir weder der Reichtum der Sprache zu Gebote, um auszusagen, was ich von deiner Majestät fühle, noch ein tausendfacher Mund . . .[7] (6) Also will ich, was ein Frommer (religiosus), im übrigen jedoch Armer vermag, zu erreichen trachten: Dein göttliches Antlitz und dein allerheiligstes Walten will ich stets im geheimen Innern meines Herzen bewahren und mir vor Augen halten.

Quelle: R. Helm, Apuleius. Metamorphosen oder Der goldene Esel, lat.-dt., 1970[6]. – *Literatur:* M. Dibelius, Die Isisweihe bei Apuleius, SHAW. PH 1917, H. 4; A. D. Nock, Conversion, Kap. IX, Oxford (1933) Nachdr. 1969; A. J. Festugière, Personal Religion among the Greeks, (1954) London 1960, S. 68 ff.; H. Krämer, Die Isisformel des Apuleius (Met. XI 23,7) – eine Anmerkung zur Methode der Mysterienforschung, Wort und Dienst NF 12, 1973, S. 91–104.

1.   Klassische Formulierung jenes religiösen Synkretismus oder auch pantheistischen Monismus, wie er, soweit wir wissen, für alle orientalischen Mysterienkulte kennzeichnend war. Vergleicht man damit das oben Nr. 1 f. über das Wesen der altrömischen Religion Mitgeteilte, so begreift man, wie stark – zumindest in Rom selbst – der Widerstand der Behörden gegen das Vordringen dieser Kulte sein mußte!

2.   Über den Sonnenkult und seine Wandlungen von den frühesten Bezeugungen im Vorderen Orient über die Sonnentheologie als ein Stück der Gebildetenreligion in der frühen Kaiserzeit bis hin zur Verehrung des »Unbesieglichen Sonnengottes« (Sol Invictus) als des Gottes der Kaiser und des Reiches gegen Ende der heidnischen Antike unterrichtet jetzt in geraffter Form H. Doerrie, Die Solar-Theologie in der kaiserzeitlichen Antike, Kirchengeschichte als Missionsgeschichte I, 1974, S. 283–292.

3.   Vgl. damit das weiße Taufkleid, das »Gewand der Gerechtigkeit«, das nach dem Heraufsteigen aus der Taufe angelegt wurde.

4.   Zu den christlichen Entsprechungen vgl. noch immer vor allem A. Harnack, Militia Christi, (1905) Nachdr. 1963.

5.   sacra = griech. μυστήρια; vgl. hierzu das christliche Verständnis der Taufe als »Wiedergeburt«.

6.   Zum Gedanken des Gestirnfatalismus, der εἱμαρμένη, und seinem Einfluß in der Antike s. etwa D. Amand, Fatalisme et liberté dans l'antiquité grecque, Louvain 1945.

7.   Vgl. EKG 238,1.

20. Literarische Polemik wider das Christentum (Fronto von Cirta [?] bei Minucius Felix, Octavius 8,3–10,2)

Damit, daß das Christentum anfangs vornehmlich in den Unterschichten Eingang fand [vgl. 1. Kor. 1,26 ff.] und es zudem für Außenstehende meist nur als Absonderung innerhalb des Judentums in Erscheinung trat, wird es zusammenhängen, daß es lange Zeit brauchte, ehe nicht nur die römischen Behörden, sondern auch die Repräsentanten des geistigen Lebens überhaupt von ihm Notiz nahmen. – Der erste heidnische Literat, der gegen das Christentum auftrat, war, soviel wir wissen, M. Cornelius Fronto aus Cirta in Numidien (gest. gegen 180), einer der berühmtesten Rhetoren der lateinischen Antike und Lehrer der künftigen Kaiser Mark Aurel und Lucius Verus. Zwar ist seine (vermutlich zwischen 162 und Ende 174 gehaltene [Frassinetti]) Rede gegen die Christen, auf die ungefähr 70 Jahre später der Christ Minucius Felix in seinem Dialog »Octavius« zweimal (9,6; 31,2) Bezug nimmt, nicht mehr erhalten. Doch hat man seit langem vermutet, sie sei von Minucius Felix für diesen Dialog ausgiebig benutzt worden. Jedenfalls dürften die Darlegungen des heidnischen Gesprächspartners in diesem Dialog, Caecilius, nichts enthalten, was nicht auch Fronto vor allem, was wir von ihm wissen, hätte sagen können, und waren die Schauermärchen über die christlichen flagitia, wie sie hier (Kap. 9 ff.) kritiklos weitergegeben werden, zur Zeit des Fronto längst im Schwange.
Zusammenhang: Caecilius beginnt seine Rede gegen die Christen (Kap. 5 ff.), welche trotz ihrer notorischen Unbildung die Wahrheit über Gott und die Welt zu besitzen beanspruchen, damit, daß er diesen Anspruch unter Berufung auf die philosophische Skepsis[1] und die »Begrenztheit des Menschen« ablehnt und stattdessen die Anerkennung der von den Vätern überkommenen Götter verlangt. In diesem Zusammenhang greift er den uns bereits bekannten (vgl. oben Nr. 1) Gedanken der (politischen) Nützlichkeit der Väterreligion wie auch das »Credo« von der besonderen »Frömmigkeit« Roms, die ihm die Weltherrschaft »verdient« habe, auf (Kap. 6 f.) und gelangt zu dem Schluß, wer eine »so alte, so nützliche und so heilbringende Religion« (religionem tam vetustam, tam utilem, tam salubrem)[2] verachte oder gar bekämpfe, der sei »gottlos«[3] und »irreligiös« und stelle sich außerhalb jenes Konsenses, wie er bei »allen Völkern« über die »unsterblichen Götter« herrsche, »mag auch ihr Wesen und ihr Ursprung ungewiß sein« (8,1). Nach einem gehässigen Ausfall gegen die Christen, der die verbreiteten Anstöße und Verdächtigungen zusammenfaßt (8,3–5), mündet die Rede in Kap. 9 in eine Einzelkritik an der christlichen Religion ein:

(8,3) Wenn schon die Athener den Abderiten Protagoras, der doch eher wohlbedacht als lästerlich über die Gottheit disputierte, aus ihrem Land gewiesen und seine Schriften öffentlich verbrannt haben[4], ist es dann nicht bejammernswert, wenn Menschen – ihr werdet erlauben, daß ich meinem Eifer für meine Sache einmal freien Lauf lasse – wenn also Menschen aus einer kläglichen, verbotenen, hoffnungslosen Rotte gegen die Götter Sturm laufen? (4) Aus der untersten Hefe des Volkes sammeln sie da die Ungebildeten und leichtgläubigen Weiber, die der ihrem Geschlecht eigenen Beeinflußbarkeit wegen [ohnehin] auf alles hereinfallen, bieten ein gemeines Verschwörerpack auf, das sich in nächtlichen Zusammenkünften, bei feierlichem Fasten und menschenunwürdiger Speise nicht etwa durch einen Kult, sondern ein Verbrechen verbrüdert: eine obskure, lichtscheue Gesellschaft, stumm in der Öffentlichkeit, dafür [aber] geschwätzig in den Winkeln . . .; selbst halbnackt, verachten sie Ämter und Würden . . . (5) Gegenwärtige Foltern achten sie für nichts, weil sie ungewisse zukünftige fürchten, und während sie Angst haben, nach dem Tode zu sterben, fürchten sie jetzt das Sterben nicht; so sehr täuscht sie falsche Hoffnung mit dem Trost einer Wiederbelebung über die Furcht hinweg (ita illis pavorem fallax spes solacia rediviva blanditur). (9,1) Und wie das Böse stets besonders üppig wuchert, so . . . schießen [jetzt] auch die abscheulichen Kultstätten dieser gottlosen Gesellschaft [allenthalben] aus der Erde . . . (2) An geheimen Zeichen und Merkmalen erkennen sie einander und lieben sich, fast ehe sie sich noch kennen; wahllos vollziehen sie miteinander gleichsam einen Kult der Lüste, nennen einander Brüder und Schwestern . . . (3) Wäre gar nichts Wahres daran, so würde nicht die scharfsichtige Fama die verschiedenen Ungeheuerlichkeiten berichten (Nec de ipsis, nisi subsisteret veritas, maxima et varia et honore praefanda sagax fama loqueretur) . . . Hört man doch, daß sie den Kopf eines verächtlichen Tieres, eines Esels, aus ich weiß nicht was für einem Wahn heraus als heiligen Gegenstand verehren[5] . . . (4) Andere erzählen, daß sie die Genitalien ihres Oberpriesters anbeten . . . Ob es stimmt, weiß ich nicht; immerhin paßt es zu ihren nächtlichen Geheimriten. Und wenn, wie man sich erzählt, im Mittelpunkt ihrer Zeremonien ein wegen seiner Verbrechen mit dem Tode Bestrafter samt den zur Hinrichtung gehörigen Kreuzeshölzern steht, dann wird damit diesen verbrecherischen und elenden Menschen nur der Altar zugeschrieben, der ihnen gebührt: sie verehren, was sie selbst verdienen [sc. das Kreuz]. (5) Und was man sich gar über die Weihe neuer Mitglieder (de initiandis tirunculis) erzählt, so ist dies ebenso abscheulich wie nur zu bekannt. Um die ahnungslosen [Initianden] zu täuschen, bedeckt man ein Kind mit Teig und setzt es dem vor, der in die Mysterien eingeweiht wird (qui sacris inbuatur). Durch die Teighülle getäuscht, läßt sich der Neuling zu Messerstichen verleiten, bei denen er nichts Arges vermutet und die doch, dem Auge völlig entzogen, dem Kind tödliche Wunden beibringen. Dann – welcher Greuel! – schlürfen sie das Blut des Kindes gierig auf und reißen sich gar noch um die zerhackten Glieder. Das also ist ihr Opfer, mit dem sie sich verbünden, und durch die Mitwisserschaft an diesem Verbrechen verbürgen sie sich gegenseitig Stillschweigen . . .

(10,1) Vieles andere übergehe ich jetzt in voller Absicht; denn es ist allzu viel, was sich allein durch die Heimlichtuerei dieser verbrecherischen Sekte (religio) als entweder ganz oder doch zum größten Teil zutreffend erweist. (2) Warum bemühen sie sich denn so sehr, den Gegenstand ihrer Verehrung, was es auch mit ihm auf sich haben mag, zu verheimlichen? Was anständig ist, läßt sich immer gern sehen; nur Laster hält man geheim . . . Warum reden sie nie öffentlich, kommen nie frei zusammen, wenn nicht deshalb, weil eben das, was sie da heimlich treiben, strafbar oder schändlich ist? . . .[6]

Quelle: M. Pellegrino, Minucius Felix, Octavius, Turin 1963[2]. – *Literatur:* P. de Labriolle, La réaction paienne, Paris 1934, S. 87 ff.; P. Frassinetti, L'orazione di Frontone contro i Christiani, Giorn. it. di fil. 2,1949, S. 238–254; A. Henrichs, Pagan ritual and the alleged crimes of the early Christians, Kyriakon (FS f. J. Quasten) I,1970, S. 18–35 (ein heidn. Ritual als Wurzel und Muster der den Christen vorgeworfenen flagitia!).

1.   Begründet durch Pyrrhon von Elis (ca. 360–270) und durch Arkesilaos von Pitane (ca. 316–241) auch in die platonische Akademie eingeführt, wurde die pyrrhonische Skepsis zur Zeit Ciceros erneuert und war seitdem von beträchtlichem Einfluß.

2.   Vgl. zum Kontrast Oct. 10,3: »Und wer ist dieser einzige, einsame, verlassene Gott (deus unicus solitarius destitutus)? Woher kommt er? Und wo ist er? Kein freies Volk (gens libera), kein Reich, ja nicht einmal der religiöse Eifer der Römer kennt ihn. Nur das jämmerliche Völkchen der Juden verehrt gleichfalls einen einzigen Gott, aber [doch immerhin] in aller Öffentlichkeit, mit Tempeln und Altären, mit Opfern und Zeremonien. Freilich ist dieser Gott so schwach und machtlos, daß er samt seinem auserwählten Volk (cum sua sibi natione) in die Gefangenschaft der Römer, die doch Menschen sind, geriet!«

3.   Zum Vorwurf der »Gottlosigkeit« gegen Christen wie überhaupt gegen alle diejenigen Gruppen, die sich an dem durch Alter legitimierten offiziellen Kultus nicht beteiligten, s. A. Harnack, Der Vorwurf des Atheismus in den ersten drei Jahrhunderten, TU 28, 1905.

4.   Der Sophist Protagoras aus Abdera (ca. 480–410) wird z. B. bei Cicero (Über das Wesen der Götter

1,1,2; 23,63; 42,117 f.) zu den wenigen Beispielen eines erklärten Atheismus im Altertum gerechnet; doch wohl zu Unrecht.

5. Diesen Vorwurf, der sich schon gegen die Juden richtete, illustriert, wie es scheint, das sog. Spottkruzifix vom Palatin (1. H. des 3. Jahrhunderts), eine Wandzeichnung, die einen Menschen mit Eselskopf am Kreuz zeigt; ihm naht von links eine anbetende Gestalt. Darunter steht: »Alexammenos betet [seinen] Gott an.« Doch ist die Deutung noch immer ebenso umstritten, wie der Ursprung des früh gegen die Christen erhobenen Vorwurfs der Onolatrie nach wie vor nicht eindeutig geklärt ist; vgl. I. Oppelt, Art. Esel, RAC 6, 1966, Sp. 564–595 (hier: 592 ff.).

6. Das klingt, angesichts der Rechtslage der Christen in dieser Zeit, wie blanker Zynismus; doch ist der ernsthafte Kern der Tirade wohl auch hier die Absonderung vom öffentlichen, religiösen wie politischen, Leben.

21. Die Apologetik Justins

Justin, »der Philosoph und Märtyrer« (Tertullian, Wider die Valentinianer 5), ist nicht der erste, wohl aber der bedeutendste der »Apologeten« des 2. Jahrhunderts, welche sich gegen die Verachtung, Verleumdung und Verfolgung ihrer Religion durch die Heiden erstmals literarisch zur Wehr setzten. Einer heidnisch-griechischen Familie in Flavia Neapolis (heute Nablus) entstammend, nahm er den Weg zum Christentum über den (Mittel-)Platonismus (vgl. dazu bes. die Anfangskapitel seines »Dialogs mit Tryphon«) und blieb auch nach seiner Konversion »Philosoph«, nur, daß er sich jetzt ausschließlich der Verteidigung des christlichen Glaubens als der »allein zuverlässigen und brauchbaren Philosophie« (Dial. 8) widmete, und zwar vornehmlich in Rom, wo er auch um 165 den Märtyrertod fand. – Von seinen Schriften sind nur zwei erhalten: der schon erwähnte »Dialog mit Tryphon« (d. i. wohl Rabbi Tarphon) und (der Überlieferung nach) zwei Apologien, von denen jedoch die zweite wohl nur der zu Unrecht abgeteilte Schluß der ersten und größeren darstellt. Diese, zwischen 150 und 155 entstanden und an die Kaiser – Antoninus Pius samt seinen Mitregenten –, den Senat und das »ganze römische Volk« gerichtet (Apol. I,1), widerlegt nur zum geringeren Teil (Kap. 1–12) Beschuldigungen gegen die Christen; die restlichen der insgesamt 68 Kapitel enthalten eine positive Glaubensdarlegung und bringen nicht zuletzt über den altchristlichen Gottesdienst wichtigste Angaben.

a) Die Vorwürfe gegen die Christen sind auf ihre Stichhaltigkeit zu prüfen (Apol. I, 2–5) (2,1) Wer wahrhaft fromm[1] und philosophisch empfindet, dem gebietet die Vernunft (ὁ λόγος), allein die Wahrheit zu ehren und zu lieben; er wird es ablehnen, bloß überkommenen Meinungen (δόξαι παλαιῶν)[2] zu folgen, auch wenn sie verkehrt sind . . . (2) Ihr hört allenthalben, daß man euch als fromme und philosophische Herrscher, als Hüter der Gerechtigkeit und Freunde der Bildung (παιδεία) preist; ob ihr es aber wirklich seid, wird sich zeigen! (3) Ich bin nicht gekommen, euch mit dieser Schrift zu schmeicheln oder zu Gefallen zu reden, sondern um eine Forderung vorzubringen: ihr sollt [nur] nach genauer und sorgfältiger Prüfung euer Urteil fällen, . . . (4) Sind wir doch überzeugt, uns könne von niemandem etwas Schlimmes widerfahren, es sei denn, wir würden als Übeltäter entlarvt . . .; ihr könnt uns [also] wohl töten, aber nicht schaden.
(3,4) An uns ist es daher, jedermann in unsere Lebensweise und unsere Lehre Einblick zu gewähren, damit wir uns nicht selbst die Strafe zuziehen für Leute, die uns nicht kennen . . ., an euch dagegen ist es, uns, wie es die Vernunft zu tun liebt, anzuhören, auf daß ihr als gute Richter erfunden werdet.
(4,1) Der Name allein läßt kein Urteil zu über gut und böse, wenn nicht die Handlungen berücksichtigt werden, die dieser Name deckt . . .[3]
(5,1) . . . Uns gegenüber, die wir [in der Taufe] geloben, nichts Unrechtes zu

tun . . ., verzichtet ihr auf jegliche Untersuchung [unserer Handlungen]; vielmehr bestraft ihr uns ohne Urteil und Überlegung, in unbesonnener Leidenschaft und unter der Geißel feindseliger Dämonen. (2) Denn um die Wahrheit zu sagen: Vor alters haben böse Dämonen Epiphanien ins Werk gesetzt und . . . [den Menschen] Schreckbilder vorgegaukelt, so daß diese, ohne [in ihrer Angst] zu erkennen, daß es sich um feindselige Dämonen handelte, ihnen den Namen von ›Göttern‹ beilegten . . . (3) Da aber Sokrates, von wahrhafter Vernunft geleitet und zu [solcher] Untersuchung geschickt, dies ans Licht zu bringen und die Menschen von den Dämonen abzubringen versuchte, wußten es diese zu bewerkstelligen, ihn mithilfe solcher Leute, die am Bösen ihre Freude haben, als Gottlosen und Frevler zu töten, indem man behauptete, er führe neue Götter ein[4]. Und genau das setzten sie [nun] gegen uns ins Werk. (4) Denn der Logos hat dies [Lügengespinst] nicht allein unter Griechen, durch Sokrates, aufgedeckt, sondern auch unter Barbaren, indem er selbst Gestalt annahm und Mensch wurde mit Namen Jesus Christus . . .

b) Die Christen im heidnischen Staat (ebenda 12.17)
(12,1) Weit mehr als alle übrigen Menschen sind wir eure Helfer und Bundesgenossen im Kampf für Frieden (Ἀρωγοὶ δ’ ὑμῖν καὶ σύμμαχοι πρὸς εἰρήνην), da wir der Meinung sind, kein Übeltäter, Habsüchtiger oder Heimtückischer wie auch kein Tugendhafter könne Gott verborgen bleiben, sondern ein jeder gehe der ewigen Strafe oder dem ewigen Heil entgegen, je nachdem, wie es seine Taten verdienen.
(17,1) Steuern und Abgaben sind wir vor allen [anderen] an die von euch eingesetzten Beamten zu entrichten bemüht; denn so hat er [der Herr] selbst es uns gelehrt . . . [vgl. Mt. 22,16–21 par.] (3) Daher beten wir zwar allein Gott an (προσκυνοῦμεν), in allem übrigen aber leisten wir euch freudigen Gehorsam, indem wir euch als Kaiser und Herrscher aller Menschen anerkennen und darum beten, daß ihr [allezeit] nicht nur im Besitz kaiserlicher Macht, sondern auch vernunftgemäßer Einsicht erfunden werdet. (4) Wenn ihr euch dagegen um uns, die wir so beten und alles offen darlegen, nicht schert, so wird das uns nicht im geringsten schaden; glauben wir doch, ja sind fest davon überzeugt, daß ein jeder . . . nach dem Maß des ihm von Gott verliehenen Vermögens zur Rechenschaft gezogen wird . . . [vgl. Lk. 12,48].

c) Die Lehre vom Logos spermatikos (Apol. II, 6,1–3; 13,2–6)
(6,1) Für den Vater aller Dinge gibt es keinen Namen, den man ihm beilegen könnte, da er ungeworden [oder: ungezeugt] (ἀγέννητος) ist. . . .
(2) [Auch]»Vater«, »Gott«, »Schöpfer«, »Herr«, »Herrscher« sind keine Namen, sondern Anreden, wie sie aus seinen Wohltaten und Werken erschlossen wurden (ἐκ τῶν εὐποιιῶν καὶ τῶν ἐργων προσρήσεις). (3) Sein Sohn jedoch, der allein im eigentlichen Sinne Sohn heißt, als Logos vor den Geschöpfen bei ihm war und gezeugt ward [oder: geworden ist], als er im Anfang durch ihn alle Dinge schuf (ὁ λόγος πρὸ τῶν ποιημάτων καὶ συνὼν καὶ γεννώμενος, ὅτε τὴν ἀρχὴν δι’αὐτοῦ πάντα ἔκτισε)[5] [vgl. Joh. 1,1 f.; Hebr. 1,2] und ordnete, wird Christus genannt, und zwar danach, daß er gesalbt ward und Gott durch ihn das All ordnete. Auch das ist [freilich] ein Name, der eine [für uns] unbekannte Bedeutung umschließt, genau so wie die Anrede »Gott« kein Name ist, wohl aber eine der Menschennatur eingepflanzte Vorstellung (ἔμφυτος τῇ φύσει τῶν ἀνθρώπων δόξα) von einem schwer erklärbaren Sachverhalt.

(13,2) Daß ich als Christ erfunden werden möchte, darum, so bekenne ich, bete und ringe ich aus aller meiner Macht, nicht weil die Lehren (διδάγματα) Platons denjenigen Christi [völlig] fremd sind, wohl aber deshalb, weil sie nicht in allem an sie heranreichen; desgleichen die der andern: der Stoiker, der Dichter und Geschichtsschreiber. (3) Jeder von ihnen hat kraft seines Anteils an dem Samenkörner [der Wahrheit] austeilenden göttlichen Logos (ἀπὸ μέρους τοῦ σπερματικοῦ θείου λόγου) erkannt, was zu ihm in verwandtschaftlicher Beziehung steht, und [insoweit] wohl geredet; doch haben sie in den wichtigeren Fragen einander widersprochen und damit erwiesen, daß sie kein [tiefer] eindringendes[?] Wissen (οὐκ ἐπιστήμην τὴν ἄποπτον[6]) und keine unwiderlegliche Erkenntnis besitzen. (4) Was sich hingegen bei allen an zutreffenden Aussagen findet, das kommt uns Christen zu; denn wir verehren und lieben mit Gott den von ihm, dem ungewordenen und unaussprechlichen Gott, ausgegangenen Logos. Ist er doch um unseretwillen Mensch geworden, um als Genosse unserer Leiden Heilung zu wirken. (5) All die Schriftsteller konnten kraft der ihnen innewohnenden Aussaat des Logos (διὰ τῆς ἐνούσης ἐμφύτου τοῦ λόγου σπορᾶς) nur schattenhaft das Seiende schauen. (6) Denn es ist ein Unterschied zwischen dem Samen, der Nachbildung einer Sache, wie sie entsprechend der [beschränkten Aufnahme-]Fähigkeit verliehen wird, und der Sache selbst, um derentwillen Teilnahme (μετουσία) und Nachbildung [überhaupt] zustande kommen[7].

d) Christliche Taufe und christlicher Gottesdienst (Apol. I, 61–67)

(61,1) Auf welche Weise wir uns aber Gott weihten, durch Christus erneuert, will ich nun erläutern . . . (2) Soviele überzeugt sind und glauben, es sei wahr, was wir gelehrt und gesagt haben, auch versprechen, nach Kräften so zu leben, die werden unterwiesen, zu beten, und unter Fasten von Gott die Vergebung ihrer zuvor begangenen Sünden zu erflehen; und wir beten und fasten mit ihnen. (3) Darauf werden sie von uns dorthin gebracht, wo es Wasser gibt, und werden auf dieselbe Art wiedergeboren, wie wir selbst wiedergeboren wurden; [denn auch] sie empfangen dann die Waschung mit Wasser (τὸ ἐν τῷ ὕδατι . . . λουτρόν) im Namen Gottes, des Vaters und Herrn aller Dinge, und unseres Heilands Jesus Christus und des Heiligen Geistes [vgl. Mt. 28,19].

Folgt nach einigen Bibelzitaten (Joh. 3,5; Jes. 1,16–20) eine Deutung des Taufritus, auch »Erleuchtung« (φωτισμός) genannt, im Anschluß an die apostolische Lehre, wobei besonders auf das Moment der eigenen, bewußten Entscheidung der Täuflinge und ihre Reue über die früher begangenen Sünden abgehoben wird (61,4–13). Im nächsten Kapitel (62) führt Justin aus, daß in heidnischen Riten von den Dämonen »angestiftete« Nachäffungen der christlichen Taufe begegnen, schweift sodann (Kap 63.64) zu einem Exkurs über die Gotteserscheinungen vor Mose und weiteren Bemerkungen zum Thema der dämonischen Nachäffungen ab, um schließlich (Kap. 65) wieder zu seinem eigentlichen Gegenstand zurückzulenken:

(65,1) Nachdem so das [Tauf-]Bad vonstatten gegangen ist, führen wir den, der sich [von dem, was ihn gelehrt wurde] hat überzeugen lassen und ihm beipflichtete, jenen zu, die [bei uns] »Brüder« heißen, dorthin, wo sie sich versammelt haben, um gemeinschaftlich für sich selbst, für den, der erleuchtet [=getauft] wurde, und für alle Menschen allenthalben inbrünstig zu beten . . . (2) Nach Beendigung dieses Gebets grüßen wir einander mit dem [Friedens-]Kuß [vgl. 1. Kor. 16,20]. (3) Darauf wird dem Vorsteher (προεστώς) der Brüder Brot sowie ein Becher mit Wasser und [ein weiterer mit?] einer Mischung aus Wasser und Wein (ποτήριον ὕδατος καὶ κράματος)[8] gereicht. Er nimmt es und sendet zum Hl. Vater Lob und Preis empor durch den Namen des Sohnes und des Heiligen Geistes und spricht eine lange Danksagung dafür, daß wir dieser Gaben gewürdigt wurden. Hat er die Gebete und die Danksagung beendet, so stimmt das ganze anwesende Volk mit »Amen« ein. (4) . . . (5) Nach der Danksagung des Vorstehers und der Zustimmung des Volkes teilen die, die bei uns »Diakonen« heißen, jedem Anwesenden von dem Brot, dem Wein und dem Wasser, wofür Dank gesagt wurde [oder: von dem konsekrierten Brot, Wein und Wasser] (ἀπὸ τοῦ εὐχαριστηθέντος ἄρτου καὶ οἴνου καὶ ὕδατος), mit und bringen davon auch den Abwesenden (ἀποφέρουσι)[9].

(66,1) Diese Speise wird bei uns »Eucharistie« genannt. Daran darf nur teilnehmen, wer unsere Lehren für wahr hält und das Bad zur Vergebung der Sünden und zur Wiedergeburt empfangen hat und nach den Weisungen Christi lebt. (2) Denn nicht wie gewöhnliches Brot und gewöhnlichen Trank nehmen wir diese Dinge, sondern wie Jesus Christus unser Heiland, durch Gottes Wort Fleisch geworden, um unseres Heiles willen sowohl Fleisch wie Blut besaß, so ist nach unserer Lehre auch jene Speise, für die mit einem auf ihn selbst zurückgehenden Gebet Dank gesagt [oder: die durch ein auf ihn selbst zurückgehendes Gebet geweiht] wurde und mit der sich unser Fleisch und Blut entsprechend der Wandlung (κατὰ μεταβολὴν) nähren, Fleisch und Blut des fleischgewordenen Jesus.

(67,3) An dem Tage, den man Sonntag nennt (τῇ τοῦ ἡλίου λεγομένῃ ἡμέρᾳ), findet eine Zusammenkunft aller, in Stadt und Land, statt, und es werden dabei die Denkwürdigkeiten (ἀπομνημονεύματα) der Apostel oder Prophetenschriften verlesen, solange es angeht. (4) Hat der Vorleser geendet, so hält der Vorsteher eine Ansprache, worin er vermahnt und aufruft, diesem Guten nachzueifern. (5) Darauf erheben wir uns alle gemeinsam und senden Gebete empor. Nach dem Gebet aber wird, wie oben [65,3–5] bereits beschrieben, Brot, Wein und Wasser herbeigebracht, der Vorsteher spricht in gleicher Weise Gebete und Danksagungen nach seinem Vermögen und das Volk stimmt mit »Amen« ein. Darauf wird ausgeteilt und kommuniziert (καὶ ἡ διάδοσις καὶ ἡ μετάληψις . . . γίνεται), wobei jeder seinen Teil von dem, wofür Dank gesagt wurde [oder: von dem Geweihten] (ἀπὸ τῶν εὐχαριστηθέντων), empfängt; den Abwesenden aber wird es durch die Diakonen gebracht. (6) Wer wohlhabend ist, gibt freiwillig, nach eigenem Ermessen, das Seine. Und was dabei zusammenkommt, wird bei dem Vorsteher hinterlegt, der damit Witwen und Waisen versorgt und solche, die krankheitshalber oder aus anderen Gründen bedürftig sind, ferner die Gefangenen und in der Gemeinde anwesenden Fremdlinge, kurz, er ist allen Notleidenden ein Fürsorger. (7) Am Sonntag halten wir deshalb alle gemeinsam die [gottesdienstliche] Versammlung, weil dies der erste Tag ist, an dem Gott die Finsternis und die Materie umwandelte (τὸ σκότος καὶ τὴν ὕλην τρέψας)[10] und so die Welt erschuf; auch ist unser Heiland Jesus Christus am gleichen Tage von den Toten auferstanden . . .

Quelle: E. J. Goodspeed a. o. [Nr. 9] a. o. – *Literatur:* C. Andresen, Justin und der mittlere Platonismus, ZNW 44, 1952/1953, S. 157–195; ders., Logos und Nomos. Die Polemik des Kelsos in ihrer Auseinandersetzung mit der christlichen Theologie, AKG 50, 1955, S. 239–307; ders., Die Kirchen der alten Christenheit (= Die Religionen der Menschheit, Bd. 29,1/2), 1971, S. 75–79 (zu Apol. I, 65–67, m. weit. Lit.); J. H. Waszink, Bemerkungen zu Justins Lehre vom Logos Spermatikos, JAC Erg. Bd. I, 1964, S. 380–390; N. Hyldahl, Philosophie und Christentum. Eine Interpretation der Einleitung zum Dialog Justins, Kopenhagen 1966; L. W. Barnard, Justin Martyr. His Life and Thought,

London 1967; J. C. M. van Winden, An early Christian philosopher. Justin Martyr's dialogue with Trypho chaptt. one to nine, Leiden 1971; E. F. Osborn, Justin Martyr, BHTh 47, 1973.

1.   Vgl. den Beinamen des Antoninus, »Pius«, sowie zum Anspruch einer aufgeklärten, modernen Regierungsweise, wie ihn gerade diese »Philosophenkaiser« erhoben, bereits Trajans Diktum (oben Nr. 10): nec nostri saeculi est!

2.   Vgl. dagegen das typisch »römische« Insistieren des Fronto-Caecilius auf der maiorum disciplina.

3.   Vgl. dazu oben Nr. 10 die Anfrage des Plinius, ob das nomen ipsum der Christen zur Verurteilung ausreiche.

4.   Über diesen berühmtesten aller antiken Asebieprozesse sind wir durch Platon (Euthyphron, Apologie, Kriton, Phaidon) und Xenophon (Memorabilien, Apologie) genauestens unterrichtet. Zur wirkungsgeschichtlichen Bedeutung s. auch E. Benz, Der gekreuzigte Gerechte bei Plato, im Neuen Testament und in der alten Kirche, AAMZ 1950, 12.

5.   Vgl. zur Logoslehre Justins auch etwa Apol. I,13: »So sind wir nicht gottlos (ἄθεοι), da wir ja verehren den Schöpfer (δημιουργός) dieser ganzen Welt . . . Der uns darüber belehrt hat und eben zu diesem Zweck gezeugt ward [oder: geworden ist], ist Jesus Christus, . . . von dem wir gelernt haben, daß er der Sohn des wahrhaftigen Gottes sei, und dem wir den zweiten Rang zuerkennen (ἐν δευτέρᾳ χώρᾳ ἔχοντες) . . .«

6.   ἄ. (von ἀφοράω) = lat. conspicuus. Sollte hier im Sinne des stoischen Postulats einer ἄπτωτος ἐπιστήμη (eines »unfehlbaren Wissens«) zu konjizieren sein, zumal auch die v. l. ἀπωπτον überliefert ist?

7.   Vgl. dazu aus der »ersten« Apologie auch etwa Kap. 46 (Sokrates und Christus) und 59 f. (Altersbeweis für das Christentum, mit der bemerkenswerten Pointe: »Nicht wir sind es, die dasselbe wie die anderen [sc. die heidnischen Philosophen] lehren; vielmehr sind sie es, die sämtlich mit ihren Lehren die unsern nachahmen. Nun aber kann man das bei uns selbst von solchen hören und erfahren, die nicht einmal das Alphabet kennen, ungebildeten Leuten von barbarischer Sprache, die doch weise und glaubwürdig sind, was wirkliche Klugheit anlangt, sowie von Lahmen und Blinden; daraus ist zu ersehen, daß, was wir behaupten, nicht aus Menschenweisheit, sondern aus Gottes Kraft stammt« [60,10 f.; vgl. 1. Kor. 1,18 ff]). Im Hintergrund steht wohl auch hier der Vorwurf der »Neuheit« des Christentums; er ist jedoch schwerlich der eigentliche Antrieb zur Ausbildung von Justins Lehre vom Logos spermatikos gewesen.

8.   Vgl. dazu 65,5, wonach Justin in der Tat »einen zweiten Kelch reinen Wassers neben dem Mischkelch der Eucharistie« (C. Andresen, Die Kirchen der alten Christenheit, S. 76, A. 129) zu kennen scheint.

9.   Vgl. dazu 67,5. Es handelt sich um die sog. Apophoreta (»Geschenke«), die hier zum ersten Mal bezeugt sind.

10.   Also: keine »Schöpfung aus dem Nichts« (creatio ex nihilo)!

22.   Das Martyrium Polykarps und die Anfänge des christlichen Märtyrerkults (Polykarpmartyrium 17 f.)

Über die frühchristlichen Martyrien[1], die sich gerade unter dem Philosophenkaiser Mark Aurel (161–180), einem der Adressaten von Justins Apologie, gehäuft zu haben scheinen[2], sind wir einerseits durch »Akten«, d. h. nüchterne Berichte in Form von Verhörprotokollen (vgl. unten Nr. 24), andererseits durch »Passionen« oder »Martyrien«, zu erbaulichen Zwecken verfaßte, erzählende Berichte über den Leidensweg der »Bekenner« und »Blutzeugen«, unterrichtet. – Das berühmteste Beispiel eines solchen »Martyriums« ist das des kleinasiatischen Bischofs Polykarp von Smyrna, einer der wichtigsten kirchlichen Persönlichkeiten des 2. Jahrhunderts (geb. vor 100). Freilich ist gerade dies Dokument in jüngster Zeit Gegenstand lebhafter Kontroversen gewesen, sowohl was das Todesdatum Polykarps (22. bzw. 23. Febr. 156/157, 163/168 oder 177?), als auch was die Integrität des Berichtes anlangt, den die smyrnäische Gemeinde unmittelbar danach abfaßte und wohl an mehrere Gemeinden versandte (erhalten ist das Schreiben nach Philomelium). Nicht zuletzt richtete sich der Verdacht auf spätere Bearbeitungen und Interpolationen gegen die hier wegen ihres besonderen frömmigkeits- und kultgeschichtlichen Interesses mitgeteilten Kapitel. Doch dürfte die eine wie die andere Streitfrage bis zur Stunde als offen zu betrachten sein.

Zusammenhang: Inmitten der Arena seiner Bischofsstadt dem römischen Prokonsul zum Verhör vorgeführt, wird der 86jährige Polykarp auf seine Weigerung hin, »Christus zu lästern« und bei der Tyche des Kaisers zu schwören, zum Feuertod verurteilt. Als ihm die Flammen nichts anhaben, fordert man den Konfektor, der im Amphitheater verwundeten Gladiatoren und Tieren den Todesstoß zu geben hatte, auf, seines Amtes zu walten:

(17,1) Als der Neider, der Mißgünstige, der Böse, der Widersacher des Geschlechts der Gerechten, die Größe seines [Polykarps] Zeugentodes (μαρτυρία) und seinen von jeher untadeligen Lebenswandel sah: wie er gekrönt ward mit dem Kranz der Unvergänglichkeit und einen Siegeskranz davongetragen hatte, den ihm niemand mehr streitig machen kann, da suchte er [wenigstens] zu verhindern, daß wir seine leiblichen Überreste an uns nähmen, wonach doch viele verlangt hatte, um an seinem heiligen Leib Anteil zu erhalten [indem sie ein Stück von ihm als Reliquie davontrügen]. (2) Also flüsterten etliche dem Niketes, Vater des [Friedensrichters] Herodes [vgl. 6,2; 8,2] . . ., zu, er möge den Prokonsul ersuchen, ja nicht den Leichnam freizugeben, »damit sie [die Christen] nicht«, so die Begründung, »womöglich vom Gekreuzigten ablassen und anfangen, diesen [Polykarp] anzubeten«. Auch das ging auf Veranlassung und Drängen der Juden [vgl. 12,2 f.; 13,1][3] zurück, die [uns bereits] aufgelauert hatten, als wir Polykarp aus dem Feuer holen wollten und [natürlich] nicht wußten, daß wir weder jemals von Christus, der für das Heil aller, die in aller Welt selig werden, als Unschuldiger für Sünder, gelitten hat, lassen, noch einen anderen anbeten können. (3) Ihn [allein], der der Sohn Gottes ist, beten wir an, die Märtyrer hingegen lieben wir als Jünger und Nachahmer des Herrn, wie sie es verdienen (τοῦτον μὲν γὰρ υἱὸν ὄντα τοῦ θεοῦ προσκυνοῦμεν, τοὺς δὲ μάρτυρας ὡς μαθητὰς καὶ μιμητὰς τοῦ κυρίου ἀγαπῶμεν ἀξίως) um ihrer unüberbietbaren Zuneigung zu ihrem König und Meister willen, deren Genossen und Mitjünger auch wir werden möchten.

(18,1) Als der [das Hinrichtungskommando befehligende] Hauptmann die Streitsucht der Juden bemerkte, ließ er ihn [den Leichnam] in die Mitte des Scheiterhaufens rücken und nach ihrer Gewohnheit verbrennen. (2) Auf diese Weise konnten wir später seine Überreste, die kostbarer sind als Edelsteine und wertvoller als Gold, sammeln und an passender Sätte beisetzen. (3) Dort wird uns der Herr vergönnen, wenn möglich, uns in Jubel und Freude zu versammeln, um den Tag seines Martyriums als Geburtstag festlich zu begehen, zum Gedächtnis derer, die ausgekämpft haben, und zur Übung und Zurüstung der künftigen [Märtyrer].

Quelle: R. Knopf – G. Krüger – G. Ruhbach, Ausgewählte Märtyrerakten, SQS 3, 1965[4]. – Literatur: H. W. Surkau, Martyrien in jüdischer und frühchristlicher Zeit, FRLANT NF 36, 1938, S. 126 ff.; M. Simonetti, Alcune osservazione sul martirio di S. Policarpo. Giorn. it. di fil. 4, 1956, S. 328–344; H. von Campenhausen, Bearbeitungen und Interpolationen des Polykarpmartyriums, SHAW 1957 (wieder abgedr. in: ders., Aus der Frühzeit des Christentums, 1963, S. 253–301); L. W. Barnard, In defence of Pseudo-Pionius' account of Saint Polycarp's martyrdom, Kyriakon (FS f. J. Quasten) I, 1970, S. 192–204.

1. Von μάρτυς (›Zeuge‹).
2. Zu den Belegen und vermutlichen Ursachen s. A. Wlosok a. o. [Nr. 5] a. O., S. 48 ff.
3. Vgl. damit Tertullians Rede von den »Synagogen der Juden« als den »Ausgangspunkten der Verfolgungen« (fontes persecutionum: Scorpiace 10,10).

23. Aus der Polemik des Kelsos wider das Christentum

Gegen Ende der Regierungszeit Mark Aurels – annähernd 25 Jahre nach Justins apologetischer Schriftstellerei und womöglich als Reaktion auf diese[1] – veröffentlichte der Mittelplatoniker Kelsos eine hef-
tige Attacke gegen das Christentum unter dem Titel: »Wahre Lehre« (Ἀληθὴς λόγος)[2]. Sie ist uns
ausschließlich bekannt aus der 70 Jahre später verfaßten und vollständig erhaltenen Gegenschrift des
Origenes, deren zahl- und umfangreiche, wenn auch nicht immer mit völliger Sicherheit ausgrenzbare
Zitate eine teilweise Rekonstruktion erlauben und Kelsos als einen umfassend gebildeten, dazu schrift-
stellerisch gewandten Platoniker erweisen, der sich auch seine Aufgabe als Bestreiter des (Juden- und)
Christentums keineswegs leicht gemacht hat. Vielmehr muß er eine Reihe von alt- und neutestamentlichen Texten aufmerksam gelesen und sich zudem über die Entwicklung der christlichen Gemeinden
in nachapostolischer Zeit informiert haben. Auch zeigt er sich mit der zeitgenössischen jüdischen Polemik gegen das Christentum vertraut, der er z. B. die berühmt – berüchtigte Pantherafabel[3] sowie die
Nachricht verdankt, daß der Knabe Jesus bei der Flucht seiner Eltern nach Ägypten dortselbst Unter-
richt in der Magie genommen habe (1,28.32). – Die folgende Auswahl muß sich jedoch auf die Doku-
mentation der Hauptlinien seiner Kritik, ihrer Basis und ihrer Tendenz beschränken.

a) Hauptpunkte der Kritik (Origenes, Wider Kelsos 1,1–21)

(1) [Erster Hauptpunkt: die Abgeschlossenheit und Heimlichkeit des Christentums. Ihr Grund: die Furcht vor drohender Todesgefahr. So hat auch] die sog.
Liebe (ἀγάπη), die Christen zu einander hegen, von der gemeinsamen Bedrohung
her ihren Bestand und vermag mehr als Eidschwüre. [Immer wieder führt Kelsos]
das gemeinsame Gesetz (κοινὸς νόμος) [im Munde], gegen das die Verbindungen
[der Christen] verstoßen.
(2) [Zweiter Punkt:] Die Lehre (δόγμα) der Christen ist [in ihrer Substanz jüdischen, also] barbarischen Ursprungs. [Nun sind zwar] die Barbaren durchaus imstande, Lehren aufzustellen (εὑρεῖν δόγματα); allein darin, solche von den Barbaren gefundenen Lehren zu beurteilen, zu begründen und für die Übung der Tugend in die Praxis umzusetzen, sind die Griechen [allemal] überlegen.
(4) [Als wahrheitsliebender Mensch mithin darauf angewiesen, selbst herauszufinden, was es mit ihrer Lehre, für die sie den Offenbarungsanspruch erheben, eigentlich auf sich habe, stellt man mit Blick auf] ihre Ethik (τὸν ἠθικὸν τόπον)
[fest], daß sie [durch und durch] banal ist und im Vergleich mit den übrigen Philosophen nichts aufzuweisen hat, was zu beeindrucken vermöchte und neu wäre.
(5) [Das Gleiche gilt von ihrer Kritik am Götzendienst, die durch Heraklit oder
auch durch die Perser, wie Herodot bezeugt, längst vorweggenommen wurde].
(6) [Ferner erhebt Kelsos den Vorwurf:] Christen verdanken die Kraft, die sie zu
haben scheinen, der Anrufung und Beschwörung der Dämonen [was für ihn den
barbarischen und zugleich proletarischen Charakter des Christentums unter-
streicht]. [Schon] Jesus hat seine scheinbaren Wundertaten durch Magie zu vollbringen vermocht; und weil er vorausgesehen, daß auch andere sich dieselben
Kenntnisse aneignen und dann gleiche Dinge vollbringen und sich dabei rühmen
könnten, sie durch die Kraft Gottes vollbracht zu haben, darum hat er sie aus seiner Gesellschaft verbannt (ἀπελαύνει τῆς ἑαυτοῦ πολιτείας)[4] . . .
(7) [Entscheidend ist für ihn jedoch der Vorwurf, daß die Christen ihre Lehre ge-
heimhalten (κρύφιον τὸ δόγμα), auf den er deshalb auch immer wieder zurück-
kommt.]
(8) [Dem hält Kelsos entgegen:] Ich bin nicht der Ansicht, daß, wer einer guten
Lehre anhängt, von ihr abfallen oder vorgeben darf, von ihr abgefallen zu sein,
. . . falls er um ihretwillen bei den Menschen Gefahr läuft [zumal dann, wenn er,

was in der Schule Platons zu lernen ist, weiß, daß] in dem Menschen etwas Höheres als das Irdische ist, welches mit Gott verwandt ist . . .

(9) [Daraus leitet Kelsos den Ratschlag an die Christen ab, sie sollten] der Vernunft (λόγος) und einem vernünftigen Führer bei der Annahme von Lehren folgen; denn wer es an dieser Vorsicht fehlen läßt und [einfach] dem zustimmt, was die Leute sagen, wird mit Sicherheit der Täuschung anheimfallen [wofür die Erfolge der ordinären Mysterienreligionen wie der der Magna Mater, des Mithras u. a. m. eindrucksvolle Belege liefern]. Wie bei diesen oft genug schlechte Menschen die Ahnungslosigkeit der Leichtgläubigen ausbeuten, so geht es auch bei den Christen zu. Einige unter ihnen haben nicht einmal die Absicht, über das, was sie glauben, Rechenschaft zu geben oder zu verlangen, sondern folgen dem Grundsatz: »Frage nicht, sondern glaube«, und: »Dein Glaube wird dich seligmachen« . . .

(12) Wenn sie [die Christen] willens sind, auf meine Fragen zu antworten – [Fragen], die ich nicht als jemand stelle, der sich herauszufinden bemüht, was sie glauben (denn ich weiß [bereits] alles), sondern als einer, der gleichermaßen um alle Menschen besorgt ist –, so könnte alles gut ausgehen. Sollten sie aber nicht dazu bereit sein, sondern sich auf ihre übliche Phrase herausreden: »Forsche nicht weiter nach . . .«, so wird es sich nicht vermeiden lassen, sie über die Art dessen, was sie behaupten, und die Quelle, aus der es ihnen zugeflossen ist, zu belehren.

(14) [Die wahre Lehre ist die alte Lehre. Von ihr gilt:] Es gibt eine alte Lehre (ἀρχαῖος . . . λόγος), die von Anbeginn an bestanden hat und stets von den weisesten Völkern und Städten und von den weisen Männern festgehalten wurde.

(21) Diese Lehre hat [auch] Mose bei weisen Völkern und berühmten Männern vorgefunden und sich angeeignet . . . [sie allerdings nachträglich entstellt. Erst recht gilt dies vom Christentum; ist dieses doch eine Perversion des Judentums, also die Perversion einer Perversion!]

b) Die religionsphilosophische Basis der Kritik (ebenda 7,36.42.45.68; 8,63.67)

(7,36) . . . Wenn ihr die Augen für die sinnliche Wahrnehmung schließt und im Geist aufblickt, euch vom Fleisch abkehrt und die Augen der Seele erweckt, dann allein werdet ihr Gott schauen (ἐὰν αἰσθήσει μύσαντες ἀναβλέψητε νῷ καὶ σαρκὸς ἀποστραφέντες ψυχῆς ὀφθαλμοὺς ἐγείρητε, μόνως οὕτως τὸν θεὸν ὄψεσθε) . . .

(7,42) [Der »effektivste« Lehrer der Theologie ist nach Meinung des Kelsos Platon, aus dessen »Timaios« er folgendes berühmte Zitat bringt:] »Den Schöpfer und Vater des Alls zu finden, ist mühevoll; ihn, nachdem man ihn gefunden, allen kundzumachen, unmöglich« (τὸν μὲν οὖν ποιητὴν καὶ πατέρα τοῦδε τοῦ παντὸς εὑρεῖν τε ἔργον καὶ εὑρόντα εἰς πάντας ἀδύνατον λέγειν)[5]. [Danach fährt er fort:] Ihr seht, wie von Sehern [und Philosophen] der Weg der Wahrheit gesucht wird und wie Platon sich dessen bewußt war, daß es »unmöglich« sei für alle Menschen, ihn zu gehen. Nachdem er aber von weisen Männern gefunden ward, damit wir den Unnennbaren und Ersten irgendwie gedanklich zu erfassen vermöchten . . ., sei es, indem wir ihn mit den übrigen Seienden zusammenhalten, sei es, indem wir ihn von ihnen trennen, oder sei es auf dem Wege der Analogie[6], will [auch] ich, was sonst unsagbar wäre, lehren . . .

(7,45) Es gibt Sein und es gibt Werden, Intelligibles und Sichtbares. Mit dem Sein ist Wahrheit, mit dem Werden Irrtum verbunden. Mit Wahrheit hat es Wissenschaft, mit dem Gegenteil [bloßes] Meinen zu tun. Dem Intelligiblen ist die Denkkraft, dem Sichtbaren die Sehkraft zugeordnet. Das Intelligible wird vom Geist, das Sichtbare vom Auge erkannt. Was nun bei den sichtbaren Dingen die Sonne ist, die weder Auge ist noch Sehkraft, wohl aber Grund für das Auge, daß es sieht, Grund auch dafür, daß es dank ihr Sehen gibt, Grund für alle sichtbaren Gegenstände, daß sie sichtbar sind, für alle wahrnehmbaren Dinge Grund ihres Entstehens, und schließlich Grund ihrer eigenen Sichtbarkeit, [eben] das ist für die intelligiblen Dinge jener [unnennbare Höchste, Gott]. Er ist weder [identisch mit] Denken noch [mit] Denkkraft oder Erkenntnis. Wohl aber ist er Grund für den Geist, daß er denkt, Grund dafür, daß es dank ihm überhaupt Denken gibt, Grund auch dafür, daß dank ihm Erkenntnis zu erkennen vermag, und schließlich Grund für alle Gegenstände des Denkens [= die Ideen], für die Wahrheit selbst und das Sein selbst, daß sie [überhaupt] sind, er, der sich jenseits von allem [im Reich des Absoluten] befindet, aber denkbar ist dank einer [direkter] Mitteilbarkeit entzogenen Befähigung . . .[7]

(7,68) [Neben dem obersten Gott der platonischen Theologie kennt und anerkennt Kelsos allerdings ein System vielfältig abgestufter Vermittlung zwischen »oben« und »unten«, Untergötter, denen, weil sie ihre Gewalt von »Gott« erhalten haben, dienen muß, wer *ihn* verehren will].

(8,63) [Als eine Art Untergott faßt Kelsos außer den »Dämonen« auch den römischen Kaiser auf und gibt damit dem wesenhaften Polytheismus des griechisch-philosophischen Gottesgedankens eine politische Interpretation:] Wenn die Sache so steht, was ist dann Schlimmes dabei, sich die irdischen Mächte geneigt zu machen, die andern [sc. die »Dämonen«] sowohl als auch die über Menschen herrschenden Fürsten und Könige, da nicht einmal diese ohne eine gewisse dämonische Kraft ihre Würde erhalten haben?

(8,67) Selbst wenn man dir befiehlt, unter den Menschen beim Kaiser einen Eid zu leisten, ist auch das nichts Schreckliches. Ist diesem doch die Herrschaft auf Erden verliehen, und was du in diesem Leben empfängst, empfängst du von ihm.

c) Die Tendenz der Kritik (ebenda 8,68 f.73.75)

(8,68) . . . wenn du diesen Grundsatz (δόγμα) [sc. daß Herrscher auf Erden nur ist, wem es der Gott gegeben[8]] aufhebst, so wird dich mit Recht die Strafe des Kaisers ereilen. Denn handelten alle so wie du [und verweigerten der gottgewollten Macht des Herrschers die Huldigung], so würde nichts es verhindern, daß er [von allen] im Stich gelassen . . . und das Erdreich den gesetzlosesten und wildesten Barbaren überantwortet würde, aber auch von deiner Gottesverehrung so gut wie von der wahren Weisheit [alsbald] nichts mehr zu hören wäre[9].

(69) Du wirst sicherlich nicht behaupten wollen, daß, wenn sich die Römer von dir überzeugen ließen, ihren herkömmlichen Verpflichtungen gegenüber Göttern und Menschen entsagten und [statt dessen] deinen ›Höchsten‹, oder welchen Namen du immer bevorzugst, anriefen, er dann herabstiege und für sie stritte, so daß sie keiner anderen Hilfe mehr bedürften. Schon früher hat derselbe Gott denen, die sich an ihn hielten, diese Versprechungen, ja noch größere als diese gemacht, wie ihr behauptet. Doch ihr seht [selbst], wie groß seine Hilfe für jene [sc. die Juden] wie für euch gewesen ist: Statt Herrn der ganzen Erde zu sein, ist jenen nicht eine Scholle Landes, ja nicht einmal ein Herdfeuer verblieben, während sich von euch zwar immer noch der eine oder andere versteckt hält und flüchtig ist, aber [sicher bald auch] aufgespürt und der Todesstrafe zugeführt wird.

(73) [Kelsos schließt mit der Mahnung, die Christen] sollten dem Kaiser mit aller

Macht helfen, mit ihm zusammenarbeiten bei der Durchsetzung des Rechts, für ihn streiten und, wenn er dazu drängt [oder: wenn die Not es erheischt], mit ihm ins Feld ziehen und seine Truppen anführen.
(79) [Er ermahnt weiter dazu, sie] sollten öffentliche Ämter im Vaterland übernehmen, wenn die Wahrung der Gesetze und die Erhaltung der Gottesfurcht (εὐσέβεια) auch dies zu tun gebiete.

Quelle: P. Koetschau, Origenes Werke, Bd. 1.2, GCS 2.3, 1899; vgl. auch R. Bader, Der Ἀληϑὴς Λόγος des Kelsos, TBAW 33, 1940. – *Literatur:* A. Wifstrand, Die wahre Lehre des Kelsos, Bull. de la soc. roy. des lettres de Lund, 1941/1942, S. 391 ff. (vgl. Svensk teol. kvartalskr. 18, 1942, S. 1 ff.); H. Chadwick, Origen Contra Celsum (Übers., Einl., Anm.), Cambridge (1953) 1965²; C. Andresen a. o. [Nr. 21] a. O.; H. Doerrie, Die platonische Theologie des Kelsos in ihrer Auseinandersetzung mit der christlichen Theologie, NAG 1967,2.
1.   Vgl. dazu die o.[Nr. 21]a. grundlegende Monographie von C. Andresen mit den Rezensionen von J. H. Waszink, VigChr 12, 1958, S. 166 ff.; H. Doerrie, Gn 29, 1957, S. 185 ff.
2.   Vgl. dazu bes. A. Wifstrand a. a. O., S. 396.
3.   Die noch von gewissen antichristlichen Pamphletisten der Gegenwart kolportierte Behauptung, »die Mutter Jesu sei von dem Zimmermann, dem sie verlobt, verstoßen worden, weil sie des Ehebruchs überführt worden sei und ein Kind gehabt habe von einem [römischen] Soldaten namens Panthera« (Kelsos bei Origenes, Wider Kelsos 1,32).
4.   Nach Bader eine Anspielung auf Platons Verbannung Homers und der »viel lügenden« Dichter aus seinem »Staat«.
5.   Platon, Timaios 28c – »wahrscheinlich das abgedroschenste Platonzitat in hellenistischer Zeit« (H. Chadwick z. St.).
6.   Es sind dies die später sog. drei Wege der Gotteserkenntnis: via eminentiae (Synthesis) – via negationis (Analysis) – via analogiae. Dieser letztere »Weg«, der beschritten wird, »indem man die im Diesseits sichtbare Stufung bis ins Jenseits verlängert«, so daß »Gott sichtbar« wird »als die Sonne im Reich der Ideen, analog zur irdischen Sonne«, ist der »eigentlich platonische Weg zur Gotteserkenntnis« (H. Doerrie a. a. O., S. 37).
7.   Vgl. hierzu vor allem die drei Gleichnisse aus Platons »Staat«, in denen die theoretische Basis seiner Ideenlehre in dichterische Anschaulichkeit übersetzt ist: das »Sonnengleichnis« (Pol. VI, 508a–509d), das »Liniengleichnis« (ebd. 509d–511e) und das »Höhlengleichnis« (VII, 514a–517a).
8.   Vgl. Homer, Il. II, 205 – »ein Standardzitat in diesem Zusammenhang« (H. Chadwick z. St.).
9.   Vgl. dazu Tertullian, Apol. 21,24 (unten Nr. 30c). Auch nach ihm kann man nur entweder Kaiser oder Christ sein!

24. Das Martyrium der Scilitaner

Das älteste, datierbare lateinische Schriftstück christlichen Inhalts ist eine Märtyrerakte! Sie berichtet in Form eines Verhörprotokolls[1] über den Prozeß gegen Christen aus Scili, einem sonst kaum bekannten Ort in Numidien:

(1) Am 17. Juli des Jahres [180], in dem Praesens zum 2. Mal und Claudianus [richtig müßte es heißen: Condianus] Konsuln waren, wurden im Verhandlungszimmer (secretarium) zu Karthago vorgeführt Speratus, Nartzalus und Cittinus, Donata, Secunda, Vestia. Der Prokonsul Saturninus erklärte: »Ihr könnt die Nachsicht unseres Herrn, des Kaisers, gewinnen (indulgentiam . . . promereri), wenn ihr euch wieder eines Besseren besinnt.« (2) Speratus antwortete: »Wir haben niemals Böses getan und uns in keiner Weise zu Ungerechtigkeit hergegeben.

Nie haben wir geflucht, sondern [selbst dann] Dank gesagt, wenn man uns schlecht behandelte; denn wir halten unseren Kaiser in Ehren.« (3) Saturninus, der Prokonsul, sagte darauf: »Auch wir sind religiös (religiosi), und unsere Religion ist [denkbar] einfach [oder: ohne Falsch]: wir schwören beim Genius unseres Herrn, des Kaisers, und bringen für sein Heil Gebete und Opfer dar, was auch ihr zu tun schuldig seid.« (4) Speratus erwiderte: »Wenn du mir ruhig zuhörst, will ich dir das Geheimnis der [wahren] Einfalt (mysterium simplicitatis²) mitteilen.« (5) Darauf Saturninus: »Solltest du damit anfangen, unseren Kultus (sacra nostra) herabzusetzen, so werde ich dir kein Gehör schenken; doch schwöre lieber beim Genius unseres Herrn, des Kaisers.« (6) Speratus antwortete: »Eine Befehlsgewalt dieser Welt erkenne ich nicht an (imperium huius seculi non cognosco); vielmehr diene ich jenem Gott, den kein Mensch gesehen hat noch mit diesen [Fleisches-] Augen sehen kann. Diebstahl habe ich nie begangen; im Gegenteil, ich zahle bei jedem Geschäft die Steuer, da ich meinen Herrn, den König der Könige und Herrscher aller Völker, anerkenne.« (7) Sagte darauf der Prokonsul Saturninus zu den übrigen: »Laßt ab von dieser Überzeugung.« Speratus entgegnete jedoch: »Es ist eine üble Überzeugung, Mord zu begehen und falsches Zeugnis abzulegen.« (8) Der Prokonsul Saturninus sagte: »Habt nichts zu schaffen mit diesem Wahnsinn.« Cittinus erwiderte: »Wir haben keinen anderen, den wir fürchteten, außer dem Herrn, unserem Gott, der im Himmel ist.« (9) Donata bekräftigte: »Ehre dem Kaiser als Kaiser; doch Gott allein ist's, dem Furcht (timor) gebührt«, während Vestia sagte: »Ich bin Christin«, und Secunda: »Was ich bin, eben das will ich [auch fürder] sein.« (10) Fragte nun Saturninus, der Prokonsul, Speratus: »Beharrst [auch] du dabei, Christ zu sein?« Speratus antwortete: »Ich bin Christ.« Und alle stimmten dem zu. (11) Darauf Saturninus, der Prokonsul: »Möchtet ihr nicht vielleicht Bedenkzeit haben?« Speratus gab zur Antwort: »Bei einer so gerechten Sache gibt's nichts zu bedenken.« (12) Fragte sodann Saturnius, der Prokonsul: »Was habt ihr da in eurer Kapsel (capsa)?« Und Speratus antwortete: »Bücher und Briefe des Paulus, eines gerechten Mannes (Libri et epistulae Pauli viri iusti).«³ (13) Als der Prokonsul Saturnius beharrte: »Ihr sollt eine Frist von 30 Tagen haben, euch die Sache noch einmal zu überlegen«, wiederholte Speratus: »Ich bin Christ«, und alle stimmten dem zu. (14) Darauf verlas der Prokonsul Saturninus von einer Tafel (tabella) das Urteil: »Speratus, Nartzalus, Cittinus, Donata, Vestia, Secunda [und die übrigen, die bekannt haben, nach dem christlichen Religionsbrauch zu leben]⁴, sollen mit dem Schwert hingerichtet werden, da sie, obwohl ihnen die Möglichkeit eröffnet wurde, zu Sitte und Art der Römer zurückzukehren (ad Romanorum morem redeundi), hartnäckig [bei ihrer Religion] verblieben sind.« (15) Speratus sagte darauf: »Wir sagen Gott Dank«, und Nartzalus: »Heute sind wir Märtyrer im Himmel. Gott sei Dank!« (16) Saturninus, der Prokonsul, ließ durch den Herold ausrufen: »Speratus, Nartzalus, Cittinus, [Veturius, Felix, Aquillinus, Laetantius, Ianuaria, Generosa]⁴ Vestia, Donata und Secunda habe ich zur Hinrichtung abzuführen befohlen.« Sie alle sagten: »Gott sei gedankt!« Und sogleich wurden sie enthauptet um des Namens Christi willen. Amen⁵.

Quelle: H. Musurillo, The acts of the Christian Martyrs, Oxford 1972. – *Literatur:* F. Corsaro, Note sugli Acta Martyrum Scilitanorum, Nuovo didascaleion 6, 1956, S. 5–51; H. Karpp, Die Zahl der scilitanischen Märtyrer, VigChr 15, 1961, S. 165–172.
1. Dem entspricht auch die unverbundene Aneinanderreihung der Sätze (Saturninus proconsul dixit:

. . ., Speratus dixit: . . ., Saturninus proconsul dixit: . . . etc.) In der Übersetzung konnte dies um so eher abgemildert werden, als die Form des amtlichen Prozeßprotokolls in dieser Akte sicher Imitation ist.

2. Vgl. damit die Erklärung des Prokonsuls: simplex est religio nostra!

3. Es ist dies, soweit wir wissen, die erste Erwähnung einer lateinischen Bibel.

4. Wohl spätere Einfügung.

5. Nach einer anderen Fassung lautet der Schluß: »Und so sind alle zusammen mit dem Martyrium gekrönt worden und herrschen mit dem Vater und dem Sohn und dem Hl. Geist in alle Ewigkeit. Amen.«

25. Christlicher Gnostizismus

Wie immer die schwierige Frage der *Entstehung* des Gnostizismus zu beantworten sein mag – Tatsache ist, daß es im 2. Jahrhundert christlichen Gnostizismus in dem Sinne gegeben hat, in dem man heute die Begriffe »Gnosis« und »Gnostizismus« zu verwenden pflegt. Danach ist unter »Gnosis« das Wissen um die geoffenbarte Identität des in der bösen Welt gefangenen Selbst mit seinem jenseitigen, göttlichen Teil zu verstehen und »Gnostizismus« der Sammelbegriff all jener religiösen Systeme, deren Kern das eben beschriebene Bewußtsein bildet. – Die beiden reifsten Ausprägungen – und das sind zugleich diejenigen, die dem traditionellen Christentum am nächsten gekommen sind, die Gemeinden am stärksten beeinflußt und darum auch unter der schärfsten Gegenwehr der Kirche gestanden haben – gehen auf Basilides (1. Hälfte des 2. Jahrhunderts) und Valentinus (geb. um 100, zunächst wie Basilides in Alexandrien, dann – von ca. 140–160 – in Rom und schließlich in Zypern wirkend) zurück. »Daß es der Kirche gelang, sich gegen das uferlos wuchernde Ketzertum zu immunisieren und es gleichzeitig geistig zu überwinden, noch lange bevor sie dazu den staatlichen Arm in Anspruch nehmen konnte, ist eine ihrer größten geschichtlichen Leistungen« (K. Beyschlag).

a) Das gnostische Thema (Klemens von Alexandrien, Auszüge aus Theodot 78,2)
Die Excerpta ex Theodoto sind eine Sammlung von Aussprüchen verschiedener Valentinianer; Theodot, nach dem die Sammlung ihren Namen trägt, war nur einer von ihnen.

Nicht allein das [Tauf-]Bad ist's, das befreit, sondern auch die Gnosis [›Erkenntnis‹]: Wer waren wir, was sind wir geworden? Wo waren wir, wohinein sind wir geworfen? Wohin eilen wir, wovon werden wir erlöst? Was ist Geburt, was Wiedergeburt (τίνες ἦμεν, τί γεγόναμεν. ποῦ ἦμεν, [ἢ] ποῦ ἐνεβλήθημεν. ποῦ σπεύδομεν, πόθεν λυτρώμεθα. τί γέννησις, τί ἀναγέννησις)?

b) Der Abstieg der Seele und der Weg aus der Fremde nach dem Naassenerpsalm
(Hippolyt, Widerlegung sämtlicher Häresien 5,10,2)
Das Lied gehört der christlich-gnostischen Sekte der Naassener (von Naas, wie griechisch das hebräische Wort für »Schlange« wiedergegeben wird) an, von denen nur Hippolyt in seiner Refutatio omnium haeresium (5,6,3–11,1; 10,9,1–3) spricht. Der Text des Hymnus ist stark verderbt.

Universales Gesetz (νόμος . . . γενικός) des Alls war der erstgeborene Nus [Geist], der [oder: das] zweite nach dem Erstgeborenen war das ausgegossene Chaos, als dritte empfing die Seele, als Frucht ihrer Mühsal[?], ein Gesetz.
Darum, umhüllt mit des Hirsches Gestalt,
plagt sie sich, vom Tode begehrt, in seiner Gewalt . . .
Ohne Ausweg irrt die Unselige umher
in einem Labyrinth voller Übel.
Da sprach Jesus: Siehe, Vater,

von Übeln gesucht irrt auf der Erde,
was von deinem Odem gekommen . . .
Darum sende mich, Vater;
mit Siegeln ausgerüstet will ich hinabsteigen,
alle Äonen will ich durchwandern,
alle Mysterien will ich erschließen,
der Götter[1] Gestalten will ich zeigen,
und die Geheimnisse des heiligen Weges,
Gnosis nenn' ich's, will ich kundtun.

c) Das Weltbild der Valentinianer (Epiphanius, Arzneikasten 31,5.6)

Bruchstück eines Lehrbriefes aus der Schule Valentins. Umstritten ist, ob es sich um eines der ältesten
Stücke des Valentinianismus handelt (K. Holl) oder ob – wegen der verschiedenen Namen, die hier den
höchsten Wesen beigelegt werden und in anderen valentinianischen Systemen tatsächlich vorkommen
– eine späte Entstehung wahrscheinlicher ist (W. Foerster).

(31,5,1) Bei Verständigen, bei Psychikern, bei Sarkikern[2], bei Weltkindern, bei
der Größe . . . [die Einleitungsformel ist verstümmelt] unzerstörbarer Geist grüßt
die Unzerstörbaren.
(2) Unnennbare, unsagbare, überirdische Geheimnisse tue ich euch kund, die weder durch die Mächte, noch durch die Gewalten, noch durch die Unterworfenen
(ὑποταγαί [vgl. 1. Kor. 15,28]), noch durch die gesamte Mischwelt verstanden
werden können, sondern allein der Ennoia [dem ›Gedanken‹] des Unbeweglichen
offenbart sind. (3) Denn als im Anfang der Urvater (Αὐτοπάτωρ) das All in sich
umschloß, das in ihm war, ohne davon zu wissen, er, den einige den nimmer al-
ternden, ewig jungen, mannweiblichen Äon nennen, der immerdar das All in sich
begreift, ohne selbst [von etwas] umgriffen zu sein –, da wollte die Ennoia in ihm –
einige nennen sie Ennoia, andere Charis [›Gnade‹], und zwar mit Recht, denn sie
gewährt gnädig die Schätze der ›Größe‹ denen, die aus der ›Größe‹ stammen; die
aber die [volle] Wahrheit sagen, nennen sie Sige [›Schweigen‹], weil die ›Größe‹
[nur] durch Überlegen, ohne ein Wort, das All vollendete – (5) da wollte, wie ich
schon sagte, die unvergängliche, ewige Ennoia ihre Fesseln sprengen und erweichte die Größe zur Begierde [nach ihr], um [mit ihr] zu ruhen. Und mit ihr vereinigt brachte sie den ›Vater der Wahrheit‹ hervor, den die Vollkommenen mit
Recht Anthropos [›Mensch‹] nannten, weil er das Abbild des präexistenten Ungewordenen ist. (6) Danach brachte Sige, nachdem sie eine physische Einheit [Verei-
nigung] des Lichts mit dem Anthropos zustande gebracht hatte (ihre Gemeinschaft
war [rein] willentlich), die Aletheia [›Wahrheit‹] zum Vorschein. ›Wahrheit‹
wurde sie von den Vollkommenen mit Recht genannt, weil sie in Wahrheit ihrer
Mutter Sige ähnlich war; hatte doch Sige gewollt, daß der Lichtteil (ἀπομερισμὸς
φώτων) des Männlichen und des Weiblichen gleich sei, damit durch sie auch ihre
Einheit [?] offenbart werde, und zwar denen unter ihnen, die in sichtbare Lichter
zerteilt würden[?]. (7) Danach erweckte Aletheia in sich mütterliche Brunst und
erweichte den Vater gegen sich, und sie vereinigten sich in unvergänglicher
Umarmung und nie alternder Vereinigung und schufen eine pneumatische,
mannweibliche Vierheit [Tetras], Abbild jener präexistenten Vierheit (nämlich:
Bythos [›Abgrund‹], Sige, Vater und Wahrheit). Die Vierheit aber, die aus dem
Vater und der Wahrheit entsprang, ist: ›Mensch‹, ›Kirche‹, ›Logos‹, ›Leben‹. (8)
Darauf vereinigten sich nach dem Willen des allumfassenden Bythos der ›Mensch‹
und die ›Kirche‹, eingedenk der väterlichen Worte, und schufen eine Zwölfzahl

mannweiblicher Zeugungswilliger. Die männlichen sind: Paraklet [›Beistand‹],
Väterlicher, Mütterlicher, Immerwährender Nus, Kirchlicher (Ἐκκλησιαστι-
κός); die weiblichen: Glaube, Hoffnung, Liebe, Verstand (Σύνεσις), Seligkeit,
Weisheit [Sophia]. (9) Hiernach vereinigten sich Loges und ›Leben‹, indem sie bei
sich das Geschenk der Vereinigung nachbildeten ([auch] ihre Gemeinschaft war
[rein] willentlich), kamen zusammen und zeugten eine Zehnzahl Zeugungswilli-
ger, auch sie mannweiblich. Die Männlichen sind: Abgründiger, nie Alternder,
Selbstgewachsener, Eingeborener, Unbeweglicher; die weiblichen: Umarmung,
Vereinigung, Verschmelzung, Einheit, Lust (auch sie gaben sich ihre Namen zum
Ruhme der Sige).

Im folgenden (6,1–10) wird die Schaffung einer weiteren Dreißigzahl [Triakas] von Äonen erwähnt
und die Schaffung einer Vielzahl von Lichtern; endlich wird, nachdem neben der bisherigen horizonta-
len noch eine vertikale Verbindung zwischen den Hypostasen der vollkommenen Welt hergestellt
worden ist, noch eine Fünfzahl »nicht-weiblicher Zeugungswilliger« genannt; »ihre Namen sind: Befreier, Grenzsetzer, Dankbarer[?], Befreiter, Wandelschaffender«. Doch welcher Sinn sich damit des
näheren verbindet, ist noch schwerer zu erahnen, da Epiphanius das Zitat unvermittelt abbricht.

d) Die Stellung zum alttestamentlichen Gesetz nach dem Brief des Ptolemäus an Flora (ebenda 33,3,1 ff.)

Der Brief des Valentinschülers Ptolemäus an Flora, eine noch nicht in die valentinianische Gnosis ein-
geweihte – wohl katholische – Christin, stellt eine Einführung in das gnostische Denken in Form einer
Auseinandersetzung über die Frage dar, wie man als Christ das »Gesetz« zu deuten habe, wenn man
das Alte Testament »richtig« lesen und verstehen wolle. Der Brief ist das einzige im griechischen Original noch vollständig erhaltene christlich-gnostische Dokument, mithin auch das einzige, aus dem
man sich *unmittelbar* ein Bild vom Ausmaß der »gnostischen Krise« machen kann. Daß in ihm die spe-
kulativ-»mythologischen« Elemente zurücktreten, wird hauptsächlich mit seinem »protreptischen«
Charakter (als Werbeschrift) zusammenhängen.

(33,3,2) Die einen sagen, daß es [sc. das Mosegesetz] von Gott, dem Vater, erlassen [und darum im ganzen verpflichtend] sei, andere dagegen . . . behaupten, es
sei von dem Widersacher, dem verderbenstiftenden Teufel, erlassen; wie sie ihm
auch die Erschaffung (δημιουργία) der Welt zuschreiben, da sie ihn für den Vater
und Verfertiger dieses Alls [vgl. Platon, Timaios 28c] halten. (3) Beides ist indes
irrig. (4) Denn dieses [Gesetz] ist offenkundig weder von dem vollkommenen Gott
und Vater erlassen . . ., da es sowohl unvollkommen ist und der Erfüllung durch
einen anderen [sc. Christus] bedarf, als es auch Gebote enthält, die zu Wesen und
Willen eines solchen [vollkommenen] Gottes nicht passen; (5) noch läßt sich ein
Gesetz, welches Unrecht zu tun verbietet, der Ungerechtigkeit des Widersachers
zuschreiben . . . (6) Überdies sagt der Apostel, daß die Erschaffung der Welt sein
[des Heilandes] eigen sei [vgl. Joh. 1,11.3] . . . und nicht [das Werk] eines verderbenstiftenden, sondern eines gerechten und das Böse hassenden Gottes . . .
(4,1) Zuerst nun gilt es zu lernen, daß jenes im Pentateuch des Mose enthaltene
Gesetz nicht insgesamt auf einen [einzigen] Gesetzgeber, will sagen, nicht ausschließlich auf Gott zurückgeht; vielmehr sind einige Vorschriften in ihm auch
von Menschen erlassen . . . (2) Es wird [gemäß den Worten des Heilands] geteilt
in Gott selbst und seine Gesetzgebung, ferner in [die des] Mose (und zwar nicht so,
daß Gott durch ihn Gesetze erließe, sondern so, daß Mose, von seiner eigenen
Überlegung geleitet, gewisse Gesetze gab), schließlich in die [der] Ältesten des
Volkes, die nachgewiesenermaßen auch eigene Gesetze eingetragen haben.

Das eine, daß »das Mosegesetz ein anderes ist als das Gottes«, wird mit Mt. 19,8.6, das andere, daß nachträglich in den »Gesetzes«-Text auch Überlieferungen der Ältesten hineingeraten und ihm zu Unrecht gleichgestellt worden sind, mit Mt. 15,4–9 bewiesen (4,3–14).

(5,1) Des weiteren wird das eine Teil, das Gesetz Gottes selbst, wiederum in drei Teile geteilt: in die reine, mit dem Bösen unvermischte Gesetzgebung, die . . . der Heiland nicht kam aufzulösen, sondern zu erfüllen [vgl. Mt. 5,17] . . ., sodann in das mit dem Bösen und dem Unrecht verflochtene Gesetz, das der Heiland als nicht zu seinem Wesen [sc. seiner wesenhaften Güte] passend aufhob, (2) und schließlich in das Typische und Symbolische, das nach dem Bild der pneumatischen, wesentlichen [Wahrheiten] erlassen und vom Heiland aus dem Bereich des sinnlich Wahrnehmbaren und Sichtbaren in den des Pneumatischen und Unsichtbaren übertragen worden ist. (3) Das Gottesgesetz aber, das rein ist und von jeglicher schlechteren Beimischung frei, ist der Dekalog, jene zehn Worte, die in zwei Tafeln zerfallen und den Zweck haben, aufzuheben, was zu meiden, und zu gebieten, was zu tun ist; freilich waren auch diese, wiewohl sie die Gesetzgebung rein bewahrten, der Erfüllung durch den Heiland [noch immer] bedürftig, da sie nicht das Vollkommene enthielten.
(7,2) Bleibt uns noch [zu klären] übrig, wer wohl dieser Gott sei, der das Gesetz erlassen . . . (4) Es ist der Demiurg [Gestalter] und Verfertiger dieser ganzen Welt und des, was in ihr ist. Er ist ein anderer als die Wesenheit jener [sc. des vollkommenen Gottes und des Widersachers], steht in der Mitte zwischen ihnen und dürfte daher zu Recht den Namen der »Mitte« tragen. (5) Und wenn der vollkommene Gott, entsprechend seinem Wesen, gut ist, wie es sich auch verhält (denn einer allein sei der gute Gott, hat unser Heiland gesagt [vgl. Mt. 10,17], sein eigener Vater [nämlich], den er selbst geoffenbart hat), der [Gott] von entgegengesetztem Wesen dagegen böse und schlecht, durch Ungerechtigkeit charakterisiert, dann dürfte der, der in der Mitte steht und weder gut noch böse . . . ist, recht eigentlich gerecht zu nennen sein, Belohner der ihm entsprechenden Gerechtigkeit. (6) Dieser Gott ist minderwertiger als der vollkommene Gott und geringer als dessen Gerechtigkeit, weil er geworden (γεννητός), nicht ungeworden (ἀγέννητος) ist . . . (7) . . . Das Wesen des ungewordenen Vaters des Alls ist Unvergänglichkeit (ἀφθαρσία) und selbstseiendes Licht, unzusammengesetzt und eingestaltig (μονοειδές). Das Wesen dieses [göttlichen Zwischenwesens] dagegen hat eine zwiefältige Kraft hervorgebracht; er selbst jedoch ist des Besseren Abbild. (8) . . . (9) Du wirst, so Gott will, in der Folge lernen, was der Ursprung und das Entstehen dieser [Wesenheiten nach und neben dem vollkommenen Gott] sei, gewürdigt der apostolischen Überlieferung, die auf dem Wege der Nachfolge (ἐκ διαδοχῆς) auch wir überkommen haben, indem wir alle Worte an der Lehre unseres Heilandes prüfen.

e) Christus in der Sicht des judenchristlichen Gnostikers Kerinth (Irenäus, Wider die Häresien 1,26,1; Hippolyt, Widerlegung 7,33)
Kerinth, Zeitgenosse Polykarps und wie dieser kleinasiatischer Herkunft, war allem Anschein nach Vertreter einer Früh- oder Prägnosis noch ohne ausgebautes »System«. Zur judenchristlichen Komponente seiner Lehre vgl. unten Nr. 26.

Ein gewisser Kerinth aus [Klein-]Asien [Hippolyt: auch er in der Bildung der Ägypter unterwiesen] lehrte, die Welt sei nicht vom ersten Gott, sondern von einer Kraft gemacht, die von der über das All erhabenen obersten Macht (principali-

tas) weit getrennt und entfernt ist und den Gott nicht kennt, der über alles erhaben
ist, Jesus aber, so nahm er an, sei nicht aus einer Jungfrau geboren, [denn das erschien ihm als unmöglich][3], sondern genau so wie alle anderen Menschen auch aus
[menschlichen Eltern, nämlich] Josef und Maria entstanden, habe aber mehr als
alle durch Gerechtigkeit, Einsicht und Weisheit vermocht. Nach der Taufe sei auf
ihn, von jener obersten, über alles erhabenen Macht her, Christus in Gestalt einer
Taube herabgestiegen, und danach habe er den unbekannten Vater verkündigt und
Machttaten vollbracht. Am Ende aber sei Christus wieder von Jesus gewichen, und
Jesus [allein] habe gelitten und sei auferstanden; Christus indes sei leidensunfähig
geblieben, sofern er ein geistiges Wesen war.

f) Die Passionsgeschichte nach Basilides (Irenäus, Wider die Häresien 1,24,4)
Über den Gnostiker Basilides liegen i. w. zwei (durchgängig verschiedene) Überlieferungen vor: bei
Irenäus, Wider die Häresien 1,24 einerseits, bei Hippolyt, Widerlegung sämtlicher Häresien 7,20 ff.
andererseits. Eine Sonderlehre des irenäischen Basilides enthält auch folgendes Stück:

Der ungewordene und unnennbare Vater habe, da er ihre Verderbtheit sah, seinen
erstgeborenen Nus – das sei der, der Christus genannt wird – gesandt, um die an
ihn Glaubenden aus der Gewalt derer zu befreien, die die Welt gebildet hätten [sc.
der Engel]. Ihren Völkern aber sei er auf Erden als ein Mensch erschienen (apparu-
isse) und habe Machttaten vollbracht. Darum habe er auch nicht [selbst] gelitten,
sondern ein gewisser Simon von Kyrene, den man gezwungen habe, an seiner
Statt das Kreuz zu tragen. Den hätten sie unwissentlich und irrtümlich gekreuzigt,
nachdem er von ihm [Jesus] verwandelt worden sei, so daß man ihn für Jesus hielt.
Jesus aber habe Simons Gestalt angenommen und dabei gestanden und jene ver-
lacht[4].

g) Erlösung als physischer Prozeß? (Klemens von Alexandrien, Auszüge aus Theodot
55,2–56,3)
Das folgende Exzerpt enthält die nachgerade klassisch gewordene Formel für die – wohl gemeingnosti-
sche – Überzeugung, daß das Pneumatische, der in einem stofflichen Leib gefangene Lichtfunke, nicht
verloren gehen könne, eine Überzeugung, die bei den Gegnern, Christen wie Heiden, schweren Anstoß erregte, weil sie als ethisch ruinös betrachtet wurde.

(55,2) . . . weder aus dem Pneuma, noch aus dem, was ihm eingeblasen wurde
[vgl. Gen. 2,7], sät Adam; ist doch beides göttlich und wird beides zwar durch ihn,
aber nicht von ihm hervorgebracht. (3) . . .
(56,1) Insofern ist Adam, unser Vater, »der erste Mensch aus Erde, choisch«
[1. Kor. 15,47]. (2) Wenn er dagegen vom Psychischen und Pneumatischen so säte
wie vom Hylischen [Materiellen], so wären sie alle gleich und gerecht, und in allen
wäre die Lehre. Darum gibt es viele Hyliker, nicht viele Psychiker, ganz wenige
Pneumatiker. (3) Das Pneumatische wird von Natur aus gerettet (τὸ μὲν οὖν
πνευματικὸν φύσει σῳζόμενον); das Psychische, da es Willensfreiheit (αὐτεξ-
ούσιον) besitzt, vermag sich sowohl zum Glauben und zur Unvergänglichkeit
wie zum Unglauben und zur Vergänglichkeit hinzuneigen, nach eigener Wahl,
während das Hylische von Natur aus vergeht (φύσει ἀπόλλυται).

h) Die Differenz in der Ekklesiologie (Evangelium der Wahrheit 24 f.)
Wird man den ethischen »Libertinismus«[5] und die substanzhafte Heilstheologie schwerlich noch so
unbedenklich als typisch gnostisch bezeichnen dürfen, wie es die Alten taten, so ist auf dem Feld der

Ekklesiologie die Differenz zwischen Kirche und Gnosis um so unübersehbarer, wie folgendes Stück aus einem der wichtigsten Zeugnisse valentinianischer Gnosis, dem in Codex I von Nag Hammadi neugefundenen (nach seinen Anfangsworten) sog. Evangelium veritatis verdeutlichen mag:

(24,33) So wie sich jemandes Unwissenheit dann, wenn er (35) erkennt, auflöst, nämlich seine Unwissenheit wie die Finsternis schwindet, wenn (25,1) das Licht erscheint, so löst sich auch der Mangel in der Vollkommenheit auf. Die äußere Erscheinung ist nun von diesem Zeitpunkt an nicht mehr sichtbar, sondern (5) sie wird sich auflösen in der Verbindung mit der Einheit; denn jetzt sind ihre Werke gleich, in der Zeit, in der die Einheit (10) die Räume vollenden wird. Durch die Einheit wird jeder einzelne sich empfangen. In Erkenntnis wird er sich reinigen aus einer Artenvielheit zu (15) einer Einheit, wenn er die Materie in sich verzehrt wie ein Feuer und die Finsternis durch Licht, den Tod durch Leben.
(M. Krause)

Quellen: O. Stählin – L. Früchtel, Clemens Alexandrinus, III, GCS 17², 1970²; P. Wendland, Hippolytus Werke, III, GCS 26, 1916; K. Holl a. o. [Nr. 15] a. O.; W. W. Harvey a. o. [Nr. 15] a. O.; M. Malinine – H. C. Puech – G. Quispel, Evangelium Veritatis (Codex Jung f. VIIIᵛ – XVIᵛ. XIXᵛ – XXIIʳ), Zürich 1956. – *Übersetzung:* M. Krause in: W. Foerster (Hg.), Die Gnosis, II, BAW, Zürich 1971. – *Literatur:* H. Jonas, Gnosis und spätantiker Geist, I (1934) 1954² (m. Erg. H. 1964); II,1 (1954) 1966²; R. McL. Wilson, Gnosis und Neues Testament, Urban-Tb. 118, 1968; U. Bianchi (Hg.), Le Origini dello gnosticismo. Colloquio di Messina (13.–18. Apr. 1966), Neudruck 1970; K. Rudolph, Gnosis und Gnostizismus, WdF 262, 1975.
1. Gemeint die Wächter der einzelnen Himmelssphären, die die Seele bei ihrem Aufstieg zu passieren hat?
2. Anklang an die Drei-Prinzipien-Lehre (Geist – Seele – Materie), die, auf die Menschheit übertragen, eine Gliederung in Gnostiker bzw. Pneumatiker (aus Materie, Seele und Geist), Psychiker (aus Materie und Seele) und Hyliker (nur aus Materie) ergibt.
3. Wohl eine Randglosse, die in den Text geraten ist (Harvey z. St.).
4. Als Mummenschanz und Scheinmanöver erscheint die Passion Christi auch etwa in den Kapiteln 87 ff. der apokryphen Johannesakten, weshalb man den Verfasser dieses Einschubs gern in gnostischen Kreisen gesucht hat; doch muß dies nach C. Schmidt (Die alten Petrusakten, TU 4,1,1903, S. 120 ff.) als ganz und gar hypothetisch gelten.
5. Vgl. dazu etwa Irenäus, Wider die Häresien 1,6,3: »Darum [sc. weil sie der Meinung sind, daß, wie Gold im Schmutz seine Schönheit nicht verliere, sondern seine eigene Natur bewahre, so auch sie selbst, was immer sie täten, ihr pneumatisches Wesen nicht verlieren könnten] tun auch die vollkommensten unter ihnen alles, was verboten ist, ohne Scham . . .«

26. Häretisch werdendes Judenchristentum

Ist für das Selbstverständnis des Judenchristentums ursprünglich gerade das stolze Bewußtsein kennzeichnend, niemals »abtrünnig« geworden zu sein, so ist es ihm gleichwohl nicht erspart geblieben, schließlich zwischen Kirche und Synagoge zerrieben zu werden, die sich seit der Wende vom 1. zum 2. Jahrhundert mehr und mehr gegeneinander abgrenzten [vgl. oben Nr. 9]. Nennenswerte Reste erhielten sich allerdings vor allem im syrisch-mesopotamischen Raum und sorgten u. a. dafür, daß die Aktivität und Komplexität judenchristlichen Denkens noch in der islamischen Literatur ihre Spuren hinterlassen haben.

a) Der Glaube der Ebioniten nach Irenäus (Wider die Häresien, 1,26,2)
Die sog. ›Ebioniten‹[1] stimmten zwar [sc. im Unterschied zu den Gnostikern vom

Schlage des Kerinth] darin überein, daß die Welt von Gott geschaffen sei; bezüglich des Herrn [Christus] aber sind sie ähnlicher Meinung wie Kerinth und Karpokrates[2]. Sie benutzen allein das Evangelium nach Matthäus und verwerfen den Apostel Paulus, den sie als vom Gesetz Abgefallenen bezeichnen. Hinsichtlich der [alttestamentlichen] Prophetenschriften stützen sie sich auf eine höchst sonderbare Auslegung; auch lassen sie sich beschneiden, halten an den Bräuchen fest, wie sie das Gesetz vorschreibt, und verharren in der jüdischen Lebensweise; wie sie auch Jerusalem eine Verehrung bezeigen, als sei es die Wohnung Gottes.

b)   Aus dem Ebionitenevangelium (Epiphanius, Arzneikasten 30,13,7 f.; 16,4 f.)
(13,7) Als das Volk getauft worden war, trat auch Jesus herzu und ließ sich von Johannes taufen. Als er aus dem Wasser emporstieg, öffneten sich die Himmel, und er sah den heiligen Geist in Gestalt einer Taube, die herabkam und in ihn einging. Und es erscholl eine Stimme aus dem Himmel:»Du bist mein geliebter Sohn, an dem ich Wohlgefallen habe« [vgl. Mt. 3,17 par.]; und abermals sprach sie: »Heute habe ich dich gezeugt« [vgl. Lk. 3,22 nach codex D]. Und sofort erstrahlte der Ort ringsum von gewaltigem Licht. Spricht Johannes, als er dies sieht, zu ihm: »Wer bist du, Herr?« Und wiederum erging eine Stimme aus dem Himmel an ihn: »Dieser ist mein geliebter Sohn, an dem ich Wohlgefallen habe.« (8) Da fiel Johannes vor ihm nieder und sprach: »Ich bitte dich, Herr, taufe du mich.« Er aber wehrte ihm und antwortete: »Laß es; denn so ziemt es sich, auf daß alles erfüllt werde.«[3]
(16,4) [Sie sagen, er (Christus) sei nicht aus Gottvater gezeugt, sondern geschaffen wie einer der Erzengel . . .; er herrsche aber über die Engel und alle Geschöpfe des Allmächtigen und sei, so die in der bei ihnen als Evangelium bezeichneten Schrift enthaltene Behauptung, gekommen und habe gelehrt: »Ich bin gekommen, die Opfer aufzuheben; und so ihr nicht aufhört zu opfern, wird Gottes Zorn nicht von euch weichen.«[4]]

Quellen: W. W. Harvey a. o. [Nr. 15] a. O.; K. Holl a. o. [Nr. 15] a. O. – *Literatur:* H. J. Schoeps, Theologie und Geschichte des Judenchristentums, 1949; L. Goppelt, Christentum und Judentum im 1. und 2. Jahrhundert, BFChTh II,55, 1954; G. Strecker, Das Judenchristentum in den Pseuuoklementinen, TU 70, 1958; J. Daniélou, Théologie du Judéo – Christianisme, Paris 1958.
1.   Von Ἐbjonîm (griech. πτωχοί = ›Arme‹), dem »Ehrenname(n) der Urgemeinde als der messianischen Gemeinde der Heiligen« (H. Lietzmann, HNT 10[3], 1932, S. 13, zu Gal. 2,10); der Name »Ebioniten« (Ἐβιωναῖοι) erscheint hier zum ersten Mal als Sektenbezeichnung für die von der Großkirche separierten Judenchristen.
2.   Angeblicher Gründer einer gnostischen Sekte.
3.   Es ist umstritten, ob dieser Bericht über die Taufe Jesu (an Stelle der hier gestrichenen »Vorgeschichten« des Neuen Testaments!) im Sinne einer – auch sonst im schismatischen Judenchristentum vertretenen – adoptianischen oder aber einer gnostisierenden (Vielhauer) Christologie zu verstehen ist (vgl. Ph. Vielhauer, Hennecke I[3], S. 102).
4.   Tempelfeindschaft und radikale Verwerfung der Opfer sind auch sonst seit der Zerstörung des Tempels 70 n. Chr. für den späteren Ebionitismus kennzeichnend.

27. Irenäus von Lyon und die Fixierung der »katholischen Normen«

Irenäus, Kleinasiate von Herkunft und in seiner Jugend Schüler Polykarps, war zur Zeit Mark Aurels Presbyter und seit 178, als Nachfolger des als Märtyrer gestorbenen Pothinus, Bischof von Lyon und in diesen Funktionen mehrfach als Vermittler zwischen Rom und dem kleinasiatischen Christentum tätig (Osterstreit!). Abgesehen von Fragmenten haben sich zwei vollständige Werke aus seiner Feder erhalten, freilich keins von beiden im originalen griech. Wortlaut: eine kurze »Darstellung der apostolischen Verkündigung« (Ἐπίδειξις τοῦ ἀποστολικοῦ κηρύγματος) und fünf Bücher »Entlarvung und Widerlegung der fälschlich sogenannten Gnosis« (Ἔλεγχος καὶ ἀνατροπὴ τῆς ψευδωνύμου γνώσεως; meist abgekürzt Adversus haereses [›Wider die Häresien‹] zitiert). Sie lassen ermessen, wie tief die Zäsur war, die die Überwindung der gnostischen Krise, insbesondere die Kanonsbildung, für die Geschichte von Theologie und Kirche mit sich brachte.

I. Die Bedeutung der apostolischen Tradition und Sukzession

a) Das Gemeindeamt in apostolischer Sukzession (Wider die Häresien 3,3,1; 4,26,2)
(3,3,1) Die von den Aposteln in der ganzen Welt kundgemachte Tradition[1] läßt sich von jedermann, dem es um die Erkenntnis der Wahrheit zu tun ist, in jeder Kirche antreffen; und wir sind in der Lage, die von den Aposteln in den [einzelnen] Kirchen eingesetzten Bischöfe wie auch ihre Nachfolger [wörtlich: ihre Sukzessionen] bis zum heutigen Tag aufzuzählen: sie haben von den Wahngebilden jener [sc. der Gnostiker] weder etwas gelehrt noch auch nur gehört. Aber selbst wenn die Apostel von »verborgenen Geheimnissen« gewußt und diese in gesonderter, vor den übrigen geheimgehaltener Unterweisung nur den »Vollkommenen« mitgeteilt hätten, dann hätten sie sie doch wohl am ehesten jenen überliefert, denen sie auch die Kirchen anvertrauten . . .
(4,26,2) Aus diesem Grund muß man auch den Presbytern in der Kirche gehorchen, die, wie wir gezeigt haben, die Nachfolger der Apostel sind und zugleich mit der Nachfolge im Bischofsamt auch die gewisse Gabe der Wahrheit (charisma veritatis certum) nach dem Wohlgefallen des Vaters empfangen haben; die andern hingegen, die sich von der ursprünglichen Nachfolge absondern und irgendwo zusammenkommen, muß man für verdächtig halten; es sind dies entweder Häretiker, Leute von verkehrter Ansicht, oder Schismatiker voll Aufgeblasenheit und Selbstgefälligkeit oder endlich Heuchler, denen es hierbei nur um Geld und eitlen Ruhm geht . . .

b) Die römische Gemeinde und ihre einzigartige Würde (ebenda 3,3,2 f. i. Vgl. m. Dionys von Korinth bei Euseb, Kirchengeschichte 4,23,10 f.)
(3,2) Weil es . . . zu weitläufig wäre, in einem Werk wie diesem die Sukzessionen sämtlicher Kirchen aufzuführen, darum begnügen wir uns mit der größten, ältesten und allen bekannten, von den beiden berühmtesten Aposteln Petrus und Paulus begründeten und errichteten Kirche und zeigen auf, wie die Tradition, die sie von den Aposteln empfangen, . . . durch die bischöflichen Sukzessionen bis auf uns gelangt ist. Damit widerlegen wir alle die, die wie auch immer, aus Selbstgefälligkeit oder Ruhmsucht, Blindheit oder Mißverstand, Konventikel gründen. Denn mit dieser [römischen] Kirche müssen wegen ihres doppelt gewichtigen Vorzugs (propter pot[ent]iorem principalitatem)[2] alle Kirchen, d.h. die Gläubigen

allerorten, übereinstimmen, sowahr in ihr [oder: in einer jeden] . . . die apostolische Überlieferung allezeit bewahrt worden ist (Ad hanc enim ecclesiam . . . necesse est omnem convenire ecclesiam . . ., in qua semper, ab his qui sunt undique, conservata est ea, quae est ab apostolis traditio).

Folgt (3,3,3), in einem teilweise bei Euseb (Kirchengesch. 5,6,1 f.) auch griech. erhaltenen Stück, die römische Bischofsliste: Linus – Anacletus – Clemens – Euaristus – Alexander – Xystus – Telesiphorus – Hyginus – Pius – Anicetus – Soter – Eleutherus.

c) Die Glaubensregel (ebenda 1,10,1 f.; Darst. d. apost. Verk. 47)

(10,1) Obwohl nämlich die Kirche über die ganze Welt (οἰκουμένη) bis an die Enden der Erde verstreut ist, hat sie von den Aposteln und ihren Schülern den Glauben empfangen an den *einen* Gott, den Vater, den Allmächtigen, der Himmel und Erde, die Meere und alles, was darinnen ist, geschaffen hat; und an *einen* Christus Jesus, den Sohn Gottes, der zu unserem Heile Fleisch geworden ist; und an den Heiligen Geist, der durch die Propheten verkündet hat die Heilsveranstaltungen (οἰκονομίαι) Gottes und die [beiden] Advente (ἐλεύσεις)[3] und die Geburt aus der Jungfrau und die Passion und die Auferweckung von den Toten und die leibliche Aufnahme des geliebten Christus Jesus, unseres Herrn, in die Himmel und seine Wiederkunft aus den Himmeln in der Herrlichkeit des Vaters, um alles zusammenzufassen (ἐπὶ τὸ ἀνακεφαλαιώσασθαι τὰ πάντα) und alles Fleisch der gesamten Menschheit aufzuwecken, auf daß vor Christus Jesus unserem Herrn und Gott und Heiland und König, nach dem Wohlgefallen des unsichtbaren Vaters jedes Knie der himmlischen, irdischen und unterirdischen [Mächte] sich beuge und jede Zunge ihn lobpreise und er gerechtes Gericht halte über alle . . . (2) Diese Verkündigung (κήρυγμα) und diesen Glauben hat die Kirche . . . empfangen, und obwohl sie über die ganze Erde verstreut ist, bewahrt sie ihn sorgsam, als wenn sie *ein* Haus bewohnte; und . . . einmütig verkündigt, lehrt und überliefert sie dies, als wenn sie *einen* Mund besäße . . .

(Darst. d. apost. Verk. 47). Der Vater ist also Herr und der Sohn ist Herr; ebenso ist der Vater Gott und der Sohn Gott, denn was von Gott geboren ist, ist Gott. Auf diese Weise wird nach Wesen und Kraft seiner Natur *ein* Gott erwiesen; als Vollführer des Plans unseres Heils indes ist er sowohl Sohn als auch Vater. Denn da der Vater des Alls für die Geschöpfe unsichtbar und unnahbar ist, bedurfte es für die, die zu Gott gelangen sollten, der Hinführung zum Vater durch den Sohn . . .

II. Irenäus als Theologe des Kanons

d) »Zwei Testamente« (Wider die Häresien 4,9,1)

Von ein und derselben Substanz hängt also alles ab, d. h. von ein und demselben Gott, wie auch der Herr seinen Jüngern erklärt mit den Worten: »Deshalb ist jeder Schriftgelehrte, der ein Jünger des Himmelreiches geworden ist, einem Hausvater gleich, der aus seinem Schatz Altes und Neues hervorbringt« [Mt. 13.52]. Damit meinte er nicht, daß der eine Altes und der andere Neues hervorbringe, sondern er meinte ein und denselben. Der Hausvater nämlich ist der Herr, der über das gesamte väterliche Hauswesen herrscht. Den Knechten und bis dahin Ununterwiesenen überantwortet er ein [für sie] passendes Gesetz, den Freien und im Glauben Gerechtfertigten gibt er [ihnen] geziemende Vorschriften, den Kindern aber tut er sein Erbe auf. Unter Schriftgelehrten und Lehrern des Himmelreiches sind seine Jünger zu verstehen . . . [vgl. Mt. 23,34]. Folglich meint er mit dem, was sie an Altem und Neuem aus ihrem Schatz hervorbringen, unzweifelhaft die beiden Testamente (duo testamenta): das »Alte« ist die frühere Gesetzgebung, das »Neue« der evangeliumsgemäße Wandel . . . Beide Testamente aber hat ein und derselbe Hausvater hervorgebracht, der Logos Gottes, unser Herr Jesus Christus, der [bereits] mit Abraham und Mose sich unterredet und uns im Neuen Bunde (in novitate [vgl. Jer. 31,31 f.]) die Freiheit wiederhergestellt und die Gnade, die von ihm kommt, vervielfältigt hat.

e)   Die Apostel im Vollbesitz der Wahrheit (ebenda 3,1,1)

Von niemandem sonst als denen, durch die das Evangelium an uns gelangte, haben wir den [göttlichen] Ratschluß (dispositio) kennengelernt, der sich auf unser Heil bezieht. Was sie zuerst gepredigt und dann nach Gottes Willen uns schriftlich überliefert haben, sollte die »Säule und Grundfeste« [vgl. 1. Tim. 3,15] unseres Glaubens werden. Frevelhaft ist die Behauptung, sie hätten gepredigt, bevor sie selbst vollkommene Erkenntnis besaßen, wie jene sich zu sagen herausnehmen, die sich die Apostel korrigieren zu können rühmen. Denn nicht eher zogen sie aus bis an die Enden der Erde, allen die frohe Botschaft von dem, was Gott an uns getan, zu bringen und den Menschen den himmlischen Frieden zu verkündigen, als unser Herr von den Toten auferstanden war und sie alle aus der Höhe die Kraft des Hl. Geistes empfangen hatten, der über sie kam. Dadurch wurden sie mit allen Gaben erfüllt und gelangten in den Besitz vollkommener Erkenntnis, sie, die alle in gleicher Weise und jeder im besonderen Träger des [einen] Evangeliums Gottes sind.

f)   Klarheit und »Suffizienz« der Schrift (ebenda 1,8,1; 10,3; 2,27,1 f.)

(1,8,1) [Mißbrauch der Schrift seitens der Gnostiker] . . . Indem sie . . . sich über Ordnung und Zusammenhang der Schriften hinwegsetzen und nach Kräften die Glieder der Wahrheit auflösen, suchen sie ihren Lehren die Parabeln des Herrn, die Aussprüche der Propheten oder die Worte der Apostel gefügig zu machen, damit es den Anschein habe, als sei ihre Erdichtung nicht unbezeugt. Sie stellen und formen um, verändern völlig den Sinn und täuschen auf diese Weise viele mit ihrem aus passend[erscheinend]en Herrenworten schlecht genug zusammengestückten Phantasiegebilde . . .
(1,10,3) Wenn nun in der Kirche einige mehr, andere weniger Einsicht und Wissen besitzen, so hat das nicht etwa darin seinen Grund, daß die Basis nicht mehr [für alle] unverändert dieselbe wäre, sondern daß sich [die Wissenden] zusätzlich zum Bildner, Verfertiger und Erhalter dieses Alls, als genüge dieser uns nicht, noch einen anderen Gott oder [auch] einen anderen Christus oder Eingeborenen ersännen; vielmehr [besteht ihre höhere Erkenntnis] darin, daß sie die Wahrheit all dessen, was [in der Schrift] in Bildern ausgedrückt ist, herausarbeiten und als im Einklang mit dem Glaubensfundament befindlich erweisen (οἰκειοῦν τῇ τῆς πίστεως ὑποθέσει)[4], daß sie ferner Gottes Handeln und Plan mit der Menschheit auseinandersetzen, . . . sich zu verstehen bemühen, . . . warum das Wort Fleisch geworden ist und gelitten hat . . ., warum Gott die einst verstoßenen Heiden nun zu Miterben, Tischgenossen und Mitbürgern der Heiligen gemacht hat . . .
(2,27,1) [Die geoffenbarte Wahrheit als Grundlage gesunden »Forschens«, legitimer »Gnosis«] Wer gesunden, untrüglichen, frommen und wahrheitsliebenden

Sinnes ist, der wird bereitwillig dem nachsinnen, was Gott in die Macht des Menschen gelegt und unserer Erkenntnis unterworfen hat, und wird darin Fortschritte machen und sich durch tägliche Übung leicht ein gesichertes Wissen verschaffen. Dies bezieht sich auf alles, was . . . in den göttlichen Schriften offen und unzweideutig mit ausdrücklichen Worten gesagt ist.

Von diesen »hellen« Stellen ausgehend sind auch die »dunklen«, sich bildlicher Ausdrucksweise bedienenden zu deuten, statt daß man sie willkürlich, wie es die Häretiker zu tun pflegen, mit »geheimnisvoll Gesagtem und den Augen Verborgenem« in Verbindung bringt. Andernfalls erhält jeder seine eigene Interpretation und »gibt es bei niemandem eine Richtschnur der Wahrheit (regula veritatis)«.

(2) [Ihrem wesentlichen Inhalt nach] sind sämtliche Schriften, Prophetien wie Evangelien, völlig klar und unzweideutig und können von allen in gleicher Weise verstanden werden, auch wenn nicht alle glauben . . .

g) Die prinzipielle Geschlossenheit des Vier-Evangelien-Kanons und ihre Kriterien (ebenda 3,1,2; 11,7 ff.)

(3,1,2) Sie alle [sc. die Evangelien] lehren uns den einen Gott, Schöpfer Himmels und der Erden, so, wie ihn Gesetz und Propheten verkündeten, und den einen Christus, Gottes Sohn. Wenn also jemand ihnen nicht beistimmt, dann verachtet er die, die am [Erdenweg des] Herrn teilhatten, verachtet [damit] auch den Herrn selbst, verachtet aber auch seinen Vater und ist durch sich selbst gerichtet, weil er seinem Heil hartnäckig widerstreitet. Das aber tun alle Häretiker [sofern sie sich entweder nur auf dies oder jenes Evangelium beschränken wollen, oder aber – wie die Valentinianer mit ihrem »Evangelium der Wahrheit« – mehr als die »kanonischen« vier einführen].

(11,7) Das sind jedenfalls die Grundlehren [oder: Anfänge] (principia) des Evangeliums, welche den einen Gott . . . als den Vater unserer Herrn Jesus Christus bezeugen und außer ihm keinen »anderen Gott« und keinen »anderen Vater« kennen . . . (8) Es darf weder eine größere noch eine geringere Zahl an Evangelien geben [als die vier von der katholischen Kirche anerkannten und verehrten] . . .

Irenäus begründet dies anschließend – in einer lange nachwirkenden Symbolik – mit der Vierzahl der Weltgegenden und Windrichtungen sowie der mit den »Cheruben« von Ez. 1 in eins gesetzten Tiere von Offb. 4,6 ff. Sein Fazit:

(8) Wie das Wirken des Gottessohnes, so ist auch die Gestalt der Tiere, und wie die Gestalt der Tiere, so ist auch das Wesen des Evangeliums. Viergestaltig sind die Tiere, viergestaltig ist das Evangelium, viergestaltig die Heilsordnung des Herrn . . . (9) . . . Da nämlich Gott alle Dinge in guter und passender Ordnung geschaffen hat, mußte auch die Gestalt des Evangeliums wohlgeordnet und -gefügt sein[5].

III. Irenäus als Theologe der Heilsgeschichte

Irenäus hat aber nicht nur als der klassische Vertreter des »Altkatholizismus« zu gelten. Vielmehr gebührt ihm zweifelsohne auch der Rang eines eigenständigen Theologen, wenn man nicht sogar sagen muß, daß er der erste gewesen sei, der eine umfassende Synthese zuwege brachte und eine wirkliche Theologie begründete. Jedenfalls ist er als der »eigentliche Schöpfer des christlichen Geschichtsbildes«

(von Campenhausen) anzusehen, in dessen Konzept von der die gesamte Menschheit umfassenden »Heilsgeschichte« auch die Erwartung eines tausendjährigen Christusreiches auf Erden (vgl. Offb. 20,1 ff.), der »Chiliasmus«, integriert war.

h) Das tausendjährige Reich (ebenda 5,35.36)

(35,1) [Wider diejenigen, die die chiliastische Hoffnung, die Prophetien über die neue Erde, sinnbildlich auf den Himmel und nicht als irdische Realität deuten wollen] Nun versuchen einige, solche Stellen [wie Jes. 31,9–32,1; 54,11–14; 65,18–22] in allegorischem Sinne zu verstehen; sie werden jedoch nicht zu einer in allen Punkten in sich stimmigen Deutung imstande sein und zudem durch die ihnen entgegenstehenden Texte selbst widerlegt werden . . . [vgl. Jes. 6,11–13; 13,9; 26,10]. Das alles bezieht sich doch unbezweifelbar auf die Auferstehung der Gerechten nach der Ankunft des Antichrist und der Vernichtung aller ihm untergebenen Völker; dann werden die Gerechten auf Erden herrschen, indem sie wachsen kraft der [ihnen gewährten] Schau des Herrn, werden sie durch ihn sich gewöhnen an die Glorie Gottvaters, mit den heiligen Engeln Umgang und Gemeinschaft pflegen und mit den geistigen Wesen geeint werden im Reich . . . (2) Derartige Aussprüche [wie Baruch 4,36–5,9] können doch nicht auf das Überhimmlische gedeutet werden . . ., sondern nur auf die Zeiten des Reiches, wenn die Erde von Christus erneuert und Jerusalem nach dem Muster des oberen Jerusalem wiederaufgerichtet sein wird . . ., in welchem die Gerechten die Unverweslichkeit im voraus kosten und für das Heil vorbereitet werden . . . Nichts von dem allen kann man allegorisch verstehen; sondern alles ist sicher, wahr und real, von Gott zum Genuß der Gerechten ins Werk gesetzt . . .

(36,3) [Schluß: ein einziger Vater, ein einziger Sohn, eine einzige Menschheit] . . . In dem allen und durch das alles offenbart sich Gottvater, der den Menschen gebildet und den [Erz-]Vätern die Erbschaft der Erde verheißen hat, welcher sie auch bei der Auferstehung der Gerechten heraufführen und seine Verheißungen im Reich seines Sohnes erfüllen wird. Dann aber bietet er in seiner Väterlichkeit dar, »was kein Auge gesehen, kein Ohr gehört hat und in keines Menschen Herz gedrungen ist« [1. Kor. 2,9]. Denn es ist *ein* Sohn, der den Willen des Vaters vollführte, und *ein* Menschengeschlecht, in dem die Geheimnisse Gottes sich erfüllen. In diese Geheimnisse gelüstet die Engel, Einblick zu nehmen [vgl. 1. Petr. 1,12]; doch sie vermögen die Weisheit Gottes nicht zu ergründen, durch welche sein Geschöpf zur Gleichförmigkeit mit dem Sohn und zur Einleibung in diesen gelangt, nämlich daß sein erstgeborener Sohn, der Logos, in sein Geschöpf, d. h. in sein Gebilde, hinabsteige und von ihm aufgenommen werde und daß das Geschöpf wiederum den Logos aufnehme und zu ihm emporsteige, indem es über die Engel sich erhebt und zur Entsprechung mit dem Bild und Gleichnis (secundum imaginem et similitudinem [vgl. Gen. 1,26]) Gottes gelangt.

Quelle: W. W. Harvey a. o. [Nr. 15] a. O.; dazu F. Sagnard, SC 34, 1952 (haer. III, Text, Übers., Komm.); A. Rousseau, SC 100. 152.153, 1965.1969 (haer. IV.V, Text, Übers., Komm.); R. M. Froidevaux, SC 62,1959 (Epid., Übers., Komm.). – *Literatur:* A. Benoit, Saint Irénée. Introduction à l' étude de sa théologie, Paris 1960; N. Brox, Offenbarung, Gnosis und gnostischer Mythos bei Irenäus von Lyon, 1966; H. von Campenhausen a. o. [Nr. 15] a. O., S. 213 ff.; ders., Die Entstehung der Heilsgeschichte. Der Aufbau des christl. Geschichtsbildes in der Theologie des ersten und zweiten Jahrhunderts, Saeculum 21, 1970, S. 189–212.

1. Gegensatz: die geheimen, unkontrollierbaren Überlieferungen, auf die sich die Gnostiker berufen.

2. Sc. als doppelt apostolische Gründung. – Auf andere Aspekte und Gründe des besonderen Anse-
hens, dessen sich die römische Gemeinde bereits im 2. Jahrhundert erfreute, weist z. B. Dionys von
Korinth in seinem auszugsweise bei Euseb (Kirchengesch. 4,23,9 ff.) erhaltenen Brief an die Römer
hin, in dem er »eine bis auf die Verfolgung unserer Tage von den Römern festgehaltene Sitte lobt« (Euseb). Er schreibt: »Von Anfang an war es bei euch Brauch, allen Brüdern auf mannigfache Weise wohl-
zutun und vielen Gemeinden in allen Städten[!] Unterstützungen (ἐφόδια) zu schicken . . .« »In
demselben Brief erwähnt Dionys auch den Brief des Klemens an die Korinther [vgl. oben Nr. 7] und
bemerkt, daß er [dort] von jeher nach altem Brauch verlesen werde« (Euseb).
3. Der lat. Übersetzer liest den Singular.
4. Zum Verhältnis von Hl. Schrift und »Glaubensregel« s. 1,10,1 f.; 3,1,2 [=Abschnitt c und g].
5. Zu den Kriterien der Kanonsbildung vgl. auch das im Auszug bei Euseb (Kirchengesch. 6,12,2–6)
erhaltene Schreiben des Bischofs Serapion von Antiochien (ca. 190–211) »Über das sog. Petrusevange-
lium«. Gerichtet an die Gemeinde von Rhossos bei Antiochien, verbietet es den Gebrauch und die Lektüre des Petrusevangeliums, weil es von doketistischen Mißverständnissen nicht genügend geschützt
sei. Euseb zitiert: »Meine Brüder, wir halten an Petrus und den übrigen Aposteln ebenso fest wie an
Christus, die fälschlich unter ihrem Namen umgehenden Schriften hingegen sind wir erfahren genug
zurückzuweisen, da wir wissen, daß uns derartiges [in den unbezweifelbar echten »apostolischen«
Schriften] nicht überliefert worden ist . . . [Bei genauerer Lektüre des sog. Petrusevangeliums erweist
sich,] daß zwar das meiste mit der wahren Lehre unseres Erlösers übereinstimmt, manches aber auch
davon abweicht . . .«

28. Das älteste Kanonsverzeichnis (»Canon Muratori«)

In einer Palimpsesthandschrift aus dem 8. Jahrhundert wurde im Jahre 1740 durch L. A. Muratori in
der Bibliotheca Ambrosiana zu Mailand ein Verzeichnis der neutestamentlichen Schriften entdeckt
und herausgegeben, das aus dem Griechischen in ein geradezu barbarisches Latein übersetzt und dazu
noch durch Schreibfehler entstellt ist, so daß es teilweise nicht sicher wiedergegeben werden kann.
Wohl nicht lange vor oder nach 200 in Rom – allerdings schwerlich als offizielles Dokument! – entstanden, will es eine vollständige Aufzählung sämtlicher in der »katholischen Kirche« als gültig anerkannten neutestamentlichen Schriften bieten. Obwohl Anfang und Schluß für uns verloren sind, kann deshalb erschlossen werden, daß es sich zunächst mit dem Matthäus- und dem Markusevangelium befaß-
te, zumal es das Lukasevangelium ausdrücklich als das dritte einführt.

. . . wobei er [Markus] doch zugegen war und es so darstellte. Das dritte Evange-
lienbuch ist dasjenige nach Lukas. Jener Lukas, ein Arzt, den Paulus nach der Auf-
fahrt Christi gleichsam als Rechtskundigen[?] zu sich gezogen hatte, verfaßte es in
eigenem Namen, doch nach [dessen] Meinung. Auch er hat indes den Herrn nicht
im Fleische gesehen und beginnt daher so, wie es ihm erreichbar war, von der Geburt des Johannes an zu erzählen. Das vierte der Evangelien ist von Johannes, einem der Jünger. Als ihn seine Mitjünger und Bischöfe aufforderten, sagte er: »Fa-
stet mit mir von heute an drei Tage lang, und was einem jeden offenbart werden
wird, wollen wir einander berichten.« In derselben Nacht wurde dem Andreas, einem [anderen] der Jünger, offenbart, Johannes solle alles in eigenem Namen nie-
derschreiben, und alle sollten es überprüfen. Mögen daher in den einzelnen Evangelien auch verschiedene Anfänge (principia)[1] gelehrt werden, so macht das für
den Glauben der Christen gleichwohl keinen Unterschied, da durch den einen lei-
tenden Geist in allen alles bekannt gemacht worden ist: die Geburt, das Leiden, die
Auferstehung, der Verkehr mit seinen Jüngern und seine zwiefache Ankunft, erst
verachtet in Niedrigkeit, was schon geschehen, dann im Glanz königlicher Gewalt,

was noch aussteht. Was Wunder also, wenn Johannes die Einzelheiten auch in seinen Briefen so übereinstimmend vorträgt, da er von sich selbst sagt: »Was wir mit unseren Augen sahen und mit unseren Ohren hörten und mit unseren Händen betasteten, das schrieben wir euch« [Joh. 1,1 ff.]. Denn damit bekennt er sich der Reihe nach nicht nur als Augen- und Ohrenzeugen, sondern auch als Berichterstatter über alle wunderbaren Taten des Herrn. Die Taten aller Apostel aber sind in *einem* Buche beschrieben. Lukas faßt für den »besten Theophilos« [vgl. Lk. 1,1; Apg. 1,3] zusammen, was in seiner Gegenwart im einzelnen geschehen, wie er es ja auch deutlich dartut, indem er nicht nur das Martyrium des Petrus, sondern auch die Reise des Paulus von Rom nach Spanien wegläßt. Die Briefe des Paulus aber erklären dem Wißbegierigen selbst, welche es sind [sc. von Paulus stammen] und von wo aus und aus welchem Anlaß sie verfaßt wurden. Zuallererst schrieb er an die Korinther, denen er die Häresie des Schismas, dann den Galatern, denen er die Beschneidung untersagte; den Römern prägte er ausführlicher ein, daß Christus die Regel der Schrift und ihr Prinzip sei. Über diese müssen wir im einzelnen sprechen, da der selige Apostel Paulus selbst – darin der Regel seines Vorgängers Johannes [vgl. die sieben Sendschreiben, Offb. 2 f.] folgend – mit Namensnennung nur an sieben Gemeinden schreibt, und zwar in folgender Reihenfolge: an die Korinther der erste, an die Epheser der zweite, an die Philipper der dritte, an die Kolosser der vierte, an die Galater der fünfte, an die Thessalonicher der sechste, an die Römer der siebente Brief. Aber wenn auch an die Korinther und die Thessalonicher zu ihrer Zurechtweisung noch ein zweites Mal geschrieben wird, dann ist gleichwohl klar erkennbar, daß es [nur] *eine* über den ganzen Erdkreis verstreute Kirche gibt. Denn auch Johannes schreibt in der Offenbarung [zwar] an sieben Gemeinden, redet aber zu allen. Hingegen sind der eine Brief an Philemon, der eine an Titus und die beiden an Timotheus [zunächst nur] aus [persönlicher] Zuneigung und Liebe geschrieben, dann aber doch zu Ehren der katholischen Kirche und zur Ordnung kirchlicher Disziplin geheiligt worden. Es geht auch ein [Brief] an die Laodizener, ein anderer an die Alexandriner um, auf den Namen des Paulus gefälscht für die Sekte des Markion, und anderes mehr, was nicht in die [der?] katholische[n] Kirche aufgenommen werden kann, da es nicht angeht, Galle mit Honig zu mischen. Ferner werden ein Brief des Judas und von dem oben erwähnten[?] (superscriptio [= superscripti?]) Johannes zwei in der katholischen [Kirche]² festgehalten; auch die Weisheit, die von Freunden Salomos zu dessen [oder: ihrer, der Kirche] Ehre [oder: von Philon zu Ehren Salomos] (et sapientia ab amicis Salomonis in honorem ipsius scripta)³ verfaßt wurde. An Offenbarungen anerkennen wir nur die des Johannes und des Petrus: die letztere wollen einige von uns freilich nicht in der Kirche lesen lassen. Den »Hirten« dagegen hat erst vor kurzem, zu unserer Zeit, in der Stadt Rom Hermas verfaßt, als auf dem Thron der Kirche der Stadt Rom der Bischof Pius, sein Bruder, saß. Deshalb soll er zwar [privat] gelesen werden, aber öffentlich in der Kirche dem Volk verlesen werden kann er weder unter den Propheten, deren Zahl abgeschlossen ist, noch unter den Aposteln am Ende der Zeiten. Von Arsinous, Valentin oder Miltiades[?] (mitiadis) schließlich nehmen wir überhaupt nichts an; diese haben auch für Markion ein neues Psalmbuch verfaßt, zusammen mit Basilides aus Kleinasien[!], dem Stifter der Kataphryger-[= Montanisten-]Sekte[!] . . .

Quelle: H. Lietzmann, Das muratorische Fragment, KlT 1, (1921) 1933². – *Literatur:* H. Lietzmann, Wie wurden die Bücher des Neuen Testaments heilige Schrift?, 1907, S. 52 ff.; H. von Campenhausen

a. o. [Nr. 15] a. O., S. 282 ff. (m. weit. Lit.); J. Beumer, Das Fragmentum Muratori und seine Rätsel, Theologie und Philosophie 48, 1973, S. 534–550.

1. Bei den »Anfängen« springt ja die Verschiedenheit der Evangelien am ehesten in die Augen.
2. duas [= duae?] in catholica; vielleicht ist auch dua[e] sin catholica = griech. δύο σὺν καθολικῇ bzw. πρὸς καθολικήν zu lesen, catholica also auf den »katholischen«, den 1. Johannesbrief zu deuten.
3. Dies Mißverständnis einer ab amicis (ὑπὸ φίλων) Salomos statt, wie auch sonst bezeugt, von Philon (ὑπὸ Φίλωνος) zu Ehren Salomos oder der Kirche verfaßten »Weisheit« ist wohl der unwidersprechlichste Beweis einer ursprünglich griech. Abfassung des Muratorianum.

29. »Dynamistischer« und »modalistischer Monarchianismus«

Unter Monarchianismus versteht man jene häretischen Anschauungen, welche gegen die aufkommende Logoschristologie [vgl. oben Nr. 21c, 27c] die »Monarchie« Gottes, d. h. seine strenge Einzigkeit, zu wahren suchten, neben der es keine andere präexistente göttliche »Person« gebe. Man unterscheidet den »Dynamismus« oder »Adoptianismus«, der die unbestrittene Göttlichkeit des Erlösers auf die Erfüllung eines erwählten Menschen mit göttlicher »Kraft« (Dynamis) und seine »Annahme« (Adoption) zum Sohn Gottes zurückführt, vom »Modalismus«, der in dem Sohn nur eine andere Seins- oder Erscheinungsweise Gottes sieht. – Obwohl die führenden Vertreter des Monarchianismus aus dem Osten stammten, wenn sie auch – wie die Gnostiker (Valentin!) – den Kampf hauptsächlich in Rom austrugen, haben bis ins 4. Jahrhundert hinein die griechischen Theologen und Kirchenmänner auf »modalistische« Vorstellungen sehr viel empfindlicher reagiert als die des lateinischen Westens.

a) Theodot der Gerber in der Darstellung Hippolyts (Widerlegung sämtlicher Häresien 7,35,1 f.)

(1) Ein gewisser Theodot aus Byzanz[1] führte eine neuerliche Häresie ein, indem er zwar über den Ursprung des Alls teilweise in Übereinstimmung mit der wahren Kirche lehrte und bekannte, daß alles von Gott geschaffen sei; von Christus aber behauptete er, unter Entlehnung aus der Schule der Gnostiker, Kerinths und Ebions[2], er sei etwa auf folgende Weise erschienen: (2) Jesus sei ein Mensch[3], aus einer Jungfrau geboren nach dem Willen des Vaters, habe gelebt wie die übrigen Menschen und sei überaus gottesfürchtig gewesen; nach der Taufe am Jordan habe er [deshalb] den Christus aufgenommen, welcher auf ihn in Gestalt einer Taube von oben herabkam. Daher hätten auch die [göttlichen] Kräfte (δυνάμεις) nicht eher in ihm gewirkt, als bis das Pneuma auf ihn herabgekommen und in ihm in Erscheinung getreten sei; dies [Pneuma] aber nennt er den Christus. Sie [die Theodotianer] lassen ihn [selbst] bei der Herabkunft des Pneuma nicht Gott geworden sein; andere aber [nehmen dies für die Zeit] nach der Auferstehung von den Toten [an.]

b) Die Häresie Noëts nach Hippolyt (Wider Noët 1 f.)

(1) Einige andere sind im Begriff, insgeheim eine andere Lehre einzuführen, Schüler eines gewissen Noët, der, aus Smyrna stammend, vor nicht allzu langer Zeit gelebt hat. Dieser Mensch blies sich mächtig auf . . . und war den trügerischen Einflüsterungen eines fremden Geistes ausgesetzt. So behauptete er, Christus sei der Vater selbst gewesen und der Vater selbst sei geboren worden, habe gelitten und sei gestorben (τὸν χριστὸν αὐτὸν εἶναι τὸν πατέρα, καὶ αὐτὸν τὸν πατέρα γεγεννῆσθαι καὶ πεπονθέναι καὶ ἀποτεθνηκέναι) . . . Ihn entlarvten [die

Presbyter] und wiesen ihn aus der Kirche. Er aber war dermaßen von Stolz ge-
packt, daß er eine eigene Schule gründete. (2) In der Absicht nun, den Nachweis zu
führen, daß ihre Lehrmeinung (δόγμα) nicht unbegründet sei, berufen sich [seine
Anhänger] auf die Aussage im [alttestamentlichen] Gesetz, wo es heißt: »Ich bin
der Gott eurer Väter, und ihr werdet keine anderen Götter haben außer mir« [Ex.
3,6; 20,3], sowie die andere Stelle: »Ich bin der Erste und bin der Letzte, und außer
mir ist kein [Gott]« [Jes. 44,6]. So also geben sie vor, die Einzigkeit Gottes zu wahren, und begegnen [der Kritik ihrer orthodoxen Bestreiter], indem sie sagen:
»Wenn ich nun bekenne, daß Christus Gott sei, dann ist er also der Vater, denn einer [nur] ist Gott [vgl. Dtn. 6,4]; und hat Christus gelitten, obwohl er Gott ist, so
hat folglich der Vater gelitten . . . Etwas anderes nämlich, heißt es, können wir
nicht sagen, da auch der Apostel einen einzigen Gott bekennt, wenn er [über die Is-
raeliten] sagt, »derer die Väter sind, aus denen der Christus nach dem Fleische
stammt, der da Gott ist über allem, gepriesen in Ewigkeit« [Röm. 9,5] . . .

c) Die Häresie des Praxeas nach Tertullian (Wider Praxeas 1)
(1,1) Auf mannigfache Weise hat sich der Satan bestrebt, es der Wahrheit ganz
gleich zu tun (aemulatus est veritatem). Gelegentlich hat er sie zu erschüttern versucht, indem [er sich den Anschein gab, als ob] er sie verteidige. Er ist der Schild-
wächter der Einzigkeit des Herrn, des Allmächtigen, Gründers der Welt, um aus
dieser Einzigkeit eine Irrlehre abzuleiten. Er sagt, der Vater selbst sei in die Jungfrau [Maria] eingegangen, sei selbst geboren, habe selbst gelitten, kurzum: er sei
selbst Jesus Christus gewesen. Die Schlange selbst hat sich vergessen! Denn als sie
Jesus Christus nach der Taufe des Johannes versuchte, griff sie ihn ja gerade als den
Sohn Gottes an und war sich – zumindest aufgrund jener Schriftstellen, aus denen
sie sich die Versuchung zurechtzimmerte – sicher, daß Gott einen Sohn habe: (2)
»Wenn du Gottes Sohn bist, dann sprich, daß diese Steine zu Brot werden«
[Mt. 4,3]; und wiederum: »Wenn du Gottes Sohn bist, dann wirf dich von hier
herab; denn es steht geschrieben: ›Er (gemeint ist natürlich der Vater!) hat seinen
Engeln über dir geboten, und sie werden dich auf Händen tragen, damit du deinen
Fuß nicht an einen Stein stoßest‹« [Mt. 4,6]. (3) Oder will er [der Teufel] die
Evangelien etwa der Lüge zeihen und sagen: »Mögen Matthäus und Lukas es auch
so betrachtet haben: ich für mein Teil habe mich Gott selbst genähert, habe den
Allmächtigen unmittelbar versucht; das war der Grund, weshalb ich mich an ihn
herangemacht, das der Grund, weshalb ich ihn versucht habe; andernfalls, wenn
es [nur] Gottes Sohn gewesen wäre, dann hätte ich mich womöglich niemals dazu
herabgelassen, ihn zu versuchen!« Nun aber ist er vielmehr der Lügner von allem
Anfang an [vgl. Joh. 8,4]; dasselbe gilt von einem jeden, den er angestiftet hat –
wie Praxeas. (4) Denn dieser Mensch war der Erste, der diese Art von Wahnsinn
aus Asien auf römischen Boden verpflanzt hat, auch sonst ein Mann von ruhelo-
sem Charakter[4] und dazu aufgeblasen vom Ruhm seiner Konfessorenschaft[5], die
jedoch in nicht mehr bestand als einfach in dem kurzen Ungemach einer Kerker-
haft. Allein, selbst wenn er seinen Leib hingegeben hätte, damit er verbrannt werde, dann wäre ihm dies gar nichts nütze gewesen, weil er die Liebe Gottes nicht
hatte, gegen dessen Gnadengaben er [sc. als Antimontanist] auch beharrlich an-
kämpfte [vgl. 1. Kor. 13,3].

Quellen: P. Wendland a. o. [Nr. 25] a. O.; P. Nautin, Hippolyte. Contre les hérésies (Contra Noe-
tum), Paris 1949; E. Kroymann – E. Evans, Qu. S. Fl. Tertulliani Adversus Praxean, in: Tertulliani

Opera, II, CChr 2,1954. – *Literatur:* P. Nautin a. a. O.; G. L. Prestige, God in Patristic Thought, London (1936) 1952², S. 94 ff., 113 ff.

1. Nach Euseb (Kirchengesch. 5,28,4–6) war er Schuster oder Gerber (σχυτεύς).
2. Fiktiver heros eponymus der Ebioniten, aus Unkenntnis der wirklichen Etymologie (s. o. Nr. 26, A. 1) und in Analogie zu anderen Häresien von Hippolyt (und Tertullian) gebildet.
3. Euseb (a. a. O.): »ein bloßer Mensch« (ψιλὸς ἄνθρωπος).
4. Er macht also seinen Namen P. [›Gschaftlhuber‹] alle Ehre!
5. Konfessor (›Bekenner‹) bezeichnet im Unterschied zu Märtyrer (›Blutzeuge‹) denjenigen, der in Verfolgungszeiten seinen Christenglauben bekannte, vor der Vollstreckung der darauf stehenden Todesstrafe jedoch bewahrt blieb.

30. Tertullian

Qu. S. Fl. Tertullianus wurde wohl bald nach der Mitte des 2. Jahrhunderts in Karthago geboren und erhielt, wie sein erhaltenes Schrifttum ausweist, eine solide, besonders juristische und rhetorische Ausbildung. Um 195 aus Rom, wo er bis zu seiner Bekehrung anscheinend als Rechtsanwalt tätig war, in seine Vaterstadt zurückgekehrt, entfaltete er alsbald eine rege literarische Tätigkeit im Dienst der Kirche. Da seine Wortprägungen (z. B. »Dreieinigkeit« [trinitas], »Verdienst« [meritum] »Sakrament« [sacramentum]) und trinitätstheologisch-christologischen Formeln zur Grundlage der abendländischen Orthodoxie wurden, sind auch, obwohl er gegen Ende seines Lebens (spätestens 207/208) zum Montanismus übertrat, verhältnismäßig viele seiner Schriften (37 Buchtitel!) erhalten geblieben.

I. Tertullian als Apologet des Christentums

Weitaus wichtigstes unter den apologetischen Werken, mit denen Tertullians Schriftstellerei eingesetzt zu haben scheint, ist die große »Schutzschrift« (Apologeticum), entstanden wohl Ende 197, aus der im folgenden nur einige besonders charakteristische Passagen mitgeteilt werden können.

a) Der Zweck der Apologie (Apol. 1,1 f.)

(1,1) Wenn es euch, ihr Statthalter (antistites) des römischen Reiches, schon nicht verstattet ist, an freier und hochgelegener Stätte . . . als Vorsitzende bei Gericht offen zu prüfen und vor aller Augen zu untersuchen, was es in Wahrheit mit der Sache der Christen auf sich hat, . . . dann möge es doch der Wahrheit verstattet sein, wenigstens auf dem verborgenen Wege einer stummen Schrift an euer Ohr zu dringen. (2) Sie sucht nicht, ihre Lage durch Bitten zu verändern, weil sie sich über diese ihre Lage nicht im geringsten wundert. Sie weiß, daß sie auf Erden nicht zu Hause ist und unter einem Volk, das ihr fremd ist, leicht auf Feinde trifft, daß sie aber ihren Ursprung, ihre Heimat, Hoffnung, Dank und Ansehen im Himmel besitzt. Vorläufig verlangt sie nur nach einem: man soll sie kennenlernen, ehe man sie verdammt (ne ignorata damnetur).

b) Die Unvernunft und Ungerechtigkeit des Christenhasses (ebenda 1,10–13; 2,1–3; 40,2; 50,12f.)

(1,10) . . . Über alles Böse hat die Natur Furcht oder Scham gebreitet. (11) Daher trachten Frevler danach, im Verborgenen zu bleiben . . . (12) Der Christ aber – tut er etwas dergleichen? Keiner schämt sich; keiner bereut, es sei denn dies, nicht schon früher Christ gewesen zu sein. Wird er angezeigt, triumphiert er; als Angeklagter verteidigt er sich nicht; beim Verhör gesteht er sogar freiwillig und bei

der Verurteilung bedankt er sich noch. (13) Was soll das Schlechtes sein, dem die
natürlichen Merkmale des Schlechten abgehen: Furcht, Scham, Ausflüchte,
Reue, Bedauern? . . . Du kannst nicht von Wahnsinn sprechen, da du es überführ-
termaßen nicht kennst.

(2,1) Wenn schließlich feststeht, daß wir die größten Verbrecher sind, warum
werden wir dann von euch selbst anders behandelt als . . . die übrigen Verbrecher,
da doch das gleiche Verbrechen auch die gleiche Behandlung verlangt? (2) Wenn
all das, was von uns behauptet wird, von anderen behauptet wird, ergreifen sie
selbst das Wort und mieten sich einen Anwalt zum Beweis ihrer Unschuld; die
Möglichkeit einer Entgegnung . . . steht ihnen offen, da es ganz und gar unerlaubt
ist, jemanden ohne Verteidigung und unverhört zu verurteilen. (3) Allein den
Christen wird nicht zugestanden zu sagen, was den Vorwurf widerlegen, . . . was
den Richter davor bewahren könnte, sich ins Unrecht zu setzen; nur das wird er-
wartet, was für den allgemeinen Haß (odium publicum) erforderlich ist: ein Bekenntnis zum [Christen-]Namen, nicht eine Untersuchung des Verbrechens (confessio nominis, non examinatio criminis).

(40,2) Wenn der Tiber die [Ufer-]Mauern überflutet, wenn der Nil die Felder nicht
überspült, wenn der Himmel sich nicht rührt, wenn die Erde bebt, wenn eine
Hungersnot, wenn eine Seuche wütet, gleich schreit man: »Die Christen vor den
Löwen!« (Christianos ad leonem) . . .

(50,12) Aber nur zu, ihr prächtigen Statthalter, macht euch nur bei dem Volk be-
liebter, indem ihr ihm die Christen opfert; kreuzigt, martert, verurteilt uns, reibt
uns auf – eure Ungerechtigkeit ist der beste Beweis unserer Unschuld! Darum duldet ja Gott, daß wir all dies erleiden . . . (13) Und doch nützt euch eure noch so
ausgeklügelte Grausamkeit gar nichts; ihr macht damit nur Reklame für unsere
Gemeinschaft (secta). Nur zahlreicher werden wir, sooft wir von euch niederge-
mäht werden: ein Same ist das Blut der Christen (plures efficimur, quotiens meti-
mur a vobis: semen est sanguis Christianorum).

c) Christ und Kaiser (ebenda 21,24; 30,1 f.; 31,1–32,1; 33,1)

(21,24) Dies alles, was mit Christus geschehen, berichtet Pilatus, selbst schon in-
nerlich Christ, dem damaligen Kaiser Tiberius[1]; aber auch die Kaiser hätten an
Christus geglaubt, wenn nicht entweder Kaiser für die Welt nötig wären oder
wenn Kaiser zugleich auch hätten Christen sein können (si aut Caesares non essent
necessarii saeculo, aut si et Christiani potuissent esse Caesares)[2].

(30,1) Wir [Christen] . . . wenden uns für das Wohl (salus) der Kaiser an den ewigen Gott, den wahren Gott, den lebendigen Gott, den auch die Kaiser selbst sich
vor allen anderen Göttern gnädig wünschen. Sie wissen ja, wer ihnen das Reich
gegeben, sie wissen – als Menschen –, wem auch sie ihr Leben verdanken; sie spüren, daß der allein Gott ist, in dessen alleiniger Gewalt sie sind . . . (2) Sie denken
daran, bis wohin ihre Macht und ihre Herrschaft reicht, und so werden sie Gottes
inne (et ita deum intellegunt); sie erkennen, daß sie mächtig *durch* den sind, *wider*
den sie nicht mächtig sein könnten . . .

(31,1) . . . Wenn ihr . . . meint, wir seien dem Wohl der Kaiser gegenüber völlig
gleichgültig, dann werft doch einen Blick in die Gottesworte (dei voces), unsere
Schriften, die wir selbst niemandem vorenthalten und die überdies durch zahllose
Zufälle Fremden in die Hände gelangen. (2) Laßt euch aus ihnen belehren, daß uns
– um das Maß der Güte vollzumachen – geboten ist, selbst für unsere Feinde Gott
zu bitten und unseren Verfolgern Gutes zu erflehen. Wer aber ist mehr Feind und

Verfolger der Christen als der, um dessen Majestät willen wir als Verbrecher angeklagt werden (convenimur in crimen)? (3) Doch es heißt auch klar und ausdrücklich: »Betet für die Könige, Herrscher und Mächtigen, auf daß für euch alles ruhig
und still sei« [vgl. 1. Tim. 2,2]. Denn wenn das Reich erschüttert wird, dann werden mit der Erschütterung seiner übrigen Glieder gewiß auch wir – mögen wir
auch den Unruhen fernzustehen scheinen – mit von dem Unglück betroffen werden.

(32,1) Es gibt aber noch eine andere, höhere Notwendigkeit für uns, für die Kaiser
zu beten, ebenso für den Bestand des Reiches ingesamt (pro omni statu imperii)
und die Macht der Römer: wir wissen, daß die gewaltige Katastrophe, die den Erdkreis bedroht, ja das Ende (clausula) der Welt, welches entsetzliche Leiden herauf-
beschwört, nur durch die dem römischen Reich gewährte Frist (Romani imperii
commeatu) aufgehalten wird [vgl. 2. Thess. 2,6 f.].[3]. Darum wollen wir dies nicht
erleben, und indem wir Aufschub erbitten, tragen wir zum Fortbestand Roms
(Romanae diuturnitati) bei.

(33,1) Doch was soll ich weiter von der frommen Scheu (religio) und Ergebenheit
(pietas) der Christen dem Kaiser gegenüber reden? Ihn *müssen* wir ja verehren als
den, den unser Herr erwählt hat (elegit), so daß ich mit Recht sagen könnte: »*Uns*
gehört der Kaiser eher an, von unserem Gott ist er eingesetzt« (noster est magis
Caesar, a nostro deo constitutus).

d) Das »Zeugnis der von Natur aus christlichen Seele« (ebenda 17,4–6)

(17,4) Wollt ihr, daß ich ihn [den *einen* Gott und Schöpfer des Alls] euch aus seinen eigenen vielen und großen Werken, durch die wir bewahrt, durch die wir erhalten, durch die wir erfreut, aber auch erschreckt werden, wollt ihr, daß ich ihn
euch aus dem Zeugnis der eigenen Seele (ex animae ipsius testimonio) beweise? (5)
Diese mag zwar vom Kerker des Leibes (carcere corporis) beengt, von verkehrten
Lehren bestrickt, von Lüsten und Begierden ermattet, von falschen Göttern ge-
knechtet sein; wenn sie jedoch wieder zu sich kommt – gleichsam wie aus einem
Rausch, wie aus einem [bösen] Traum, wie aus einer Art Krankheit – und ihren
heilen Zustand wiedergewinnt, dann nennt sie ihn »Gott«, mit diesem einen
Wort, weil dieser allein der eigentlich wahre [Gott] ist. »Gott ist gut und groß«
und »Gott gebe es« sind Wendungen, die ein jeder gebraucht. (6) Auch als Richter
bezeugt sie ihn, [wenn sie sagt]: »Gott sieht es« und »ich befehle es Gott« und
»Gott wird mir's vergelten«. Welch Zeugnis der von Natur aus christlichen Seele
(o testimonium animae naturaliter Christianae)! . . .[4]

e)   Christentum und Kriegsdienst (Über den Götzendienst 19)

Wenn manches in der Schutzschrift den Eindruck erwecken könnte, als bedeute die Einbeziehung der
Christen in die heidnische Gesellschaft für Tertullian an sich kein Problem, so lehrt etwa die annähernd
gleichzeitig entstandene Schrift De idolatria, daß er der von ihm behaupteten Lebensgemeinschaft
zwischen Christen und Heiden in Wahrheit enge Grenzen gesetzt sieht. Wird doch in dieser Schrift der
Begriff der »Idolatrie« derart ausgeweitet, daß z.B. eine ganze Reihe von Berufen (Beamte, Soldaten,
Künstler, Lehrer) als den Christen durch das Verbot des Götzendienstes von vornherein verschlossen
gilt.

(19,1) Es könnte so scheinen, als sei im voraufgehenden[5] auch bereits über den
Soldatenberuf (militia) entschieden worden . . . Jetzt indes geht es um die Frage,
ob ein Christ (fidelis) sich dem Kriegsdienst zuwenden dürfe, ob Kriegsleute zum
Glauben zugelassen werden können, und seien es auch nur einfache Soldaten oder

niedere Chargen, die nicht selbst zu opfern brauchen und mit Todesurteilen nichts zu schaffen haben. (2) Göttlicher und menschlicher Fahneneid (sacramentum), das Feldzeichen (signum) Christi und das des Satans, das Lager des Lichts und das der Finsternis sind unverträglich; ein und dieselbe Seele kann nicht [gleichzeitig] zweien verpflichtet sein: Gott und dem Kaiser. Gewiß hat, wenn es denn zu scherzen beliebt, Mose einen Stab, Aaron eine Spange getragen, Johannes [der Täufer] sich mit einem Riemen gegürtet, Josua an der Spitze eines Heerhaufens gestanden und das Volk [Israel] Krieg geführt. (3) Wie aber wird der, dem der Herr das Schwert weggenommen hat [vgl. Mt. 26,51 f.], Krieg führen oder auch nur in Friedenszeiten ohne Schwert dienen? Denn sind auch Soldaten zu [dem Täufer] Johannes gekommen, um sich von ihm eine Richtschnur für ihr Verhalten (forma observationis) geben zu lassen, und wurde selbst ein Hauptmann gläubig, so hat doch der Herr hernach mit der Entwaffnung des Petrus jeden Soldaten entwaffnet [›losgegürtet‹]. Jegliche Uniform ist bei uns verboten, weil sie das Abzeichen eines unerlaubten Berufes (illicitus actus) ist.

II. Tertullian als antihäretischer Schriftsteller

Ein Großteil von Tertullians Schriften, und zwar über die Zeit seiner Zugehörigkeit zur catholica hinaus, ist dem Kampf gegen die Ketzer gewidmet; darunter die fünf Bücher »Wider Markion« (s. oben Nr. 15), sein umfangreichstes Werk überhaupt. Eingeleitet wurde dieser Kampf mit dem »prinzipiellen Vorbehalt«, der »Prozeßeinrede gegen die Ketzer« (De praescriptione haereticorum), worin – nach einem Vorgang des römischen Prozeßrechtes, der rechtswirksamen »Einspruch« gegen eine Zivilklage (praescriptio) – den Ketzern ohne weitere Diskussion jeder Anspruch auf die geoffenbarte Wahrheit und damit auch jedes Daseinsrecht streitig gemacht wurde.

f) Die apostolischen Kirchen (Üb. d. Prozeßeinr. 20.32.36)
(20,4) Die Apostel . . . sind ausgezogen in alle Welt und haben ein und dieselbe Glaubenslehre [wie zuvor den Juden] den Heidenvölkern verkündet. (5) Und so gründeten sie in einer jeden Stadt Gemeinden, von denen sich in der Folge die übrigen einen Ableger (tradux) des Glaubens und Samenkörner der Lehre entlehnten und noch täglich entlehnen, um Gemeinden (ecclesiae) zu werden. (6) Auf diese Weise dürfen auch sie selbst als apostolisch gelten, Abkömmlinge (suboles) [jener] apostolischen Kirchen. (7) . . . Ihre Einheit [aber] erweist sich in der wechselseitigen Gewährung der Kirchengemeinschaft (communicatio pacis), im Brudernamen (appellatio fraternitatis) und im Freundschaftszeichen der Gastlichkeit (contesseratio hospitalitatis), (9) drei Vorrechten (iura), welche keinen anderen Grund und kein anderes Richtmaß haben als die eine Überlieferung ein und derselben Glaubensregel (eiusdem sacramenti una traditio).
(32,1) Wenn sich demgegenüber einige [Häresien] ins apostolische Zeitalter einzumengen wagen, um so den Anschein zu erwecken, als seien sie von den Aposteln überliefert, . . . so können wir darauf nur erwidern: Sollen sie doch mit den Ursprüngen ihrer Gemeinden herausrücken, sollen sie doch die Abfolge (ordo) ihrer Bischöfe entrollen, die sich von Anbeginn an mittels der Sukzession so fortsetzt, daß der erste Bischof jeweils einen der Apostel oder apostolischen Männer – einen solchen jedoch, der bei den Aposteln ausharrte! – zum Gewährsmann (auctor) und Vorgänger hat. (2) Denn das ist die Weise, wie die apostolischen Kirchen ihre Besitzansprüche belegen (census suos deferunt). So berichtet etwa die Smyrnäerge-

meinde, daß [ihr Bischof] Polykarp von Johannes eingesetzt oder die römische Gemeinde, daß [ihr] Klemens von Petrus ordiniert worden sei. (36,1) Wohlan denn! Suchst du, um dein Heil bemüht (in negotio salutis tuae), deinem Forschertrieb (curiositas) in ersprießlicherer Weise zu frönen, so durchreise die apostolischen Kirchen, wo selbst die Lehrstühle (cathedrae) der Apostel noch ihren alten, hervorgehobenen Platz einnehmen, wo noch die Originale ihrer Briefe (authenticae literae) verlesen werden und so Stimme und Antlitz eines jeden vernehmbar machen und vergegenwärtigen. (2) Ist Achaia ganz in der Nähe, so hast du Korinth; . . . befindest du dich . . . in der Nachbarschaft zu Italien, so hast du Rom, wo auch für uns [nordafrikanische Christen] die [apostolische] Autorität gegenwärtig (praesto) ist. (3) Welch gesegnete Kirche, wo die Apostel die Fülle der Lehre zusammen mit ihrem eigenen Blut ausströmen ließen . . .!

g) Die Glaubensregel (Wider Praxeas 2 i. Vgl. m. Über die Verschleierung der Jungfrauen 1; Üb. d. Prozeßeinr. 13)

(2,1) . . . Wir aber glauben schon immer und nun, besser unterwiesen durch den Parakleten – d. h. den, der in alle Wahrheit leitet[6] –, erst recht, daß nur *ein* Gott sei, daß es jedoch, unter der Voraussetzung dieser Heilsordnung (dispensatio), die wir oikonomia nennen, auch einen Sohn dieses einzigen Gottes gebe, seinen eigenen Logos (sermo), der aus ihm selbst hervorgegangen ist, durch den alle Dinge gemacht worden sind und ohne den nichts gemacht worden ist. [Wir glauben, daß] dieser [Sohn] vom Vater in die Jungfrau gesandt und aus ihr geboren sei, als Mensch und als Gott (hominem et deum), als Menschensohn und als Gottessohn, und er den Namen Jesus Christus trage; daß dieser litt, starb und begraben ward nach den Schriften und, auferweckt vom Vater und in den Himmel aufgenommen, zur Rechten des Vaters sitze und kommen werde, die Lebenden und die Toten zu richten; und daß er von dort (exinde) – gemäß seiner Verheißung – den Hl. Geist vom Vater gesandt habe, den Parakleten, der den Glauben all derer heiligt, die an Vater, Sohn und Hl. Geist glauben[7]. (2) Daß diese Glaubensregel (regula) aus der Anfangszeit des Evangeliums (ab initio evangelii) herrührt . . ., erweisen sowohl das nachträgliche Auftreten (posteritas) sämtlicher Häretiker wie insbesondere die Neuheit (novellitas) des Praxeas, der von gestern ist . . . (3) [Dessen »Verrücktheit« meint die Einzigkeit Gottes nicht anders festhalten zu können, als indem er Vater, Sohn und Geist als »einen und denselben« (ipsum eundemque) bezeichnet]. (4) Als ob der eine nicht auch dann dies alles sei, wenn aus dem einen, dank der Einheit der [göttlichen] Substanz, alles herkommt, und nicht trotzdem das Geheimnis der oikonomia gewahrt werde, welches die Einheit in eine Dreiheit ausgehen läßt und drei [Personen]: Vater, Sohn und Geist, [zu glauben] vorschreibt, freilich als Dreiheit nicht der Beschaffenheit, sondern dem Grade, nicht der Substanz, sondern der Form, nicht der Macht, sondern der Erscheinungsweise nach und doch als von einer Substanz, einer Beschaffenheit und einer Macht, weil nur ein [einziger] Gott ist, nach dem auch jene Grade, Formen und Erscheinungsweisen als Vater, Sohn und Hl. Geist benannt und bestimmt werden (quae unitatem in trinitatem disponit, tres dirigens Patrem et Filium et Spiritum, tres autem non statu sed gradu, nec substantia sed forma, nec potestate sed specie, unius autem substantiae et unius status et unius potestatis quia unus Deus ex quo et gradus isti et formae et species in nomine Patris et Filii et Spiritus sancti deputantur) . . .

h) Die Häretiker haben keinerlei Anrecht auf die heiligen Schriften (Üb. d. Prozeß-einr. 37)

(37,1) Wenn sich das alles nun so verhält, daß die Wahrheit *uns* zuerkannt werden muß, die wir gemäß der Glaubensregel wandeln, welche den Kirchen von den Aposteln, den Aposteln von Christus und Christus von Gott überkommen ist, dann ist auch unser zuvor [Kap. 15,3] aufgestellter Satz (propositio) als begründet erwiesen, der da feststellte, daß die Häretiker zur Einlegung einer Berufung (provocatio) auf die Schriften gar nicht zuzulassen sind; beweisen wir doch ohne Schrift, daß sie mit der Schrift nichts zu schaffen haben. (2) Wenn sie nämlich Häretiker sind, dann können sie nicht Christen sein, da sie die Lehren, denen sie nach eigenem Gutdünken (de sua electione) anhangen – darum auch ihr Häretikername –, nicht von Christus haben. (3) Als Nichtchristen haben sie folglich keinerlei Anrecht auf die christlichen Schriften; ihnen ist vielmehr verdientermaßen vorzuhalten: »Wer seid ihr überhaupt? Wann und woher seid ihr gekommen? Was macht ihr euch zu schaffen in dem Meinigen, die ihr doch nicht zu den Meinigen gehört? ... (4) ... Mein ist das Besitztum, ich besitze es seit jeher; [längst] vor dir ist es in meiner Hand, und ich habe sichere Besitztitel von den ursprünglichen Eigentümern selbst, denen die Sache gehörte. (5) Ich bin der Erbe der Apostel (heres apostolorum) ...«

i) Die Philosophie als Mutter der Häresie (ebenda 7)

(7,1) Das [sc. die Irrlehren] sind Menschen- und Dämonenfündlein, zum Ohrenkitzel [ersonnen und] der Erfindungsgabe der Weltweisheit entsprungen, die der Herr Torheit nannte, er, der gerade, was töricht ist vor der Welt, erwählte, damit auch die Philosophie selbst zuschanden werde [vgl. 1. Kor. 1,27]. (2) Ist sie doch die Grundlage der Weltweisheit [überhaupt], sie, die dreiste Deuterin der Natur Gottes und seiner Ratschlüsse. (3) Und gerade die Häresien sind es, die ihre Ausrüstung von der Philosophie empfangen (Ipsae denique haereses a philosophia suhornantur) ... (5) Dieselben Gegenstände werden von Häretikern wie von Philosophen bis zum Überdruß traktiert ...: Woher das Böse stamme (unde malum), und warum es überhaupt da sei? Woher der Mensch, und wie ist er beschaffen? ... (9) Was ... [aber] hat Athen mit Jerusalem zu schaffen (quid ergo Athenis et Hierosolymis)? Was die Akademie mit der Kirche, was die Häretiker mit den Christen? (10) Unsere Lehre (institutio) stammt aus der ›Säulenhalle‹ [griech: Stoa!] Salomos, welcher selbst gelehrt hatte, daß der Herr in Herzenseinfalt zu suchen sei [vgl. Weish. 1,1]. (11) Hüte man sich vor solchen, die ein stoisches, platonisches und dialektisches [aristotelisches] Christentum erfunden haben! (12) Wir bedürfen seit Christus Jesus des Forschens nicht länger, noch des Untersuchens, seit wir das Evangelium besitzen (Nobis curiositate opus non est post Christum Iesum nec inquisitione post evangelium). (13) So wir glauben, verlangen wir über den Glauben hinaus nichts mehr. Denn das ist unser oberster Glaubensartikel: daß da nichts sei, was wir über den Glauben hinaus noch zu glauben hätten.

III. Tertullian und die Bußfrage

j) Die vormontanistische Position Tertullians (Über die Buße 7–9)

Wie Tertullian nahezu zu allen wesentlichen dogmatischen und ethischen Themen seiner Zeit Stellung genommen hat, so auch zur Bußfrage. Die ihr gewidmete, um 203 verfaßte Schrift – sie handelt im 1. Teil (Kap. 1–6) von der »Taufbuße«, d. h. von Bußgesinnung und -übung als Vorbereitungsakten für den Taufempfang, während im 2. Teil (Kap. 7–12) von der sog. »zweiten Buße« (paenitentia secunda), der Buße der Getauften, die Rede ist – ist ein wichtiges Dokument sowohl für die Institutionalisierung des Bußverfahrens in der 2. Hälfte des 2. Jahrhunderts als auch für ein gegenüber dem Neuen Testament gründlich gewandeltes Bußverständnis!

(7,1) Nur so weit, Herr Christus, sollten deine Diener von der Ordnung der Buße (paenitentiae disciplina) reden oder reden hören, wie sie auch als Hörende [Katechumenen] nicht weiter sündigen dürfen . . . (2) Es widerstrebt mir, nun doch noch eine zweite, vielmehr allerletzte Hoffnung zu erwähnen . . . (10) Weil Gott [des Widersachers] verderbliche Anschläge vorauswußte, darum hat er die an sich verschlossene, durch den Riegel der Taufe versperrte Tür zur Verzeihung doch noch ein wenig offenstehen lassen. Er hat in der Vorhalle [der Kirche] die zweite Buße postiert, die dem Anklopfenden auftun soll [vgl. Mt. 7.7], jetzt aber nur ein einziges Mal, weil schon zum zweiten Mal; danach nimmermehr, weil das letzte [oder: nächste] Mal (proxime) [bereits] umsonst.

(8,9) In demselben Maße verringert das Bekenntnis (confessio) die Sünde, wie sie das Verheimlichen verschlimmert; ist doch das Bekenntnis eine Maßnahme der Genugtuung (satisfactio), das Verheimlichen dagegen eine solche des Trotzes. (9,1) Mit dieser zweiten – und einzigen! – Buße steht es demnach so, daß, je mißlicher die Sache ist, desto mühseliger auch ihr Nachweis, sofern er sich nicht nur im Gewissen vollzieht, sondern auch durch einen äußeren Akt zu erbringen ist. (2) Dieser Akt nun – man bezeichnet ihn besser und geläufiger mit einer griechischen Vokabel – ist die Exhomologese [zu deutsch: ›Geständnis‹]. Mit ihr bekennen wir dem Herrn unsere Sünde (delictum), nicht als ob er sie nicht wüßte, sondern sofern durch das Bekenntnis die Genugtuung ins Werk gesetzt wird (disponitur), aus dem Bekenntnis die Reue erwächst und durch die Reue Gott besänftigt wird. (3) Daher leitet die Exhomologese den Menschen dazu an, sich zu Boden zu werfen und zu demütigen, und erlegt ihm eine Lebensweise auf, die geeignet ist, Mitleid zu erregen, schon im Hinblick auf Kleidung und Nahrung: (4) Sie schreibt vor, in Sack und Asche zu liegen [vgl. Jes. 58,5; Mt. 11,21 par.], den Leib durch Unsauberkeit zu verunstalten, das Herz in Trauer zu versenken . . .; ferner Speise und Trank ohne Zutaten zu genießen . . .; die meiste Zeit aber das Gebet mit Fasten (ieiunia) zu nähren, zu seufzen, zu weinen und Tag und Nacht zum Herrn, deinem Gott, zu schreien, vor den Priestern niederzufallen, die Knie der Freunde Gottes[8] zu umschlingen und alle Brüder um Fürsprache bei der eigenen Abbitte anzugehen. (5) Das alles tut die Exhomologese, um die Buße [Gott und der Gemeinde] zur Annahme zu empfehlen, um den Herrn durch die Furcht vor der Gefahr [jenseitiger Strafen] zu ehren [vgl. Sir. 1,11], um dadurch, daß sie selbst gegen den Sünder das Urteil fällt, an die Stelle des göttlichen Gerichtszorns zu treten und durch zeitliche Drangsal die ewigen Strafen – ich will nicht sagen: aufzuheben, wohl aber – aufzuwiegen (Haec omnia exomologesis, ut paenitentiam commendet, ut de periculi timore dominum honoret, ut in peccatorem ipsa pronuntians pro dei indignatione fungatur et temporali afflictatione aeterna supplicia non dicam frustretur, sed expungat). (6) . . . Glaube mir: je weniger du dich schonst, um so mehr wird Gott dich schonen.

k) Der Montanist Tertullian und die Grenzen der bischöflichen Absolutionsgewalt (Über die Ehrbarkeit 1.21)

(1,6) Ich höre . . ., es sei ein Edikt veröffentlicht worden, und zwar ein definitives (edictum . . . peremptorium[9]). Der Oberpfaffe (pontifex maximus), d. h. der Bischof der Bischöfe[10], erließ: Ich vergebe auch Ehebruchs- und Unzuchtssünden denen, die Buße getan haben. (7) Wahrlich, ein Edikt, das man nicht mit »Recht so!« unterschreiben kann. Und wo wird man eine derartige Großzügigkeit (liberalitas) veröffentlichen? Vermutlich direkt . . . unter den Aushängeschildern der Bordelle! . . . Dort muß man die Verzeihung (venia) zu lesen bekommen, wo man mit der Hoffnung auf sie eintritt. (8) Nun aber steht sie in der Kirche zu lesen . . ., und die ist doch eine Jungfrau! . . . (10) Auch diese Schrift [De pudicitia] wird sich also gegen die Psychiker[11] richten, zugleich aber auch gegen eine Ansicht, die ich selbst früher mit ihnen teilte . . . (20) Bei uns [sc. den Anhängern der Neuen Prophetie] . . . wird [Ehebruchs- und Unzuchtssünden] als den größten und schlimmsten Fehltritten schon dadurch vorgebeugt, daß es nach Annahme des Glaubens nicht einmal gestattet wird, an eine zweite Verheiratung zu denken, die sich ja auch von Ehebruch und Unzucht allenfalls durch den Vertrag über Eheschluß und Mitgift unterscheidet. Deshalb schließen wir die Wiederheiratenden (digami) mit äußerster Härte aus, weil sie dem Parakleten durch ihr Abweichen von der Sittenzucht (disciplinae enormitate) Schande machen [oder: auch wenn wir damit den Parakleten wegen unmäßiger Strenge in Verruf bringen]. (21) Genau so richten wir Ehebrechern und Hurern gegenüber die Türschwelle [der Kirche] als Schranke auf, so daß sie umsonst ihre Tränen vergießen, um die Wiederaufnahme (pax) zu erlangen, und von der Kirche nichts weiter erreichen als die Kundgabe ihrer Schande.

Folgt in den Kap. 2–20 die Besprechung einzelner Bibelstellen, die sich mit Unzuchtssünden befassen oder aber, wie die Hinweise auf Gottes Güte oder die Mahnung, einander zu vergeben (Lk. 6,37 u. ö.), das Recht, wenn nicht gar die Pflicht zu enthalten scheinen, selbst schwere Verfehlungen zu verzeihen. Tertullian jedoch glaubt, mit genau so vielen Gegenstellen erwidern und zeigen zu können, daß sich die Gegenseite einer liederlichen Exegese schuldig macht. In Kap. 21 kehrt er dann wieder zum Ausgangspunkt zurück:

(21,7) Aber die Kirche hat doch, wendest du ein, die Vollmacht (potestas), Sünden zu vergeben. Das erkenne ich erst recht an . . .; habe ich doch in den neuen Propheten den Parakleten selbst, der da sagt: »Es kann die Kirche Sünden vergeben; aber ich will es nicht tun, damit nicht auch andere sündigen.« (8) . . . (9) [Worauf stützt sich eigentlich die Ansicht von der unbeschränkten Absolutionsgewalt der Kirche?] Etwa darauf, daß der Herr zu Petrus gesagt hat: »Auf diesen Felsen will ich meine Kirche bauen, dir habe ich die Schlüssel des Himmelreiches gegeben«, oder: »Was du binden und lösen wirst auf Erden, das soll auch im Himmel gebunden oder gelöst sein« (Mt. 16,18 f.]? Glaubst du deshalb, auch auf dich sei die Löse- und Bindegewalt übergegangen, d. h. auf eine jede mit Petrus zusammengehörige Kirche (ad omnem ecclesiam Petri propinquam)? (10) Wer bist du denn, daß du die offenkundige Absicht des Herrn, der diese [Gewalt] auf Petrus persönlich überträgt, umstößest . . .? »Auf dich«, heißt es, »werde ich meine Kirche bauen«, und: »dir werde ich die Schlüssel geben«, nicht: der Kirche, und: »Was du

lösen und binden wirst«, nicht: was sie lösen oder binden werden. (14) . . . Folglich hat die dem Petrus übertragene Löse- und Bindegewalt mit den Kapitalverge-
hen (delicta capitalia) der Gläubigen überhaupt nichts zu tun. (15) Nachdem ihm
der Herr geboten hatte, einem Bruder, der sich an ihm vergehe, siebenundsieb-
zigmal zu verzeihen [vgl. Mt. 18,21 f.], hätte er ihn bestimmt nicht beauftragt,
fortan etwas zu »binden«, d. h. zu behalten [vgl. Joh. 20,23], es sei denn die Sünden, die einer gegen den Herrn, nicht gegen den Bruder begangen hat . . . (16)
Was hat dies nun mit der Kirche zu tun und vollends mit der deinigen, du Psychiker? Denn wie die Person des Petrus lehrt, wird diese Vollmacht nur Pneumati-
kern (spiritales) zukommen: einem Apostel oder Propheten. Auch die Kirche ist ja
im eigentlichen und vorzüglichen Sinne der Geist selber, in welchem die Dreifaltigkeit der einen Gottheit ist: Vater, Sohn und Hl. Geist (Nam et ipsa ecclesia
proprie et principaliter ipse est spiritus, in quo est trinitas unius divinitatis, pater et
filius et spiritus sanctus). Er versammelt jene Kirche, welche der Herr schon bei
dreien bestehen läßt. (17) So wird denn seitdem auch jede beliebige Anzahl von
Menschen, die sich zu diesem Glauben vereinigt haben, von dem als Kirche erachtet, der sie gestiftet und als sein Eigentum erklärt hat (ab auctore et consecratore).
Darum wird allerdings die Kirche Sünden vergeben, aber [nur] die Geistkirche
[und nur] durch einen Geistesmenschen (ecclesia spiritus per spiritalem hominem), nicht die Kirche als Haufe von Bischöfen (numerus episcoporum). Denn
Recht und Entscheidung liegen beim Herrn, nicht beim Diener: bei Gott selbst,
nicht beim Priester.

Quellen: E. Dekkers u. a., Quinti Septimi Florentis Tertulliani Opera, I. II, CChr 1.2, Turnholt 1954;
C. Becker, Tertullian: Apologeticum. Verteidigung des Christentums, lat.-dt. (Übers., Einl., Erl.),
(1952) 1961². – *Literatur:* J. Lortz, Tertullian als Apologet, 2 Bde., 1927 f.; A. Beck, Römisches
Recht bei Tertullian und Cyprian, 1930; B. Poschmann a. o. [Nr. 14] a. O.; C. Becker, Tertullians
Apologeticum. Werden und Leistung, 1954; H. Karpp, Schrift und Geist bei Tertullian; R. Braun,
»Deus christianorum«. Recherches sur le vocabulaire doctrinal de Tertullien, Paris 1962; H. von Campenhausen a. o. [Nr. 15] a. O., S. 318 ff.; J. Moingt, Théologie trinitaire de Tertullien, 4 Bde. (=
Théologie 68–70. 75), Paris 1966–1969.
1.   Tertullian hat hier wahrscheinlich den apokryphen Brief des Pilatus an Kaiser Claudius aus den
»Petrus- und Paulusakten« (Acta apostolorum apocrypha, I, hg. von R. A. Lipsius, 1898, S. 196 f.)
vor Augen, eine christliche Fälschung vom Ende des 2. Jahrhunderts, worin von Christi Wundertaten
berichtet wird.
2.   Vgl. oben Nr. 23c m. A. 9!
3.   Die Deutung des »Niederhaltenden« (ὁ κατέχων bzw. τὸ κατέχον) auf das röm. Weltreich und
seine Ordnungsmacht ist die in der alten Kirche übliche; vgl. Bauer, WB, s. v. (m. weit. Lit.).
4.   Vgl. hierzu auch Tertullians Schrift »Über das Zeugnis der Seele« (De testimonio animae), in der
die Gedanken von Apol. 17 aufgenommen und »bewiesen« werden.
5.   Kap. 17 f., wo dargetan wird, daß ein Christ unmöglich ein öffentliches Amt bekleiden, Machtha-
ber oder Würdenträger sein könne, ohne sich mit Götzendienst zu beflecken; nun aber kennzeichnet es
nach Tertullian den Soldatenstand, daß er ein Mittelding ist zwischen »Würde« (dignitas) und
»Macht« (potestas): Kap. 19,1.
6.   Die Schrift Adversus Praxean, wichtigste Quelle für Tertullians Trinitätstheologie, entstammt
seiner montanistischen Spätzeit.
7.   Vgl. dazu

De praescriptione 13 (um 200)
(1) Die Glaubensregel ist . . . die Regel, nach der
wir glauben: (2) es sei nur ein Gott und es gebe
keinen anderen außer dem Schöpfer (conditor)
der Welt, der durch seinen am Anfang von allem

De virginibus velandis 1 (ca. 208/211)
(3) Die Glaubensregel ist jedenfalls überall nur
eine, allein der Änderung und Verbesserung unfähig (sola immobilis et irreformabilis), die da
nämlich zu glauben anhält an einen einzigen

ausgesandten Logos (per verbum suum primo omnium emissum) alle Dinge aus dem Nichts hervorgebracht hat (de nihilo produxerit). (3) Dies Wort, so glauben wir, sein Sohn genannt, ist auf mancherlei Weise im Namen Gottes den Patriarchen erschienen, ließ sich stets in den Propheten vernehmen, ging zuletzt durch den Geist Gottvaters und die Kraft in die Jungfrau Maria ein, wurde in ihrem Schoße Fleisch und aus ihr als Jesus Christus geboren (ex ea natum egisse Iesum Christum). (4) Danach hat er ein neues Gesetz (novam legem) und eine neue Verheißung des Himmelreiches verkündet, hat er Wundertaten (virtutes) vollbracht, ist gekreuzigt worden, am dritten Tage auferstanden, und in die Himmel entrückt sitzt er zur Rechten des Vaters; (5) an seiner Statt hat er auch die Kraft des Hl. Geistes gesandt, welcher die Gläubigen lenkt, und wird kommen in Herrlichkeit, die Heiligen zum Genuß des ewigen Lebens und der verheißenen himmlischen Güter zu bringen, die Gottlosen (profani) dagegen zu ewigem Feuer zu verdammen, indem beide Gruppen wiedererweckt und im Fleisch wiederhergestellt werden (facta utriusque partis resuscitatione cum carnis restitutione).

Gott, den Allmächtigen, Schöpfer der Welt, und an seinen Sohn Jesus Christus, geboren aus Maria, der Jungfrau, gekreuzigt unter Pontius Pilatus, am dritten Tage auferweckt von den Toten, aufgenommen in den Himmel, jetzt sitzend zur Rechten des Vaters und [einst] kommend, zu richten die Lebenden und die Toten durch die Auferstehung auch des Fleisches (per carnis etiam resurrectionem).

8.   Gemeint sind wohl die Konfessoren (s. oben Nr. 29, A. 5).

9.   peremptorius kann an sich auch ›tödlich‹ heißen; doch ist diese Bedeutung hier, in Verbindung mit edictum, wenig wahrscheinlich.

10.   Wahrscheinlich ist der Bischof von Karthago, nicht – woran man wegen der Titel pontifex maximus und episcopus episcoporum meist gedacht hat – der römische Bischof gemeint. Jedenfalls dürfte Tertullians beißende Kritik auf die Bußvollmacht des Bischofsamtes überhaupt gemünzt sein.

11.   Wie den Gnostikern (vgl. oben Nr. 25c.g), so gilt also auch dem Montanisten Tertullian die Großkirche als »geistlos«.

31.   Klemens von Alexandrien

Titus Flavius Clemens (gest. vor 215) verbrachte den Hauptteil seines Lebens in Alexandrien, einem Zentrum des wirtschaftlichen und kulturellen Lebens in der Antike. Hier schloß er sich zunächst Pantaenus, einem zum Christentum bekehrten Stoiker (Euseb) an, um dann nach dessen Tode sein Lehramt als Vorsteher einer »Katechetenschule« fortzuführen. – Auch von seinen Schriften ist mehr verloren als erhalten. Gleichwohl ist der Rest, obgleich in der Hauptsache nur aus drei aufeinander aufbauenden Werken bestehend (1. »Mahnrede an die Griechen« [Προτρεπτικός]; 2. »Der Erzieher« [Παιδαγωγός]; 3. »Teppiche« [Στρωματεῖς]), noch immer ansehnlich genug und läßt das Bemühen erkennen, christlich-jüdische Offenbarung und griechische Philosophie in eine fruchtbare Beziehung zueinander zu bringen und den »Glauben« zur »Erkenntnis« zu läutern und zu überhöhen.

a)   Das Hauptwerk und sein Bauplan (Erzieher 1,1,3)

Wie . . . die körperlich Kranken einen Arzt brauchen, so die seelisch Leidenden einen Erzieher, damit er unsere Leidenschaften (πάθη) heile, dann aber zu dem

Lehrer (διδάσκαλος) geleite, indem er die Seele reinigt und für die Erkenntnis (γνῶσις) fähig macht, so daß sie die Offenbarung des Logos in sich aufzunehmen vermag. Indem also der in jeder Hinsicht menschenfreundliche Logos danach drängt, uns in heilsamem Stufenfortschritt zu vervollkommnen, bedient er sich der vortrefflichen, einer wirksamen Bildung (παίδευσις) angemessenen Methode: zuerst ermahnt, dann erzieht und schließlich belehrt er[1].

b) Christliche »Gesinnungsethik«? Der wahre Sinn der Perikope vom »reichen Jüngling« (Aus der Homilie »Welcher Reiche kann gerettet werden?«, Kap. 11.19)

(11,1) . . . »Verkaufe, was du hast« [Mt. 19,21 par.]. (2) Was bedeutet das? Er [Christus] befiehlt nicht, wie manche es [allzu vordergründig-] buchstäblich (προχείρως) auffassen, daß man das Vermögen, das man besitzt, wegwerfe . . ., sondern daß man das Besitz*denken* (τὰ δόγματα [τὰ] περὶ χρημάτων) aus seiner Seele verbanne, . . . die krankhafte Gier danach . . . (3) Denn auf der einen Seite ist es durchaus nichts Großes und Erstrebenswertes, überhaupt keinen Besitz zu haben . . . (andernfalls wären ja die, die völlig mittellos sind, . . . Gott jedoch und »seine Gerechtigkeit nicht kennen« [Röm. 10,3], nur deshalb, weil sie in äußerster Armut leben . . ., vor allen andern glücklich zu preisen, von Gott am meisten geliebt und allein im Besitz des ewigen Lebens); (4) auf der anderen Seite ist es nichts Neues, daß jemand auf seinen Reichtum verzichtet und ihn an die Armen oder an seine Vaterstadt verschenkt. Das haben vielmehr [auch] vor der Herabkunft des Heilands schon viele getan, sei es, um Zeit für die Philosophie zu haben und der toten Weisheit zuliebe, sei es aus törichter Ruhmsucht und Eitelkeit, Leute wie Anaxagoras, Demokrit und Krates[2].

(19,1) Der in Wahrheit und in rechter Weise Reiche ist der, der da reich ist an Tugenden und sich in alles, was ihm widerfährt, fromm und gläubig zu schicken vermag; der in falschem Sinne Reiche dagegen ist der Mensch, der dem Fleische nach reich ist und das Leben in den äußeren Besitz verlegt, welcher doch vergeht . . . (2) Genau so gibt es umgekehrt den echten Armen und den, der . . . fälschlicherweise so genannt wird. Der eine ist dem Geiste nach, also am Eigenen (τὸ ἴδιον), der andere im Maßstab der Welt, also an dem arm, was ihm nicht [wirklich] zueigen ist (τὸ ἀλλότριον)[3]. (3) Zu dem, der im Sinne der Welt [zu ergänzen wohl: nicht] arm ist und an Leidenschaften reich, spricht der, der dem Geiste nach nicht arm ist und an Gott reich: Gib den fremden Besitz, der in deiner Seele wohnt, preis, auf daß du reines Herzens werdest und Gott schauen mögest . . . (4) Und wie kannst du ihn preisgeben? Indem du ihn »verkaufst«. Was aber heißt das? Solltest du statt des Besitzes Geld nehmen, . . . deine sichtbare Habe versilbern? (5) Keineswegs! Sondern wenn du deine Seele retten willst, dann gib all die Güter preis, die zuvor deine Seele in Besitz nahmen, und nimm stattdessen jenen Reichtum auf, der dich an Gottes Wesen teilhaben läßt [›vergöttlicht‹] und dir ewiges Leben schenkt: die Gesinnung (διαθέσεις), die sich Gottes Gebot unterwirft. Und was wird der Lohn und Preis dafür sein? Unvergängliches Heil, Unsterblichkeit, die ewig währt! (6) Auf diese Weise wirst du der Aufforderung gerecht, zu verkaufen, was du hast, all das Viele und Überflüssige deiner Habe[4] loszulassen, das dir den Himmel verschließt, und empfängst statt dessen den Reichtum, der dich zu retten vermag. Jenes laß den materiell [›fleischlich‹] Armen zugute kommen, die es nötig haben; du aber empfange dafür den geistigen Reichtum, »so wirst du einen Schatz im Himmel haben« [vgl. Mk. 10,21 par.].

c) Die Vorschule der Philosophie (Teppiche 1,27.28)

(27,1) Mit Recht hat . . . der Apostel die Weisheit Gottes »mannigfaltig« genannt [Eph. 3,10], sofern sie »zu vielen Malen und auf vielerlei Weise« [Hebr. 1,1]: durch Kunst (τέχνη), durch Wissenschaft (ἐπιστήμη), durch Glauben, durch Prophetie, ihre Kraft bewährt zu unserem Heil; denn »alle Weisheit stammt von Gott und ist bei ihm in Ewigkeit« . . . [Sir. 1,1].

(28,1) Nun war vor der Erscheinung des Herrn den Griechen die Philosophie notwendig zur Gerechtigkeit; jetzt aber ist sie nütze zur Gottesfurcht (θεοσέβεια): als eine Art Vorschule (προπαιδεία) für die, die den Glauben durch Beweise gewinnen (τοῖς τὴν πίστιν δι' ἀποδείξεως καρπουμένοις)[5]. »Denn dein Fuß«, heißt es [Sprüche 3,23], »wird nicht anstoßen«, so du alles, was es an Gutem gibt, auf die [göttliche] Vorsehung beziehst, ob es sich bei den Griechen findet oder bei uns. (2) Gott ist ja der Urheber alles Guten, im einen Fall, so im Alten und Neuen Bund, unmittelbar, im andern Fall mittelbar (κατὰ προηγούμενον. . . κατ' ἐπακολούθημα)[6], wie bei der Philosophie. (3) Vielleicht aber wurde diese den Griechen auch unmittelbar gegeben, bevor der Herr die Griechen [zum Glauben] berief. Denn sie führte die Griechen ebenso zu Christus hin (ἐπαιδαγώγει), wie das Gesetz die Juden [vgl. Gal. 3,24]. Folglich dient die Philosophie zur Vorbereitung und bahnt für den den Weg, der von Christus vollendet werden soll (προπαρασκευάζει τοίνυν ἡ φιλοσοφία προοδοποιοῦσα τὸν ὑπὸ Χριστοῦ τελούμενον).

d) »Glaube« und »Erkenntnis« (ebenda 7,55.57)

(55,1) Es ist sozusagen die Erkenntnis (γνῶσις) eine Art Vervollkommnung des Menschen als Menschen (τελείωσίς τις ἀνθρώπου ὡς ἀνθρώπου), welche, im Wissen von den göttlichen Dingen begründet (διὰ τῆς τῶν θείων ἐπιστήμης), in Charakter, Lebensführung und Rede [weise des Gnostikers] (λόγος) zur Erfüllung kommt und mit sich selbst wie mit dem göttlichen Wort in Einklang und Übereinstimmung steht. (2) Denn durch sie vollendet sich der Glaube, da der Glaube allein durch sie vollkommen wird. Der Glaube nun ist ein innerliches Gut (ἐνδιάθετον τι . . . ἀγαθόν); ohne nach Gott zu forschen, bekennt er, daß er [Gott] sei, und preist ihn als Seienden. (3) Darum muß man, von diesem Glauben seinen Ausgang nehmend und in ihm durch göttliche Gnade wachsend, so viel als möglich an Erkenntnis von ihm [Gott] zu gewinnen trachten. (4) . . . (5) Andererseits basiert die Erkenntnis darauf, daß man in bezug auf Gott nicht zweifelt, sondern glaubt; Christus aber ist sowohl das Fundament wie der darauf errichtete Bau, weil sich ihm Anfang wie Ende verdankt. (6) Die beiden Pole, Ausgang und Ziel [dieses Aufstiegs] – ich meine Glaube und Liebe –, sind nicht selbst Gegenstand der Lehre; wohl aber wird die Erkenntnis, die sich durch Überlieferung nach der Gnade Gottes fortpflanzt, denen als Unterpfand anvertraut, die sich der Belehrung als würdig erweisen, und aus ihr leuchtet die Würde (ἀξίωμα) der Liebe in immer hellerem Licht hervor. (7) Heißt es doch: »Wer da hat, dem wird hinzugegeben« [vgl. Mt. 13,13 par.]: dem Glauben die Erkenntnis, der Erkenntnis die Liebe, der Liebe das [himmlische] Erbteil.

(57,3) Der Glaube ist also gleichsam eine abrißhafte Erkenntnis des [Heils-]Notwendigen (σύντομος . . . τῶν κατεπειγόντων γνῶσις), die Erkenntnis aber der feste und sichere Beweis für das, was der Glaube angenommen hat; denn sie ist durch die Lehre des Herrn auf dem Glauben aufgebaut und geleitet zu unerschütterlicher, wissenschaftlicher Gewißheit (εἰς τὸ ἀμετάπτωτον καί μετ' ἐπιστήμης καταληπτόν). (4) Auch scheint mir . . . ein erster heilbringender Überschritt (μεταβολή) der vom Heiden- zum Christentum, ein zweiter aber der vom Glauben zur Erkenntnis zu sein; geht sie [endlich] in Liebe über, so läßt sie schon hienieden Erkennendes und Erkanntes einander zum Freunde werden. (7) Und vielleicht hat ein solcher [sc. so weit Fortgeschrittener] bereits auf Erden die »engelgleiche« Existenz (τὸ »ἰσάγγελος« εἶναι [vgl. Lk. 20,26]) vorweggenommen . . .

Quelle: O. Stählin, Clemens Alexandrinus, 4 Bde., GCS 12.15.17.39, 1905–1936 (Bd. 2 [1960], Bd. 3 [1970] neu hg. von L. Früchtel). – *Literatur:* M. Pohlenz, Klemens von Alexandrien und sein hellenisches Christentum, NAG 1943,3; S. Lilla, Clement of Alexandria. A Study in Christian Platonism and Gnosticism, Oxford 1971; A.M. Ritter, Christentum und Eigentum bei Klemens von Alexandrien auf dem Hintergrund der frühchristlichen ›Armenfrömmigkeit‹ und der Ethik der kaiserzeitlichen Stoa, ZKG 86, 1975, S. 1–25 (m. weit. Lit.).
1.   Vgl. damit die Titel der o.a. Hauptwerke des Klemens! Ob freilich die »Teppiche« als der dritte, »dogmatische« Teil der geplanten Trilogie oder doch wenigstens als Vorarbeiten dazu zu gelten haben oder ob bei ihrer Abfassung das ursprüngliche Konzept fallen gelassen wurde, ist bis heute umstritten.
2.   Anaxagoras von Klazomenai (ca. 500–425) verzichtete auf sein Vermögen, um sich ganz der Philosophie zu widmen (Diogenes Laertius II,6); Demokrit aus Abdera (ca. 460–370) verbrauchte seine beträchtlichen Mittel ausschließlich für Forschungsreisen (vgl. ebenda IX,35.39); Krates von Theben endlich (ca. 360–280) soll, zur kynischen Philosophie bekehrt, sein gesamtes Vermögen seinen Mitbürgern geschenkt haben, um fortan ein Leben der Bedürfnislosigkeit zu führen (vgl. ebenda IV,87).
3.   Vgl. oben Nr. 12a.
4.   Nach Kap. 16,1 u.ö. (vgl. auch etwa Erz. 2,120,3.5) wäre dies alles, was den eigenen notwendigsten Lebensbedarf übersteigt.
5.   Sc. die (wahren) Gnostiker: s. unten Abschnitt d.
6.   Zu diesem stoischen Gegensatzpaar vgl. auch etwa Tepp. 7,82,2; 8,23,1.

32. Origenes

Origenes (ca. 185–254), einer der einflußreichsten und produktivsten Theologen der alten Kirche, hinterließ bei seinem Tode – er starb an den Folgen der während der decischen Verfolgung erlittenen Mißhandlungen – ein Riesenwerk[1], von dem uns freilich infolge der bald einsetzenden Bekämpfung seiner Lehre und, mehr noch, der erbitterten Auseinandersetzungen mit seinen Anhängern, nur mehr verhältnismäßig geringe Reste erhalten sind. Als er schließlich unter Kaiser Justinian (543) zum Ketzer erklärt wurde, war damit auch über sein Werk das Urteil gesprochen. Allerdings hatte inzwischen sein Geist das kirchliche Denken in Ost wie West (Ambrosius, Augustin) so weit durchdrungen, daß die Verurteilung zwar der Weitergabe seiner Schriften, aber kaum mehr dem Fortwirken seiner Gedanken abträglich sein konnte.

I. Origenes im Urteil der Zeitgenossen

a) Das Zeugnis des heidnischen Philosophen Porphyrios (Euseb, Kirchengesch. 6,19,4 ff.)
(19,4) Da einige, statt sich von der Kümmerlichkeit des jüdischen Schrifttums abzuwenden, dieses vielmehr zu retten versuchten, nahmen sie ihre Zuflucht zu unzusammenhängenden und den Texten nicht entsprechenden Erklärungen, die weniger auf Verteidigung der fremden als auf Empfehlung und Anpreisung der eigenen Sache abzielten. Und zwar laufen ihre herangetragenen ›Auslegungen‹ darauf hinaus, daß sie hochtrabend die doch ganz klaren Moseworte als [verschlüsselte]

Rätselreden behandeln und sie beschwören, als seien es Orakelsprüche voll verborgener Geheimnisse; mit solchem Qualm vernebeln sie das gesunde Urteilsvermögen. (5) [Später heißt es bei Porphyrios dann:] Diese ungereimte Methode ist auch bei einem Manne zu studieren, mit dem ich selbst in früher Jugend verkehrte und der schon damals hoch angesehen war und es noch immer ist wegen der von ihm hinterlassenen Schriften; es ist Origenes . . . (6) Dieser war einst Schüler des Ammonios[2], des verdientesten Philosophen unserer Zeit, und hatte von seinem Lehrer wissenschaftlich viel profitiert; was jedoch die Wahl der rechten Lebensführung betrifft, so schlug er genau den entgegengesetzten Weg ein wie jener. (7) Ammonios nämlich wandte sich, obwohl als Christ in einem christlichen Elternhaus aufgewachsen, sobald er zu denken und zu philosophieren begann, sogleich der gesetzeskonformen Lebensweise (πρὸς τὴν κατὰ νόμους πολιτείαν) zu; Origenes hingegen irrte, obwohl als Grieche in griechischer Bildung erzogen, zur barbarischen Phantastik [des jüdischen Schrifttums] ab. Ihr zuliebe verhökerte er sich selbst wie seine philosophische Bildung. Seine Lebensführung war fortan die eines Christen und damit gesetzwidrig; in seinen [theoretischen] Ansichten über die Welt des Seienden und das Göttliche jedoch gab er sich ganz als Grieche (κατὰ μὲν τὸν βίον Χριστιανῶς ζῶν καὶ παρανόμως, κατὰ δὲ τὰς περὶ τῶν πραγμάτων καὶ τοῦ θείου δόξας ἑλληνίζων) und schob den fremden Mythen [der Bibel] griechische Gedanken unter. (8) [Auch weiterhin] beschäftigte er sich ständig mit Platon; wie er auch vertraut war mit den Schriften des Numenios, Kronios, Apollophanes, Longinos, Moderatos, Nikomachos und mit denen der berühmten Pythagoreer[3]. Er benutzte aber auch die Schriften des Stoikers Chairemon und des Cornutus, von denen er die allegorische Auslegung der griechischen Mysterien lernte, und wandte diese Methode auf die jüdischen Schriften an. (9) [Dies sagt Porphyrios im 3. Buch seiner Schrift »Wider die Christen«[4]] . . .

b) Das Zeugnis Gregors des Wundertäters (Dankrede 6–15)

Gregor Thaumaturgos (213–270/75), der nachmals ebenfalls berühmte Bischof seiner Vaterstadt Neocaesarea (Pontus) und »Apostel Kappadokiens«, gehörte fünf Jahre lang der im palästinischen Caesarea neubegründeten Schule des Origenes an. Seine beim Ausscheiden gehaltene »Dankrede auf Origenes« zeigt, wie dieser in einem wohlüberlegten Ausbildungsgang über das Studium der Logik (Kap. 7), der »Physik«, Geometrie und Astronomie (Kap. 8) zur Ethik, verbunden mit praktischer Ausübung der Tugend (Kap. 9–12), und von da aus über die Metaphysik als die Frage nach dem »Grund aller Dinge«, zu der eine ausgedehnte Lektüre der »alten Philosophen und Dichter« (mit Ausnahme »atheistischer« Schriften) als Hinführung diente (Kap. 13.14), zur eigentlichen Theologie und zur Erforschung der Bibel zu leiten suchte (Kap. 15). – Über die Bedeutung der Philosophie (als Inbegriff der propädeutischen Wissenschaften) heißt es in dieser Rede:

(6) . . . Er [Origenes] pries die Philosophie und ihre Liebhaber mit gewaltigen . . . Lobeserhebungen. Nur diejenigen, sagte er, führten in Wahrheit ein Leben, wie es vernunftbegabten Wesen (λογικοί) gezieme, die sich recht zu leben bemühten, was mit der Selbsterkenntnis beginne und fortschreite zur Erkenntnis des wahrhaft Guten, dem der Mensch nachzujagen, wie des wahrhaft Bösen, das er zu meiden habe . . . Er erklärte es . . . für ganz unmöglich, den Herrscher des Alls [auch nur] zu verehren (was doch eine Auszeichnung und eine Würde ist, die unter den lebenden Wesen nur der Mensch besitzt . . .), . . . wenn man sich nicht mit der Philosophie befaßt habe . . .
(14) . . . Alles, was bei den Philosophen brauchbar und zutreffend war, trug er zu-

sammen und legte es uns vor. Was dagegen falsch war, schied er aus, vornehmlich
das, was bezüglich der Religion bloße Ausgeburt des Menschengeistes war (ὅσα
ἴδια πρὸς εὐσέβειαν ἦν ἀνθρώπων).

c) Origenes am Hofe der Iulia Mammaea (Euseb, Kirchengesch. 6,21,3 f.)

Den wachsenden Ruhm des Origenes, weit über den Umkreis seiner Schule hinaus, veranschaulicht
auch etwa folgende, bei Euseb aufbewahrte Nachricht, die zugleich als Beleg für die Toleranz gelten
darf, deren sich das Christentum in der Zeit der Severerdynastie (193–235) weithin erfreut zu haben
scheint:

(21,3) Inzwischen hatte sich der Ruf des Origenes überallhin dermaßen verbreitet,
daß er selbst Mammaea, der Mutter des Kaisers [Severus Alexander, 222–235], zu
Ohren drang. Überaus gottesfürchtig, wie sie war, setzte sie alles in Bewegung,
um einer Begegnung mit diesem Mann von Angesicht zu Angesicht gewürdigt zu
werden und eine Probe seiner allseits bewunderten Einsicht in die göttlichen Dinge
zu erlangen. (4) Während sie sich nun in Antiochien aufhielt, ließ sie ihn unter
militärischem Geleit zu sich kommen. Origenes weilte einige Zeit bei ihr und
stellte sein Können vielfältig unter Beweis, dem Herrn zum Ruhm und der Lei-
stungsfähigkeit [seiner] göttlichen Schule zur Ehre, ehe er eilends wieder zu seiner
gewohnten Tätigkeit zurückkehrte.

II. Origenes als Schrifttheologe

Die Hauptmasse der uns überlieferten oder doch wenigstens noch bekannten Origeneswerke sind der
Schriftauslegung gewidmet, sei es in Gestalt von »Scholien« (erklärenden, z.B. textkritischen, An-
merkungen), förmlichen »Kommentaren« oder »Homilien« (Predigten mit fortlaufender Erklärung
des Textes). – Die im folgenden mitgeteilten Texte lassen nicht nur erkennen, welche dogmatischen
und hermeneutischen Überzeugungen ihn dabei leiteten, sondern auch, wie ernst es ihm, bei aller spi-
ritualistischen Exegese, um den »Buchstaben« der heiligen Schriften zu tun war.

d) Alle Lehren sind von der Schrift her zu begründen (Aus: Komm. z. Mt.-Ev. in der alten lat. Übersetzung, R. 18)

[Zu Mt. 23,16–22] Wir müssen also zur Bewahrheitung aller unserer Lehräuße-
rungen das vorbringen, was die Schrift meint, gleichsam als Bekräftigung der von
uns dargelegten Auffassung (debemus ergo ad testimonium omnium verborum,
quae proferimus in doctrinam, proferre sensum scripturae quasi confirmantem
quem exponimus sensum). Wie nämlich jegliches »Gold«, das außerhalb des
»Tempels« [s. den Text!] erfunden wird, nicht geheiligt ist, so ist auch jegliche
Ansicht, die außerhalb der göttlichen Schrift erfunden wird (wie bewundernswert
sie einigen auch erscheinen mag), profan [›nicht heilig‹], weil sie nicht von dem,
was die Schrift meint, gedeckt wird; die Schrift aber pflegt allein diejenige Ansicht
zu bewahrheiten [›heiligen‹], die sie selbst in sich enthält . . .

e) Die Inspiration der Schrift und ihre innere Übereinstimmung trotz äußerer Wider-sprüche (Über die Grundlehren 4,2,1 ff.[5])

(2,1) Nachdem so die Tatsache der Inspiration der göttlichen Schriften bündig erörtert worden ist[6], müssen wir jetzt auf die Art zu sprechen kommen, wie sie zu lesen und zu verstehen seien . . . Denn die Juden [›die aus der Beschneidung‹] sind
in ihrer Verstocktheit und Begriffsstutzigkeit deshalb nicht zum Glauben an unse-

ren Heiland gelangt, weil sie vermeinten, man müsse sich an den Buchstaben der auf ihn bezüglichen Prophetien halten, und ihn nun augenscheinlich weder »den Gefangenen Befreiung predigen« [Jes. 61,1], noch die »Gottesstadt« [LXX – Ps. 45,5] aufbauen sahen, die sie für eine wirkliche Stadt hielten . . . Die Häretiker hingegen lasen [z. B.]: »Ein Feuer ist entbrannt aus meinem Zorn« [Jer. 15,14] . . . und zahllose ähnliche Stellen, wagten allerdings nicht, deswegen den göttlichen Ursprung der Schrift anzuzweifeln. Wohl aber glaubten sie, sie stamme von dem Demiurgen ab . . .; und weil der Demiurg unvollkommen sei . . ., darum sei der Heiland gekommen und habe einen vollkommeneren Gott verkündigt . . . (2) Der Grund für all diese irrigen, gottlosen oder [auch] primitiven Ansichten über Gott aber ist anscheinend kein anderer als der, daß die Schrift nicht geistig (κατὰ τὰ πνευματικά) verstanden, sondern dem nackten Buchstaben nach aufgefaßt wird. Darum müssen denjenigen, die die heiligen Bücher nicht für schriftstellerische Erzeugnisse von Menschen halten, sondern sie als auf Eingebung des Hl. Geistes nach dem Willen des Vaters aller Dinge durch Jesus Christus geschrieben und [so] auf uns gekommen betrachten, die klaren Wege [zum Verstehen] aufgezeigt werden: denen [also], die sich an die Richtschnur (κανών) halten, wie sie innerhalb der himmlischen Kirche Jesu Christi entsprechend der apostolischen Überlieferung (διαδοχή) in Geltung steht . . . (4) Der Weg, der uns als angezeigt erscheint, um in die Schriften einzudringen und ihren Sinn zu erfassen, ist durch deren Worte selbst vorgezeichnet. In den Sprüchen Salomos [22,20 f. (LXX!)] finden wir folgende Anweisung bezüglich der göttlichen Lehren der Schrift: »Du aber trage es dir dreifach ein, mit Überlegung und Verstand, damit du auf das, was man dir vorhält, Worte der Wahrheit zu antworten habest.« Dreifach also muß man sich den Sinn der heiligen Schriften in seine Seele einprägen: Der Erbauung des Einfältigeren dient gleichsam das Fleisch der Schrift, wie wir die nächstliegende [buchstäbliche] Schriftauffassung nennen; wer aber weiter fortgeschritten ist, der erbaue sich gleichsam an ihrer Seele, während sich der Vollkommene, der denen gleicht, von denen der Apostel sagt: »Weisheit reden wir unter Vollkommenen . . .« [1. Kor. 2,6 f.], an dem »geistigen Gesetz« [Röm. 7,14], das da »einen Schatten der künftigen Güter enthält« [Hebr. 10,1], erbauen soll. Denn wie der Mensch aus Leib, Seele und Geist besteht, so ist es auch mit der Schrift . . . (5) Da es aber auch Stellen in den heiligen Schriften gibt, die überhaupt keinen leiblichen Sinn haben, darf man gelegentlich sozusagen ausschließlich nach Seele und Geist der Schrift forschen . . . (6) Von der ersten und, soweit sie zu nützen vermag, nützlichen Auffassung zeugt die Menge derer, die echt und schlicht glauben. Für die zweite, auf die Seele bezügliche Auslegung liegt ein Beispiel im 1. Korintherbrief des Paulus [9,9 f.] vor . . . Die geistige Deutung endlich erklärt dem, der zu ihr imstande ist, welches die »himmlischen Urbilder« seien, deren »Abbildern und Schatten« die »fleischlich gesinnten« Juden »dienten« [Hebr. 8,5; Röm. 8,5], und welches die »künftigen Güter«, deren »Schatten das Gesetz enthält« [Hebr. 10,1] . . . (9) Weil wir aber nun einmal, falls die Nützlichkeit der Gesetzgebung und die Folgerichtigkeit und Sinnhaftigkeit [›Glätte‹] der Geschichtsschreibung [im Alten Testament] ohne weiteres in die Augen sprängen, schwerlich glaubten, in den Schriften sei noch ein anderer als der nächstliegende Sinn zu entdecken, darum hat es der göttliche Logos so gefügt, daß in Gesetz und Geschichtsschreibung gleichsam auch ärgernis- und anstoßerregende, [ja] auch unmögliche Stellen [sc. Berichte von Ereignissen, die sich so unmöglich ereignet haben können] hineinverwoben wurden, damit wir nicht . . ., unfä-

hig, uns vom Buchstaben zu lösen, der Wahrnehmung eines Göttlicheren verschlossen blieben . . . Zuweilen ist sogar in der Gesetzgebung Unmögliches enthalten, um derentwillen, die bereits bewanderter und eher zu forschen geneigt
sind, damit sie sich der Mühsal, dem nachzudenken, was da geschrieben steht, unterziehen und die löbliche Überzeugung gewinnen: es bedarf eines Gottes würdigen Sinnes(νοῦς), um solches zu erforschen . . .

f) Die Hexapla (Euseb, Kirchengesch. 6,16)

(16,1) Origenes verlegte sich auf das Studium der göttlichen Schriften mit solcher Gewissenhaftigkeit,
daß er sogar das Hebräische gründlich erlernte, die bei den Juden gängigen, in hebräischen Lettern gefaßten Urtexte in seinen Besitz brachte, ferner den Ausgaben derer nachspürte, die neben den Siebzig
[LXX!] die heiligen Schriften übersetzt hatten, und dabei Versionen ausfindig machte, die von den
wohlbekannten des Aquila, Symmachus und Theodotion abwichen; er hatte sie in irgendwelchen unbekannten Winkeln aufgestöbert, wo sie lange Zeit verborgen lagerten, und sie ans Licht befördert.
(2) Da er nicht wußte, wer sie angefertigt habe, vermerkte er auf ihnen infolge dieser Unkenntnis lediglich, er habe die eine Version in Nikopolis bei Aktium, die andere an einem anderen Ort gefunden.
(3) Bei den Psalmen setzte er in den Hexapla neben die klassischen vier Ausgaben [s. u.] nicht nur eine
fünfte, sondern auch noch eine sechste und siebente Version und vermerkte, eine von ihnen sei zur Zeit
des Antoninus [Caracalla], des Sohnes des [Septimius] Severus [212–217], in Jericho in einem Faß entdeckt worden. (4) Alle diese Versionen fügte er zu einem Ganzen zusammen, teilte sie nach Klauseln
(πρὸς κῶλον) ein und führte sie mitsamt dem hebräischen Text nebeneinander auf; so hinterließ er
uns die Exemplare der sog. Hexapla [›Sechsfachen‹]. Dazu stellte er noch gesondert die [klassischen]
Ausgaben des Aquila, Symmachus und Theodotion nebst derjenigen der Siebzig zusammen; es sind
dies die Tetrassa [›Vierfachen‹].

III. Origenes als systematischer Denker

Die wichtigste, aber auch umstrittenste unter den erhaltenen Schriften des Origenes ist das Frühwerk
»Über die Grundlehren« (Περὶ ἀρχῶν, De principiis), geschrieben wohl zwischen 225 und 230, die erste zusammenhängende Darstellung der christlichen Lehre. Umstritten ist vor allem, inwieweit sich
aus diesem – in der Hauptsache nur in einer »gereinigten« lat. Übersetzung (Rufin) erhaltenen – Werk
noch der »ursprüngliche Sinn der Dogmatik des Origenes« (F. H. Kettler) ermitteln läßt und das Ori-
genesbild nicht vielmehr in erster Linie aus solchen Schriften bezogen werden muß, auf deren Echtheit
und Unversehrtheit Verlaß ist, also vor allem aus den Schriftkommentaren. Was sich aber schwerlich
bestreiten läßt, ist dies, daß Origenes der erste systematische Denker der christlichen Theologiegeschichte gewesen ist.

g) Der Rückbezug auf die kirchliche Tradition (Üb. d. Grundl. 1, Vorrede 2–7.10)

(2) . . . Weil es viele gibt, die gut christlich zu denken meinen, unter ihnen jedoch
manche ganz anders denken als die Früheren, und es auf der anderen Seite am
kirchlichen Kerygma festzuhalten gilt, wie es durch die Ordnung der Sukzession
von den Aposteln her überliefert wird und bis zur Gegenwart in den Kirchen fort-
dauert, darum muß einzig jene Wahrheit geglaubt werden, die in keinem Punkte
von der kirchlichen und apostolischen Tradition abweicht (illa sola credenda est
veritas, quae in nullo ab ecclesiastica et apostolica traditione discordat). (3) Dazu
muß man freilich wissen, daß die heiligen Apostel, als sie den Glauben an Christus
verkündigten, über bestimmte Gegenstände, die sie als für alle glaubensnotwen-
dig ansahen, selbst den an theologischer Forschung (inquisitio divinae scientiae)
weniger Interessierten alles aufs klarste mitgeteilt, die Erforschung des Grundes
für ihre Behauptung jedoch denen überlassen haben, die mit den hervorragenden

Geistesgaben . . ., vor allem mit dem Charisma der Rede und der Weisheit, ausgerüstet wären; von anderem dagegen sagten sie nur, daß, nicht aber wieso und
woher es sei, damit auf diese Weise die Wißbegierigen unter ihren Nachfahren
. . . einen Gegenstand hätten, an dem sie sich erproben und ihr geistiges Talent
(ingenium) unter Beweis stellen könnten . . . (4) Beispiele [der ersten Kategorie,
d. h.] der Dinge, die von der apostolischen Verkündigung eindeutig überliefert
worden [und damit auch als entschieden zu betrachten] sind, sind folgende: Zuerst, daß *ein* Gott sei, der alles geschaffen und gestaltet hat . . . [Folgt ein allem
Anschein nach formelhaftes, triadisch aufgebautes Bekenntnis mit einer deutli-
chen antignostisch-antidoketischen Zuspitzung, über dessen »dritten Artikel« es
summarisch heißt:] Außerdem haben sie [die Apostel] den Hl. Geist als der Ehre
und Würde nach dem Vater und dem Sohne zugeordnet (honore ac dignitate Patri
ac Filio sociatum) überliefert; nur darüber ist noch nicht klar entschieden, ob er erschaffen oder unerschaffen oder aber selbst für Gottes Sohn zu halten sei oder
nicht . . . So viel wird indes in der Kirche mit Bestimmtheit gelehrt, daß dieser
Hl. Geist jeden der heiligen Männer, Propheten wie Apostel, inspiriert hat und in
denen, die nach Christi Erscheinung inspiriert wurden, nicht ein anderer Geist war
als in den Alten. (5) Weiter [wird gelehrt], daß die Seele ihr eigenes Wesen (substantia) und Leben hat und, wenn sie aus der Welt scheidet, ihren Verdiensten
nach belohnt werden wird . . ., daß aber auch eine Zeit der [allgemeinen] Toten-
auferstehung sein wird, da dieser jetzt »in Verweslichkeit« gesäte Leib »in Unverweslichkeit auferweckt werden« wird [1. Kor. 15,42] . . . Auch das ist ein feststo-
hender Satz im kirchlichen Kerygma, daß eine jede Seele Entscheidungsfreiheit
und Willen besitzt (omnem animam esse rationabilem liberi arbitrii et voluntatis) . . . Daraus ergibt sich folgerecht die Einsicht, daß wir nicht einer Notwendigkeit unterliegen . . . [etwa dem determinierenden Einfluß der Gestirne] . . . Was
jedoch die Seele selbst anlangt: ob sie aus einem Ableger (tradux) des Sperma sich
herleite, so daß sie ihrem Wesen oder ihrer Substanz nach als dem leiblichen
Sperma selbst eingesenkt zu gelten hätte, oder ob sie eines anderen . . ., entweder
geschaffenen oder ungeschaffenen Ursprungs sei[7], ob sie zumindest dem Leibe
von außen eingegeben werde oder nicht: all das wird nicht genügend klar im
[kirchlichen] Kerygma unterschieden. (6) Über den Teufel und seine Diener sowie
über die feindlichen Gewalten lehrt das kirchliche Kerygma zwar, daß sie existieren; über ihr Wesen und ihren Ursprung aber gibt es keine genaue Mitteilung . . .
(7) Außerdem ist Bestandteil des kirchlichen Kerygma, daß diese Welt geschaffen
worden ist, einen bestimmten, zeitlichen Anfang hat und [einst] zu ihrer Vernichtung [oder: ihrer Verderbtheit wegen] der Auflösung verfällt. Was aber vor dieser
Welt war oder nach ihr sein wird, ist den meisten nicht klar. Hierüber macht nämlich das kirchliche Kerygma keine eindeutigen Aussagen. (8) . . . (9) . . . (10) Endlich findet sich im kirchlichen Kerygma folgendes: es gibt Engel Gottes und gute
Mächte, die ihm [Gott] dienstbar sind zum Heile der Menschen; wann sie jedoch
erschaffen wurden oder was es [sonst] mit ihnen auf sich hat, darüber gibt es keine
klaren Aufschlüsse. Wie es auch keine eindeutige Überlieferung darüber gibt, ob
Sonne, Mond und Sterne beseelt oder unbeseelt sind.
Dies alles muß nun – gemäß dem Gebot: »Erleuchtet euch mit dem Licht der Erkenntnis« [Hos. 10,12] – ein jeder als Elemente und Grundlagen benutzen, der
daraus mithilfe seiner Vernunft ein folgerichtiges und organisches Ganzes (seriem
quandam et corpus) herzustellen wünscht, damit man mittels überzeugender und
zwingender Schlüsse (assertiones) der in jedem einzelnen Stück [der Überliefe-

rung] enthaltenen Wahrheit auf den Grund komme und sich mittels Beispielen
und Belegen, wie gesagt, ein zusammenhängendes Ganzes ergebe, mögen diese
nun in den heiligen Schriften zu finden oder aber durch Aufspüren der [sich aus
ihnen unmittelbar ergebenden] Konsequenz und den richtigen Zusammenhang
(ex consequentiae ipsius indagine ac recti tenore) zu entdecken sein.

h) Logoslehre (ebenda 1,2,1 f. 4.6.; 4,4,1)
(1,2,1) Zunächst müssen wir wissen, daß in Christus ein anderes die Natur seiner
Gottheit, sofern er als der eingeborene Sohn des Vaters ins Auge gefaßt wird, ein
anderes die menschliche Natur ist, die er am Ende der Zeiten (in novissimis tempo-
ribus) zum Zwecke der Heilsveranstaltung (dispensatio) annahm . . . (2) . . .
Wenn nun einmal richtig aufgenommen worden ist, daß der eingeborene Sohn
Gottes dessen »Weisheit« [vgl. Spr. 8,22 ff.; 1. Kor. 1,24], und zwar als etwas
wirklich und für sich Existierendes ist (unigenitum filium dei ›sapientiam eius‹
esse substantialiter subsistentem[8]), so weiß ich nicht, wie sich unser Geist dermaßen verirren sollte zu vermuten, diese Hypostase[9] enthalte irgend etwas Körperliches, wo doch alles Körperliche durch äußere Gestalt (habitus), Farbe und Größe
umschrieben wird . . . Wie kann andererseits jemand, der von Gott fromm zu
denken und zu fühlen gelernt hat, glauben oder meinen, Gott, der Vater, habe sich
irgendwann, und sei es auch nur für einen Augenblick, außerhalb der Erzeugung
dieser Weisheit (extra huius sapientiae generationem) befunden? . . . Wir erkennen darum Gott als immerwährenden Vater seines eingeborenen Sohnes an (semper deum patrem novimus unigeniti filii sui), der aus ihm unstreitig gezeugt ward
und alles, was er ist, aus ihm hat, doch ohne Anfang . . . (4) . . . Die Zeugung [des
eingeborenen Sohnes aus dem unerschaffenen Gott] ist [vielmehr] so ewig und
ohne Unterbrechung wie die Erzeugung des Glanzes aus dem Licht . . . (6) . . .
Wie . . . der Wille aus der Vernunft (mens) hervorgeht, ohne doch einen Teil von
ihr abzuteilen oder von ihr getrennt und geschieden zu werden, so, muß man annehmen, hat auch der Vater den Sohn gezeugt als sein Ebenbild . . .
(4,4,1) . . . Aus dem Willen des Vaters wurde dieser Sohn geboren . . . Ich
möchte aber hinzuzufügen wagen, daß er, selbst wenn er die »Ähnlichkeit« des
Vaters ist [vgl. Hebr. 4,15; 7,15], niemals nicht war. Denn wann hatte Gott . . .
keinen »Abglanz seiner Herrlichkeit« [Hebr. 1,3] . . .? . . . Wer nämlich zu sagen wagt: »Der Sohn war einmal nicht« (ἦν ποτε ὅτε οὐκ ἦν ὁ υἱός)[10], der soll
doch begreifen, daß er dann auch sagen wird: Die Weisheit, der Logos, das Leben
waren irgendeinmal nicht, . . . während doch in ihnen allen das Wesen des Vaters
als vollkommen [in ihnen sich ausprägend] anzusehen ist (cum in his omnibus per-
fecte dei patris substantia censeatur) . . .

i) Trinitätslehre (Wid. Kels. 5,39; 8,12; Üb. d. Grundl. 1,3,5)
(Wid. Kels. 5,39) . . . Weisheit und Gerechtigkeit sind in unseren Augen der Sohn
Gottes, wie uns sein echter Jünger gelehrt hat, wenn er von ihm sagte: »Er ist uns
gemacht von Gott zur Weisheit und zur Gerechtigkeit und zur Heiligung und zur
Erlösung« [1. Kor. 1,30]. Wenn wir also von ihm auch als von einem zweiten Gott
(δεύτερος θεός) reden, dann soll man wissen, daß wir mit dem zweiten Gott
nichts anderes meinen als die Tugend (ἀρετή), welche alle anderen Tugenden in
sich begreift, und die Vernunft (λόγος), die jedwede Vernunft der Dinge in sich
enthält . . .
(Ebd. 8,12) . . . Sollte jemand . . . befürchten, wir gingen in das Lager derer über,

die die Existenz zweier [göttlicher] Hypostasen, des Vaters und des Sohnes, leugnen, so habe er acht auf das Wort: »Alle Gläubigen waren ein Herz und eine Seele« [Apg. 4,32], um den Sinn [auch] des [anderen] zu begreifen: »Ich und der Vater sind eins« [Joh. 10,30] . . . Keiner von uns ist ja so stumpfsinnig zu meinen, die wesenhafte »Wahrheit« [vgl. Joh. 8,58] sei vor der Zeit der Erscheinung Christi nicht dagewesen. Darum verehren wir den Vater der Wahrheit wie den Sohn, der die Wahrheit ist: zwei distinkte Wirklichkeiten, die doch eins sind der Einmütigkeit, Übereinstimmung und Selbigkeit des Willens nach (δύο τῇ ὑποστάσει πράγματα, ἕν δὲ τῇ ὁμονοίᾳ καὶ τῇ συμφωνίᾳ καὶ τῇ ταυτότητι τοῦ βουλήματος).
(Üb. d. Grundl. 1,3,5) Hier erscheint es mir indes als angebracht, zu untersuchen, warum, wer »durch Gott wiedergeboren« wird [1. Petr. 1,3], zur Seligkeit sowohl des Vaters als auch des Sohnes als auch des Hl. Geistes bedarf und er das Heil nicht erlangen kann, wenn nicht die ganze Trinität mitwirkt (nisi sit integra trinitas), noch des Vaters und des Sohnes teilhaftig werden ohne den Hl. Geist. Erörtern wir dies, so werden wir unstreitig die besondere Tätigkeit (operatio specialis) des Hl. Geistes wie die des Vaters und des Sohnes beschreiben müssen: Gott, der Vater, der das All zusammenhält, erreicht (φθάνει) alles einzelne, was existiert, indem er einem jeden, was ist, von seinem eigenen [Sein] das Sein mitteilt. Geringer (ἐλαττόνως) als der des Vaters ist der [Bereich des] Sohn[es], der lediglich die Vernunftwesen (λογικά) erreicht (denn er nimmt den zweiten Rang nach dem Vater ein); noch geringer der des Hl. Geistes, der nur zu den Heiligen durchdringt. Demgemäß ist die Macht des Vaters größer als die des Sohnes und des Hl. Geistes, die Macht des Sohnes größer als die des Hl. Geistes, und wiederum ragt die Macht des Hl. Geistes über die anderen heiligen Wesen [sc. die Engel] weit hinaus . . .

j) Schöpfung und Sündenfall und das Problem der Willensfreiheit (Üb. d. Grundl. 2,9,2.6)
(2,9,2) Da die im Anfang erschaffenen Vernunft- [oder: Geist-]Wesen (rationabiles naturae) . . . geschaffen wurden, während sie vordem nicht waren, müssen sie [auch] – eben dank der Tatsache, daß sie [vor ihrer Erschaffung] nicht waren, sondern ihr Sein einen Anfang hat – notwendigerweise wandelbar und veränderlich sein . . ., das Gute sollte ihnen zum Eigentum werden, indem sie es aus freiem Willen bewahrten. Doch Trägheit und Scheu vor Anstrengung in der Bewahrung des Guten und Abwendung vom Besseren und dessen Nichtachtung gaben den Anstoß, vom Guten abzufallen. Vom Guten abfallen aber ist nichts anderes als im Bösen erstarken. Denn es steht fest: »Böse sein« heißt, des Guten ermangeln (certum namque est malum esse bono carere) . . . (6) . . . Gott hatte, als er im Anfang schuf, was er zu schaffen gedachte, nämlich Vernunftwesen, keinen anderen Grund zum Schaffen als sich selbst, d. h. seine eigene Güte (bonitas)[11]. War nun der Grund des zu Erschaffenden er selbst und war bei ihm weder Wechsel noch Veränderung noch Unvermögen, so schuf er alle gleich . . . Weil aber die vernünftigen Geschöpfe . . . mit Willensfreiheit (arbitrii liberi facultas) begabt sind, so hat diese Freiheit jeden einzelnen veranlaßt, entweder in Nachahmung Gottes im Guten fortzuschreiten oder in dessen Nichtachtung abzufallen. Und dies . . . hat den Grund abgegeben für die Ungleichheit unter den Vernunftwesen; er liegt nicht im Willen und Ratschluß des Schöpfers, sondern allein in der freien Willensentscheidung.

k) Die Menschwerdung des Erlösers (ebenda 2,6,2–5)

(2,6,2) Von allem Wunderbaren und Großartigen . . . übersteigt das die Bewunderung des Menschengeistes bei weitem . . ., daß zu glauben ist, jene gewaltige Macht der göttlichen Majestät . . . habe sich in die Begrenzung des [einen] Menschen hineinbegeben (intra circumscriptionem eius hominis . . . fuisse), der in Judäa [als ein wahrer Mensch] auftrat . . . Da wir also an ihm manches Menschliche wahrnehmen, das sich in nichts von der üblichen Hinfälligkeit der Sterblichen unterscheidet, anderes wiederum so göttlich ist, wie es nur jener ursprünglichen, unsagbaren göttlichen Natur zukommt, so steht unser begrenzter menschlicher Verstand vor Staunen und Bewunderung still . . . Man hat es deshalb in aller Scheu und Ehrfurcht zu betrachten, daß sich in einem und demselben [Christus] die Wirklichkeit beider Naturen (in uno eodemque . . . utriusque naturae veritas) bemerkbar macht, um nichts Unwürdiges und Unziemliches mit jener unsagbaren göttlichen Natur zu verbinden, noch [wie die Gnostiker] Tatsachen für Mummenschanz zu halten . . . (3) . . . Je nach dem Vermögen des freien Willens hatten Veränderlichkeit und Verschiedenheit eine jede Seele (animus) ergriffen, so daß die eine ihren Schöpfer brennender, die andere schwächer und matter liebte. Dagegen hing ihm jene Seele (anima), von der Jesus gesagt hat: »Niemand nimmt meine Seele von mir« [Joh. 10,18], von Anbeginn der Schöpfung an und in der Folge untrennbar und unlösbar an als der Weisheit und dem Worte Gottes, als der Wahrheit und dem wahren Licht, nahm ihn als ganze ganz (tota totum) in sich auf und ging selbst in sein Licht und seinen Glanz über . . . Indem also dieses Seelenwesen (substantia animae) zwischen Gott und dem Fleisch vermittelte – denn daß die Gottnatur sich mit dem Leib vereinige, war ohne Mittelwesen unmöglich[12] –, wurde, wie gesagt, der Gottmensch (deus homo) geboren, da es jenes Mittelwesen gab, dem es auf jeden Fall nicht wider seine Natur war, einen Leib anzunehmen, wie es andererseits jener Seele als einem Vernunftwesen (substantia rationabilis) nicht wider ihre Natur ging, Gott in sich aufzunehmen, in den sie . . . als in das Wort, die Weisheit und die Wahrheit schon gänzlich übergegangen war. Deshalb wird sie auch zu Recht, dafür, daß sie gänzlich im Sohne Gottes war . . ., auch selbst mitsamt dem angenommenen Fleisch (cum ea quam assumpserat carne) Sohn Gottes, Kraft Gottes, Christus und Gottes Weisheit genannt . . . Wie [überhaupt] in der gesamten Schrift die göttliche Natur ebenso mit menschlichen Begriffen bezeichnet, wie die menschliche Natur mit Kennzeichen der Gottesprädikation geschmückt wird . . .[13] (4) . . . Deshalb ist auch Christus Mensch geworden, indem er diesen [Menschen] aufgrund sittlicher Bewährung (ἐξ ἀνδραγαϑήματος) fand . . . [vgl. Ps. 44(45),8] . . . Um seiner Liebe willen wird er mit »Freudenöl« gesalbt, wird also die Seele mit dem göttlichen Logos zum Christus (id est anima cum verbo dei Christus efficitur) . . . Wenn er [der Psalmist] aber »vor den Gefährten« sagt, so gibt er damit zu verstehen, daß ihm [Christus] die Gnadengabe des Geistes (gratia spiritus) nicht wie den Propheten gegeben ward, sondern daß in ihr die wesenhafte (substantialis) »Fülle« des Gott-Logos selbst war . . . [vgl. Kol. 2,9] . . . (5) . . . Die Natur seiner Seele war zwar dieselbe wie die aller anderen Seelen; daran kann kein Zweifel bestehen . . . Da indes die Möglichkeit, Gutes wie Böses zu erwählen, allen Seelen anheimgegeben ist, so hat die Christus zugehörige Seele die Liebe zur Gerechtigkeit in der Weise erwählt, daß . . . die Festigkeit des Vorsatzes . . . jeden Gedanken an Umkehr oder Abwendung ausschloß und so, was ihrem Willen überlassen war, ihr dank jener Beschaffenheit, wie sie aus langer Übung resultiert (longi usus affectu), endlich zur Natur geworden ist. So ist . . . in Christus eine menschliche und vernünftige Seele (humana et rationabilis anima) gewesen, eine solche jedoch, die keinen Gedanken an Sünde noch die Möglichkeit dazu hatte.

l) Die »Wiederbringung aller Dinge« (Üb. d. Grundl. 2,11,2; Johanneskommentar 1,16; Üb. d. Grundl. 3,6,1.6)

(Üb. d. Grundl. 2,11,2) [Ablehnung der chiliastischen Eschatologie] Leute, die die Mühe jedweden Nachdenkens scheuen . . ., Schüler des bloßen Buchstabens, sind der Meinung, die Verheißungen bezögen sich auf leibliches Wohlbehagen und Schwelgen; und vor allem deswegen wünschen sie sich, nach der Auferstehung wieder fleischliche Leiber zu besitzen . . ., erdenken sich Jerusalem als eine irdische Stadt, die wiederaufgebaut werde aus kostbaren Steinen . . .: kurz, sie wollen, alles solle in jeder Hinsicht so sein, wie sie es jetzt gewohnt sind . . . So aber denken Leute, die zwar an Christus glauben, aber in jüdischem Sinne die göttlichen Schriften auslegen und daraus nichts entnehmen, was göttlicher Verheißung würdig wäre.

(Joh.-Komm. 1,16) [Was ist Joh. 1,1 unter »Anfang« zu verstehen?] . . . Eine Bedeutung ist: Anfang eines Übergangs [einer Veränderung] (μετάβασις) . . . Diese Deutung wird ersichtlich aus der Stelle: »Der Anfang des guten Weges ist das Rechttun« [Spr. 16,7]. Der »gute Weg« nämlich ist das Wichtigste; daher muß man in erster Linie auf das Tun (τὸ πρακτικόν) bedacht sein, was mit »recht tun« angezeigt ist, während in zweiter Linie das Betrachten (τὸ θεωρητικόν) folgt; in dieses mündet, wie ich meine, das Ende des guten Weges ein bei der Apokatastasis, die deswegen so genannt wird, weil dann kein Feind mehr bleibt, wenn anders es wahr ist, daß er [Christus] herrschen muß, »bis er alle seine Feinde unter seine Füße getan hat; als letzter Feind aber wird der Tod entmachtet« [1. Kor. 15,25 f.]. Dann wird es nur noch eine Tätigkeit geben für die, die durch das »Wort bei Gott« [Joh. 1,1] zu Gott gelangten: Gott zu betrachten (κατανοεῖν), um in der Erkenntnis des Vaters Gestalt gewinnend – wie jetzt einzig der Sohn den Vater erkannt hat – allesamt in vollkommener Weise [seine] Söhne[14] zu werden [Mt. 11,27] . . .

(Üb. d. Grundl. 3,6,1) . . . Das höchste Gut, zu dem die gesamte vernünftige Kreatur hinstrebt, das auch das Ziel und Ende aller Dinge genannt wird, haben die meisten Philosophen ebenfalls auf diese Weise bestimmt: das höchste Gut sei, Gott ähnlich zu werden, soweit es möglich ist[15]. Ich glaube jedoch, daß sie sich dies nicht so sehr selbst ausgedacht, als vielmehr den göttlichen Schriften entnommen haben . . . (6) Dieses unser ganzes körperliches Wesen muß . . . in einem solchen [verklärten] Zustand [einer »geistigen« Leiblichkeit: vgl. 1. Kor. 15,44 ff.] überführt werden, dann, wenn alle Dinge wiederhergestellt werden, auf daß sie eins seien, und Gott »alles in allen« sein wird. Doch begreife man, daß dies nicht auf einmal, sondern nur allmählich und in Stufen (per partes) geschehen kann, im Ablauf unendlicher und unermeßlicher Zeitalter (saecula), nachdem nach und nach und in jedem Einzelnen die Verbesserung und Zurechtbringung erreicht ist . . . Dann kommt auch – über die zahllosen Ordnungen derer, die vorwärtsschreiten und aus Feinden zu mit Gott sich Versöhnenden werden – hinweg schließlich die Reihe an den »letzten Feind«, der da »Tod« heißt, daß auch er entmachtet werde und so kein Feind mehr sei . . .

IV.   Origenes als Apologet des Christentums

m)   Die geschichtslose Logosphilosophie der Platoniker und die christliche Sorge um das Heil aller (Wider Kelsos 1,9)

. . . [Auf die Aufforderung des Kelsos, bei der »Annahme von Lehren« allein »der Vernunft und einem vernünftigen Führer zu folgen«, erwidert O.:] Wenn es möglich wäre, daß alle Menschen sich von den Geschäften des Lebens freimachten und ihre ganze Zeit auf das Philosophieren verwendeten, dann dürfte keiner einen anderen Weg einschlagen als diesen allein. Denn im Christentum wird sich, wie ich ohne Übertreibung sagen darf, keine geringere Prüfung dessen, was geglaubt wird, keine weniger tiefgründige Auslegung rätselhafter Stellen in den Propheten, der Gleichnisse in den Evangelien und zahlloser anderer Ereignisse und Gesetzesbestimmungen mit einer symbolischen Bedeutung finden lassen [als sonstwo]. Wenn aber dies nicht möglich ist, wenn wegen der Sorgen und Mühen, die das Leben mit sich bringt, oder der menschlichen Schwäche zufolge sich nur wenige der Wissenschaft widmen, welcher andere Weg, um der großen Masse zu helfen, ließe sich dann wohl finden, der besser wäre als jener, den Jesus den Völkern gewiesen? . . . Was immer es sonst noch an Beweisen dafür geben mag, daß eine solch menschenfreundliche Lehre nicht ohne Gottes Willen dem Leben der Menschen zugekommen sein dürfte, so wird man auch diesen mit dazu rechnen müssen . . .

n)   Christentum und Welt (ebenda 8,69 f. i. Vgl. m. Meliton von Sardes bei Euseb, Kirchengesch. 4,26,7–11)

(69) [Einwand des Kelsos: Wenn alle Römer an den Christengott glauben sollten, wie wird dann jener sog. Höchste das Reich vor den Feinden schützen? Auch Juden und Christen hat er ja seine Hilfe verheißen; und doch sind die Juden als politischer Faktor ausgeschaltet, und die Christen werden verfolgt. – Antwort des Origenes:] Wir glauben, daß bereits, wo »zwei« von uns »auf Erden darin übereinstimmen, irgend etwas zu erbitten«, es ihnen »zuteil werden wird vom himmlischen Vater« der Gerechten [Mt. 18,19]. Denn Gott freut sich der Eintracht der vernünftigen Wesen, während er sich von ihnen abkehrt, falls sie uneins sind. Womit hätten wir erst zu rechnen, wenn nicht nur, wie augenblicklich, ganz wenige zu dieser Eintracht fänden, sondern das ganze römische Reich? . . .
(70) Würden . . . die Römer sämtlich zum Glauben kommen, so würden sie durch ihr Gebet den Sieg über ihre Feinde gewinnen – oder vielmehr, sie würden überhaupt keine Kriege mehr zu bestehen haben, da sie die göttliche Macht beschützte, die da verhieß, »um 50 Gerechter willen« fünf ganze Städte erhalten zu wollen [vgl. Gen. 18,24–26]. Denn »Salz« der Welt, das da sorgt für den Bestand der irdischen Dinge, sind die Menschen Gottes; was immer auf Erden ist, hat so lange Bestand, wie das »Salz« nicht »seine Schärfe verliert« (ἅλες γάρ εἰσι τηρητικοὶ τῶν ἐπὶ γῆς συστάσεως τοῦ κόσμου οἱ τοῦ θεοῦ ἄνθρωποι, καὶ συνέστηκεν τὰ ἐπὶ γῆς, ὅσον οἱ ἅλες οὐ τρέπονται) [Mt. 5,13 par.] . . .[16]

o)   Christentum und Krieg (ebenda 8,73)
[Wenn Kelsos die Christen ermahnt, dem Kaiser beizustehen und für ihn zu kämpfen, so ist nach O. einmal auf den »Beistand« hinzuweisen, welchen die Christen mit ihrer Fürbitte für alle Obrigkeit leisten. »Und je gottesfürchtiger einer ist, um so mehr richtet er mit seiner den Herrschern geleisteten Hilfe aus.« Des weiteren ist an die altüberlieferten und allgemein anerkannten Privilegien des

Priesterstandes zu erinnern, denen zufolge Priester vom unmittelbaren Kriegsdienst freigestellt sind, damit sie »mit reinen Händen, an denen kein Menschen-
blut klebt«, den Göttern die überkommenen Opfer darbringen können.] Wenn
dies mit gutem Grund so geschieht, wie viel vernünftiger ist es dann, daß diese [sc.
die Christen], während die andern in den Krieg ziehen, als Priester und Diener
Gottes am Feldzug teilnehmen, indem sie ihre Hände rein bewahren und mit ihren
Gebeten zu Gott für die streiten, die einen gerechten Krieg führen[17], auch für den
rechtmäßigen Kaiser, auf daß alles vernichtet werde, was sich der gerechten Sache
widersetzt? . . . [Kurzum:] Lassen wir Christen uns auch nicht dazu bewegen,
ihm [dem Kaiser] als Soldaten zu dienen, auch dann nicht, »wenn er [oder: die
Not] es verlangt«, so kämpfen wir doch für ihn und bilden durch unsere Gebete ein
eigenes Heer, ein Heer der Frömmigkeit [,das dem Kaiser dadurch bessere Dienste
leistet als alle Soldaten, die ins Feld ziehen und so viele Feinde töten, wie sie kön-
nen].

Quellen: E. Schwartz a.o. [Nr. 6] a.O.; P. Koetschau, Des Gregor Thaumaturgos Dankrede an Origenes . . ., 1894; E. Klostermann, Origenes Werke, XI: Origenes Matthäuserklärung (II. Die lat. Übersetzung der Commentariorum Series), GCS 38,1933; P. Koetschau, Origenes Werke, V: De Principiis, GCS 22,1913; ders. a.o. [Nr. 23] a.O.; E. Preuschen, Origenes Werke, IV: Johanneskommentar,
GCS 10, 1903. – *Literatur:* H. Koch, Pronoia und Paideusis, Studien über Origenes und sein Verhältnis zum Platonismus, 1932; M. Harl, Origène et la fonction révélatrice du verbe incarné, Paris 1958;
R.P.C. Hanson, Allegory and event. A study of the sources and significance of Origen's interpretation
of Scripture, London 1959; F.H. Kettler, Der ursprüngliche Sinn der Dogmatik des Origenes, 1966;
H.J. Vogt, Das Kirchenverständnis des Origenes, Bonner Beitr.z.Kirchengesch. 4, 1974; ORIGE-
NIANA. Premier colloque international des études origéniennes (Montserrrat, 18–21 sept. 1973),
Quaderni di »Vetera Christianorum« 12, Bari 1975.
1. Die antike Zählung beläuft sich auf annähernd 800 »Bücher«, was natürlich übertrieben ist. Freilich konnte eine ähnliche Zahl herauskommen, wenn man auch kleinere Homilien einzeln zählte und
wenn man überdies bedenkt, daß die Schriften auf Papyrusrollen von mäßigem Umfang standen
(A. von Harnack).
2. Höchst wahrscheinlich Ammonios Sakkas, der Lehrer u.a. Plotins; vgl. F.H. Kettler, War Origenes Schüler des Ammonios Sakkas?, Epektasis (FS f. J. Daniélou), 1972, S. 327 ff.
3. Der Schulzugehörigkeit nach wären die Philosophennamen so anzuordnen: Numenios, Kronios,
Moderatos, Nikomachos u. a. (Pythagoräer); Longinos (Platoniker); Apollophanes (Stoiker).
4. Vgl. unten Nr. 44.
5. Bei diesem auch griech. erhaltenen Teil des dogmatischen Hauptwerks, in dem Origenes seine
Auslegungsgrundsätze im Zusammenhang darstellt, handelt es sich um die erste biblische Hermeneutik überhaupt!
6. Vgl. ebenda 4,1,1 ff.
7. Anklang wohl an die drei Theorien über die Seelenentstehung: Traduzianismus – Creatianismus –
Praeexistenzialismus.
8. Griech. wohl: ὅτι ὁ μονογενὴς τοῦ θεοῦ υἱός ἐστιν σοφία αὐτοῦ οὐσιωδῶς ὑφεστῶσα.
9. Die lat. Übersetzung Rufins lautet hier: ὑπόστασις idest substantia; doch handelt es sich dabei
wohl um einen Zusatz des Übersetzers. Origenes scheint οὐσία (= lat. substantia) und ὑπόστασις
normalerweise nicht als Synonyme gebraucht zu haben.
10. Vgl. unten Nr. 55c (Arius!).
11. Vgl. Platon, Timaios 29d.e (»Sagen wir also, aus welcher Ursache der Schöpfer das Werden und
dieses All erschaffen hat: Gut war er, und in einem Guten entsteht nie Neid . . .«).
12. Platonisches Axiom: vgl. Timaios 30b.
13. Auch Origenes ist also ein Vertreter der Lehre von der communicatio idiomatum!
14. Der Text ist hier verderbt; zu lesen ist wohl ἀκριβῶς υἱεῖς [statt υἱός].
15. Locus classicus: Platon, Theaitetos 176b (ὁμοίωσις θεῷ κατὰ τὸ δυνατόν).

16.   Vgl. damit das Fragment Melitons von Sardes (gest. vor 190) bei Euseb, Kirchengesch. 4,26,7 ff.: »Die bei uns vertretene Philosophie (ἡ κατ' ἡμᾶς φιλοσοφία) war früher hauptsächlich unter Barbaren verbreitet, hat aber ihre volle Blüte erst bei deinen Völkern [angeredet ist Mark Aurel] erlebt, und zwar unter der großartigen Regierung des Augustus, deines Vorfahren . . . Seither ist auch [sc. dank der Begünstigung des Christentums!] das Römerreich zu Größe und Herrlichkeit gediehen. Du bist nun sein [des Augustus] ersehnter Nachfolger und wirst es sein mitsamt deinem Sohne, sofern du diejenige Philosophie beschützt, die eine Milchschwester des Reiches [= mit ihm zugleich großgeworden] ist und mit Augustus ihren Anfang genommen hat (φυλάσσων τῆς βασιλείας τὴν σύντροφον καὶ συναρξαμένην Αὐγούστῳ φιλοσοφίαν) . . .« Von daher war es schwerlich abwegig, wenn etwa 150 Jahre nach Abfassung von Melitons Apologie der Origenist Euseb die von Konstantin eingeleitete Verbündung (συμφωνία) des Weltstaates mit der Weltkirche als Erfüllung eschatologischer Hoffnung begriff!

17.   Vgl. zu dieser vom röm. Staatsdenken (Cicero, Über den Staat 2,35 u. ö.) dargebotenen Unterscheidung zwischen »gerechten« und »ungerechten Kriegen« auch bereits Wid. Kels. 4,81 f.

33.   Die Verschärfung der inneren Krise des römischen Reiches

Nachdem im zweiten Jahrhundert, unter den sog. Adoptivkaisern, das Imperium Romanum nach außen wie nach innen seine größte Macht und Blüte erlebt hatte, stürzte es im Laufe des dritten, im Zeitalter der »Soldatenkaiser«, in die schwerste Krise seiner bisherigen Geschichte, als Folge vor allem des auf die Dauer ruinösen Zweifrontenkrieges gegen Perser und Germanen (vgl. unten Nr. 53.78) und des davon ausgehenden Zwanges zu stärkerer Zentralisierung und Bürokratisierung der Verwaltung wie zu bedenklichen Rückgriffen auf die wirtschaftliche Substanz.

a)   Verleihung des Bürgerrechts an alle römischen Untertanen: Die »Constitutio Antoniniana« Kaiser Caracallas (212) und ihre Würdigung durch Cassius Dio (Röm. Geschichte 77,9)

Ein Papyrusfund (Pap. Gissensis 40) hat die sonst schlecht bekannte Verordnung wenigstens fragmentarisch im Wortlauf überliefert. Danach wurde in ihr »allen Nichtbürgern im Reich das römische Bürgerrecht« verliehen, »unter Beibehaltung jeglicher Art von Gemeindeverband, ausgenommen die Kopfsteuerpflichtigen« (dediticii[1]). – Der Historiker Cassius Dio, ein Zeitgenosse, gibt in seiner schon mehrfach angeführten »Römischen Geschichte« folgende – wohl zutreffende – Würdigung dieser Konstitution:

(77,9) . . . Er [Caracalla] war ein Freund der Verschwendung seinen Soldaten gegenüber . . ., alle übrigen aber pflegte er ringsum auszuziehen (περιδύειν), auszurauben und aufzureiben, nicht zuletzt die Senatoren. Denn . . . abgesehen davon, daß er alle seine Untertanen zu römischen Bürgern machte, angeblich als eine Auszeichnung, in Wirklichkeit aber in der Absicht, dadurch seine Einkünfte zu mehren, da nämlich die Nichtbürger (ξένοι [= lat. peregrini]) die Mehrzahl dieser [von ihm z. T. neu eingeführten] Abgaben nicht zu entrichten brauchten, . . . wurden wir genötigt, sooft er von Rom aufbrach, mitten auf den Wegen, auch wenn sie noch so kurz waren, Gebäude aller Art und kostspielige Absteigen auf eigene Kosten errichten zu lassen, . . . von denen er vermutlich nie eine einzige zu sehen bekam.

b)   Haftung der Dekurionen für Steuern und Abgaben (Justinian, Digesten 50,2,1; 50,4,3,15)

Die folgenden beiden in Justinians »Digesten«, d. h. in der von ihm veranlaßten Überarbeitung des klassischen Juristenrechtes (im Unterschied zum Kaiserrecht), enthaltenen Bestimmungen werden auf Ulpian, einem berühmten Rechtslehrer und hohen Beamten unter Severus Alexander (222–235) zurückgeführt.

(50,2,1) Der Provinzstatthalter (praeses provinciae) hat dafür Sorge zu tragen, daß die Dekurionen [Mitglieder der städtischen Senate (curiae)], die nachgewiesenermaßen die Sitze der Bürgerschaft (civitas), der sie angehören, verlassen haben und in andere Gegenden übergesiedelt sind, auf den Boden ihrer Vaterstadt zurückbeordert werden und die ihnen zukommenden Verpflichtungen (munera)[2] übernehmen.

(50,4,3,15) Der Provinzstatthalter hat dafür zu sorgen, daß in den Stadtgemeinden Verpflichtungen und Ehrenämter gleichmäßig im Wechsel nach Alter und Würde auferlegt werden, entsprechend jenen Abstufungen der Pflichten und Ehrenämter, wie sie von altersher festgelegt worden sind, damit die Kommunen nicht gleichzeitig der Mittel und Männer beraubt werden, indem ohne Unterschied und [allzu] häufig dieselben betroffen werden.

c) Ausplünderung der Bevölkerung: Aus einer Liste von Fragen an ein Orakel (Papyrus Oxyrhynchus 1477)

Das alte Oxyrrhynchos in Mittelägypten ist heutzutage vor allem bekannt als eine Hauptfundstätte von Papyri, namentlich aus römischer Zeit; darunter auch der folgende aus der 2. Hälfte des 3. Jahrhunderts:

. . . Werde ich gepfändet werden? . . . Wird mein Eigentum versteigert werden? . . . Werde ich ein Bettler[?]? Soll ich mich auf die Flucht begeben? Werde ich ein Gesandter[?]? Werde ich Mitglied des Stadtrates (βουλή)? Wird meine Flucht vereitelt? . . .

d) Geldentwertung (Papyrus Oxyrhynchus 1411 aus dem Jahre 260)

Von Aurelius Ptolemaeus, auch Nemesianus genannt, Stratege des Oxyrhynchusbezirkes. Nachdem sich die Beamten versammelt und darüber Beschwerde geführt haben, daß die Geldwechsler ihre Wechseltische geschlossen halten und die geheiligte Münze der Kaiser nicht mehr annehmen wollen, ist es notwendig geworden, allen Eigentümern von Wechseltischen per Erlaß zu gebieten, diese wieder aufzumachen und sämtliche Münzen anzunehmen und zu wechseln, mit Ausnahme offenkundiger Fehlprägungen und Fälschungen; das aber soll nicht allein für diese, sondern auch für alle gelten, die irgendwie am Umsatz von Waren beteiligt sind. Auch sie sollen sich darüber im klaren sein, daß sie im Falle des Ungehorsams gegen diesen Erlaß die Strafen zu erleiden haben, die die Hoheit des Präfekten[3] bereits früher für sie angeordnet hat . . .

Quellen: S. Riccobono u. a., Fontes iuris Romani anteiustiniani, I, Florenz 1940[2] (»Constitutio Antoniniana«); U.P. Boissevain a.o. [Nr. 13] a.O., III, 1901; B.P. Grenfell – A.S. Hunt, The Oxyrhynchus Papyri, XII, London 1916. – *Literatur:* Chr. Sasse, Die constitutio Antoniniana, 1958; G. Walser – Th. Pekary, Die Krise des römischen Reiches. Bericht über die Forschungen zur Geschichte des 3. Jahrhunderts (193–284 n. Chr.) von 1939–1959, 1962; N. Brockmeyer a.o. [Nr. 3] a. O., S. 116 ff. (m.weit.Lit.).

1. Ursprünglich Bezeichnung für die Nachkommen von dediti, welche durch freiwillige »Ergebung« (deditio) in Abhängigkeit von Rom gerieten und keinen »Bündnis-« oder »Friedensvertrag« (foedus) besaßen, wurde der Begriff in der Kaiserzeit ausgedehnt auf angesiedelte Barbaren oder auch bestrafte Freigelassene, die nach einer gesetzlichen Bestimmung vom Jahre 4 n. Chr. keine römischen Bürger

mehr werden konnten. Die Bedeutung des Wortes an dieser Stelle ist jedoch sehr umstritten; demgemäß ist auch die oben gegebene Übersetzung fraglich.

2. Dabei geht es insbesondere um die persönliche Haftung für Steuern und »Leiturgien«, d.h. die Leistungen reicher Bürger zugunsten ihrer Gemeinden.

3. Praefectus Aegypti, mit Sitz in Alexandrien.

34. Die Christenverfolgung unter Decius und ihre Motive (Cassius Dio, Röm. Geschichte 52,36,1 f.; Euseb, Kirchengesch. 6,41,1 ff.; Libellus 3 [Knipfing])

Unter dem Eindruck der sich verschärfenden Krise gab bereits im 1. Jahrzehnt des 3. Jahrhunderts Cassius Dio den Verantwortlichen den Rat, den der Fiktion nach Maecenas, Vertrauter des Kaisers und bis heute berühmter Förderer der Künste, dem Augustus erteilt: »Willst du wahrhaft unsterblich werden, so . . . verehre hinfort selbst die Gottheit allenthalben, ganz nach der Väter Sitte, und nötige (ἀνάγκαζε) auch die anderen, sie zu ehren. Die aber hiervon [sc. von der rechten Gottesverehrung] abweichen, die hasse und züchtige, und zwar nicht allein der Götter wegen – wer sie verachtet, dürfte sich auch aus nichts anderem mehr etwas machen! –, sondern auch, weil Leute, die an ihre Stelle irgendwelche neuen göttlichen Wesen (δαιμόνια) setzen, viele dazu verleiten, sich eigene Gesetze zu machen, woraus dann Verschwörungen, Komplotts und Geheimbünde [›Vereine‹] entstehen, was der Monarchie ganz und gar unzuträglich ist. Dulde deshalb keinen Gottlosen und keinen Gaukler . . .« – Es ist anzunehmen, daß in Überlegungen dieser Art auch das Vorgehen des Kaisers Decius unmittelbar nach seiner Machtergreifung im Herbst 249 wurzelte, mit dem die erste systematische Christenverfolgung verbunden war. Über sie berichtet u. a. der alexandrinische Bischof Dionys in einem (wohl im Herbst 251 verfaßten und bei Euseb erhaltenen) Brief an Bischof Fabius von Antiochien:

(Euseb, Kirchengesch. 6,41,1) Bei uns nahm die Verfolgung nicht erst mit dem kaiserlichen [Opfer-]Edikt (πρόσταγμα) ihren Anfang. Vielmehr hatte sie schon ein ganzes Jahr zuvor begonnen, als irgendein dieser Stadt Unheil kündender Dichter die heidnischen Massen gegen uns mobilisierte . . . (2) Durch ihn aufgewiegelt, ergriffen sie jede sich bietende Gelegenheit zu wüsten Ausschreitungen . . . [Folgen in § 3–8 Beispiele, die außer Plünderung christlichen Eigentums auch Fälle von Lynchjustiz einschließen] (9) . . . Zwar konnten wir für kurze Zeit aufatmen [nachdem nämlich der Christenpogrom in Alexandrien in dem allgemeinen Bürgerkrieg, welcher der Machtergreifung des Decius voraufging, untergegangen war], da der Mob keine Zeit mehr fand, seine Wut an uns auszutoben. Da aber ereilte uns die Nachricht vom Wechsel in der uns bisher so günstig gesonenen kaiserlichen Regierung [sc. vom Sieg des Decius über den als christenfreundlich geltenden Philippus Arabs], und alsbald verbreitete sich unter uns gewaltiger Schrecken über das, was uns bevorstand. (10) Schon war auch das Verfolgungsedikt publiziert . . . (11) [Und] alle waren bestürzt. Von den Vornehmeren fanden sich viele sofort [bei den Opferpriestern] ein, während man andere, soweit sie Beamte waren, [direkt] von ihrer Arbeitsstätte abholte; wieder andere wurden von Freunden und Bekannten herbeigezerrt. Namentlich aufgerufen näherten sie sich den unreinen und unheiligen Opfern, die einen freilich bleich und zitternd, als sollten sie nicht opfern, sondern selbst den Göttern geopfert und geschlachtet werden, so daß sie vom umherstehenden Pöbel verspottet wurden und ihre Feigheit sowohl zu sterben als auch zu opfern offen zutage trat; (12) andere dagegen traten bereitwilliger vor die Altäre und versicherten keck, auch früher nie Christen gewe-

sen zu sein . . . Von den übrigen [sc. den einfachen Christen] nahmen sich einige
diese, einige jene zum Vorbild; andere aber ergriffen die Flucht. (13) Wieder andere wurden verhaftet, und eine ganze Anzahl ließ sich auch fesseln und einsper-
ren, etliche sogar tagelang einkerkern; doch noch bevor sie vor den Richterstuhl
traten, schworen sie [ihrem Glauben] ab. Einige der Gefangenen sagten sich freilich erst, als sie ein gewisses Maß an Foltern ertragen hatten, im Blick auf weitere
Qualen los. (14) Die starken und seligen Säulen des Herrn jedoch wurden, weil er
sie stärkte und sie von ihm eine ihres Glaubens würdige und entsprechende Kraft
und Ausdauer empfingen, zu bewundernswerten Zeugen seines Reiches [Folgt in
Kap. 41,15–42,4 der ausführliche Bericht über einzelne Märtyrerschicksale, ehe
der Brief zum Schluß (42,5 f.) die Frage anschneidet, wie kirchlicherseits mit
reumütigen »Abgefallenen« (lapsi) verfahren werden solle].

Der ägyptische Wüstensand hat aus dieser Zeit auch eine Anzahl »Opferbescheinigungen« (libelli) aufbewahrt, die vorweisen mußte, wer der Verfolgung entgehen wollte. Sie sind alle nach dem gleichen
Schema aufgebaut. Einer dieser libelli lautet:

An die zur Überwachung der Opfer gewählte Kommission von Aurelios Asesis Se-
renos aus dem Dorf Theadelphia: Immer habe ich den Göttern geopfert, und auch
jetzt brachte ich in eurer Gegenwart, dem Edikt entsprechend, Trank- und Tierop-
fer dar und kostete vom Opferfleisch, und ich ersuche euch, mir das durch Unterschrift zu bescheinigen. Gehabt euch wohl. [Gez.:] Asesis, 32 Jahre alt, zu Unrecht beschuldigt (ἐπισινής)[1]. [Folgt von 2. Hand die Bestätigung durch die Op-
ferkommission:] Wir, Aurelius Serenus und Aurelius Hermas, haben dich opfern
sehen. [Die Gegenzeichnung von 3. Hand, wiederum durch ein Mitglied der Op-
ferkommission, lautet:] Ich, Hermas, bescheinige es. [Zum Schluß wieder von
1. Hand die Zeitangabe:] Im Ersten Jahr des Imperator Caesar Gaius Messius
Quintus Traianus Decius Pius Felix Augustus, am 18. Payni.

Quellen: U.P. Boissevain a.o. [Nr. 13] a. O., II, 1898; E. Schwartz a.o. [Nr. 6] a.O.; J.R. Knipfing,
The Libelli of the Decian Persecution, HThR 12,1923, S. 345–390. – Literatur: K. Gross, Art. Decius,
RAC 3, 1957, Sp. 611–629; W. H. C. Frend, Martyrdom and Persecution in the Early Church, Oxford 1965, S. 389 ff.; J. Molthagen a. o. [Nr. 5] a.O., S. 61 ff.
1. Läßt diese Bemerkung offen, ob der Unterzeichner einst Christ war oder nicht, so gibt es unter den
erhaltenen libelli auch solche, die zeigen, daß sich auch ganz und gar unverdächtige Heiden wie eine
Priesterin des ägyptischen Krokodilsgottes Petesuchos und anderer in der Umgegend von Arsinoë ver-
ehrter Gottheiten (vgl. libellus 6 bei Knipfing) Opferbescheinigungen besorgen mußten, was beweist,
daß sich das kaiserliche Opferedikt an die gesamte Reichsbevölkerung und nicht nur an die Christen
richtete.

35. Massenabfall in Karthago (Cyprian, Über die Gefalle-
nen 7–11)

Über die innere Verfassung der Kirche am Vorabend der decischen Verfolgung erhalten wir z. B. von
Origenes in seinen Homilien über das Jeremiabuch (4,3; geschrieben nach 244) ein einigermaßen dü-
steres Bild. Danach war sie – über den beträchtlichen Missionserfolgen, die ihr gerade in der langen
Friedenszeit seit Beginn des 3. Jahrhunderts beschieden waren, lau und träge geworden – auf diese Be-
lastungsprobe wenig gerüstet. So war denn auch die Wirkung des auf Wiedergewinnung aller römi-

schen Untertanen für den Staatskult abzielenden kaiserlichen Opferediktes katastrophal, wie außer dem eben zitierten Schreiben des Dionys von Alexandrien auch etwa von Cyprian von Karthago weder verschwiegen, noch beschönigt wird, wenn er in seinem unmittelbar nach dem vorläufigen Ende der Verfolgung verfaßten Traktat De lapsis die unter den Christen Karthagos angerichtete Verheerung folgendermaßen schildert:

(7) . . . Gleich bei den ersten Worten des drohenden Feindes verriet ein allzu großer Teil der Brüder (maximus fratrum numerus) seinen Glauben; und zwar kamen sie nicht [so sehr] unter der Wucht der Verfolgung zu Fall, sondern warfen sich [vielmehr] in freiwilligem Fall selbst zu Boden . . .

(8) . . . [Einige] warteten nicht einmal mit dem Emporsteigen [zur Darbringung des Opfers auf dem karthagischen Kapitol], bis sie ergriffen, noch mit dem Verleugnen, bis sie gefragt wurden. Vor der Schlacht bereits besiegt . . ., suchten viele nicht einmal den Schein zu retten, als opferten sie gezwungenermaßen. Vielmehr liefen sie unaufgefordert zum Forum [am Fuße des Kapitols]; freiwillig eilten sie ihrem [geistlichen] Tode entgegen, als . . . ergriffen sie eine schon längst sehnlichst erwünschte Gelegenheit. Wie viele mußten dort von den Behörden, weil der Abend hereinbrach, zurückgestellt werden; und wie viele baten sogar noch darum, ihren Untergang nur ja nicht hinauszuschieben . . .

(9) Ja, vielen war der eigene Untergang noch nicht genug . . . Um vielmehr ja das Maß des Frevels vollzumachen, wurden sogar Kinder von ihren Eltern auf den Armen herbeigetragen oder an der Hand mitgeschleppt, um in frühester Jugend schon zu verlieren, was sie unmittelbar nach ihrer Geburt (in primo statim nativitatis exordio) erlangt hatten [sc. die Gnade der »Wiedergeburt« in der Taufe] . . .

(10) Dabei gibt es, Gott sei's geklagt, keinen einzigen triftigen und schwerwiegenden Grund, der einen solch großen Frevel zu entschuldigen vermöchte: Man hätte ja nur die Heimat zu verlassen und sein ererbtes Vermögen (patrimonium) preiszugeben brauchen[1] . . . Denn da uns die Siegeskrone von Gott und seiner Gnade zukommt und sie nicht in Empfang genommen werden kann, bevor die Stunde dazu da ist, verleugnet der, der in Christus bleibt, wenn er auch für eine Weile entweicht, nicht etwa seinen Glauben, sondern wartet nur den richtigen Zeitpunkt ab. Wer aber gefallen ist, weil er nicht entwich, der zeigt damit nur, daß er von vornherein bereit war zu verleugnen.

(11) Die Wahrheit, liebe Brüder, darf nicht verschleiert, Anlaß (materia) und Ursache unserer Krankheit nicht verschwiegen werden. Was viele verführt hat, das ist die blinde Liebe zu ihrem Vermögen; und allerdings konnten solche Leute unmöglich dazu bereit und gerüstet sein zu entweichen, die von ihren Schätzen wie von Fesseln in Bann geschlagen waren . . .

In den folgenden Kapiteln (12–36) legt Cyprian dar, welche Fälle von Glaubensverleugnung Nachsicht verdienen, und spricht sich mit Entschiedenheit gegen ein allzu großzügiges und undifferenziertes Wiederaufnahmeverfahren aus.

Quelle: M. Bévenot, Cyprian ›De Lapsis‹ and ›De Ecclesiae Catholicae Unitate‹ (Text, engl. Übers., Anm.), Oxford 1971. – Literatur: M. Bévenot a.a.O. (m.weit.Lit.).
1. Vgl. dagegen etwa Tertullians Schrift »Über die Flucht in der Verfolgung« (De fuga in persecutione). Wie umstritten der von Cyprian gewiesene Ausweg noch in seiner eigenen Zeit war, zeigen z.B. die beiden Briefe 14 und 22, in denen er sich zu einer eingehenden Begründung und Rechtfertigung seiner eigenen Flucht veranlaßt sieht.

36. Das Problem der Buße für die »Gefallenen«

Der Massenabfall, den die decische Verfolgung allenthalben nach sich zog, war für die Kirche auch insofern etwas Neues, als sich damit die Frage der Vergebbarkeit für »schwere« Sünden, die früher eher im Blick auf Unzuchtssünden erörtert worden war (s. oben Nr. 30j.k), mit neuer Dringlichkeit stellte, Die Position der Rigoristen in dieser Frage verbindet sich vor allem mit dem Namen des römischen Presbyters und späteren Schismatikers Novatian, dessen Sonderkirche sich auch im Osten verbreitete und bis ins 5. Jahrhundert ihre Sonderexistenz aufrechtzuerhalten vermochte. Der entgegengesetzte Standpunkt fand seinen Rückhalt in erster Linie an den confessores, den bewährten »Bekennern« der Gemeinden, die – von früher her gewohnt, im Namen des Geistes und der Kirche von sich aus Entscheidungen zu treffen – dem Drängen der reumütigen lapsi nachzugeben und ohne weiteres die erbetene Wiederaufnahme in die Kirchengemeinschaft auszusprechen bereit waren, ohne die Entscheidung des Episkopats abzuwarten. Aus welchen Erwägungen heraus auch dieser schließlich eine weit entgegenkommende Haltung einnahm, läßt der zweite unten wiedergegebene Text, ein Synodalschreiben 42 afrikanischer Bischöfe an Cornelius von Rom, gut erkennen.

a) Die Position Novatians nach Euseb (Kirchengesch. 6,43,1 f.)
(43,1) . . . Novat[ian]us, ein Presbyter der römischen Kirche, hatte sich hochmütig gegen diese [sc. in der Verfolgung Schwachgewordenen] erhoben, so, als bestünde für sie gar keine Hoffnung auf Rettung mehr, selbst wenn sie alles leisteten, was zu echter Umkehr (ἐπιστροφή) und ungeheuchelter Buße (ἐξομολόγησις) gehört, und wurde so zum Urheber einer eigenen Sekte: derer, die sich in geistiger Aufgeblasenheit die ›Reinen‹ (Καθαροί) nannten. (2) Daraufhin versammelte sich in Rom eine stattliche Synode von 60 Bischöfen und einer noch weit größeren Anzahl von Presbytern und Diakonen; auch berieten sich in den Provinzen die Bischöfe der verschiedenen Gegenden in gesonderten Zusammenkünften über das, was zu tun sei. Sie alle faßten den Beschluß (δόγμα), Novat[ian]us samt denen, die . . . sich seiner lieblosen und ganz und gar unmenschlichen Ansicht beizupflichten entschieden, aus der Kirche auszuschließen, die ins Unglück gestürzten Brüder dagegen mit den Heilmitteln der Buße zu heilen und zu pflegen.

b) Die Entscheidung der karthagischen Synode von 252 (Cyprian, Brief 57)
(57,1) Wir hatten zwar, teuerster Bruder, vor längerer Zeit nach vorherigem gegenseitigem Meinungsaustausch beschlossen[1], es sollten diejenigen, die unter dem Ansturm der Verfolgung vom Widersacher überlistet worden und zu Fall gekommen wären und sich mit unerlaubten Opfern befleckt hätten, erst eine geraume Zeit volle Buße[2] tun; und [nur], wenn ihnen Krankheitsgefahr drohe, sollten sie im Angesicht des Todes die Wiederaufnahme (pax) erlangen. Denn es wäre ein Unrecht oder [uns] vielmehr durch [unsere] väterliche Liebe wie auch durch die göttliche Barmherzigkeit verwehrt, würde die Kirche den Anklopfenden verschlossen und den Trauernden und Flehenden die Hilfe der heilsamen Hoffnung versagt bleiben, so daß sie beim Scheiden aus dieser Welt ohne Gemeinschaft (communicatio) und Frieden (pax) zum Herrn entlassen würden, wo er doch selbst erlaubt, ja sogar geboten hat: was »auf Erden gebunden« sei, solle »auch im Himmel gebunden« sein; es könne aber auch dort »gelöst« werden, was zuvor hier in der Kirche gelöst werde [Mt. 18,18]. Nun aber sehen wir, daß der Tag eines zweiten Ansturms näherrückt[3], und ständig mahnen uns zahlreiche Vorzeichen, zu dem Kampf, den uns der Feind ansagt, bereit und gerüstet zu sein, auch das uns durch göttliche Gnade (dignatio) anvertraute Volk durch unsere Ermahnungen zu bereiten und im Heerlager des Herrn ausnahmslos alle Streiter Christi zu ver-

sammeln, die nach Waffen verlangen und zum Kampfe drängen. In dieser Notlage haben wir es als richtig erachtet, daß denen, die sich von der Kirche des Herrn nicht zurückgezogen und vom ersten Tage ihres Falls an nicht abgelassen haben, Buße zu tun, zu klagen und den Herrn [um Verzeihung] anzuflehen, der Friede zu gewähren sei und sie zum bevorstehenden Kampf gerüstet und unterwiesen werden müßten. (2) . . . Mit Recht zog man, solange Friede und Ruhe herrschten, die Bußfrist für die Reumütigen [›Leidtragenden‹] etwas in die Länge und kam nur den Kranken auf dem Sterbelager zu Hilfe . . . Jetzt aber haben nicht Schwache, sondern Starke den Frieden nötig, und muß nicht Sterbenden, sondern Lebenden die Gemeinschaft gewährt werden; dürfen wir doch die, die wir zum Kampf aufrufen und ermuntern, nicht waffen- und schutzlos lassen, sondern müssen sie mit dem Schild des Blutes und Leibes Christi wappnen . . . Denn . . . wie wollen wir sie fähig machen, den »Kelch« des Martyriums zu leeren [vgl. Mk. 10,38], wenn wir sie nicht zuvor – kraft des Rechtes, welches die Kirchengliedschaft verleiht (iure communicationis) – zulassen, in der Kirche vom Kelch des Herrn zu trinken? (3) Man muß, teuerster Bruder, einen Unterschied machen: zwischen denjenigen, die abtrünnig geworden sind und nach ihrer Rückkehr in die Welt, der sie entsagt hatten, ein heidnisches Leben führen oder aber zu den Ketzern übergelaufen sind und nun Tag für Tag gegen die Kirche ihre hochverräterischen Waffen erheben, und zwischen denen, die nicht von der Schwelle der Kirche weichen, beständig und voll Trauer die göttlichen und väterlichen [bischöflichen] Tröstungen erflehen und versprechen, jetzt zum Kampf bereit zu sein und für den Namen ihres Herren wie für ihr eigenes Heil tapfer einzustehen und zu streiten. . . . Sollte aber, was Gott von unseren Brüdern fernhalten möge, irgendeiner der Gefallenen uns getäuscht haben, indem er heuchlerisch um Frieden bittet und sich im Angesicht des drohenden Kampfes, jedoch ohne die Bereitschaft zu kämpfen, die Kirchengemeinschaft gewähren läßt, so täuscht und betrügt er nur sich selbst . . . Wir bekommen, soweit es uns überhaupt zu sehen und zu urteilen gegeben ist, nur das Äußere eines jeden zu Gesicht; doch das Herz zu erforschen und die Gesinnung zu durchschauen vermögen wir nicht. Darüber fällt der sein Urteil, der das Verborgene ergründet und sieht und der bald kommen wird, um [auch] über die tiefsten Geheimnisse des Herzens zu richten. Allein, schaden dürfen die Bösen den Guten nicht; vielmehr sind ihnen die Guten zu helfen verpflichtet. Auch darf denen, die dem Martyrium entgegengehen, nicht deshalb der Friede vorenthalten werden, weil voraussichtlich einige verleugnen werden; sondern der Friede ist [schon] aus dem Grunde allen, die zu kämpfen gewillt sind, zu gewähren, weil sonst die Gefahr bestünde, daß durch unseren Unverstand [gerade] der übergangen wird, der im Kampf gekrönt werden soll. (4) Sage keiner: Wer das Martyrium auf sich nimmt, der wird mit seinem eigenen Blut getauft, und des vom Bischof erteilten Friedens bedarf der nicht, der den Frieden seiner Verherrlichung erlangen und von der Gnade des Herrn noch größeren Lohn empfangen wird . . . [Denn] wie kann sich jemand als zum Bekenntnis fähig und tauglich erweisen, der nicht zuvor mit dem Frieden zugleich auch den »Geist des Vaters« empfangen hat, »welcher« seine Knechte stärkt und »selbst in uns redet« und das Bekenntnis ablegt [vgl. Mt. 10,20]? . . .

Quellen: E. Schwartz a.o. [Nr. 6] a.O.; W. Hartel, S. Thasci Caecili Cypriani Opera Omnia, CSEL 3,2, Wien 1871 (Nachdruck 1965). – *Literatur:* H. Koch, Cyprianische Untersuchungen, AKG 4,1926, S. 211–255; B. Poschmann, a.o. [Nr. 14] a.O., S. 370–424; H. von Campenhausen a. o. [Nr. 7] a.O., S. 313 ff.

1. Auf der Frühjahrssynode von 251.
2. Zum Begriff der paenitentia plena s. auch Brief 55,6; 64,1. Danach ist unter »Vollbuße« eine »lange« Buße zu verstehen, die es auch ermöglicht, jeden einzelnen Fall nach Motiven und mildernden Umständen sorgfältig zu prüfen und daraufhin eine Bußfrist festzusetzen, die dem Herrn, gegen den man sich verfehlt hat, »Genugtuung« widerfahren läßt.
3. Diese zweite Verfolgung brach bald darauf auch wirklich aus, griff aber, wie es scheint, nicht über die römische Gemeinde hinaus.

37. Cyprian und die Einheit und Heiligkeit der Kirche

Das Schrifttum des Bischofs Cyprian von Karthago (ca. 190–258) ist nicht nur, neben dem Tertullians, die wichtigste Quelle für die abendländische Bußgeschichte bis zu Augustin. Vielmehr war auch seiner Ekklesiologie, die sich ihm in der Auseinandersetzung mit dem Schisma herausbildete und vor allem in der Abhandlung »Über die Einheit der katholischen Kirche« (De ecclesiae catholicae unitate) ihren Niederschlag fand, eine nachhaltige Wirkung beschieden. – Aus dieser (251/252 verfaßten) Kirchenschrift seien zunächst die drei berühmtesten und in der Forschung umstrittensten Kapitel mitgeteilt, ehe dann noch auf einige andere wichtige Aspekte des von Cyprian repräsentierten lateinischen Christentums aufmerksam gemacht wird.

a) Nur die katholische Kirche vermittelt das Heil (Über die Einh. 6)

Die Braut Christi kann nicht zum Ehebruch verführt werden; sie ist unbefleckt und keusch . . . Sie ist es, die uns für Gott bewahrt, die für das Reich die Söhne versiegelt, welche sie geboren hat. Wer immer mit der Kirche bricht und in eine ehebrecherische Verbindung eintritt, schließt sich selbst von den der Kirche gemachten Verheißungen aus, und es wird nicht zu Christi Belohnungen gelangen, wer Christi Kirche verläßt: er ist ein Fremdling, ein Unheiliger (profanus), ein Feind. Gott kann nicht zum Vater haben, wer die Kirche nicht [mehr] zur Mutter hat (Habere iam[1] non potest Deum patrem qui ecclesiam non habet matrem). Wenn es außerhalb der Arche Noahs eine Möglichkeit gab, [dem Verderben] zu entrinnen, [nur] dann wird es auch eine Rettung für den geben, der außerhalb der Kirche ist. Mahnt doch der Herr und spricht: »Wer nicht für mich ist, der ist gegen mich, und wer nicht mit mir sammelt, der zerstreut« [Mt. 12,30]. Wer immer [also] den Frieden Christi bricht und die Eintracht [mit ihm zerstört], der handelt Christus zuwider; und wer anderswo als innerhalb der Kirche sammelt, der zerstreut die Kirche Christi . . . Wer diese [in der Einheit des trinitarischen Gottes selbst gründende und vorgebildete] Einheit nicht festhält, der hält nicht Gottes Gebot (lex), bewahrt nicht den Glauben an den Vater und den Sohn und behält nicht Anteil an Leben und Heil.

b) Der »Primat des Petrus« und das Bischofsamt (ebenda 4 f.)

Zusammenhang: Wie vor den offenen Anfeindungen des Widersachers, so gilt es auch und erst recht vor seinen geheimen Nachstellungen auf der Hut zu sein (Kap. 1). Dies wird am ehesten gelingen, wenn man in die Fußspuren des siegreichen Christus tritt und seine Gebote befolgt (Kap. 2). Die ganze Heimtücke des Satans kommt in der Existenz von Häresien und Schismen zum Vorschein, die zu nichts anderem erfunden wurden, als um die Einheit der Kirche zu zerstören.

(4) Wer dies erwägt und prüft, der bedarf keiner weitschweifigen Abhandlung und [umständlichen] Beweise. Vielmehr ist in diesem Fall die Beweisführung ebenso einfach wie überzeugend, da ein reales Geschehen hier alle weiteren Beweise über-

flüssig macht (Probatio est ad fidem facilis conpendio veritatis). Spricht doch der Herr zu Petrus: »Ich sage dir: du bist Petrus, und auf diesen Felsen werde ich meine Kirche bauen, und die Pforten der Unterwelt sollen sie nicht überwältigen. Ich will dir die Schlüssel des Himmelreiches geben, und was du gebunden haben wirst auf Erden, soll auch im Himmel gebunden sein, und was du gelöst haben wirst auf Erden, soll auch im Himmel gelöst sein« [Mt. 16,18 f.]

[Fortsetzung Fassung A]
Und zu demselben sagt er nach seiner Auferstehung: »Weide meine Schafe« [Joh. 21,17]. Auf ihn baut er seine Kirche und ihm vertraut er seine Schafe an, auf daß er sie weide; und obwohl er allen Aposteln gleiche Vollmacht erteilt, hat er doch nur einen Bischofsstuhl aufgerichtet und damit kraft seiner eigenen Autorität Ursprung wie [Erkenntnis-] Grund der Einheit der Kirche festgelegt. Gewiß waren auch die übrigen [Apostel], was Petrus war; dennoch wird Petrus der [oder: ein] Vorrang gegeben und damit augenscheinlich gemacht, daß es nur *eine* Kirche und *einen* Bischofsstuhl gibt. Auch sind wohl alle [gleichermaßen] Hirten; und doch tritt nur *eine* Herde in Erscheinung, die von der Gesamtheit der Apostel in einmütiger Übereinstimmung geweidet werden soll. Wer an dieser Einheit Petri nicht festhält, meint der, am Glauben festzuhalten? Wer den Bischofsstuhl Petri, auf welchen die Kirche gegründet ist, verläßt, hat der noch das Zutrauen, sich in der Kirche zu befinden?

[Fortsetzung Fassung B]
Auf *einen* also baut er die Kirche; und obwohl er allen Aposteln nach der Auferstehung gleiche Vollmacht erteilt und spricht: »Wie mich der Vater gesandt hat, so sende ich euch. Empfangt den heiligen Geist: wem ihr die Sünden erlaßt, dem sind sie erlassen; und wem ihr sie behaltet, dem sind sie behalten« [Joh. 20,21 ff.], hat er es dennoch, um [diese] Einheit zu versichtbaren, kraft seiner eigenen Autorität so gefügt, daß der Ursprung dieser Einheit bei dem einen anhebe. Gewiß waren auch die übrigen Apostel all das, was Petrus gewesen, und mit gleicher Würde und Macht ausgestattet [wie er]; am Anfang jedoch steht die Einheit, von der alles ausgeht, auf daß die Kirche als *eine* allen deutlich vor Augen stehe . . . Wer diese Einheit der Kirche nicht festhält, glaubt der, den Glauben festzuhalten? Wer der Kirche widersteht und sich widersetzt, glaubt der, sich in der Kirche zu befinden, sintemal auch der selige Apostel uns dasselbe lehrt und auf das Geheimnis der Einheit hinweist mit den Worten: »Ein Leib und ein Geist, eine Hoffnung eurer Berufung, ein Herr, ein Glaube, eine Taufe, ein Gott« [Eph. 4,14 ff.]?
(5) Diese Einheit müssen wir unerschütterlich festhalten und dafür einstehen, zumal wir Bischöfe, die wir in der Kirche den Vorsitz führen, damit wir auch den Episkopat selbst als einen einzigen und unteilbaren erweisen. Niemand täusche die Brüder durch eine Lüge; niemand mache durch treulose Pflichtvergessenheit die Glaubenswahrheit zunichte.

[Gemeinsame Fortsetzung von A und B]

Es gibt nur einen Episkopat, an dem jeder einzelne Bischof in seinem Bereich solidarisch teilhat[2]. Es gibt nur eine Kirche, wie sehr sie sich auch durch fruchtbares Wachstum vervielfältigen und ausbreiten mag . . .: vom Licht des Herrn durchflossen, sendet sie über die ganze Welt hin ihre Strahlen aus, und ist doch nur ein Licht, das sie allenthalben hinsendet, und die Einheit ihres Leibes duldet keine Teilung; . . . es gibt nur eine Quelle, einen Ursprung, eine Mutter, reich an Nachkommenschaft, Geschlecht um Geschlecht: aus ihrem Schoß werden wir geboren, mit ihrer Milch ernährt, durch ihren Geist belebt.

c) Das Problem der Ketzertaufe (Brief 70,1)

Geschrieben ist dieser Brief namens eines Konzils 31 nordafrikanischer Bischöfe im Jahre 255, in Beantwortung der Anfrage einer numidischen Bischofsversammlung betreffs der Gültigkeit der »Ketzertaufe«. Über diese Frage kam es zwischen der nordafrikanischen und der römischen Kirche zum sog. Ketzertaufstreit, in dessen Verlauf Cyprian als leidenschaftlicher Verfechter seines »episkopalistischen« Prinzips der bischöflichen Solidargemeinschaft gegen »papalistische« Ansprüche seines römischen Kollegen Stephans I. hervortrat. Doch mag das hier zugunsten der von Cyprian vertretenen Taufanschauung unberücksichtigt bleiben.

Während wir zum Konzil versammelt waren, teuerste Brüder, haben wir euer Schreiben gelesen, welches ihr an uns gerichtet habt mit der Anfrage, ob die bei Häretikern und Schismatikern scheinbar Getauften getauft werden müßten, wenn sie zur *einen* katholischen Kirche kommen . . . [Unsere Ansicht hierüber] ist nicht neu, sondern längst von unseren Amtsvorgängern mit Bestimmtheit ausgesprochen und auch von uns beibehalten worden . . . Wir glauben nämlich und halten es für gewiß, daß niemand draußen, außerhalb der Kirche, getauft werden kann, da nur eine einzige Taufe in der heiligen Kirche eingesetzt ist . . . [vgl. Jer. 2,13; Spr. 9,17]. Nun aber muß das Wasser zuvor vom Priester gereinigt und geweiht werden, damit er durch sein Taufen die Sünden des Täuflings abwaschen könne . . . [vgl. Ez. 36,25 f.]. Allein, wie kann jemand das Wasser reinigen und weihen, der selbst unrein ist und in dem der Hl. Geist nicht wohnt? Sagt doch der Herr im Buche Numeri [19,22]: »Was immer der Unreine anrühren wird, wird unrein sein.« Oder wie kann der Taufende einem anderen die Vergebung der Sünden erteilen, wenn er selbst außerhalb der Kirche steht und sich [darum] seiner eigenen Sünden nicht entledigen kann[3]?

d) Das eucharistische Opfer in Stellvertretung Christi (Brief 63, 2.9.14)

In diesem umfangreichen Sendschreiben an Bischof Caecilius (von Biltha?), verfaßt wohl 253/254, wendet sich Cyprian gegen einen in einigen nordafrikanischen Kirchen eingerissenen Mißbrauch, nach dem man – aus asketischen Gründen? – bei der Eucharistie statt Wein oder einer Weinmischung Wasser verwendete, und trifft in diesem Zusammenhang u. a. folgende Feststellungen:

(63,2) Wisse, daß wir ermahnt sind, bei der Darbringung des Kelches (in calice offerendo) die Tradition zu wahren, die auf den Herrn zurückgeht, und nichts anderes zu tun, als was der Herr für uns zuvor getan hat, nämlich den in Erinnerung an ihn (in commemoratione eius) dargebrachten Kelch mit einer Weinmischung gefüllt darzureichen. Denn da Christus spricht: »Ich bin der wahre Weinstock« [Joh. 15,1], ist das Blut Christi sicherlich nicht Wasser, sondern Wein. Auch kann man nicht annehmen, sein Blut, durch das wir erlöst und lebendig gemacht worden sind, sei im Kelche, wenn diesem der Wein als Hinweis auf das Blut Christi (quod Christi sanguis ostenditur) fehlt, wie dies in sämtlichen heiligen Schriften geheimnisvoll angedeutet und bezeugt wird. (9) . . . [Aus der Stelle Mt. 26, 27–29] erfahren wir, daß der Kelch, den der Herr darbrachte, mit einer Weinmischung gefüllt war und es Wein gewesen ist, was er als Blut bezeichnete. Es ist daher offensichtlich, daß das Blut Christi nicht dargebracht wird (sanguinem Christi non offerri), wenn dem Kelch der Wein gebricht, und das Opfer des Herrn nicht mittels der vorschriftsmäßigen Weihe gefeiert wird (nec sacrificium dominicum legtitima sanctificatione celebrari), wenn nicht die Darbringung und unser Opfer [dem Vorgang bei] der Passion [Christi] entspricht . . . (14) . . . Wenn nämlich Christus Jesus, unser Herr und Gott, selbst der höchste Priester Gottes des Vaters

ist und er sich selbst dem Vater als Opfer dargebracht und uns geboten hat, daß
dies zu seinem Gedächtnis geschehe, dann handelt gewiß [nur] jener Priester
wahrhaft als Christi Stellvertreter (vice Christi), der das, was Christus getan,
nachahmt (imitatur), und er bringt Gott, dem Vater, in der Kirche [nur] dann ein
wahres und vollkommenes Opfer (sacrificium verum et plenum) dar, wenn er es so
darzubringen anfängt, wie er es von Christus selbst dargebracht sieht.

e) Das Problem der Kindertaufe (Brief 64,2.5, i. Vgl. m. Tertullian, Über die Taufe 18)

Der 64. Brief innerhalb der Korrespondenz Cyprians stellt dessen – wiederum namens eines nordafrikanischen Konzils (im Jahre 251 oder 253) formulierte – Antwort auf Anfragen eines Bischofs Fidus
dar, die u. a. den Termin für die Säuglingstaufe betreffen.

(64,2) Was nun die Frage der [Taufe von] Neugeborenen (infantes) betrifft, so hast
du die Ansicht vertreten, man dürfe sie nicht schon innerhalb der Frist von zwei
oder drei Tagen nach ihrer Geburt taufen, sondern müsse die Vorschrift [betreffs]
der alt[testamentlich]en Beschneidung (legem circumcisionis antiquae) beachten,
und deshalb geglaubt, ein Neugeborenes sei nicht vor dem achten Lebenstag zu
taufen und zu heiligen. Doch . . . dem, was du zu tun für richtig hieltest, stimmte
[auf unserem Konzil] niemand zu; wir waren vielmehr einhellig der Meinung, es
sei keinem Menschen, sobald er einmal geboren ist, die Barmherzigkeit und Gnade
Gottes vorzuenthalten . . . [und] es dürfe, soviel an uns ist, nach Möglichkeit
keine Seele verlorengehen. Denn was fehlt demjenigen noch, der einmal von Gottes Händen im Mutterschoß gebildet ward? . . . (5) . . . [Kurzum:] nach unserer
Ansicht darf niemand an der Erlangung der Gnade gehindert und die geistliche
nicht durch die fleischliche Beschneidung beeinträchtigt werden. Sondern es muß
jeder ohne Ausnahme zur Gnade Christi Zulassung finden . . . [vgl. Apg. 10,28].
Wenn es im übrigen etwas gäbe, das die Menschen an der Erlangung der Gnade zu
hindern vermöchte, dann wären eher den Erwachsenen . . . ihre schwereren Sünden hinderlich. Nun aber wird selbst denen, die sich aufs schwerste vergangen und
zuvor vielfältig gegen Gott gesündigt haben, später, wenn sie zum Glauben gekommen sind, die Sündenvergebung gewährt und niemand von der Taufe und der
Gnade ausgeschlossen. Wie viel weniger darf man dann ein Kind zurückweisen,
das, weil es eben erst geboren wurde, noch keine [eigenen] Sünden begangen (qui
recens natus nihil peccavit), sondern sich allenfalls, nach Adams Weise im Fleische
geboren, vom Augenblick seiner Geburt an die Folgen des alten Todes[verhängnis-
ses] zugezogen hat (nisi quod secundum Adam carnaliter natus contagium mortis
antiquae prima nativitate contraxit). So kann es denn auch zur Sündenvergebung
um so leichter gelangen, als ihm [noch] keine eigenen, sondern nur fremde Sünden zu vergeben sind[4].

f) Die Verdienstlichkeit guter Werke (Über gute Werke und Almosen [De opere et elee-
mosynis] 1.2.5.26; geschrieben um 253)

(1) Zahlreich und groß, geliebteste Brüder, sind die göttlichen Wohltaten, in denen sich die reiche und überschwengliche Güte Gottes des Vaters und Christi zu
unserem Heil wirksam erwiesen hat und noch immer erweist . . . [Selbst nach der
Ankunft Christi] waren wir [noch] . . . in die Enge getrieben, [nämlich] durch das
Gebot der Sündlosigkeit (innocentia) [vgl. Joh. 5,14 u. ö.]. Und die Schwäche und
Ohnmacht der menschlichen Gebrechlichkeit wüßte sich nicht zu helfen, wenn
uns nicht von neuem die göttliche Liebe aushülfe und uns mit dem Hinweis auf

Werke der Gerechtigkeit und Barmherzigkeit gewissermaßen einen Weg zur Sicherung unseres Heils (viam . . . tuendae salutis) eröffnete, um nachträglich all
den Schmutz, mit dem wir uns beflecken, durch Almosen abzuwaschen.
(2) . . . wie durch das Bad des heilsamen Wassers [die Taufe] das Feuer der Hölle
(gehenna) gelöscht wird, so läßt sich auch durch Almosen und gerechte Werke die
Flamme der [nach der Taufe begangenen] Verfehlungen ersticken . . .
(5) Die Heilmittel, um Gott zu versöhnen (remedia propitiando Deo) sind uns
[also] durch Gottes eigene Worte an die Hand gegeben . . .: daß man nämlich
durch gerechte Werke Gott Genugtuung leiste und sich durch die Verdienste der
Barmherzigkeit von Sünden reinige (operationibus iustis Deo satisfieri, miseri-
cordiae meritis peccata purgari) . . .
(26) . . . wenn uns der Tag der Vergeltung oder Verfolgung . . . als Läufer in diesem Wettkampf um gute Werke (in hoc operis agone) findet, dann wird es der Herr
unseren Verdiensten in keinem Falle an Lohn fehlen lassen; sondern im Frieden
wird er den Siegern eine weiße Krone verleihen, in der Verfolgung aber wird er ihnen für ihr Leiden noch dazu eine purpurne [Krone] aufsetzen.

Quellen: M. Bévenot a.o. [Nr. 35] a.O.; W. Hartel a.o. [Nr. 36] a.O.; E.V. Rebenach, Thasci Caecili
Cypriani De opere et eleemosynis (Text, engl. Übers., Komm.), Washington 1962. – *Literatur:*
H. Koch, Cathedra Petri, BZNW 11,1930; M. Bévenot a.a. O.; ders., The tradition of manuscripts. A
study in the transmission of St. Cyprian's treatises, London 1961; U. Wickert, Sacramentum Unitatis.
Ein Beitrag zum Verständnis der Kirche bei Cyprian, 1971.
1.　Dieser Satz wird meist ohne das besser bezeugte »iam« zitiert. »Mit iam ist er eine Warnung an
diejenigen, die in der Kirche die Taufe empfingen« (M. Bévenot z.St.).
2.　　　　　[A]　　　　　　　　　　　　　　　　　　　[B]

Et idem post resurrectionem suam dicit illi: ›Pasce oves meas‹. Super illum aedificat ecclesiam et illi pascendas oves mandat et, quamvis apostolis omnibus parem tribuat potestatem, unam tamen cathedram constituit et unitatis originem adque rationem sua auctoritate disposuit. Hoc erant utique et ceteri quod fuit Petrus, sed primatus Petro datur et una ecclesia et cathedra una monstratur; et pastores sunt omnes, sed grex unus ostenditur qui ab apostolis omnibus unianimi consensione pascatur. Hanc Petri unitatem qui non tenet, tenere se fidem credit? Qui cathedram Petri, super quem [v. l. quam] fundata ecclesia est, deserit, in ecclesia se esse confidit?	Super unum aedificat ecclesiam et, quamvis apostolis omnibus post resurrectionem suam parem potestatem tribuat et dicat: ›Sicut misit me Pater et ego mitto vos, Accipe Spiritum sanctum: si cuius remiseritis peccata remittentur illi; si cuius tenueritis tenebuntur‹, tamen, ut unitatem manifestaret, unitatis eiusdem originem ab uno incipientem sua auctoritate disposuit. Hoc erant utique et ceteri apostoli quod fuit Petrus, pari consortio praediti et honoris et potestatis, sed exordium ab unitate proficiscitur ut ecclesia Christi una monstretur . . . Hanc ecclesiae unitatem qui non tenet, tenere se fidem credit? Qui ecclesiae renititur et resistit in ecclesia se esse confidit, quando et beatus apostolus Paulus hoc idem doceat et sacramentum unitatis ostendat dicens: ›Unum corpus et unus Spiritus, una spes vocationis vestrae, unus Dominus, una fides, unum baptisma, unus Deus‹?
	(5) Quam unitatem tenere firmiter et vindicare debemus maxime episcopi, qui in ecclesia praesidemus, ut episcopatum quoque ipsum unum adque indivisum probemus. Nemo fraternitatem mendacio fallat, nemo fidei veritatem perfida praevaricatione corrumpat.

Episcopatus unus est cuius a singulis in solidum pars tenetur . . .

3. Cyprians Kontrahent, Stephan von Rom, vertrat dagegen die Auffassung, bei der Aufnahme in die
katholische Kirche sei nur die »Handauflegung zur Buße« vonnöten, wenn der Übertretende bereits
getauft sei, »wie auch umgekehrt die Ketzer die zu ihnen Kommenden nicht eigens taufen, sondern sie
lediglich in ihre Gemeinschaft aufnehmen« (Cyprian, Brief 74,1).
4. Vgl. dagegen Tertullian, De baptismo 18: [Daß die Taufe nicht leichthin und unbedacht erteilt
werden darf, weiß jedermann, dem die Taufspendung obliegt; es entspricht auch den Weisungen
Mt. 7,6 und 1. Tim. 5,22. Die Fälle einer »eilig« gespendeten Taufe, z. B. Apg. 8,9, bilden keine Ge-
geninstanz, da sie in besonderen Umständen begründet liegen. Ist Eile angezeigt, so verabsäumt Gottes
Gnade es nicht, die Bevorrechteten beizeiten kenntlich zu machen] (3) . . . Jedes [menschliche Tauf-]
Begehren [aber] kann täuschen und getäuscht werden . (4) So ist denn auch je nach den Umständen, der
[seelischen] Verfassung und dem Lebensalter eines jeden ein Taufaufschub (cunctatio baptismi) ersprießlicher, zumal dann, wenn es um kleine Kinder (parvuli) geht . . . (5) Gewiß sagt der Herr:
›Wehret ihnen nicht, zu mir zu kommen‹ [Mt. 19,14]. Sie sollen also kommen, wenn sie dabei sind, zu
lernen und darüber belehrt zu werden, wohin sie kommen sollen; sie sollen Christen werden, wenn sie
fähig geworden sind, Christus zu erkennen. Was hat es das Alter der Unschuld so eilig mit der Sündenvergebung (Quid festinat innocens aetas ad remissionem peccatorum)? . . . (6) . . . Wenn manche ein-
sähen, welches Gewicht der Taufe zukommt, dann würden sie sich eher vor ihrer Erteilung als vor ihrem Aufschub fürchten; ein rechtschaffener Glaube ist des Heils gewiß (Si qui pondus intelligant baptismi magis timebunt consecutionem quam dilationem: fides integra secura est de salute)!

38. Innergemeindliche Askese

Asketische Tendenzen hat es wie besonders im Pythagoreismus, im Platonismus, in der Stoa und in der
Gnosis, so auch im frühen Christentum von Anfang an gegeben. Die vielschichtige Welt der neutestamentlichen Apokryphen verrät am meisten davon. Bereits im Jahrhundert vor Konstantin darf im allgemeinen in den Gemeinden der westlichen Kirche der Stand der »Jungfrauen« vorausgesetzt werden,
während im Osten noch immer das Wanderasketentum (vgl. dazu auch etwa oben Nr. 8b) vorherr-
schend gewesen zu sein scheint. Hier wie dort aber kam es auch jetzt noch wohl nur vereinzelt zum
Bruch mit der »Welt« aus asketischen Gründen.

a) **Der Jungfrauenstand und seine Begründung bei Cyprian** (Über die äußere Erscheinung der Jungfrauen [De habitu virginum] 3.21–23; geschrieben 249/250)
(3) . . . [Die Jungfrauen] sind die Blüten am Zweig der Kirche, Zierde und
Schmuck der geistlichen Gnade, . . . des Ruhms und der Ehre reines und unver-
sehrtes Werk, Ebenbild Gottes, das [wahrhaft] der Heiligkeit des Herrn entspricht, rühmlicherer Teil der Herde Christi. Ihrer freut sich, in ihnen erblüht üppig der glorreiche Schoß der Mutter Kirche . . .
(21) . . . Schmal und eng ist der Weg, der zum Leben führt [vgl. Mt. 7,14], hart
und steil der Steig, der zur Verherrlichung strebt. Diesen Weg verfolgen die Märtyrer, gehen die Jungfrauen, schreiten alle Gerechten (iusti) . . . Die erste, hun-
dertfältige Frucht [vgl. Mt. 13,23] ist die der Märtyrer, die zweite, sechzigfältige
ist euer. Wie [darum] bei den Märtyrern kein Gedanke ist an Fleisch und Welt und
kein geringfügiger, alltäglicher und gemächlicher Kampf, so komme auch eure
Tugend und Ausdauer, deren Gnadenlohn an zweiter Stelle steht, ihnen am nächsten . . .
(22) . . . Was wir [nach Lk. 20,34 f.] sein werden, habt ihr bereits zu sein begonnen. Der Auferstehungsherrlichkeit seid ihr schon in dieser Welt teilhaftig; ihr
durchpilgert diese Welt, ohne von ihr befleckt zu werden: solange ihr keusch und

jungfräulich bleibt, seid ihr den Engeln Gottes gleich (angelis Dei . . . aequales) . . .

(23) Das erste [Gottes-]Wort (sententia) gebot (praecepit), zu wachsen und sich zu mehren [Gen. 3,16]; das zweite [Lk. 20,34] riet auch Enthaltsamkeit an (continentiam suasit). Solange die Erde noch öde und leer war, pflanzten wir uns fort in reichlicher, fruchtbarer Zeugung und wuchsen um der Vermehrung der menschlichen Rasse willen; nun aber, da die Erde bereits gefüllt ist und die Welt bevölkert, verschneiden sich diejenigen, die die Enthaltsamkeit zu fassen vermögen [vgl. Mt. 19,12], für das Himmelreich, indem sie wie Verschnittene leben. Doch befiehlt der Herr das nicht, sondern ermuntert nur dazu (hortatur); er legt kein Zwangsjoch auf, weil die Willensentscheidung frei bleibt (voluntatis arbitrium liberum). Wenn er jedoch sagt, in seines Vaters Hause seien viele Wohnungen [vgl. Joh. 14,2], so macht er damit klar, daß es dort [neben schlechteren auch] bessere Wohnungen gibt. Diesen besseren Wohnungen strebt ihr nach; indem ihr die Begierden des Fleisches zügelt, sichert ihr euch einen größeren Gnadenlohn im Himmel (maioris gratiae praemium in caelestibus obtinetis). Gewiß legen alle, die zur göttlichen und väterlichen Gabe der Heiligung durch die Taufe gelangen, darin dank der Gnade des heilsamen Bades den alten Menschen ab und werden, erneuert durch den Hl. Geist, vom Schmutz der alten Befleckung (a sordibus contagionis antiquae) durch die Wiedergeburt gereinigt; doch die größere Heiligkeit und Wirklichkeit der Wiedergeburt kommt euch zu, die ihr nicht länger die fleischlichen und körperlichen Begierden kennt . . .

b) Die Nachricht Eusebs über Novatian in seiner Zurückgezogenheit (Kirchengesch. 6,43,16)

Hauptquelle für den Bericht über das novatianische Schisma in Eusebs Kirchengeschichte (6,43) ist der 3. Brief des Papstes Cornelius, des Gegenspielers Novatians, an Fabius von Antiochien, aus dem Euseb ausführlich zitiert, u. a. auch folgendes:

Aus Feigheit und falscher Liebe zum Leben (φιλοζωία) hat er [Novatianus] zur Zeit der [decischen] Verfolgung verleugnet, Presbyter zu sein. Denn als ihn die Diakonen aufforderten und beschworen, er möge doch seine Zelle (οἰκίσκος), in die er sich eingeschlossen, verlassen und den Brüdern beistehen, so, wie es sich für einen Presbyter den in Gefahr befindlichen und hilfsbedürftigen Brüdern nach Kräften zu helfen zieme, war er weit davon entfernt, der Bitte der Diakonen Folge zu leisten, sondern ging unwillig von dannen und ließ sie stehen; er wolle, erklärte er, nicht länger Presbyter sein, da er einer anderen Philosophie anhange (ἑτέρας γὰρ εἶναι φιλοσοφίας ἐραστής).

Quellen: A.E. Keenan, Thasci Caecili Cypriani De habitu virginum (Text, engl. Übers., Komm.) Washington 1932; E. Schwartz a.o. [Nr. 6] a.O. – *Literatur:* M. Viller – K. Rahner, Aszese und Mystik in der Väterzeit, 1939, S. 41 ff. (m. weit. ält. Lit.); G. Kretschmar, Ein Beitrag zur Frage nach den Ursprüngen der frühchristlichen Askese, ZThK 1964, S. 27–67; R. Lorenz, Die Anfänge des abendländischen Mönchtums im 4. Jahrhundert, ZKG 77,1966, S. 1–61.

39. Die Christenverfolgung unter Valerian (Cyprian, Brief 80)

Die 2. allgemeine Christenverfolgung wurde eingeleitet durch ein Edikt des Kaisers Valerian (253–260), das wohl vom August 257 datierte und sich zunächst gegen den christlichen Klerus richtete. Sein Wortlaut ist gleichfalls nicht erhalten; doch läßt sich seine Intention aus den Protokollen der Prozesse gegen Dionys von Alexandrien und Cyprian mit Sicherheit erheben: Es untersagte dem Klerus unter Androhung schwerer Bestrafung die Abhaltung jeglicher gottesdienstlicher Zusammenkünfte und verlangte von ihm ein Bekenntnis zu den alten Göttern. An eine allgemeine Opferaktion war dagegen anscheinend nicht gedacht, an ein allgemeines Blutvergießen erst recht nicht. Das 2. Edikt vom Sommer 258 jedoch war wesentlich brutaler. Hierauf bezieht sich auch der folgende Brief Cyprians an einen Bischof Successus:

(1) Daß ich euch, teuerster Bruder, nicht umgehend schrieb, hat den Grund, daß es für sämtliche Kleriker angesichts des Kampfes [d. h. wegen des Ausbruchs der Verfolgung] ganz unmöglich war, von hier fortzukommen; sie alle sind zum Lohn für die Ergebung ihres Herzens (pro animi sui devotione) für die göttliche und himmlische Verherrlichung (gloria [v. l. corona]) gerüstet. Ihr sollt jedoch wissen, daß die Boten, die ich nach Rom gesandt hatte, damit sie den wirklichen Inhalt des auf uns bezüglichen Reskripts erkundeten und uns übermittelten, inzwischen zurückgekehrt sind. Es laufen darüber ja zahlreiche widersprüchliche und unsichere Gerüchte um. In Wahrheit handelt es sich um folgendes: Valerian hat dem Senat ein Reskript [zur Zustimmung[1]] zugeleitet, des Inhalts, daß Bischöfe, Presbyter und Diakone standrechtlich zum Tode zu verurteilen seien (in continenti animadvertantur); Senatoren aber, Exzellenzen (egregii viri) und römische Ritter sollten ihrer Würde und ihrer Güter beraubt und, falls sie nach Entzug ihres Vermögens immer noch bei ihrem Christsein beharrten, gleichfalls mit dem Tode bestraft werden; vornehme [christliche] Frauen (matronae) seien unter Vermögenseinzug zu verbannen, während alle kaiserlichen Beamten (Caesariani), gleichgültig, ob sie bereits früher ein Geständnis abgelegt hätten oder es erst jetzt ablegten, mit der Konfiskation ihres Vermögens bestraft und alsdann, auf die verschiedenen kaiserlichen Besitzungen verteilt, in Fesseln [zur Zwangsarbeit] verschickt werden sollten. Kaiser Valerian hat seiner Senatseingabe (oratio) auch eine Kopie des Schreibens beigefügt, das er unseretwegen an die Provinzstatthalter gerichtet hat. Das Eintreffen dieses Briefes erhoffen wir für jeden Tag, indem wir in Glaubensfestigkeit bereitstehen, das Leiden auf uns zu nehmen, und von der Hilfe und Gnade des Herrn die Krone des ewigen Lebens erwarten. Ihr sollt außerdem wissen, daß [Bischof] Xystus [Sixtus von Rom] am 6. August auf einem Friedhof (coemeterium) gemeinsam mit vier seiner Diakonen enthauptet wurde. Doch auch jetzt noch setzen die Präfekten in Rom diese Verfolgung täglich fort: wer ihnen in die Hände fällt, wird hingerichtet und sein Vermögen kassiert. (2) Ich bitte euch, dies auch unseren übrigen Mitbischöfen bekanntzugeben, damit allenthalben die Brüder durch ihre Ermahnung gestärkt und auf den geistlichen Kampf vorbereitet werden, auf daß ein jeder der Unsrigen weniger an das Sterben als an die Unsterblichkeit denke und, glaubensvoll und mit ganzer Kraft dem Herrn geweiht, sich nun, da es zu bekennen gilt (in hac confessione), eher freue als fürchte, im Wissen, daß dabei Gottes und Christi Streiter (milites) nicht umkommen, sondern gekrönt werden. – Ich wünsche dir, liebster Bruder, stetes Wohlergehen im Herrn.

Quelle: W. Hartel a.o. [Nr. 36] a.O. – *Literatur:* W. H. C. Frend a.o. [Nr. 34] a.O.; J. Molthagen a.o. [Nr. 5] a.O., S. 85 ff.

1. Deren bedurfte es wegen der zahlreichen hochgestellten Persönlichkeiten, die von dieser Aktion betroffen werden mochten.

40. Aus den Lehren des Neuplatonikers Plotin

Geb. ca. 205 und gest. um 270 n. Chr., gilt Plotin in der Forschung als Begründer des Neuplatonismus. Selbst nach Meinung derjenigen, die in der kaiserzeitlichen Philosophie nur einen Verfallsprozeß zur vollen Auswirkung kommen sehen, braucht er nahezu als einziger Denker der Spätantike den Vergleich mit den Großen der klassischen griechischen Philosophie nicht zu scheuen. Bis zu seinem 50. Lebensjahr scheint er sich, vornehmlich in Rom, einer ausschließlich mündlichen Lehrtätigkeit gewidmet und erst danach, auf fremde Aufforderung hin, begonnen zu haben, die jeweils auftauchenden Fragen schriftlich zu behandeln. Diese Abhandlungen hat dann lange nach Plotins Tod sein Schüler Porphyrios herausgegeben und einem breiteren Leserkreis zugänglich gemacht. Und zwar gruppierte er die ihm erreichbaren Plotintraktate, der üblichen Verehrung der Sechs- und Neunzahl zuliebe, in sechs »Enneaden« und teilte dabei wohl hin und wieder ursprünglich Zusammengehöriges auf mehrere Traktate auf, vermied es jedoch peinlich, den originalen Charakter der schriftlichen Hinterlassenschaft seines Meisters zu verwischen. – Weil Plotins Philosophie in Wahrheit »Theologie« ist, hat sie stark auf die altchristliche Theologie eingewirkt, besonders auf Marius Victorinus, Ambrosius von Mailand und Augustin.

a) Das monistische Prinzip (Enn. 6,5,9,47 f.)
(47) Wenn . . . einer alle Elemente (στοιχεῖα), nachdem sie bereits entstanden sind, in Gedanken zu einer Kugelgestalt zusammenfaßte, so darf man diese Kugel nicht auf viele Urheber zurückführen, indem sich jeder stückweise etwas abschnitte, um einen Teil herzustellen, sondern eines muß die Ursache dieser Hervorbringung sein, welches mit sich als Ganzem hervorbringt (ἓν εἶναι τὸ αἴτιον τῆς ποιήσεως ὅλῳ ἑαυτῷ ποιοῦν), (48) und nicht indem jeder Teil von ihm etwas anderes hervorbringt; denn dann wären es ja wieder viele Urheber, wenn man die Hervorbringung eben nicht auf ein Eines, ungeteilt Bleibendes, zurückführt; oder vielmehr: wenn nicht ein Eines, ungeteilt Bleibendes das die Kugel hervorbringende wirklich ist; wobei das Hervorbringende selbst sich nicht in die Kugel ergießt, sondern die Kugel als Ganze mit dem Hervorbringenden verknüpft ist.

b) Die drei ursprünglichen Hypostasen (ebenda 5,2,1,1–6; 2,7)
(1,1) Das *Eine* (τὸ ἕν) ist alles und doch kein einziges, denn der Ursprung von allem ist nicht alles, sondern alles ist aus Ihm(?), da es zu ihm gleichsam hinaufgeeilt ist, oder besser: es *ist* noch nicht bei ihm, sondern wird es sein. (2) Aber wie kann es aus dem einfachen Einen kommen, da in diesem sich keinerlei Vielfältigkeit, keine Zusammenstückung von irgend etwas zeigt? Nun, eben deshalb, weil nichts in ihm war, kann alles aus ihm kommen; gerade damit das Seiende existieren könne, ist Jener (αὐτός) selbst nicht Seiendes, ist aber dessen Erzeuger. Diese vergleichsweise so genannte Zeugung (γέννησις) ist ja die ursprüngliche: da Jenes von vollkommener Reife ist (es sucht ja nichts, hat nichts und bedarf nichts), so ist es gleichsam übergeflossen und seine Überfülle hat ein Anderes hervorgebracht. (3) Das so Entstandene aber wendete sich zu Jenem zurück und wurde von ihm befruchtet, und indem es entstand, blickte es auf Jenes hin; und das ist der *Geist* (νοῦς). Und zwar brachte sein Hinstehen zu Jenem das Seiende hervor, sein Schauen zu Jenem den Geist; da er nun zu jenem hinstand, um es zu schauen, wird

er Geist und Seiendes ineins. (4) Da dieser ein Abbild von Jenem ist, tut er das Gleiche wie Jenes, indem er Vermögen in Fülle ausschüttet; und dies ist ein Bild von ihm, so wie er seinerseits ein Bild dessen ist, was vor ihm sein Vermögen aus- geschüttet hatte[?]. Und diese aus der Wesenheit (οὐσία) des Geistes hervorge- hende Wirksamkeit (ἐνέργεια) ist die *Seele* (ψυχή); sie ist das geworden, indem jener beharrte, wie ja auch der Geist wurde, indem das vor ihm beharrte. (5) Die Seele dagegen schafft nun ohne zu beharren, sie zeugt vielmehr ihr Nachbild, in- dem sie sich bewegt. Solange sie zu dem hinaufblickt, aus dem sie entstand, erfüllt sie sich mit ihm; aber wenn sie fortschreitet zu einer anderen, entgegengesetzten Richtung, so zeugt sie als Abbild ihrer selbst die Wahrnehmungsseele [der Tiere] und die Wachstumsseele die in den Pflanzen wirkt. (6) Nichts aber ist von dem, was vor ihm ist, abgetrennt und abgeschnitten; so nimmt man denn auch an, daß die obere Seele bis in die Pflanzenwelt hinabreicht; und in gewisser Weise tut sie das wirklich, weil die Wachstumskraft in den Pflanzen ihr angehört; aber sie ist nicht als ganze in den Pflanzen, sondern nur insofern, als sie in die Pflanzen ein- tritt, als sie so weit nach unten fortgeschritten ist und dabei durch dieses Vor- schreiten und ihre Bereitwilligkeit zum Geringen eine weitere Wesenheit (ὑπόστασις) zur Existenz brachte. Läßt doch auch ihr oberer Teil, der mit dem Geist verknüpft ist, den Geist in sich ruhend.

(2,7) So läuft also dieser Prozeß vom Urgrund (ἀρχή) her bis zum Untersten hin, und jede einzelne Stufe verbleibt dabei immer auf dem ihr eigenen Sitz . . .[1]

c) Der Aufstieg zum Einen (ebenda 6,9,11,77–79)

Der Traktat »Über das Gute oder das Eine« (Περὶ τἀγαθοῦ ἢ τοῦ ἑνός), mit dem Porphyrios die »En- neaden« enden läßt, ist wohl der berühmteste aller Plotintexte, vor allem wegen des hier (§ 49 ff.) breit ausgeführten Berichts über die »mystische« Schau. Sein Schluß lautet:

(77) Indes all diese Dinge [sc. alle Andeutungen über die »mystische« Schau, die Ekstase als höchste Stufe der Versenkung] sind bloße Nachbilder, nur verborgene Hindeutungen der Weisen unter den Mysteriendeutern (προφῆται), wie der wahre, obere Gott (θεὸς ἐκεῖνος) zu erblicken ist; ein weiser Priester, der die Hindeutung versteht, mag wohl, wenn er in jene innere Kammer eintritt, zu einer wahrhaften Schau gelangen, aber auch wenn er sie nicht betritt – wenn er diese Kammer für etwas Unsichtbares hält, nämlich für den Urquell und Urgrund, so wird er wissen, daß nur der Urgrund den Urgrund erblickt, nur ihm sich vereinigt, und nur das Gleiche mit dem Gleichen[2]; so wird er nichts von dem Göttlichen, welches die Seele schon vor der Schau innehaben kann, versäumen, und wird das Übrige von der Schau erwarten; und dies übrige ist für ihn, wenn er über alles hin- ausgeschritten ist, dasjenige was vor allem ist. (78) Denn die Seele kann ihrem Wesen nach nicht in das schlechthin Nichtseiende (τὸ πάντη μὴ ὄν) gelangen; sondern wenn sie hinabschreitet, kommt sie ins Übel und insofern in Nichtseien- des, jedoch nicht in das schlechthin Nichtseiende; läuft sie dagegen in entgegenge- setzter Richtung, so gelangt sie nicht zu einem Andern, sondern zu sich selbst, und so kann sie, da sie nicht in einem andern ist, nicht in einem Nichts sein; son- dern nur in sich selbst; und nur in sich selbst und nicht in Jenem als in etwas Seien- dem: man wird selber insofern man mit Jenem umgeht, nicht mehr Sein sondern Übersein (ἐπέκεινα οὐσίας). (79) Sieht jemand sich selbst in diesem Zustand, so hat er an sich selbst ein Gleichnis von Jenem, und geht er von sich als einem Abbild zum Urbild hinüber, so ist er am Ziel der Reise. Und fällt er aus der Schau (θέα), so weckt er die Tugend in sich wieder auf, und nimmt er dann wahr, daß sein Selbst durch die Tugenden von Ordnung und Form durchdrungen ist, so wird er wie-

derum leicht werden und durch die Tugend zum Geist und zur Weisheit aufsteigen und durch die Weisheit zu Jenem. Das ist das Leben der Götter und göttlicher, seliger Menschen, Abscheiden von allem andern was hienieden ist, ein Leben das nicht nach dem Irdischen lüstet, Flucht des Einsamen zum Einsamen (ἀπαλλαγὴ τῶν ἄλλων τῶν τῇδε, βίος ἀνήδονος τῶν τῇδε, φυγὴ μόνου πρὸς μόνον).

d) Der Mensch im Kosmos (ebenda 2,9,8 f., 70 f., 75–80)

Von den Gnostikern hat sich Plotin nicht minder scharf abgegrenzt als irgendein orthodoxer Kirchenvater, was darauf schließen läßt, daß er den Gnostizismus als ebenso große Bedrohung empfand, wie es die Großkirche tat. Der Gegensatz betraf letztlich die Wertung des (sichtbaren) Kosmos als Lebensraums des Menschen. – Der folgende Auszug aus dem Traktat »Wider die Gnostiker« (Enn. 2,9), zeigt, in welchem Umfang sich Plotin in seinem antignostischen Kampf gerade auch stoisches Gedankengut zueigen machen konnte:

(8,70) Wenn . . . ein andrer Kosmos besser ist als unsrer, was ist das für einer? Wenn nun notwendig ein Kosmos existieren muß, ein andrer aber nicht vorhanden ist, so ist es unserer hier, der das Abbild des oberen bewahrt (ὁ τὸ μίμημα ἀποσῴζων ἐκείνου). (71) Ist doch die ganze Erde von mannigfachen Lebewesen voll, und mit unsterblichen ist alles bis zum Himmel hinauf angefüllt . . . (75) Ferner aber, wenn diese unsre Welt so beschaffen ist, daß es in ihr möglich ist, Weisheit (σοφία) zu besitzen und während des Aufenthaltes hier zu leben nach der Richtschnur des Oberen, so ist das doch ein sicheres Zeugnis dafür, daß sie unter der Einwirkung der oberen Welt steht.
(9,76) Wenn man aber über das Vorhandensein von Reichtum und Armut und die ungleiche Verteilung all solcher Güter schelten wollte[3], so verkennt man erstens, daß dem Weisen (σπουδαῖος) an der Gleichheit solcher Güter nichts liegt; er betrachtet den Reichtum nicht als einen Vorteil, noch hält er die politisch Mächtigen für bevorzugt vor den Privatleuten, sondern ein solches Trachten überläßt er den anderen. (77) Er hat die Einsicht erlangt, daß es auf Erden zweierlei Leben gibt, eines für die Weisen und eines für die Masse (οἱ πολλοί) der Menschen; das Leben der Weisen ist auf das höchste Gut, nach oben gerichtet; das der gewöhnlichen Menschen ist wiederum ein zwiefaches; das höhere gedenkt der Tugend und hat Zugang zu gewissen Werten, der gemeine Haufe (ὁ . . . φαῦλος ὄχλος) aber ist sozusagen nur zum Handlanger der notwendigen Bedürfnisse für die Edleren da (οἶον χειροτέχνης τῶν πρὸς ἀνάγκην τοῖς ἐπιεικεστέροις). (78) Aber auch wenn einer zum Mörder wird oder aus Schwäche seinen Begierden unterliegt, was ist da unbegreiflich, und daß es Verfehlung gibt – sie betrifft ja nicht den Geist, sondern die Seelen, und die sind unreif wie Kinder . . . Und erleidest du Unrecht, wie kann das dein unsterbliches Teil schrecken? Wirst du ermordet – so hast du, was du wünschst. (79) Hast du überhaupt etwas auszusetzen an dieser Welt – es zwingt dich niemand, ihr Bürger zu bleiben . . . (80) [Die Götter selbst] lenken alles nach der Ordnung von Anbeginn bis zu Ende und messen einem jeden seinen gebührenden Teil zu, welcher sich ergibt aus seinen einstigen Taten in Vergeltung früherer Lebensläufe[4]; und ist einer so leichtfertig, das zu verkennen, der redet wie ein Tölpel von den göttlichen Dingen. (R. Harder)

Quellen: P. Henry – H.R. Schwyzer, Plotini Opera, 3 Bde., Paris – Brüssel 1951 ff. – *Übersetzung:* R. Harder, Plotins Schriften (Neubearb. m. griech. Lesetext u. Anm., fortgef. v. R. Beutler u. W. Theiler), 6 Bde., Philos. Bibl. Meiner 211–215.276, 1956 ff. – *Literatur:* A.H. Armstrong, The Architecture of the Intelligible Universe in the Philosophy of Plotinus, Cambridge 1940 (Nachdr. Amsterdam 1967); Ph. Merlan, From Platonism to Neoplatonism, Den Haag 1960²; Chr. Elsas, Neuplatonische und gnostische Weltablehnung in der Schule Plotins, Religionsgeschichtl. Vers. u. Vorarb. 34, 1975 (m. weit. Lit.).

1. Daß es, wie Plotin wiederholt – z. T. mit antignostischer Spitze – einschärft, Manifestationen bzw. Hypostasierungen des Seienden nicht in beliebiger Vielfalt, genauer, daß es nur drei ἀρχικαὶ ὑποστάσεις gibt: Eines, Geist, Seele, sollte dann für die Ausbildung des christlichen Trinitätsdogmas nicht ohne Bedeutung bleiben. So ist denn auch der gleichnamige Traktat »Über die drei ursprünglichen Hypostasen« (Enn. 5,1) anscheinend mehr als irgendeine andere Plotinschrift von den Kirchenvätern zitiert worden (vgl. P. Henry, Les états du texte de Plotin, Paris 1938, S. 420 f.).

2. Vgl. zu dieser bereits vorsokratischen These, daß »Gleiches nur durch Gleiches erkannt« werden könne, besonders noch die durch Goethe berühmt gewordene Stelle aus Enn. 1,6,9,43: »Man muß . . . das Sehende dem Gesehenen verwandt und ähnlich machen, wenn man sich auf die Schau richtet; kein Auge könnte je die Sonne sehen, wäre es nicht sonnenhaft; so sieht auch keine Seele das Schöne, welche nicht schön geworden ist. Es werde also einer zuerst ganz gottähnlich (θεοειδής) und ganz schön, wer Gott und das Schöne schauen will.«

3. Zu den stoischen Parallelen für das Folgende s. A.M. Ritter a.o. [Nr. 31] a.O.

4. Anklang an die (»orphisch«-)platonische Seelenwanderungslehre (Wiedereinkörperung als der sittlichen Läuterung dienende Strafe für früher begangene Sünden), von der die berühmtesten unter Platons Mythen (im Gorgias, Phaidon, Phaidros und Staat«) mehr oder weniger ausführlich handeln.

41. Der »Streit der Dionyse«

Von großer Bedeutung für die Ausbildung der altkirchlichen Trinitätslehre war auch die Auseinandersetzung des alexandrinischen Bischofs Dionys mit »sabellianisch« gesinnten (vgl. oben Nr. 29b.c) Bischöfen der libyschen Pentapolis, in die sich auch sein römischer Amtskollege und Namensvetter einschaltete. Sie war insofern das Vorspiel zum arianischen Streit des 4. Jahrhunderts, als sie einige der wichtigsten Elemente dieser Streitigkeiten vorwegnahm. Beendet wurde der »Streit der Dionyse« mit einer umfangreichen und uns durch Euseb, Athanasius und Basilius von Caesarea wenigstens fragmentarisch erhaltenen »Widerlegung und Verteidigung« des Alexandriners.

a) Aus dem Schreiben des Dionys von Rom wider die Sabellianer (bei Athanasius, Über die Beschlüsse der nizänischen Synode 26)

(26,2) Es dürfte indes seinen guten Grund haben, wenn ich mich der Reihe nach auch wider diejenigen wende, die die allerheiligste Lehre (κήρυγμα) der Kirche, nämlich die [göttliche] Monarchie, auseinanderreißen, zerstückeln und zerstören, als handele es sich bei ihr um drei Kräfte (δυνάμεις) irgendwelcher Art, [drei] getrennte Hypostasen und drei Gottheiten. Denn ich habe erfahren, daß es bei euch [Alexandrinern] einige Katecheten und Lehrer des göttlichen Worts gibt, die [eben] dieser Ansicht den Weg bahnen, [also] eine der des Sabellius sozusagen diametral entgegengesetzte Auffassung vertreten. (3) Behauptet der nämlich gotteslästerlicherweise, daß der Sohn [derselbe wie] der Vater sei und umgekehrt, so lösen sie die heilige Monas [›Einheit‹] in drei einander fremde und von einander vollkommen getrennte Hypostasen (εἰς τρεῖς ὑποστάσεις [lat. wohl: substantias] ξένας ἀλλήλων παντάπασι κεχωρισμένας) auf und verkünden so gewissermaßen drei Götter. Dagegen muß unbedingt mit dem Gott des Alls der göttliche Logos geeint sein, und der Hl. Geist muß in Gott ruhen und wohnen. Doch besteht eine ebenso unbedingte Notwendigkeit, daß die göttliche Trias [›Dreiheit‹] in einem, dem Gott des Alls, dem Allmächtigen, wie in einer Spitze (κορυφή) sich zusammenschließe und zusammenfüge. Denn es ist die Lehre des törichten Mar-

kion, die göttliche Monarchie in drei Prinzipien (ἀρχαί) zu teilen und zu sondern[1],
– eines Teufels Lehre, aber nicht die der wahren Jünger Christi und der Liebhaber
seiner, des Heilands, Unterweisungen. Die wissen nämlich sehr genau, daß zwar
eine Trias in der hl. Schrift verkündigt wird; drei *Götter* aber verkünden weder
Altes noch Neues Testament. (4) Nicht weniger freilich dürfte man diejenigen zu
tadeln haben, die den Sohn für ein Geschöpf [›Gemächte‹ (ποίημα)] halten und
meinen, er sei geworden wie eins der tatsächlich gewordenen Dinge; wo doch die
göttlichen Lehren [der Schrift] *Zeugung* (γέννησις) als die ihm angemessene und
geziemende Kategorie bestätigen . . . Wenn nämlich der Sohn geworden ist, dann
war er einmal nicht (ἦν ὅτε οὐκ ἦν)[2]. Nun aber ist er immer gewesen, wenn anders er »im Vater« ist, wie er selbst sagt [Joh. 14,11], und er, der Christus, Logos,
»Weisheit« und »Kraft« ist [1. Kor. 1,24] . . . Dies aber sind *göttliche* Potenzen
(δυνάμεις)! . . . (7) Man darf also die . . . göttliche Monas nicht in drei Gottheiten aufteilen und die Hoheit und überschwengliche Größe des Herrn nicht durch
[Einbeziehung] ein[es] Geschöpf[es] beeinträchtigen; vielmehr muß man glauben
an Gott, den Vater, den Allmächtigen, und an Christus Jesus, seinen Sohn, und an
den Hl. Geist – aber so, daß mit dem Gott des Alls der Logos geeint ist . . .
[Joh. 14,10 f.] Denn nur so dürfte sich sowohl die [Vorstellung der] göttliche[n]
Trias wie die heilige Lehre der Monarchie [Gottes] durchhalten lassen.

b)   Aus der »Widerlegung und Verteidigung« des Dionys von Alexandrien (nach Athanasius, Über die Meinung des Dionys 15.17 f.)

(15,1) Es gab . . . keine Zeit, da Gott nicht Vater war. [So hat auch] Christus immer existiert, da er Logos, »Weisheit« und »Kraft« ist [1. Kor. 1,24]. War doch
Gott niemals nicht deren Ursprung (οὐ γὰρ δὴ τούτων ἄγονος ὢν θεός) . . .;
wohl aber hat der Sohn das Sein nicht aus sich selbst, sondern vom Vater.
(17,1) Bei den von uns genannten Namen [Vater, Sohn, Hl. Geist] ist ein jeder mit
dem ihm benachbarten untrennbar und unlösbar verknüpft. Sprach ich [also] vom
Vater, so hatte ich, bevor ich noch [ausdrücklich] den Sohn einführte, diesen [be-
reits] im Vater mitbezeichnet . . . (2) . . . Auf diese Weise erweitern wir die Einheit, ohne damit eine Teilung vorzunehmen, zur Dreiheit und ziehen umgekehrt
die Dreiheit, ohne sie zu mindern, zur Einheit zusammen (οὕτω μὲν ἡμεῖς εἴς τε
τὴν τριάδα τὴν μονάδα πλατύνομεν ἀδιαίρετον, καὶ τὴν τριάδα πάλιν ἀμείω-
τον εἰς τὴν μονάδα συγκεφαλαιούμεθα).
(18,1) Wenn ich indes gesagt habe, man könne sich das [sc. die Beziehung zwischen Vater und Sohn] an gewissen Dingen aus dem Bereich des Gewordenen und
Gemachten klarmachen, dann habe ich damit aus dem Stegreif Beispiele von der
Art herangezogen, wie sie in der Tat meinem Zweck nicht völlig entsprachen, indem ich z.B. sagte, daß weder die Pflanze dasselbe sei wie der Gärtner, noch das
Boot dasselbe wie der Bootsbauer. (2) Danach aber verweilte ich des langen und
breiten bei solchen Exempeln, die dem Gegenstand eher angemessen waren, und
ging auch bei diesen zutreffenderen [Vergleichen] mehr ins Detail, indem ich verschiedene zusätzliche Veranschaulichungen suchte, die ich dir [angeredet ist wohl
Dionys von Rom] auch in einem anderen Brief auseinandergesetzt habe; darin
wies ich auch die Anschuldigung als falsch zurück, die man gegen mich vorbringt,
als leugne [oder: verschweige] ich, daß Christus mit dem Vater wesenseins[3] sei
(ὡς οὐ λέγοντος τὸν Χριστὸν ὁμοούσιον εἶναι τῷ θεῷ). Denn wenn ich auch
behaupte, daß dieser Begriff nirgendwo in der hl. Schrift sich finde und zu lesen
sei, so sind meine späteren Ausführungen, die man jedoch zu ignorieren beliebte,

mit diesem Gedanken keineswegs unvereinbar. Ich führte nämlich das menschliche Abstammungsverhältnis als Beispiel an, weil es sich dabei offensichtlich um eine Beziehung der Gattungsgleichheit handelt (καὶ γὰρ ἀνθρωπείαν γονὴν παρεθέμην δῆλον ὡς οὖσαν ὁμογενῆ), und sagte, die Eltern seien nur in dem einen von ihren Kindern verschieden, daß sie [eben] nicht selbst ihre Kinder seien . . . (3) . . . Auch sprach ich davon, daß eine aus einem Samen oder einer Wurzel hervorgegangene Pflanze verschieden sei von dem, dem sie entsprossen; und doch befinde sie sich mit ihm im Zustand völliger Naturgleichheit (καὶ πάντως ἐκείνῳ καθέσθηκεν ὁμοφυές) . . .

Quellen: H.G. Opitz, Athanasius Werke, 2,1,1935 f. – *Literatur:* W.A. Bienert, Dionysius von Alexandrien. Das erhaltene Werk (Einl., Übers., Komm.), Biblioth. d. griech. Lit. 2,1972 (m. weit. Lit.).
1. »Nichts ist sicherer, als daß M[arkion] mindestens in der Regel nicht von ›Prinzipien‹ (ἀρχαί) gesprochen hat, sondern von θεοί, weil er ein biblischer Denker war . . . Die Materie ist von M. selbst . . . niemals ›θεός‹ und auch nicht ›ἀρχή‹ genannt worden, obschon er sie so hätte nennen müssen« (A. von Harnack a.o. [Nr. 15] a.O., S. 99. A. 1).
2. Vgl. Abschnitt b und unten Nr. 54a.
3. Zum Sinn dieses Terminus, der dann im Verlauf des trinitätstheologischen Streits des 4. Jahrhunderts zum Schibboleth der Orthodoxie werden sollte, s. das Folgende. Danach ist für Dionys ὁμοούσιος gleichbedeutend mit ὁμογενής bzw. ὁμοφυής, ebenso wie ˂ ⁄a für den Gnostiker Ptolemäus in seinem o. [Nr. 25d] a. Brief an Flora (= Epiphanius, Arzneikasten 33,7,8)!

42. Das altrömische Symbol (R)

Das Romanum war ursprünglich kein Lehrbekenntnis, sondern ein Symbol, das im Katechumenenunterricht erklärt und dann beim Taufakt selbst abgefragt wurde. Als zusammenhängender Text erstmals bei Hippolyt von Rom (Apostolische Überlieferung 21) zu finden, erhielt es seine endgültige Gestalt wohl erst um die Mitte des 3. Jahrhunderts. Es ist der direkte Vorfahre wie aller übrigen westlichen Lokalbekenntnisse, so auch des Symbols, das schließlich, um einige Zusätze erweitert, als »Apostolicum« das in der gesamten abendländischen Kirche nächst dem »nizänischen« (richtiger: nizänokonstantinopolitanischen [s. unten Nr. 81a]) am meisten bekannte und gebrauchte altkirchliche Glaubensbekenntnis war. – Ältester Zeuge des ursprünglich griech. abgefaßten Symboltextes ist Markell von Ankyra (um 340: s. unten Nr. 62b) in seinem bei Epiphanius aufbewahrten Brief an Papst Julius von Rom (Epiphanius, Arzneikasten 72,3,1).

Ich glaube an Gott, [den Vater[1],] den Allmächtigen; und an Christus Jesus, seinen eingeborenen Sohn, unseren Herrn, der geboren wurde aus [dem] Hl. Geist und Maria der Jungfrau, der unter Pontius Pilatus gekreuzigt und begraben wurde, am dritten Tage auferstand, aufgefahren ist in die Himmel, sitzt zur Rechten des Vaters, von dannen er kommt zu richten Lebende und Tote; und an den Hl. Geist, eine heilige Kirche, Vergebung der Sünden, Auferstehung des Fleisches [und ein] ewiges Leben[2].

Quelle: K. Holl a.o. [Nr. 15] a.O., III, GCS, 1933. – *Literatur:* F. Kattenbusch, Das apostolische Symbol, 2 Bde., 1894/1900. – D. L. Holland, The earliest Text of the Old Roman Symbol, ChH 34, 1965, S. 262–281; J.N.D. Kelly, (Early Christian Creeds; dt.u.d.T.:) Altchristliche Glaubensbekenntnisse, 1971, S. 103–165.
1. Daß πατέρα bei Markell ausgelassen ist, beruhte wahrscheinlich auf dogmatischer Absicht; bei

Rufin jedenfalls, dem ältesten Zeugen für die lat. Version von R (in seinem »Kommentar zum Symbol der Apostel«, CChr 20, S. 133 ff.), wird »Vater« geboten.

2. Die Hinzufügung von »ewiges Leben« nach »Auferstehung des Fleisches« ist die zweite gravierendere Differenz zwischen dem Markell- und dem Rufintext.

43. Der Manichäismus

Der Manichäismus – »Prototyp und Vollendung der Gnosis, deren historische Gesamtproblematik er teilt« (C. Colpe) – ist die letzte große Religionsschöpfung der Antike vor dem Auftreten des Islam. Obwohl ursprünglich, als bewußter Synkretismus, eine Konkurrenzreligion zum Christentum, erzielte er mancherorts derart tiefe Einbrüche in dieses, daß er geradezu als christliche Häresie angesehen wurde; so bereits beim Kirchenhistoriker Euseb, der über den Stifter, Mani (als Abkömmling eines vornehmen persischen Geschlechts 216 geb.; um 276 unter König Bahram von Persien hingerichtet), u. a. folgendes zu berichten weiß: »Ein Barbar in seiner Lebensführung nach Sprache und Verhalten . . ., versuchte er Christus zu kopieren (μορφάζεσθαι); bald gab er sich . . . als den Parakleten und den Hl. Geist selbst aus; bald erwählte er sich, wie Christus, zwölf Jünger zu Genossen seiner Neuerung (καινοτομία). Seine lügnerischen und gottlosen Lehren (δόγματα) . . . stückte er aus zahllosen, längst erloschenen gottlosen Häresien zusammen und übertrug sie wie ein todbringendes Gift vom Perserland aus auf das unsere [sc. auf die »zivilisierte« Welt des Imperium Romanum]. Seither ist der ruchlose Name der Manichäer allenthalben im Schwange bis zum heutigen Tag. So also steht es um den Anlaß [oder: die Grundidee (ὑπόθεσις)] auch dieser fälschlich so genannten Gnosis . . .« (Kirchengesch. 7, 31,1 f.)

a) Wesen und Auftrag des Mani nach dem Anfang des »Šāhpuhrakān«[1] (bei Al-Bīrūnī, Chronologie orientalischer Völker, S. 207 Sachau)
Die Weisheit und die Werke sind es, die von Äon zu Äon heranzubringen die Gesandten Gottes nicht aufhörten. So geschah ihr [sc. der Weisheit und der Werke] Kommen in dem einen Zeitalter in der Gestalt [wörtl.: durch die Vermittlung] des Gesandten[2], der der Buddha[3] war, in die Gebiete Indiens, in einem anderen [Zeitalter] in der Gestalt Zaradušt's[4] in das Land Persien; [wieder] in einem anderen [Zeitalter] in der Gestalt Jesu in das Land des Westens; dann stieg herab diese Offenbarung und stellte sich ein diese Prophetenwürde in diesem letzten Zeitalter in der Gestalt meiner selbst, des Mani, des Gesandten des wahren Gottes, in das Land Babel.

b) Die beiden Prinzipien nach Manis »Buch der Giganten« (bei Severus von Antiochien, 123. Homilie)
[Es gibt] zwei Prinzipien, das Gute und das Böse. Jedes einzelne von ihnen ist ungeschaffen und ohne Ursprung. Und das Gute, welches das Licht ist, und das Böse, welches die Finsternis und auch die Materie ist, haben nichts miteinander gemeinsam . . . Jene Dinge nun, die unverändert und allezeit von Anfang an bestehen – er redet über die Materie und über Gott –, von ihnen besteht jedes einzelne in seiner ihm eigenen Wesenheit . . .

c) Die Universalität der Religion Manis nach seinem »Šāhpuhrakān« (= F. C. Andreas, Mitteliranische Manichaica, II, S. 295 f.)
Die Religion, die ich erwählt habe, ist in zehn Punkten vorzüglicher und besser [?] als die anderen, früheren Religionen. Erstens: die früheren [?] Religionen waren [nur] in Einem Land und in Einer Sprache. Da ist [nun] meine Religion derart, daß

sie sich in jedem Land und in allen Sprachen zeigen und in den fernen Ländern gelehrt werden wird.
Zweitens: die früheren Religionen [Gemeinden] [waren] so lange [in Ordnung],
als die reinen Führer in ihnen waren. Wenn aber die Führer erhoben[= gestorben]
waren, dann gerieten ihre Religionen [Gemeinden] in Verwirrung und wurden
lässig in Geboten und Werken. Und durch . . . [Aber meine Religion dank ihrer
guten Organisation durch] die lebendigen[?] [Schriften], [durch] Lehrer, Bischöfe, Erwählte und Hörer und durch Weisheit und Werke wird bis zum Ende [sc. der
Welt] dauern.
Drittens: jene früheren Seelen, die in ihrer Religion die Werke nicht vollbracht
haben, werden zu meiner Religion kommen, die für sie selbst das Tor der Erlösung[5] werden wird.
Viertens: diese meine Offenbarung der beiden Prinzipien und [meine] lebendigen
Schriften, Weisheit und Wissen sind vorzüglicher und besser als die der früheren
Religionen.
Fünftens: alle Schriften, Weisheit und Parabeln der früheren Religionen, da [sie]
zu dieser [meiner Religion hinzugekommen sind . . .]
[. . .] töten sie [. . .]; auch jener, die sie [. . .], sollen sie sich erbarmen, so daß sie
nicht ebenso töten, wie die Bösen [sie] töten. Aber totes Fleisch aller Tiere, überall,
wo sie es erlangen – seien [die Tiere] eingegangen oder geschlachtet –, mögen sie
essen; und immer, wenn sie es erlangen – sei es durch Kauf oder beim Gastmahl
oder als Geschenk –, mögen sie es essen. Und all dies ist für sie genug. Dies ist das
erste Gebot der Hörer.
Und das zweite Gebot ist, daß sie nicht Lügner sein sollen, und daß einer zum andern nicht ungerecht [sein soll . . .] [. . .] und sie sollen in Wahrheit wandeln[?].
Und der Hörer soll den Hörer so lieb haben, wie man seinen Bruder und Familien-
angehörigen lieb hat. Denn sie [die Hörer] sind ja Kinder der lebendigen Familie[6]
und der Lichtwelt.
Und das dritte Gebot ist, daß sie niemanden verleumden über etwas, das sie nicht
gesehen haben, gegen niemand falsches Zeugnis ablegen und in keiner Angelegenheit einen Meineid schwören sollen und Lügenhaftigkeit und [. . .]. (A.
Adam)

d) Die augustinische Abschwörungsformel (Augustin, Über die Verhandlungen mit dem
Manichäer Felix, 2,22)
Als Signal der langdauernden Bedrohung, die vom Manichäismus für das kirchliche Christentum aus-
ging, sei schließlich noch die Abschwörungsformel angeführt, die der einstige Manichäer Augustin (s.
unten Nr. 91b) in seinem 398 veröffentlichten zweibändigen Werk De actis cum Felice Manichaeo mitgeteilt hat.

Augustin hat auf einem Blatt, das man ihm reichte, diese Worte niedergeschrie-
ben: Ich, Augustin, Bischof der katholischen Kirche, habe bereits Mani [wörtl.:
den Manichäer], seine Lehre und den Geist verflucht (anathemavi), der durch ihn
so verwünschte Lästerungen ausgesprochen, weil er ein Verführergeist (spiritus
seductor), nicht [ein Geist] der Wahrheit, sondern ruchlosen Irrtums, war; und
ich verfluche den oben genannten Mani samt seinem Geist des Irrtums [von neu-
em]. Und nachdem er Felix dasselbe Blatt gereicht hatte, schrieb auch jener eigenhändig diese Worte: Ich, Felix, der ich einst Mani mein Vertrauen geschenkt hatte
(credideram), verfluche ihn jetzt mitsamt seiner Lehre und dem Verführergeist,
welcher in demjenigen war, der da sagte, Gott habe ein Teil seiner selbst mit dem

Volk der Finsternis vermischt (partem suam genti tenebrarum miscuisse) und bewerkstellige auf so gräßliche Weise seine Befreiung, daß er seine Kräfte (virtutes) in Frauen umgestalte, wider die männlichen Dämonen, und die Frauen wiederum in männliche Wesen, wider die weiblichen Dämonen, so daß er, als Folge, die Reste des Teils auf immer mit der Sphäre [oder: der Masse] der Finsternis (globus tenebrarum) zusammenhefte. All diese wie auch die übrigen Lästerungen Manis verfluche ich. Ich, Augustin, habe diese in der Kirche vor allem Volk gemachten Ausführungen unterschrieben.

Ich, Felix, habe diese Ausführungen (gesta) unterschrieben.

Quellen: E. Sachau, Al-Bīrūnī, Chronologie orientalischer Völker, 1878; F. Cumont [– M.-A. Kugener], Recherches sur le Manichéisme, Brüssel 1912, S. 89–150 (Severus von Antiochien); F.C. Andreas, Mitteliranische Manichaica aus Chinesisch-Turkestan, II, 1933; J. Zycha, Augustin. De actis cum Felice Manichaeo, CSEL 25, 1891 f. – *Übersetzung:* A. Adam, Texte zum Manichäismus, KlT 175, 1969². – *Literatur:* F. Cumont a.a.O.; G. Widengren, Mani und der Manichäismus, Urban– Tb. 57, 1961; J.P. Asmussen, Xᵘ āstvānīft. Studies in Manicheism. Acta Theologica Danica 7, Kopenhagen 1965 (m. weit. Lit.).

1. Wahrscheinlich = »das dem Šapur gewidmete [Buch]«. Unter Šapur I. (242–273), dem erfolgreichen Sassanidenherrscher, dem es im Jahre 260, nach einer Schlacht vor den Toren Edessas, sogar gelang, den römischen Kaiser Valerian in seine Gewalt zu bringen, war Mani die Missionspredigt im ganzen Sassanidenreich gestattet, weil dem Herrscher anscheinend an einer allen Untertanen zusagenden Religion gelegen war.

2. Im arabischen Urtext steht »überall der gleiche Titel« (rasūl), »den später Muhammed annahm« (A. Adam a.a.O., z.St.).

3. Ehrentitel (›der Erleuchtete‹) für den indischen Prinzen Siddharta, auch Gautama genannt (ca. 563–483), den Stifter des Buddhismus.

4. = Zarathustra oder (in griech. Namensform) Zoroaster, Stifter der altiranischen Bekenntnisreligion des Mazdaismus oder Zoroastrismus, bei dem sich weder für die Zeit (1. Jahrhunderte des 1. vorchristl. Jahrtausends) noch für den Ort (Nordiran?) seines Auftretens sichere Angaben machen lassen. – Der Umorientierung der sassanidischen Religionspolitik im Sinne einer Reform der zoroastrischen Staatskirche fiel Mani zum Opfer.

5. Hier »ist Seelenwanderung vorausgesetzt« (A. Adam a.a.O., z.St.).

6. »Bezeichnung der manich. Religionsgemeinde« (ebd.).

44. Aus der Polemik des Porphyrius wider das Christentum (Fragmente 1. 80 [von Harnack])

Ziemlich genau 100 Jahre nach Kelsos, um 270 (womöglich aber auch erst um 300), veröffentlichte der Plotinschüler Porphyrius (ca. 234–301/305), eine Leuchte des Platonismus seiner Zeit und dazu ein äußerst fruchtbarer Schriftsteller (77 Titel sind überliefert; darunter eine berühmte und uns noch erhaltene Einführungsschrift in die Logik des Aristoteles, mehrere theologische Traktate, die auf die altchristliche Theologie stark eingewirkt haben, sowie eine ins Arabische übersetzte Philosophiegeschichte, Quelle wohl der meisten erhaltenen arabischen Nachrichten über die klassische griech. Philosophie), eine 15 Bücher umfassende Schrift »Wider die Christen« (Κατὰ Χριστιανῶν), »unstreitig das umfangreichste und gelehrteste Werk, welches im Altertum gegen das Christentum verfaßt worden ist« (von Harnack). Wie sehr indes des Porphyrius Kritik in ihren Grundlinien wie in ihrer philosophischen Basis mit der Polemik des Kelsos übereingestimmt zu haben scheint – ein sicheres Urteil ist kaum möglich, da nicht nur das Werk selbst bald nach der »Konstantinischen Wende« kaiserlichem Verdikt zum Opfer fiel, sondern auch die christlichen Gegenschriften zum größten Teil untergegangen sind –, mag folgendes, wohl der Vorrede entstammendes und bei Euseb aufbewahrtes Fragment illustrieren, mit dem Harnacks Sammlung beginnt:

. . . Wie sollten nicht solche Menschen für ganz und gar unfromm und gottlos zu gelten haben, welche von der Väter Sitten (τὰ πάτρια ἔθη) abgefallen sind, jenen Sitten, die einem jeden Volk und einem jeden Staat seinen Zusammenhalt geben? Oder was sollten diejenigen billigerweise Gutes zu erwarten haben, die sich als Gegner und Feinde der Heilbringer (σωτῆρες[1]) erklärt und die Wohltäter (εὐεργέτες) verstoßen haben? Was sind sie anderes als Gottesfeinde (θεομαχοῦντες)? Welche Nachsicht verdienen diejenigen, die sich von dem, was von der Gottheit seit unvordenklichen Zeiten bei allen, Griechen wie Barbaren, in den Städten und auf dem Lande, in vielfältigen Kulten, Weihungen und Mysterien einmütig von allen Königen, Gesetzgebern und Philosophen gelehrt wurde, abgekehrt und dem zugewandt haben, was unfromm und gottlos ist unter den Menschen? Welchen Strafen sind nicht mit vollem Recht die zu unterziehen, die das Vätererbe (τὰ πάτρια) im Stich gelassen haben und stattdessen den fremdländischen, überall verachteten Fabeleien der Juden nacheifern? Ist es nicht Beweis äußerster Nichtswürdigkeit und Leichtfertigkeit, unbekümmert vom Eigenen abzufallen und in unvernünftigem und unüberprüfbarem Glauben (ἀλόγῳ . . . καὶ ἀνεξετάστῳ πίστει) der Sache unfrommer und bei allen Völkern verhaßter Menschen[2] anzuhangen, ja sich dabei nicht einmal an den von den Juden verehrten Gott entsprechend den bei jenen geltenen Satzungen zu halten, sondern sich eine neue, isolierte, ausweglose Lehre zurechtzuzimmern, welche weder den Überlieferungen der Griechen, noch denen der Juden die Treue bewahrt?

Die Besonderheit der porphyrianischen Polemik gegen das Christentum scheint vor allem darin bestanden zu haben, daß Porphyrius Altes und Neues Testament noch besser kannte als Kelsos und darin mittels seiner beachtlichen philologischen und historischen Gelehrsamkeit zahllose Unklarheiten, Wissenslücken und Widersprüche aufspießte. Berühmt ist insbesondere seine großangelegte, von Hieronymus nicht ohne Bewunderung erwähnte Untersuchung zum Danielbuch (= von Harnack, Fragment 43), in der er zu zeigen vermochte, daß diese »Prophetie« keineswegs auf die Zeit des babylonischen Königs Nebukadnezar, sondern auf diejenige des Seleukiden Antiochos' IV. Epiphanes Bezug nehme, daß sie nichts Künftiges vorhersage, sondern – als vaticinium ex eventu – lediglich berichte, was damals geschehen sei. – Hier aber soll nur noch das Fazit der Kritik des Porphyrius mitgeteilt werden. Danach lief für ihn, den »Wortführer der Dämonen« (Euseb), das Tun der Christen darauf hinaus, die Götter zu erzürnen (von Harnack, Fragment 80):

Jetzt aber wundert man sich, wenn in unserer Stadt [Rom?] seit so vielen Jahren die Seuche wütet, da sich kein Besuch (ἐπιδημία) des [Heilgottes] Asklepios und der übrigen Götter mehr ereignet hat; denn seitdem Jesus [göttliche] Ehren empfängt, hat man nichts mehr davon wahrgenommen, daß Götter auch nur ein einziges Mal öffentlich hilfreich eingegriffen hätten.

Quellen: A. von Harnack, Porphyrius »Gegen die Christen«, 15 Bücher. Zeugnisse, Fragmente und Referate, AAB 1,1916,1 (Nachtrag SAB 1921,14); vgl. dazu allerdings T. D. Barnes, Porphyry *Against the Christians:* date and the attribution of fragments, JThS NS 24, 1973, S. 424–442. – *Literatur:* A. B. Hulen, Porphyry's work against the Christians, Yale Studies in Religion 1, 1933; H. O. Schröder, Celsus und Porphyrius als Christengegner, in: Die Welt als Geschichte 17,1957, S. 190–202; P. de Labriolle, La réaction paienne, Paris 1950[11], S. 223–296; T. D. Barnes a.a.O.
1. Mit Wilamowitz wird hier σωτήρων statt σωτηρίων zu lesen sein. – Zu den altüberlieferten θεῖοι

σωτῆρες als Rettergottheiten s. C. Andresen, Art. Erlösung, RAC 6,1966, Sp. 54–219 (hier: Sp. 86 ff.).

2. Zum Antijudaismus des Porphyrius, der zwar – wie Kelsos (vgl. Origenes, Wider Kelsos 5,25) – loben konnte, daß die Juden an der Sitte ihrer Väter festhielten, ohne aber bereit zu sein, diese Sitte anzuerkennen, vgl. auch oben Nr. 32a.

45. Diokletian und die Reorganisation des Reiches

Die Ära der Soldatenkaiser fand ihr Ende, als nach der Ermordung Numerians (283/284) der illyrische Militär C. Valerius Diocles, der sich als Kaiser C. Aurelius Valerius Diocletianus nannte, vom Heer zum Kaiser ausgerufen wurde und binnen Jahresfrist die Alleinherrschaft erlangte. Seine gesamte Regierungszeit (284–305) war von energischen Anstrengungen begleitet, eine stabile Reichsgewalt wiederherzustellen. Kernstück dieser Restaurationspolitik, die sich auch auf Heerwesen, Wirtschaft, Währung, Sitte und Kultus erstreckte, war die Reorganisation des Herrschaftssystems in Gestalt der Tetrarchie (›Viererherrschaft‹ von jeweils zwei Augusti und zwei Caesares, d. h. einem Senior- und einem Juniorkaiser mit je einem Unterkaiser oder Kaiseranwärter), ergänzt durch eine Dezentralisation der überkommenen Reichsverwaltung: die Provinzen wurden verkleinert, so daß ihre Zahl auf ca. 100 stieg, und in 12 neugeschaffenen Diözesen zusammengefaßt; zudem wurden Militär- und Zivilverwaltung streng voneinander getrennt. Die so begründete Reorganisation des römischen Reiches hat dann Konstantin weiter- und zu Ende geführt. Ihr Ergebnis war der spätantike Zwangsstaat!

a) Das tetrarchische System und sein Ausbau (nach Aurelius Victor, Über die Kaiser 39)

(39,1) . . . Aufgrund eines Beschlusses der militärischen Führer und der Tribunen wurde der Kommandant der kaiserlichen Leibwache (domesticos regens) Valerius Diocletianus [zum Kaiser] gewählt; ein bedeutender Mann . . . [bedeutend jedoch nicht nur in seinen Vorzügen, sondern auch in seinen Fehlern, nicht zuletzt in diesem:] (4) Er zuerst – wie vor ihm nur Caligula und Domitian[1] – ließ sich in aller Öffentlichkeit mit ›Dominus‹[2] anreden und wie einen Gott verehren und anrufen . . . (17) [»Um den Geltungsbereich des römischen Rechts zu schützen und auszuweiten« (tuendi prolatandive gratia iuris Romani), nahm er mehrere Männer als Teilhaber seiner Regierung an, und zwar] ernannte er [zunächst, um der Unruhen in Gallien willen] seinen treuen Freund Maximian zum Kaiser, einen zwar halbbäurischen, aber doch kriegstüchtigen Mann von gutem Charakter. (18) Dieser erhielt später . . . den Beinamen des Herkuliers [nach seinem Kultgott Herakles – Hercules], so wie Valerius [Diokletian] den des Joviers [nach dem (für ihn) höchsten Gott Jupiter Optimus Maximus] . . . (24) [Als gleichzeitig auch die Perser den Osten des Reiches und andere Völkerschaften Afrika erschütterten] ernannten [die beiden Augusti] Iulius Constantius und Galerius Maximianus . . . zu Caesares und suchten sie gleichzeitig durch Verwandtschaftsbande [wie durch Adoption] an sich zu fesseln . . . (26) Sie alle stammten aus Illyrien; trotz des Mangels an feinerer Bildung (humanitas) waren sie gleichwohl, dank ihrer Vertrautheit mit den Mühsalen des Landlebens und des Kriegsdienstes, treffliche Herrscher (satis optimi reipublicae) . . . (29) Zu Valerius schauten sie alle wie zu einem Vater oder wie zu einem mächtigen Gott empor . . . (30) . . . Constantius wurde das gesamte transalpinische Gallien, dem Herkulier Afrika und Italien anvertraut; Galerius erhielt [für sich persönlich] das Küstengebiet Illyriens bis an die Meerenge des Schwarzen Meeres, während der Rest [sc. der gesamte übrige Osten] bei Valerius blieb.

b) Währungsreform (Aus dem Edikt Diokletians über den Maximaltarif)

Der wirtschaftlichen Misere suchte Diokletian durch konsequenten Ausbau des staatlichen Kontroll- und Zwangsapparates sowie u. a. durch ein Edikt aus dem Jahr 301 zu steuern, das in einem großen Katalog Höchstpreise für Waren und Leistungen festsetzte und deren Überschreitung unter harte Bestrafung stellte, nach der Abdankung des Kaisers (305) jedoch als unwirksam wieder aufgehoben wurde. »Die Preise sind angegeben in Denaren, die aber damals aus Kupfer geprägt waren und einen viel geringeren Wert hatten als zur Zeit der Republik. Hohlmaß für trockene Waren ist der castrensis modius (17,5 l), für flüssige Waren der italische sextarius (0,547 l). Fleisch ist berechnet nach italischen Pfunden (327 g). Diese Preise liegen, wie gleichzeitige ägyptische Papyri zeigen, z. T. erheblich unter dem Marktpreis« (W. Arend). – Hier aus dem Katalog von ca. 1000 Waren oder Arbeitsleistungen eine kleine Auswahl:

Getreide:

Weizen	100
Gerste	100
Roggen	60
Hafer	30
Linsen	100
Leinsamen	150

Öle u. a.:

Olivenöl (1. Abfluß)	40
Olivenöl (2. Abfluß)	24
Olivenöl (3. Sorte)	12
Essig	6
Honig (1. Qualität)	40
Honig (2. Qualität)	20

Weine:

Picener	30
Falerner	30
Landwein	8
Wermutwein	20

Fleisch:

Schweinefleisch	12
Rindfleisch	8
Ziegen- oder Hammelfleisch	8
Geräucherte Schweinewürste	16
Geräucherte Rindswürste	10

Arbeitslöhne:

Landarbeiter mit Verpflegung tgl.	25
Maurer mit Verpflegung tgl.	50
Anstreicher (pictor parietarius) tgl.	75
Stubenmaler (pictor imaginarius) tgl.	150
Barbier je Person	2
Schreiber für 100 Zeilen beste Schrift	25
Schreiber für 100 Zeilen gewöhnl. Schrift	20
Erzieher je Schüler mtl.	50
Elementarlehrer je Schüler mtl.	50
Rechenlehrer (calculator) je Schüler mtl.	75
Sprachlehrer für Griechisch oder Latein (grammaticus) u. Geometriel.	200
Rhetoriklehrer (orator sive sophista) je Schüler mtl.	250

Stiefel:

Stiefel (beste Arbeiterstiefel ohne Nägel)	120
Soldatenstiefel (ohne Nägel)	100
Bürgerschuhe (calcei patricii)	150
Damenschuhe	60

(W. Arend)

c) Kultreform (Inschrift auf Mithras aus Carnuntum)

Mit seinen Vorgängern, besonders Decius und Valerian, teilte Diokletian die echt römische Überzeugung, daß es ohne religiös-gesinnungsmäßige Fundamentierung des Reiches keine Hoffnung auf eine dauerhafte Ordnung gebe. Neben einer Wiederbelebung des Kults der altrömischen Staatsgötter richteten sich seine Erwartungen vor allem auf eine Intensivierung der Religion des indoiranischen Gottes Mithras, zu dem sich die Armee fast geschlossen bekannte und den man längst mit dem »Unbezwinglichen Sonnengott« gleichzusetzen gewöhnt war. Von diesen Bestrebungen gibt u. a. folgende Inschrift aus der Lagerfestung Carnuntum in Pannonien (heute Petronell) aus dem Jahre 307 Zeugnis:

Dem unbezwinglichen Sonnengotte Mithras (Deo Soli invicto Mithrae), dem Begünstiger ihrer Herrschaft, haben die Jovier und Herkulier, die allerfrömmsten Augusti und Caesares, [dies] Heiligtum wiederhergestellt.

d) Aus dem Manichäeredikt Diokletians vom Jahre 297 (Lex Dei sive Mosaicarum et Romanarum legum collatio, tit. XV,3)

Die Kehrseite der streng traditionalistisch-römischen Ausrichtung der diokletianischen Religionspolitik war eine zunehmende Intoleranz gegenüber allen »neuen, bis jetzt noch unbekannten religiösen Sekten« (s. u.). Die erste, die dies zu spüren bekam, war die des aus dem feindlichen Persien eingeführten und darum doppelt suspekten Manichäismus.

(15,3,2) Die unsterblichen Götter haben in ihrer Vorsehung zu regeln und zu verfügen geruht, was gut und wahr ist, auf daß . . . die alte Religion nicht von einer neuen angefochten werden dürfe. Ist es doch das größte Verbrechen, zu widerrufen, was einmal von den Alten festgesetzt und bestimmt worden ist und bis jetzt seinen alten Stand und sein altes Wesen bewahrt. (3) Darum sind wir eifrigst darauf bedacht, die unsinnige Hartnäckigkeit (pertinacia) jener nichtswürdigen Menschen zu bestrafen, die den alten Religionen neue, bisher nicht bekannte religiöse Sekten (novellas et inauditas sectas) entgegenstellen, um uns zum Lohn für ihre verderbliche Willkür von dem abzuschneiden, was uns die Götter einst gewährt. (4) [Angesichts dessen, was wir jüngst alles über die Manichäer hören mußten,] steht zu befürchten, sie könnten, wie es zu gehen pflegt, im Laufe der Zeit versuchen, mit ihren unseligen Gebräuchen und den albernen [oder: verkehrten] Gesetzen der Perser Menschen von unschuldigem Wesen, das bescheidene und ruhige Volk der Römer, ja unseren ganzen Erdkreis wie mit Giften der arglistigen Schlange anstecken. (5) . . . (6) So befehlen wir denn, daß die Urheber und Häupter [dieser Sekte] mitsamt ihren verabscheuungswürdigen Schriften strengster Bestrafung unterworfen, d.h. den Flammen des Feuers überantwortet werden: ihre Gesinnungsgenossen, zumal die Hartnäckigen unter ihnen, sollen enthauptet, ihr Vermögen konfisziert werden. (7) Sollten tatsächlich auch . . . hochgestellte Persönlichkeiten zu dieser bislang unbekannten . . . und in jeder Hinsicht schimpflichen Sekte, d.h. der Lehre der Perser, übergetreten sein, so sind ihre Besitztümer zugunsten der kaiserlichen Kasse einzuziehen und sie selbst in die phänensischen oder prokonnensischen Bergwerke zu schicken. (8) So soll die Seuche dieser Nichtswürdigkeit mit Stumpf und Stiel ausgerottet werden . . .

Quellen: F. Pichlmayr, Sexti Aureli Victoris Liber de Caesaribus, BT, 1970[2]; Th. Mommsen [– H. Blümner], Edictum Diocletiani de pretiis rerum venalium, 1893; H. Dessau, Inscriptiones Latinae Selectae, I, 1954[2]; E. Seckel – B. Kuebler, Iurisprudentiae anteiustinianae reliquias . . ., II,2, BT, 1927[2]. – *Übersetzung:* W. Arend, Geschichte in Quellen, I. Altertum, 1965. – *Literatur:* W. Seston, Dioclétien et la Tétrarchie, I, Paris 1946; F. Altheim – R. Stiehl, Finanzgeschichte der Spätantike, 1957; vgl. im übrigen die Lit. zu Nr. 46.

1. Caligula (›Stiefelchen‹), röm. Kaiser von 37–41 n. Chr., machte sich alsbald nach seinem Regierungsantritt in Rom verhaßt, weil er sich im Stile der hellenistischen Könige als »Gottkaiser« gebärdete; ähnlich hatte sich Domitian (81–96) weniger durch eigene Leistungen als durch autokratische Politik und Belebung des Kaiserkults einen Namen gemacht.

2. Von daher bezeichnet man die verfassungsrechtliche Stellung des Kaisertums im spätantiken Staat als »Dominat« im Unterschied zum »Prinzipat« der augusteischen Reichsverfassung; kennzeichnend

ist für den Dominat der völlige Verzicht auf die überlieferten republikanischen Formen als Legitimation, also die mehr oder weniger nackte Autokratie, sowie der Sieg des dynastischen Gedankens.

46. Die Christenverfolgung unter Diokletian nach Laktanz (Über die Todesarten der Verfolger 10–15)

Über den Ausbruch der diokletianischen Verfolgung als des letzten, blutigsten und umfassendsten Versuchs des Altertums, das Christentum auszurotten, berichtet am eingehendsten der kurz zuvor konvertierte und bis dahin am kaiserlichen Hof zu Nikomedien (Bithynien) als Rhetoriklehrer tätige Laktanz in seiner zwischen 316 und 321 verfaßten Verfolgungsgeschichte (De mortibus persecutorum).

Zusammenhang: Aufgehetzt vom Chef der Eingeweideschauer (haruspices), dessen wiederholte Tierschlachtungen keine Vorzeichen mehr hatten erkennen lassen (Kap. 10), und erst recht von seinem Caesar und künftigen Thronfolger Galerius samt dessen abergläubischer Mutter, findet sich Diokletian endlich zu energischem Vorgehen gegen die Christen bereit (Kap. 11). Als zur Ausführung dieses Vorhabens passender, glückverheißender Tag wird der Festtag des Grenzgottes (Terminalia), der 23. Februar (303), ausersehen (Kap. 12,1).

(12,2) Als dieser Tag eben angebrochen war – die beiden Augusti [wörtlich: ›Greise‹, also die Ober- oder Seniorkaiser, nämlich Diokletian und Maximian] waren gerade der eine zum 8., der andere zum 7. Mal Konsuln –, erschien plötzlich im Morgengrauen der [Prätorianer-]Präfekt mit einigen höheren Offizieren, Tribunen und Finanzbeamten vor der Kirche [von Nikomedien]. Die Türen wurden aufgebrochen, und man suchte nach dem Gottesbild (simulacrum dei), fand jedoch [nur] Schriften, die sogleich verbrannt wurden[1], und gab danach die Kirche zur allgemeinen Plünderung frei . . . [Da es als zu gefährlich erschien, die unmittelbar gegenüber dem Palast gelegene Kirche anzuzünden, ließ man Soldaten anrükken, die das Kirchengebäude in wenigen Stunden dem Erdboden gleichmachten].

(13,1) Am nächsten Tag wurde ein Edikt angeschlagen, mit dem die Anhänger dieser Religion sämtlicher Ehren und Würden für verlustig erklärt wurden. Ohne Rücksicht auf Rang oder Stand seien sie der Folter zu unterwerfen. Gegen sie sei jede Klage anzunehmen, während sie selbst weder wegen erlittenen Unrechts, noch wegen Ehebruchs oder Diebstahls Klage erheben könnten. Kurzum: ihnen sei jeglicher Rechtsschutz (libertas ac vox) zu entziehen. (2) Dieses Edikt nahm jemand ab, was zwar nicht rechtens, aber äußerst mutig war, und riß es in Fetzen, wobei er spöttisch bemerkte, es seien darauf Siege über Goten und Sarmaten angeschlagen[2]. (3) [Deswegen] augenblicklich vorgeführt, wurde er nicht allein gefoltert, sondern auch nach allen Regeln der Kunst geröstet und zuletzt, nachdem er alles mit bewundernswerter Geduld ertragen hatte, zu Asche verbrannt.

Damit nicht zufrieden, sucht Galerius Diokletian zu weiteren Schritten zu bewegen. Zu diesem Zweck läßt er zweimal kurz hintereinander im Kaiserpalast Feuer legen und weiß den Verdacht auf die Christen im kaiserlichen Hausgesinde zu lenken (Kap. 14).

(15,1) [Nach dieser zweiten Brandstiftung] beschränkte sich die Wut des Kaisers nicht länger auf das Gesinde, sondern richtete sich gegen alle. Allen voran zwang er seine Tochter Valeria und seine Gattin Prisca[3], sich mit einem Opfer zu verunreinigen. (2) Einstmals schier allmächtige Eunuchen, bis dahin Stützen des Palastes und des Kaisers, verloren ihr Leben; Presbyter und Diakonen wurden aufgegriffen, ohne auch nur den geringsten Beweis oder irgendein Schuldbekenntnis verurteilt und mit all den Ihren zur Hinrichtung abgeführt. (3) [Darüber hinaus] wurden Menschen jeden Alters und Geschlechts verhaftet und dem Feuertod zugeführt. Die Zahl der Verurteilten war so groß, daß man sie nicht mehr einzeln hinrichtete, sondern scharenweise zusammentrieb, mit einem Feuerkreis umgab und verbrannte. Wer zum kaiserlichen Hausgesinde gehörte, wurde mit einem Mühlstein um den Hals im Meer versenkt. (4) Nicht minder heftig traf die übrige Bevölkerung die Wucht der Verfolgung. Denn die Gerichtsbeamten verteilten sich auf alle Tempel und zwangen jedermann zum Opfer. (5) Die Kerker wurden vollgepfropft; unerhörte Torturen wurden ersonnen, und damit ja niemandem unversehens Recht gesprochen würde, ließ man in Verhörzimmern und vor Gericht Altäre aufstellen, so daß die Prozessierenden zuerst opfern mußten, ehe sie ihre Anliegen vorbringen konnten . . . (6) Auch an Maximian und Constantius [den Caesar des Westens und Vater Konstantins] waren Schreiben ergangen, die sie nachdrücklich zu gleichem Vorgehen anhielten; sie vorher um ihre Meinung zu fragen, hatte man, obwohl es sich um Fragen von solchem Gewicht handelte, nicht für nötig befunden. [Gleichwohl] leistete der Augustus Maximian für Italien bereitwillig Folge, ein Mann, zu dessen hervorstechendsten Charaktereigenschaften Milde ohnehin nicht gehörte. (7) Constantius hingegen ließ es zwar, um sich nicht den Anschein zu geben, als mißbillige er Anordnungen seiner Vorgesetzten (maiores), geschehen, daß [christliche] Versammlungsstätten (conventicula), d.h. Wände, die wieder hergerichtet werden konnten, niedergerissen wurden; doch den wahren Tempel Gottes, der in Menschen besteht (verum . . . Dei templum, quod est in hominibus), ließ er unversehrt.

Quelle: J. Moreau, Lactance. De la mort des persécuteurs, SC 39 I.II (Text, Übers., Komm.), Paris 1954 f. – *Literatur:* K. Stade, Der Politiker Diokletian und die letzte große Christenverfolgung, Diss. phil. Frankfurt/M. 1926; W.H.C. Frend a.o. [Nr. 34] a.O., S. 477 ff.; J. Molthagen a.o. [Nr. 5] a.O., S. 101 ff.

1. Vgl. Diokletians Manichäeredikt (oben Nr. 45d).
2. Kriege gegen Goten und Sarmaten waren zur Zeit der Tetrarchie »sozusagen ständig an der Tagesordnung« (J. Moreau z. St.). Die Ironie liegt darin: statt daß die Kaiser all ihre Kraft auf die Abwehr der Bedrohung von außen konzentrieren, feiern sie Triumphe an der Front gegen wehrlose und unschuldige Bürger.
3. Daß diese Christinnen waren, soll damit wohl nicht gesagt sein. Vielmehr: dadurch, daß alle, einschließlich der Angehörigen der kaiserlichen Familie, zum Opfer gezwungen wurden, sollten diejenigen, die sich durch ihre Weigerung als Christen zu erkennen gaben, der Hinrichtung zugeführt werden.

47. Aus den Kanones der Synode von Elvira (ca. 306)

Das gesamtspanische Konzil von Elvira, zu dem sich wohl gleich nach Beendigung der dortigen Christenverfolgung (306) – die Datierung ist bis heute umstritten; frühestmöglicher Termin ist das Jahr 295, spätestmöglicher 314 – 19 Bischöfe, darunter auch der Bekennerbischof und spätere kirchenpolitische Ratgeber Konstantins, Ossius von Cordoba, und 26 Presbyter versammelten, stellte den Versuch dar, »auffällige Verfallserscheinungen in den spanischen Gemeinden zu beseitigen und in einer umfassenden Reformaktion den vielfach vernachlässigten Grundsätzen christlichen Glaubens wieder Geltung zu verschaffen« (Th. Klauser). Jedenfalls ist es für uns mit seinen 81 Kanones eine der wichtigsten Quellen, um über den Zustand der Kirche zu Beginn des Jahrhunderts Konstantins Aufschluß zu erlangen.

a) Bußwesen (Kanon 2.6.7)

(2) Flamines[1], die, nachdem sie in der Taufe ihren Glauben bekannten und wiedergeboren wurden, geopfert haben, . . . ist bis zu ihrem Lebensende die Kommunion vorzuenthalten.

(6) Wenn jemand einen anderen mittels eines Zaubers (maleficium) umbringt, was ohne Götzendienst nicht geschehen kann, dann soll ihm keine Kommunion mehr gewährt werden, solange er lebt.

(7) Wenn ein Christ (fidelis), nachdem er einmal Ehebruch begangen hat, nach Ablauf der festgesetzten Fristen und nach Ableistung der Buße von neuem zum Hurer geworden ist, dann soll ihm die Kommunion vorenthalten bleiben bis zu seinem Lebensende.

b) Behandlung von Sklaven (Kanon 5)

Wenn eine Herrin, von rasendem Zorn getrieben, ihre Sklavin mit einer Peitsche dermaßen schlägt, daß diese innerhalb von drei Tagen ihren Geist aufgibt, und es unklar ist, ob ihr Tod beabsichtigt war oder nicht, dann soll sie nach 7 Jahren wieder zur Kommunion zugelassen werden, falls es sich um Mord, und nach 5 Jahren, falls es sich um Totschlag handelte, [in beiden Fällen freilich nur] nach Ableistung der fälligen Buße. Erkrankt sie jedoch innerhalb dieser festgesetzten Fristen ernstlich, so darf sie [sofort] die Kommunion empfangen.

c) Mischehen (Kanon 15–17)

(15) Weil es an Mädchen nicht mangelt, dürfen christliche Jungfrauen nur in Ausnahmefällen (minime) Heiden zur Ehe gegeben werden . . .

(16) Häretikern, die es ablehnen, zur katholischen Kirche überzutreten, dürfen katholische Mädchen nicht [zur Ehe] gegeben werden; auch darf man sie nicht Juden . . . geben, darum, weil es keine Gemeinschaft zwischen Gläubigen und Ungläubigen geben kann. Eltern, die diesem Verbot (interdictum) zuwiderhandeln, sollen für fünf Jahre [von der Abendmahlsgemeinschaft] ausgeschlossen werden (abstineri).

(17) Sollten [christliche Eltern] ihre Töchter [gar] Götzenpriestern verbinden, so soll ihnen die Kommunion bis zu ihrem Lebensende verweigert werden.

d) Priesterzölibat (Kanon 33.65)

(33) Bischöfen, Priestern und Diakonen oder [überhaupt] allen Klerikern, die eine Funktion im [Altar-]Dienst (ministerium) versehen, ist es generell untersagt, mit ihren Frauen zu verkehren und Kinder zu zeugen; wer es dennoch tut, soll seiner Klerikerwürde verlustig gehen[2].

(65) Wenn das Weib eines Klerikers die Ehe gebrochen hat und ihr Mann weiß um diesen Ehebruch, verstößt sie aber nicht sogleich, dann soll er bis zu seinem Lebensende vom Empfang der Kommunion ausgeschlossen sein, damit nicht von denen, die Vorbild eines guten Lebenswandels zu sein schuldig sind, offensichtlich Schulen des Verbrechens ausgehen.

e) Bilderverehrung (Kanon 36)

Bilder soll es in der Kirche nicht geben, damit nicht, was verehrt und angebetet wird, auf Wänden gemalt erscheint (Placuit picturas in ecclesia esse non debere, ne, quod colitur et adoratur, in parietibus depingatur)[3].

Quelle: E. J. Jonkers, Acta et symbola conciliorum quae s. IV habita sunt., Leiden 1954. – *Literatur:* Ch.J. Hefele – H. Leclercq, Histoire des conciles d'après les documents originaux, I,1, Paris 1907; V.C. de Clercq, Ossius of Cordova, Washington 1954, S. 85–147. – Zum Zustand der Kirche am Vorabend der »Konstantinischen Wende« allgemein s. A.A.T. Ehrhardt, Politische Metaphysik von Solon bis Augustin, II,1959, S. 227 ff. (»Das Vulgärchristentum vor Konstantin«), sowie den Forschungsbericht von G. Kretschmar, Der Weg zur Reichskirche, VuF 13,1968, S. 3–44.
1.   Das strengen Verboten und Geboten unterworfene, u. a. mit der Ausrichtung von Götterfesten betraute Priesteramt des flamen war vielfach erblich. So versteht es sich auch, wenn es zur Zeit des Konzils von Elvira hin und wieder auch von christlichen Konvertiten ausgeübt worden sein mag.
2.   Der lat. Text des Kanons ist fehlerhaft und würde, wörtl. übersetzt, den gegenteiligen Sinn von dem ergeben, was offensichtlich beabsichtigt war.
3.   Zum Sinn dieses Bilderverbots und seiner geschichtlichen Einordnung s. bes. Th. Klauser, Ges. Arb. z. Liturgiegesch., Kirchengesch. u. Christl. Archäologie, JAC, Erg.Bd. 3,1974, S. 328 ff., 338 ff.

48. Die Anfänge des donatistischen Schismas

Wie schon früher, nach der Verfolgung des Decius, so brachen auch mit dem Aufhören der diokletianischen Verfolgung (im Westen des römischen Reiches seit 306) vielerorts über die Frage der Behandlung der »Gefallenen« Schismen aus. Das wohl folgenreichste verbindet sich mit dem Namen des Donatus, Bischof von Casae Nigrae und später von Karthago (gest. um 355); es stürzte die nordafrikanische Kirche für mehr als ein Jahrhundert in niemals überwundene Wirren. – Hauptquellen für die – noch immer nicht voll aufgeklärte – Anfangsphase des donatistischen Streits sind außer dem 7bändigen Werk des Optatus von Mileve (gest. vor 400) »Wider den Donatisten Parmenian« (mit einer Aktensammlung als Anhang) vor allem Augustins antidonatistische Schriften, in denen aus gegebenem Anlaß immer wieder auch auf die Anfänge des Schismas rekurriert wird.

a) Korrespondenz der Bischöfe Mensurius von Karthago und Secundus von Tigisi (304? 305?) nach Augustins Auszug aus den Akten des Religionsgesprächs von Karthago 411 (Breviculus collationis cum Donatistis 3,13,25)

Nun legten die Donatisten in einer langen Vorrede dar, daß Mensurius (er war vor Caecilian Bischof der Kirche von Karthago gewesen) zur Zeit der Verfolgung die heiligen Schriften ausgeliefert habe (tradiderit). Zum Beleg für diese Behauptung verlasen sie einen Brief des Mensurius an Secundus von Tigisi, der damals Primas der Bischöfe Numidiens war. In diesem Brief schien Mensurius sein angebliches Vergehen einzugestehen; allerdings hatte er nicht geschrieben, daß er die heiligen Bücher ausgeliefert habe. Vielmehr habe er sie weggebracht und verwahrt, damit die Verfolger sie nicht fänden; wohl aber habe er in der Basilica Novorum alle möglichen verwerflichen häretischen Schriften hinterlassen. Als die Verfolger diese gefunden und weggeschafft hätten, sei von ihm nichts mehr verlangt worden. Freilich hätten einige Vertreter des Gemeinderats (ordo) von Karthago dem Prokonsul späterhin zugetragen, daß diejenigen getäuscht worden seien, welche ausgeschickt worden waren, um die Schriften der Christen zu beschlagnahmen und zu verbrennen, da sie nur unbedeutendes und denselben gar nicht zugehörendes [Material] gefunden hatten. Die [gesuchten] Schriften indes seien im Hause des Bischofs in Obhut genommen; von dort müsse man sie hervorholen und verbrennen. Der Prokonsul habe jedoch diesem Ansinnen nicht beistimmen wollen.

In eben demselben Brief stand auch zu lesen, daß diejenigen das Mißfallen des Mensurius gefunden hätten, die sich den Verfolgern [wörtlich: den Verfolgungen] stellten, ohne verhaftet zu sein, und aus freien Stücken bekannten, die Schriften in Händen zu haben, ohne sie herausgeben zu wollen, obwohl all das niemand von ihnen verlangte[1]; auch habe Mensurius die Christen davon abgehalten, solche Leute [als Bekenner] zu verehren . . . Als Schuld lasteten die Donatisten dem Mensurius allerdings lediglich die Auslieferung der Bücher an; sie sagten, er habe gelogen [mit der Behauptung], es habe sich *nicht* um die heiligen Schriften gehandelt, und eben sein Versagen bemänteln wollen, obwohl sie gerade seine Täuschung ihm zur Last legen!

Sie lasen auch das Antwortschreiben vor, das Secundus von Tigisi an denselben Mensurius in versöhnlichem Tone gerichtet hatte, worin er auch selbst berichtete, was die Verfolger in Numidien angerichtet haben: wer verhaftet worden sei, wer sich geweigert habe, die heiligen Schriften auszuliefern, wer viel Leid erduldet habe, wer durch schwere Marter gefoltert, wer getötet worden sei; sie alle empfahl er um des Verdienstes ihres Zeugnisses (martyrium) willen der Verehrung . . .

Auch schrieb Secundus, zu ihm selbst seien vom Kurator[2] und vom Gemeinderat ein Hauptmann und ein Gefreiter geschickt worden, welche nach heiligen Büchern (codices) suchen sollten, um sie zu verbrennen. Er habe ihnen jedoch geantwortet: »Ich bin Christ und Bischof, kein Traditor [›Auslieferer‹].« Und als sie von ihm ein Schmiergeld (aliqua ecbola) oder sonst etwas verlangten, habe er ihnen auch das nicht gegeben nach dem Vorbild des Makkabäers Eleasar [2. Makk. 6,18 ff.], welcher nicht hatte vortäuschen wollen, Schweinefleisch zu essen, um nicht andern ein Beispiel von Pflichtverletzung zu liefern.

Diese Briefe des Mensurius und des Secundus hörten sich die Katholiken, bis die Verlesung beendet war, ruhig an; sie betonten jedoch, daß es sich dabei um rein persönliche Schreiben handele, die mit dem Kirchenstreit (causa ecclesiae) nichts zu tun hätten.

b) Donatistisches Konzil von Karthago (307/8? 311/2?): **Absetzung des Caecilianus und Ordination des Maiorinus als Gegenbischof** (ebenda 3,14,26; Optatus von Mileve, Wider den Donatisten Parmenian 1,19.20; Augustin, Wider Fulgentius 26)

(Ebd. 3,14,26) Vorgelesen wurde von den Donatisten [ferner], daß ein Konzil von nahezu 70 Bischöfen gegen Caecilianus in Karthago abgehalten wurde, wo sie ihn in absentia verurteilten, weil er es abgelehnt hatte, vor ihnen als angeblich von Traditoren Ordinierter zu erscheinen, und weil man von ihm behauptete, er habe in seiner Diakonatszeit verhindert, daß den in Gewahrsam gehaltenen Märtyrern Lebensmittel gebracht wurden. Auch wurden einige Mitbischöfe Caecilians namhaft gemacht, von denen in den öffentlichen Gerichtsakten behauptet wurde, sie seien Traditoren; verlesen wurden die Akten allerdings nicht. Unter ihnen ergingen besonders gegen Felix von Aptungi [in der Provinz Africa Proconsularis] derart scharfe Anklagen, daß man ihn als »Quelle aller Übel« bezeichnete. Darauf gab jeder einzelne [von den auf dem Konzil versammelten Bischöfen] sein Urteil (sententia) ab, als erster Secundus von Tigisi, welcher ihr Primas war[3], dann die übrigen; darin sprachen sie sich dahingehend aus, daß sie mit Caecilian und seinen Bischofskollegen nicht [mehr] in Kirchengemeinschaft stünden (non communicare).

(Optatus, Wider Parmen., 1,19) . . . Man schickte zu Secundus von Tigisi [mit der Nachricht], es gelte sich in Karthago zu versammeln. Darauf machten sich alle oben [1,13 f.] genannten Traditoren auf den Weg . . . indessen begab sich keiner der oben Genannten zu der Kirche, in der sich das Volk [von Karthago] in Massen um Caecilian geschart hatte. Dann ließ Caecilian [vor der Bischofssynode] erklären: »Wenn es etwas gibt, das gegen mich vorzubringen ist, dann trete ein Ankläger auf und bringe es vor.« Damals konnte ihm jedoch von so vielen Gegnern nichts angedichtet werden; im Gegenteil stellte ihm sein Ordinator [Felix von Aptungi][4] das Leumundszeugnis aus, er werde von diesen Leuten fälschlich »Traditor« genannt. Weiterhin ließ Caecilian erklären, daß, falls Felix ihn nicht gültig ordiniert habe, wie viele meinten, diese [Zweifler] ihn, Caecilian, ordinieren sollten, als wäre er noch Diakon. Darauf äußerte Purpurius in seiner gewohnten Gemeinheit, gerade so, als wäre Caecilian sein Schwestersohn: »Er soll nur hier vortreten, als ob ihm die Hand aufgelegt werden solle zur Bischofsweihe, und man wird ihn kräftig auf den Kopf schlagen zur Buße!« Als diese Dinge ruchbar wurden, hielt die ganze Gemeinde Caecilian zurück, damit er sich nicht diesen Banditen ausliefere . . . So war das Ende, daß Altar gegen Altar errichtet, eine Ordination in unerlaubter Weise feierlich vorgenommen und Maiorinus, der während Caecilians Diakonat Lektor war und zum Haushalt der Lucilla gehörte, dank deren Bestechungen (ipsa suffragante) zum Bischof ordiniert wurde . . . (20) . . . Indessen glaubten sie [die selbst skandalumwitterten Donatisten] aus der Quelle der Verbrechen unter den Ihren . . . *einen* Vorwurf, nämlich den der Traditorschaft, auf den Ordinator Caecilians ableiten zu müssen . . . [In diesem Sinne] verschickten sie nach allen Seiten von Scheelsucht diktierte Briefe; wir werden sie später unter anderen Aktenstücken aufführen.

(Augustin, Wd. Fulg. 26) Euer Marcianus gab in Gegenwart der übrigen folgendes Votum ab, welches die 70 Anwesenden dadurch, daß sie es nicht mißbilligten, billigten. Er sagte: »In seinem Evangelium [Joh. 15,1 f.] spricht der Herr: ›Ich bin der wahre Weinstock, und mein Vater [ist] der Weingärtner. Jedes Rebschoß an mir, das keine Frucht bringt, wird er abschneiden und wegwerfen; was immer aber in mir bleibt und Frucht trägt, reinigt er[5]‹. Wie demnach die unfruchtbaren Triebe abgeschnitten und weggeworfen werden, so können auch diejenigen, die Weihrauch geopfert (turificati) und Bücher ausgeliefert haben, weil sie Gott zuwider sind, nicht in der Kirche Gottes bleiben, es sei denn, sie ließen ihr Wehklagen hören und sich durch Buße wieder versöhnen. Darum darf es mit Caecilian, der im Schisma von Traditoren ordiniert worden ist, keine Kirchengemeinschaft geben.«

Quellen: H. von Soden, Urkunden zur Entstehungsgeschichte des Donatismus, KlT 122, 1950². – *Literatur:* P. Monceaux, Histoire littéraire de l'Afrique chrétienne, 7 Bde., (1901/23) Nachdr. 1963 (hier bes. Bd. 4 u. 5); W.H.C. Frend, The Donatist Church, Oxford 1952; E. Tengström, Donatisten und Katholiken, Göteborg 1964.

1.　Ein ähnliches Drängen zum Martyrium wird in den antiken Quellen insbesondere den Montanisten zugeschrieben (vgl. u.a. Tertullian, An Scapula 5); kritisch dazu etwa Klemens von Alexandrien, Tepp. 4,17,1.

2.　Curator (rei publicae) = Regierungsbevollmächtigter zur Überwachung der städt. Finanzverwaltung; in der späten Kaiserzeit ständiger städt. Beamter.

3.　Es war also ein rein numidisches Konzil!

4.　Schon die Weihe Caecilians durch das Haupt eines – zudem unbedeutenden – afrikanischen Bistums war ein Schlag gegen die numidischen Bischöfe gewesen, denn »seit den Tagen Cyprians hatte der Primas von Numidien das Recht erworben, den neuen Primas von Afrika und Karthago zu weihen. Wann, ist nicht sicher auszumachen, doch wird das Faktum durch Augustin, Psalmus contra Partem Donati, Z. 44–46, bestätigt« (Frend a.a.O., S. 16).

5.　purgat illud: (allzu) wörtl. Übersetzung des griech. καθαίρει αὐτό, obwohl das Beziehungswort im Lat. ein masculinum ist.

49. Das Toleranzedikt des Galerius nach Laktanz (Über die Todesarten der Verfolger 34)

Kurz vor seinem Tode erließ Galerius, der nach der Resignation Diokletians und Maximians (305) zum Augustus des Ostens aufgerückt war und seit dem Tode des Constantius (306) die Seniorenstellung innerhalb der Tetrarchie innehatte, mithin befugt war, eine derartige Anordnung für das ganze Reich zu treffen, folgendes Edikt, das im Wortlaut bei Laktanz, in griech. Übersetzung bei Euseb[1] erhalten ist. Es ist nach Laktanz (Kap 35,1) in Nikomedien verkündet worden und datiert vom 30. April 311.

(34,1) Unter den übrigen Anordnungen, die wir im Interesse steten Wohlergehens und Nutzens des Staates erlassen haben, waren wir bisher entschlossen, alles entsprechend den alten Gesetzen und der öffentlichen Ordnung der Römer (iuxta leges veteres et publicam disciplinam Romanorum) einzurichten und dafür Sorge zu tragen, daß auch die Christen, die die Lebensweise (secta)[2] ihrer Vorfahren verlassen haben, wieder zur Vernunft kämen. (2) Aus irgendeinem Grunde nämlich hatte sie solcher Eigenwille erfaßt und solche Torheit befallen, daß sie nicht mehr den Einrichtungen der Alten (veterum instituta) folgten, welche vielleicht sogar ihre eigenen Vorfahren eingeführt hatten, sondern nach eigenem Gutdünken und so, wie ein jeder wollte, sich selbst Gesetze zur Befolgung machten und da und dort [Angehörige] verschiedene[r] Völker zu einer Gemeinschaft vereinigten (per diversa varios populos congregarent)[3]. (3) Nachdem wir in diesem Sinne eine Anordnung hatten ergehen lassen, mit der ihnen befohlen ward, zu den Gebräuchen der Vorfahren zurückzukehren, wurden viele in einen Prozeß verwickelt, viele auch beiseite geschafft (deturbati[4]). (4) Als trotzdem die meisten bei ihrem Vorsatz beharrten und wir feststellen mußten, daß sie weder den [allgemein anerkannten] Göttern den Kult und die Verehrung zollten, die ihnen gebühren, noch den Kult des Christengottes ausübten, haben wir mit Rücksicht auf unsere unendliche Milde und Gnade (contemplatione mitissimae nostrae clementiae) und im Hinblick auf unsere ständige Gewohnheit, nach der wir allen Menschen gegenüber Nachsicht (venia) walten zu lassen pflegen, auch auf diese [sc. die Christen], und zwar unverzüglich, unser Entgegenkommen (indulgentia) ausdehnen zu sollen geglaubt. Sie dürfen also wieder Christen sein und ihre Versammlungsstätten wieder herrichten, unter der Bedingung allerdings, daß sie in keiner Weise gegen die [bestehende] Ordnung handeln. (5) In einem weiteren Schreiben werden wir den Provinzgouverneuren (iudices) Anweisung geben, was sie [im einzelnen] zu beachten haben. Aus dem allen folgt: Gemäß diesem unserem Gnadenerlaß (indulgentia) ist es ihre Pflicht, zu ihrem Gott für unser Heil, für das des Staates und für ihr eigenes zu beten, damit das Staatswesen in jeder Hinsicht unversehrt bleibt und sie [selbst] sicher in ihren Wohnsitzen leben können (debebunt deum suum orare pro salute nostra et rei publicae ac sua, ut undique versum res publica perstet incolumis et securi vivere in sedibus suis possint).

Quelle: J. Moreau a.o. [Nr. 46] a.O. – *Literatur:* J.R. Knipfing, The Edict of Galerius (311 A. D.) reconsidered, Revue belge de phil. et d'hist., 1,1922, S. 693–705; J. Moreaus Kommentar a.a.O. (SC 39.II); H.U. Instinsky, Die alte Kirche und das Heil des Staates, 1963; J. Molthagen a.o. [Nr. 5] a.O., S. 111 f. 118–120.
1. Kirchengesch. 8,17,3–10. Hier zu Beginn auch die Grußformel mit den Namen und Titeln des Galerius, Konstantin und Licinius. Allerdings ist der Name des Letzteren in späteren Ausgaben von Euseb selbst getilgt worden!
2. Vgl. hierzu den Kommentar Moreaus z. St.

3. Zum Sinn s. oben (Nr. 34) das Zitat aus der Maecenasrede.
4. Ein schwer zu übersetzendes Wort. Nur so viel ist klar, daß eine Steigerung gegenüber dem Vorherigen (periculo subiugati) beabsichtigt ist.

50. Der Aufstieg Konstantins und das Christentum

Nach dem Tode des Galerius (311) kam es zum Streit zwischen den vier Teilherrschern: Maxentius, der die Herrschaft über Rom und Italien an sich gerissen hatte, verweigerte dem Usurpator Konstantin die Anerkennung und verbündete sich mit Maximinus Daia gegen ihn und Licinius. Mit einem kleinen Heer rückte Konstantin von Gallien aus in Italien ein. In nächster Nähe von Rom, an der mulvischen Brücke über den Tiber (ponte Molle), fiel am 28. Oktober 312 die Entscheidung. – So wenig sich die Bedeutung dieses Ereignisses überschätzen läßt, so sehr ist seine Deutung von Anfang an umstritten gewesen.

a) Das Zeugnis des Laktanz (Üb. d. Todesart. d. Verfolg. 44,1–12)

(44,1) Schon war der Bürgerkrieg zwischen ihnen [sc. Konstantin und Maxentius] entbrannt. Und obwohl sich Maxentius innerhalb Roms hielt, da ihm ein Orakel den Untergang für den Fall angekündigt hatte, daß er den Fuß vor die Tore der Stadt setzen werde, ließ er den Krieg von fähigen Militärs führen. (2) Zahlenmäßig war das Herr des Maxentius weit überlegen . . . (4) Der Jahrestag des Amtsantritts des Maxentius, der 28. Oktober, stand unmittelbar bevor, und die Feierlichkeiten aus Anlaß seiner fünfjährigen Regierungszeit gingen ihrem Ende entgegen. (5) Da erhielt Konstantin im Traum die Anweisung, das himmlische Zeichen Gottes (caeleste signum dei) an den Schilden seiner Soldaten anbringen zu lassen und so den Kampf zu beginnen. Er tat, wie er geheißen, und ließ Christus [sc. das Christusmonogramm] mit einem quergestellten X, dessen oberer Arm gekrümmt war, an den Schilden anbringen. [Mit diesem Zeichen bewaffnet, stellte sein Heer den Feind und errang einen vollständigen Sieg. Konstantin wurde »unter großer Freudenbezeigung des Senats und des Volkes als Kaiser empfangen« und erhielt »zum Dank für seine Tapferkeit den Titel eines ersten Augustus« (primi nominis titulus) zuerkannt].

b) Das Zeugnis Eusebs (Leben Konstantins 1,28 f.)

Zusammenhang: Konstantin sah die Unterdrückung Roms, der Hauptstadt des Weltreiches, unter dem Tyrannen Maxentius. Er hatte ihre Befreiung zunächst anderen – Severus und Galerius – überlassen; doch waren diese wenig erfolgreich (Kap. 26). »Im vollen Bewußtsein dessen, daß er mächtigerer Hilfe bedürfe als militärischer Stärke, angesichts der schlimmen Zauberpraktiken, wie sie am Hofe des Tyrannen so eifrig geübt wurden, suchte er göttliche Unterstützung, indem er den Besitz von Waffen für minder wichtig hielt, . . . die mitwirkende Macht Gottes aber für unwiderstehlich und unbesiegbar erklärte (τὰ δ᾽ ἐκ θεοῦ συνεργίας ἄμαχα εἶναι καὶ ἀήττητα λέγων). Er erwog deshalb, welchem Gott er sich verschreiben solle (ἐπιγράψασθαι) . . .« Angesichts des Kontrastes zwischen den nichtigen Göttern des Heidentums, die im Schutze derer, die sie verehrten, kläglich versagten, und dem Monotheismus seines Vaters Constantius entschied er sich dafür, dem Letzteren treu zu bleiben (Kap. 27).

(28,1) Demgemäß wandte er sich an diesen [einen Gott (μόνος θεός) seines Vaters] im Gebet, flehte ihn an und beschwor ihn, ihm doch zu offenbaren, wer er sei, und seine Rechte auszustrecken, ihm zu helfen in seinen gegenwärtigen Nöten. Und während er so flehentlich betete, erschien dem Kaiser ein überaus wun-

derbares Zeichen von Gott (θεοσημία τις ἐπιφαίνεται παραδοξοτάτη), das,
wäre es ein anderer, der davon berichtete, kaum Aussicht hätte, auf Glauben zu
stoßen; weil aber der siegreiche Kaiser selbst, lange Zeit später, dem Verfasser dieser Lebensbeschreibung gegenüber, als dieser der persönlichen Bekanntschaft und
des Umgangs mit ihm gewürdigt wurde, davon Mitteilung machte und seine Darstellung eidlich bekräftigte, wer könnte zaudern, den Bericht für glaubwürdig zu
halten, zumal, was nachher geschah, dessen Wahrheit bestätigte! (2) Er erzählte,
daß er um die Mittagszeit, als sich der Tag eben zu neigen begonnen, mit eigenen
Augen am Himmel, oberhalb der Sonne, das Siegeszeichen (τρόπαιον) eines aus
Licht gebildeten Kreuzes und darauf die Inschrift gesehen habe: »In diesem [Zei-
chen] siege!« (τούτῳ νίκα). Ob dieser Vision sei ihn und sein ganzes Heer, welches ihm bei der Expedition folgte und Zeuge dieses Wunders ward, ein Erschrek-
ken angekommen.
(29) Weiterhin berichtete er, daß er darüber gegrübelt habe, was die Bedeutung
dieses Zeichens sein möchte. Und während er fortfuhr, zu grübeln und nachzusin-
nen, sei die Nacht hereingebrochen; im Schlaf sei ihm dann der Christus Gottes
erschienen mit dem Zeichen, das er am Himmel gesehen, und habe ihm befohlen,
ein Abbild jenes Zeichens . . . herzustellen und als Schutz (ἀλέξημα) zu gebrauchen, wann immer er mit den Feinden zusammentreffe.

c) Das Zeugnis des anonymen heidnischen Panegyrikers des Jahres 313 (Panegyrici Latini 9, 2.4)

Die Festrede, die, wie üblich, nach Konstantins Rückkehr von seinem Italienfeldzug – wohl in seiner
Residenz Trier – gehalten wurde, ergeht sich eingangs, bei Gelegenheit der Schilderung von Konstantins Kriegsvorbereitungen (Kap. 2–5,3), u. a. in folgenden Erwägungen, die die erste religiöse Deutung des Siegs an der mulvischen Brücke darstellen, von der wir wissen:

(2,1) Zuerst möchte ich aufgreifen, was bisher, wie ich glaube, noch niemand zu
berühren gewagt hat, und also von der Beharrlichkeit (constantia) deines Vorsatzes in diesem Feldzug reden, bevor ich das Lob auf deinen Sieg anstimme. (2) Jetzt,
wo böse Omina ihr Gewicht eingebüßt haben und das Mißfallen [der Götter sicht-
lich] widerrufen ist, will ich mich jenes Freimuts bedienen, wie ihn unsere Liebe zu
dir gewährt . . . (3) Ist es möglich, Kaiser, daß dein Herz so viel Furchtlosigkeit
besessen haben sollte, um dich einen Krieg beginnen zu lassen, in dem sich eine so
gewaltige Streitmacht, eine solche Einmütigkeit in der Habgier, eine solche Pesti-
lenz der Verbrechen . . . [gegen dich] verbündet hatten, zumal deine Mitkaiser
untätig zusahen und sich unschlüssig verhielten? (4) Welcher Gott, welche
[himmlische] Majestät war dir so nahe, daß du ermutigt wardst, selbst in einem
Augenblick, als deine Gefährten und militärischen Führer nicht nur insgeheim
murrten, sondern auch offen ihren Befürchtungen Ausdruck gaben, ohne Rücksicht auf menschlichen Rat und die Warnungen der Eingeweideschauer zu glauben, die Stunde sei gekommen, da du Rom befreien solltest? (5) Du, Konstantin,
stehst gewiß in geheimem Verständnis mit jenem göttlichen Geist (Habes profecto
aliquod cum illa mente divina . . . secretum), welcher die Fürsorge für [Menschen
wie] uns niederen Gottheiten überlassen und allein dir sich zu offenbaren geruht
hat . . .
(4,1) Wenn du, Kaiser, dies alles bedenkst, weißt und siehst und dich weder die väterliche Charakterstärke [oder: Gesetztheit (gravitas)] noch deine eigene Veranla-
gung (natura) so wagemutig sein ließen, dann sage uns, ich bitte dich: in wessen
Rat bist du gestanden, wenn nicht eines Gottes (divinum numen)?

Gewiß mag den Kaiser auch der Gedanke bewogen haben, daß trotz so ungleichen Kampfes die bessere Sache nicht untergehen könne; habe vielmehr die eine Seite die Übermacht für sich, so kämpfe für die andere die Gerechtigkeit. Und vergleicht man die beiden Rivalen, Maxentius und Konstantin, miteinander, indem man sich die Gottlosigkeit, Grausamkeit und Zuchtlosigkeit, den Respekt vor abergläubischen Riten, aber auch den Tempelraub und die übrigen Frevel des einen wie umgekehrt das Festhalten an der väterlichen Frömmigkeit, die Milde, Zucht, Scheu vor den göttlichen Geboten und Kaiserfürsorge des anderen vor Augen hält, so ist klar: hier, bei dem Sieg an der mulvischen Brücke, haben nicht die Menge der Soldaten, sondern die Verdienste (merita) der Parteien den Ausschlag gegeben[1].

d) Das Selbstzeugnis des Kaisers im Schreiben an die Bischöfe in Arles (Optatus von Mileve, Anhang 5)

An das zum 1.8.314 zwecks Beilegung des donatistischen Schismas nach Arles einberufene und aus dem gesamten westlichen Reichsgebiet beschickte Konzil, die erste »Reichssynode« des »Konstantinischen Zeitalters«, richtete Konstantin ein Schreiben, das in der den 7 Büchern »Wider den Donatisten Parmenian« des Optatus von Mileve als Anhang beigefügten Aktensammlung zum donatistischen Streit erhalten ist (und mindestens in den hier angeführten Partien echt sein dürfte).

Kaiser Konstantin wünscht den katholischen Bischöfen, seinen teuersten Brüdern (carissimis fratribus), Heil! Die ewige und heilige, unbegreifliche Liebe (pietas) unseres Gottes erlaubt keineswegs, daß das Menschengeschlecht längere Zeit im Dunkel irre, und läßt nicht zu, daß die Böswilligkeit [oder: der verhaßte Eigenwille] einiger dermaßen überhand nehme, daß sie nicht durch ihr hell leuchtendes Licht den Heilsweg (iter salutare) von neuem kundtäte und ihnen verliehe, sich zur Regel der Gerechtigkeit zu bekehren. So habe ich es durch viele Beispiele an anderen erfahren und ermesse es an mir selbst. Denn in mir war anfänglich, was offensichtlich der Gerechtigkeit ermangelte; auch glaubte ich nicht, daß eine höhere Macht etwas von dem sehe, was ich im innersten Herzen barg. Was aber hätte das Ende dessen sein müssen, wovon ich sprach? Doch sicher eines, das aller Übel voll wäre! Allein, der allmächtige Gott, der in der Warte (specula) des Himmels sitzt, verlieh, was ich nicht verdiente: es läßt sich gewiß weder schildern noch aufzählen, was er in seinem himmlischen Wohlwollen mir, seinem Diener (famulus) gewährt!

Quellen: J. Moreau a.o. [Nr. 46] a.O.; I.A. Heikel, Eusebius Werke, I, GCS 7, 1902; E. Galletier, Panégyriques Latins, II, Paris 1952; K. Ziwsa, S. Optati Milevitani libri VII . . ., CSEL 26,1893. – *Literatur:* J. Burckhardt, Die Zeit Constantins des Großen, Ges.Ausg. 2,1929; E. Schwartz, Kaiser Constantin und die christliche Kirche, 1936²; H. Doerries, Das Selbstzeugnis Kaiser Konstantins, 1954; H. Kraft, Kaiser Konstantins religiöse Entwicklung, 1955; ders., Konstantin der Große, WdF 131, 1974.
1. Zur Würdigung Konstantins und seiner religiösen Entwicklung in heidnischer Sicht s. auch etwa den Panegyricus vom Jahre 310 (Pan. 6[7], 21,3–6: Vision des Apollo als Sol invictus!), den des Nazarius vom Jahre 321 (Pan. 10,7,4; 13,5; 14) und die Inschrift, die Senat und Volk von Rom auf dem 315 errichteten Konstantinsbogen haben anbringen lassen (CIL 6,1139): »Dem Imperator Caesar Flavius Constantinus, Maximus, Pius, Felix, Augustus, hat der Senat und das Volk von Rom diesen mit seinen Siegen geschmückten Triumphbogen gewidmet, weil er auf Eingebung der Gottheit (instinctu divinitatis) und durch die Größe seines Geistes zusammen mit seinem Heer in einem Augenblick den Staat durch einen gerechten Sieg sowohl an dem Tyrannen wie an seinem ganzen Anhang gerächt hat.«

51.   Das »Mailänder Edikt« nach Laktanz (Über die Todes-arten der Verfolger 48,2–12)

Nach seinem Sieg über Maximinus Daia im Frühjahr 313, der ihm für die nächsten 10 Jahre ebenso die alleinige Herrschaft im Osten des Reiches eintrug, wie Konstantin durch seinen Sieg an der mulvischen Brücke zur unangefochtenen Herrschaft über den Westen gelangt war, ließ Licinius am 13. Juni desselben Jahres folgendes Zirkularschreiben (nicht »Edikt«!) »Über die Wiederherstellung der Kirche« (De restituenda ecclesia)[1] in seiner Residenz Nikomedien öffentlich anschlagen, welches auf einer Absprache mit Konstantin in Mailand (daher fälschlicherweise »Mailänder Edikt« genannt) vom vorausgegangenen Winter basiert und an den Gouverneur der Provinz Bithynien adressiert ist. – Euseb (Kirchengesch. 10,5,2 ff.) bietet eine z. T. abweichende Parallelfassung in (gleichfalls offizieller) griech. Übersetzung zu dem hier zugrunde gelegten Laktanztext[2].

(48,2) Als wir, ich, Constantinus Augustus, wie auch ich, Licinius Augustus, uns glücklich zu Mailand eingefunden hatten, um alles, was mit der öffentlichen Wohlfahrt und Sicherheit zu tun hat, zu erörtern, glaubten wir, es sei unter den Fragen, von denen wir uns einen Nutzen für die Mehrheit versprachen, vor allem die der Gottesverehrung (divinitatis reverentia) einer Neuregelung bedürftig, d.h. wir sollten allen, den Christen wie allen übrigen, die Freiheit und Möglichkeit geben, derjenigen Religion zu folgen, die ein jeder wünscht, auf daß, was am Göttlichem auf himmlischem Sitze thront, uns und allen Reichsangehörigen gnädig und gewogen sein möge (quicquid [est] divinitatis in sede caelesti, nobis atque omnibus . . . placatum ac propitium possit existere). (3) Daher hielten wir es für heilsam und ganz und gar angemessen, diesen Entschluß zu fassen, daß es schlechterdings niemandem unmöglich gemacht werden dürfe, sich der Religionsübung (observantia) der Christen oder der ihm sonst am ehesten zusagenden Religion zu ergeben, damit die höchste Gottheit, deren Religionsdienst wir in freier Hingabe nachleben (summa divinitas, cuius religioni liberis mentibus obsequimur), uns in allem ihre gewohnte Gunst und Gnade erzeigen könne.

Im folgenden werden alle früher gegen die Christen ergangenen einschränkenden Gesetze und Verordnungen förmlich und ausnahmslos aufgehoben und die Befolgung der christlichen ebenso wie jeder anderen »Religion oder Observanz« freigegeben, »um unserer Zeit den Frieden (quies) wiederzuschenken« (4–6). Für die Christen gilt weiter, daß ihre Versammlungsstätten wie der übrige kirchliche Besitz (etwa die Friedhöfe [Coemeterien]) zurückzuerstatten sind, und zwar entschädigungslos, wobei jedoch die rückgabepflichtigen Privatleute sich an die Staatskasse wenden dürfen (7–10).

(11) Auf diese Weise wird es geschehen, daß, wie wir bereits oben ausgeführt haben, die göttliche Huld, die wir in so großen Dingen erfahren haben, für alle Zeit den Erfolg unserer Unternehmungen als des Unterpfandes allgemeinen Wohlergehens sichert (ut . . . divinus iuxta nos favor . . . per omne tempus prospere successibus nostris cum beatitudine publica perseveret). (12) Damit aber der Wortlaut dieser unserer gnädigen Anordnung zur allgemeinen Kenntnis gelangen kann, wird es angebracht sein, daß du in einer Verlautbarung dies Schreiben öffentlich bekanntmachst und es überall anschlagen lässest . . ., so daß diesen Entscheid unseres Wohlwollens niemand ignorieren kann.

Quelle: J. Moreau a.o. [Nr. 46] a.O. – *Literatur:* J. R. Knipfing, Das angebliche »Mailänder Edikt« v. J. 313 im Lichte der neueren Forschung, ZKG 40,1922, S. 206–218; H. Doerries a.o. [Nr. 51] a.O., S. 228 ff.; H. Nesselhauf, Das Toleranzedikt des Licinius, HJ 74, 1955, S. 44–61.

1. Das gilt im engeren (Wiederherstellung der zerstörten Kirche von Nikomedien [s.o. Nr. 46]) wie im weiteren Sinne.
2. Zu den Varianten und ihrer Einschätzung s. Moreaus Ausgabe (SC 39,I), S. 132 ff., und Kommentar (SC 39.II), S. 456–484.

52. Begünstigung des Christentums durch Konstantin

Bald nach dem Sieg über Maxentius (wie später nach der Ausschaltung des Licinius) wird Konstantins Hinwendung zum Gott der Christen an das Christentum unmittelbar begünstigenden Maßnahmen ablesbar, aus denen im folgenden eine charakteristische Auswahl geboten sei:

a) Verbot der Gesichtsschändung (Cod. Theod. 9,40,2 [21.3.315 od. 316]).
Wenn jemand in Anbetracht der Schwere der Verbrechen, bei denen er ertappt wurde, zu den Spielen oder zu[r Zwangsarbeit in] den Bergwerken verurteilt worden ist, so soll er nicht am Gesicht [sondern allenfalls an Händen und Waden] gebrandmarkt werden . . .; denn das nach dem Gleichnis der himmlischen Schönheit gebildete Antlitz darf nicht geschändet werden.

b) Sonntagsgesetze (Cod. Iust. 3,12,2; Cod. Theod. 2,8,1)
(Cod. Iust. 3,12,2 [3.3.321]) Alle Richter, Stadtleute und Handwerker, welches Gewerbe sie auch immer ausüben, sollen an dem verehrungswürdigen Tag der Sonne (venerabilis dies solis) ruhen. Dagegen mögen die Landleute frei und ungehindert der Bestellung ihrer Felder nachgehen . . ., damit nicht die ihnen durch Vorsorge des Himmels gebotene Gelegenheit mit dem [für Ernte und Weinlese] günstigsten Augenblick [ungenutzt] verstreicht.
(Cod. Theod. 2,8,1 [3.7.321]) Wie wir es für ganz und gar unziemlich erachten, daß der durch seine Verehrung hoch angesehene Tag der Sonne durch Gerichtsgezänk und schädlichen Parteienhader ausgefüllt werde, so ist es uns [im Gegenteil] lieb und erfreulich, wenn an jenem Tage geschieht, was [Gott] besonders wohlgefällig ist (quae sunt maxime votiva). Darum soll allen erlaubt sein, an diesem Festtag [ihre Sklaven] freizulassen und loszugeben [oder: ihre Söhne für mündig zu erklären und ihre Sklaven freizulassen] (ideo emancipandi et manumittendi . . . cuncti licentiam habeant); auch soll es unverwehrt sein, darüber ein Protokoll aufzusetzen.

c) Gesetz über die Immunität des Klerus (Cod. Theod. 16,2,2 [21.10.319])
Alle, die der Verehrung Gottes Religionsdienste widmen (Qui divino cultui ministeria religionis inpendunt), d.h. die sog. Kleriker (hi, qui clerici appellantur), seien von allen öffentlichen Dienstleistungen (munera)[1] völlig befreit, damit sie nicht durch frevelhafte Mißgunst einiger von ihren göttlichen Obliegenheiten (divina obsequia) abgehalten werden.

d) Anerkennung des Bischofsgerichtes (Cod. Theod. 1,27,1 [23.6.318])
Ein Richter wird entsprechend seiner Amtspflicht darauf achten müssen, daß, wenn an ein Bischofsgericht (episcopale iudicium) appelliert wird, dies stillschweigend toleriert werden muß; auch ist, wenn jemand den Wunsch geäußert hat, eine Streitsache auf das christliche Gesetz (lex Christiana) zu verlagern und sich an je-

nes Gericht zu halten, dem Folge zu leisten, selbst wenn die [Behandlung der] Streitsache vor dem [betreffenden] Richter bereits begonnen hat; schließlich hat, was von diesen [sc. den bischöflichen Richtern] entschieden worden ist, als höchst-instanzliche Entscheidung (pro sanctis) zu gelten . . .[2]

e) Verordnung über den Kirchenbau (bei Euseb, Leben Konstantins 2,46)

Adressat des folgenden Schreibens aus dem Jahre 324 ist Euseb von Caesarea; doch dürften gleichlautende briefliche Äußerungen Konstantins an alle führenden Bischöfe des Ostens ergangen sein.

Da bis zur Gegenwart unheiliger Wille und Tyrannei [sc. des Licinius[3]] die Diener des Erlösergottes verfolgten, habe ich geglaubt und mich eingehend davon über-zeugt, teuerster Bruder, daß alle Kirchengebäude entweder infolge von Vernach-lässigung verfallen oder aus Furcht vor drohender Ungerechtigkeit in ungebühr-lich schlechtem Zustand belassen worden sind. Jetzt aber, da die Freiheit zurück-gegeben und jener Drache [vgl. Offb. 12,3–17; 20,2] dank der Vorsehung des höchsten Gottes und unserer Beihilfe (θεοῦ τοῦ μεγίστου προνοίᾳ ἡμετέρᾳ δ' ὑπηρεσίᾳ) aus der Verwaltung der öffentlichen Angelegenheiten vertrieben wor-den ist, glaube ich, daß die göttliche Macht sich allen offenbart hat und [damit] auch die aus Furcht oder Unglauben allerlei Irrtümern Verfallenen zur Erkenntnis des wahrhaft Seienden (τὸ ὄντως ὄν), folglich auch zu wahrer, rechter Lebensge-staltung gelangen werden.

Das aber hat, so fährt das Schreiben fort, weiterhin zur Folge, daß die Kirchen nicht mehr ausreichen werden, sondern entweder herzurichten und zu erweitern oder aber neu zu bauen sind. Konstantin be-drängt Euseb und über ihn alle Bischöfe und Kleriker des Ostens, allenthalben bei diesem gottgefälligen Werk Hand anzulegen, und ermächtigt sie zugleich, bei den in diesem Sinne bereits instruierten Präto-rianerpräfekten und Provinzgouverneuren staatliche Hilfe dafür anzufordern[4].

Quellen: Th. Mommsen, Theodosiani libri XVI cum constitutionibus Sirmondianis, 1,2, 1954²; P. Krüger, Codex Iustinianus, 1877; I. A. Heikel a. o. [Nr. 50] a.O. – *Literatur:* H. Doerries a.o. [Nr. 50] a.O., S. 162 ff.; P. R. Coleman-Norton, Roman State und Christian Church, 1, London 1966; ferner W. Rordorf, Sabbat und Sonntag in der Alten Kirche, Traditio Christiana 2, Zürich 1972; A. Steinwenter, Art. Audientia episcopalis, RAC 1,1950, Sp. 915–917; Th.Klauser a. o. [Nr. 47] a. o., S. 180–211, 230–232; L. Voelkl, Die Kirchenstiftungen des Kaisers Konstantin im Lichte des Römischen Sakralrechts, 1964.
1.   Vgl. dazu oben Nr. 33b. Mit der Befreiung von den munera wurde dem christlichen Klerus ein Privileg zugestanden, das die heidnischen Priester und die jüdischen Synagogenvorsteher längst besa-ßen und, soweit es die letzteren betrifft, auch im christianisierten Imperium Romanum auf Dauer be-hielten.
2.   Die richterliche Funktion der Bischöfe beschränkte sich auf zivile Streitsachen, beruhte auf freiwil-liger Beteiligung an der staatlichen Gerichtsbarkeit und endete damit, daß 398 für Ostrom (Cod. Iust. 1,4,7) und 408 für Westrom (const. Sirmond. 16) das Institut der audientia episcopalis wieder abge-schafft wurde.
3.   Zu dessen antichristlichen Maßnahmen nach dem »Mailänder Edikt« s. Euseb, Kirchengesch. 10,8,10 f. 14–19; Leben Konstantins 1,51–54.
4.   Zu Konstantins Kirchenbauten vgl. ferner aus derselben Schrift, Eusebs »Leben Konstantins«, 3,30–43.48 50–53.58; 4,39.58–60.

53. Antonius und die Anfänge des Mönchtums

Von Mönchtum ist erst da zu reden, wo sich einzelne Asketen oder organisierte Gemeinschaften von der »Welt« absondern, in der Wüste oder auch in von der »Welt« streng geschiedener klösterlicher Gemeinschaft – der »künstlichen Wüste«, wie man sagte – ihren Aufenthalt wählen und so aus »vollkommenen« Christen zu »allein« oder »abgesondert Lebenden«, also zu »Mönchen« (von griech. μόνοι oder μοναχοί) geworden sind. Als »Vater der Mönche« gilt in der Mönchstradition der 356 im Alter von 105 Jahren gestorbene Kopte Antonius. Doch blickte dieser, der ältesten erreichbaren Überlieferung zufolge, bereits auf Vorläufer zurück, so daß er, streng genommen, nicht als Begründer der »Anachorese« (von griech. ἀναχωρεῖν = ›sich zurückziehen [von der Welt]‹)gelten kann. Wohl aber ist er für uns die erste greifbare Gestalt altkirchlichen Mönchtums, ohne das der Weg der Kirche, innerhalb wie außerhalb des christianisierten Imperium Romanum, nicht mehr zu denken sein sollte! – Authentische Nachrichten dürften am ehesten die (insgesamt 38) Antoniuslogien der Apophthegmata Patrum, einer Ende des 5. Jahrhunderts entstandenen Sammlung von »Aussprüchen der [Mönchs-] Väter«, vermitteln. Doch das wirkungsgeschichtlich wichtigere Antoniusbild ist dasjenige der – wohl kurz nach dem Tode des Mönchsvaters verfaßten – Vita Antonii des Athanasius von Alexandrien.

a) Das Antoniusbild der »Aussprüche der Väter« (Apophth. 1–5.7.9–11.23 f.26.36 f.)

(1) Als der heilige Abbas [›Altvater‹] Antonius einmal in verdrießlicher Stimmung (ἀκηδία) und voll düsterer Gedanken in der Wüste saß, sprach er zu Gott: »Herr, ich will doch gerettet werden, aber mein Grübeln läßt es nicht zu. Was soll ich in solcher Bedrängnis tun? Wie kann ich gerettet werden?« Bald darauf erhob er sich, ging ins Freie und sah einen, der ihm glich. Der saß dort und arbeitete, stand dann von der Arbeit auf, um zu beten, setzte sich wieder, flocht an seinem Seil [weiter] und erhob sich abermals zum Gebet; und siehe, es war ein Engel des Herrn, gesandt, Antonius zu festigen auf den rechten Weg hin. Und er hörte den Engel sagen: »Mach es so, dann wirst du das Heil erlangen.« Als er das hörte, wurde er von großer Freude und Zuversicht erfüllt, und durch solches Tun fand er das Heil, das er suchte.

(2) Derselbe Abbas Antonius erging sich in Betrachtungen über die Tiefe der göttlichen Ratschlüsse und stellte die Frage: »Herr, wie kommt es, daß manche nach kurzem Leben sterben, andere dagegen ein hohes Alter erreichen . . .?« Da erreichte ihn eine Stimme, die sprach: »Antonius, habe acht auf dich selbst (σεαυτῷ πρόσεχε); denn das sind Fügungen Gottes, und es nützt dir nicht, sie zu erfahren.«

(3) Fragt einer den Abbas Antonius: »Worauf muß ich achten, um Gott zu gefallen?« Der Geron [›Greis‹] gab zur Antwort: »Was ich dir gebiete, das befolge: Wo immer du hingehst – habe allezeit Gott vor Augen; und was immer du tust – suche für alles ein Zeugnis in den heiligen Schriften; und schließlich: wo immer du dich niederläßt – verlaß diesen Ort nicht gleich wieder. Diese drei Dinge befolge, und du wirst gerettet.«

(4) Sprach der Abbas Antonius zum Abbas Poimen: »Das ist das große Werk des Menschen, daß er seine Sünde über sich hinaus vor das Angesicht Gottes werfe; [im übrigen] rechne er mit Anfechtung bis zu seinem letzten Atemzug.«

(5) Derselbe sagte einmal: »Niemand wird in das Himmelreich kommen, der nicht versucht worden wäre. Nimm die Versuchungen weg, und es ist keiner, der Rettung findet.«

(7) Sprach der Abbas Antonius: »Ich sah all die Fallstricke des Feindes auf Erden ausgebreitet, und ich sagte seufzend: Wer kann ihnen denn entgehen? Da vernahm ich eine Stimme, die sagte: ›Die Demut‹«.

(9) Ein andermal sagte er: »Vom Nächsten gehen [für uns] Leben und Tod aus. Gewinnen wir nämlich den Bruder, so gewinnen wir Gott. Geben wir dagegen dem Bruder Ärgernis, so versündigen wir uns gegen Christus.«

(10) Derselbe [Antonius] sprach: »Wie die Fische, sind sie längere Zeit außerhalb des Wassers, verenden, so verflüchtigt sich auch bei den Mönchen, wenn sie länger außerhalb ihrer Zelle (κέλλιον) verweilen und ihre Zeit mit Weltmenschen zubringen, die Spannkraft, die die Stille gibt [oder: die zur Stille notwendig ist] (ὁ τῆς ἡσυχίας τόνος). Wie also der Fisch ins Wasser, so müssen wir in die Zelle zurückstreben, damit wir nicht bei dem Aufenthalt draußen die innere Wacht (ἔνδον φυλακή) versäumen.«

(11) Abermals sagte er: »Wer in der Wüste [seiner Zelle] sitzt und sich der Stille hingibt, ist gegen drei Versuchungen gefeit: des Hörens, des Redens, des Sehens; nur *ein* Kampf bleibt ihm: der gegen die eigene Sinnlichkeit (πορνεία).«

(23) Wiederum sprach er: »Gott schickt dem gegenwärtigen Geschlecht nicht solche Kämpfe wie den Alten [sc. den Vätern des Mönchtums]. Denn er weiß, daß es schwach ist und nicht bestehen könnte.«

(24) Dem Antonius wurde in der Wüste offenbart: »In der Stadt ist einer, der sich mit dir messen kann, seines Zeichens Arzt. Von seinem Überfluß gibt er den Notleidenden und den ganzen Tag über singt er mit den Engeln das Trishagios.«[1]

(26) Kamen Brüder zum Abbas Antonius und fragten ihn nach dem Sinn eines Wortes aus dem Buche Leviticus. Als der Geron deshalb in die Wüste hinausging, folgte ihm Abbas Ammonas, der seine Gewohnheit kannte, unbemerkt. Lange verweilte der Geron in Gebetshaltung und rief mit lauter Stimme: »O Gott, sende Mose, daß er mich über dies Wort belehre.« Und es kam eine Stimme und redete mit ihm. Abbas Ammonas berichtete später: »Die Stimme, die mit ihm sprach, habe ich wohl vernommen, doch ihren Sinn (δύναμις) konnte ich nicht erfassen.«

(36) Wiederum sprach er: »Unterordnung (ὑποταγή) zusammen mit Entsagung (ἐγκράτεια) zähmt wilde Tiere.«

(37) Ein andermal sprach er: »Ich kenne Mönche, die nach vielen Mühen (κόποι) gefallen sind und in Verwirrung des Geistes gerieten, weil sie auf ihr eigenes Werk bauten und die Weisung dessen überhörten, der da sagte: ›Frage deinen Vater, und er wird es dir ansagen‹ [Dtn. 32,7].«

b) Das Antoniusbild des athanasianischen »Antoniuslebens« (Kap. 1–3.5.7 f.12.14. 67.69.94)

(1) Antonius war Ägypter, Sohn hochsinniger Eltern, die auch über ausreichendes Vermögen verfügten; da sie selbst Christen waren, wurde auch er christlich erzogen . . .

(2) . . . [Wenige Monate nach dem Tod der Eltern] ging er [damals kaum zwanzigjährig und in Gedanken an die Besitzaufgabe der Apostel und der ersten Christen versunken] seiner Gewohnheit nach zur Kirche (τὸ κυριακόν) . . . Und es traf sich, daß gerade das Evangelium verlesen wurde, und er hörte, wie der Herr zum Reichen sagte: »Willst du vollkommen sein, so gehe hin, verkaufe alles, was du hast, und gib's den Armen; dann komm und folge mir nach, und du wirst einen Schatz im Himmel haben« [Mt. 19,21]. Antonius aber war es, als sei . . . jene Schriftlesung um seinetwillen geschehen; er ging sogleich aus der Kirche und verschenkte die von den Vorfahren ererbten Besitztümer . . . an die Bewohner seines Heimatdorfes . . .

(3) . . . [In der Folge] widmete er sich ausschließlich der Askese, und zwar vor

seinem Haus . . . Noch gab es ja in Ägypten keine Klosterkolonien (συνεχῆ μο-
ναστήρια), und von der großen Wüste war einem Mönch noch nichts bekannt;
vielmehr gab sich jeder, der auf sich achtzuhaben (ἑαυτῷ προσέχειν) gedachte,
unweit seines Wohnorts der Askese hin, für sich allein (καταμόνας) . . .
(5) Der Teufel jedoch . . . ertrug den Anblick solch beharrlichen Vorsatzes an einem so jungen Menschen nicht . . . Doch der gedachte Christi und des von ihm
erlangten Adels und geistigen Wesens (τὸ νοερόν) der Seele . . . So gerieten all
diese [dämonischen Versuchungen] dem Feind zur Beschämung. Denn der einst
wähnte, Gott gleich zu werden, mit dem trieb nun ein Jüngling sein Spiel . . . Half
ihm doch der Herr, der um unseretwillen Fleisch annahm und dem Leib den Sieg
über den Teufel verlieh, so daß ein jeder rechte Kämpfer sagen muß:»Nicht ich,
sondern die Gnade Gottes mit mir« [1. Kor. 15,10].
(7) . . . Mehr und mehr bezwang er [aus der Hl. Schrift darüber belehrt, wie vielfältig die Anschläge des Feindes seien] seinen Körper und machte ihn sich gefügig . . . Denn, so sagte er [im Gedenken an das Apostelwort 2. Kor. 12,10], die
Spannkraft der Seele (τόνος τῆς ψυχῆς) sei dann »stark«, wenn die körperlichen
Lüste »schwach« seien . . .
(8) . . . [Später] begab er sich zu den Gräbern, die weit vom Dorf entfernt lagen,
. . . betrat eins dieser Gräber und blieb [nachdem man es von außen verriegelt hat-
te] allein darin . . .
(12) . . . [Nachdem er sich, noch weiter weg, in die Wüste aufgemacht hatte, fand
er schließlich ein verlassenes Kastell, von dem inzwischen Mengen kriechenden
Gewürms Besitz ergriffen hatten]. Hier ließ er sich nieder und wohnte darin . . .
Nur zweimal im Jahr ließ er sich von oben herab durch das Gemäuer Brot reichen.
(14) Fast volle 20 Jahre verbrachte er so, für sich allein der Askese lebend . . .
Dann aber verlangten viele mit Ungestüm danach, seiner Askese nachzueifern . . .; so brachen und stießen sie gewaltsam die Tür [zu ihm] auf . . . Da trat
Antonius wie aus einem Heiligtum (ἄδυτον) hervor, eingeweiht und inspiriert
(μεμυσταγωγημένος καί θεοφορούμενος). . . . Wie ihn jene nun erblickten,
wunderten sie sich darüber, daß sein Leib noch dasselbe Aussehen hatte wie zuvor,
. . . ohne vom Fasten und vom Kampf mit den Dämonen die geringste Beeinträchtigung erfahren zu haben . . . Viele der Anwesenden, die körperliche Leiden hatten, heilte der Herr durch ihn; andere befreite er von den Dämonen. Er verlieh
Antonius auch die Gabe (χάρις), so zu reden, daß er viele Trauernde tröstete und
andere, die miteinander im Streit lagen, versöhnte . . . In seinen [seelsorgerli-
chen] Unterredungen ermahnte er auch dazu, der künftigen Güter und der Menschenfreundlichkeit zu gedenken, die Gott an uns bewiesen, »welcher seines eigenen Sohnes nicht verschonte, sondern ihn für uns alle dahingab« [Röm. 8,32].
Dadurch überredete er viele dazu, das Einsiedlerleben (μονήρης βίος) zu erwählen, so daß fortan im Gebirge Klöster entstanden und sich die Wüste[2] mit Mönchen
bevölkerte, welche alles verließen, was ihnen zueigen war, und sich dem himmlischen Wandel (ἐν τοῖς οὐρανοῖς πολιτεία) verschrieben.
(67) Er war langmütigen Wesens und bescheiden in seiner Seele; in solcher Gesinnung ehrte er auch die Ordnung (κανών) der Kirche über die Maßen und wünschte, daß jeder Kleriker den Ehrenvorrang vor ihm habe. Vor Bischöfen und Presbytern sich zu verneigen, hielt er sich nicht für zu gut; und kam einmal ein Diakon zu
ihm der Erbauung (ὠφέλεια) wegen, so besprach er mit ihm, was der Erbauung
diente, ließ ihm aber im Gebet den Vortritt, weil er sich nicht für zu gut hielt,
selbst noch zu lernen . . .

(69) Als einmal die Arianer die lügnerische Behauptung verbreiteten, er denke genau so wie sie, ward er unwillig und zornig über sie. Dann stieg er, von den Bischöfen und allen Brüdern darum gebeten, vom Berg[3] herab und begab sich nach Alexandrien, wo er die Arianer verwünschte und erklärte, dies sei die letzte Häresie und ein Vorläufer des Antichrist . . . Wenn jene lehren, [so ließ er das Volk wissen,] daß der aus dem Vater stammende Sohn und Logos Gottes ein Geschöpf (κτίσμα) sei, dann unterscheiden sie sich in nichts von den Heiden; verehren doch [auch] sie das Geschöpf an Stelle des Schöpfergottes . . .

(94) [Schluß des »Antoniuslebens«] Dieses lest nun den übrigen Mönchen vor, auf daß sie lernen mögen, wie beschaffen das Leben der Mönche sein muß, und sich davon überzeugen lassen, daß unser Herr und Heiland Jesus Christus die verherrlicht, die ihn verherrlichen, und, welche ihm dienen bis ans Ende, nicht allein in das Himmelreich führt, sondern auch bereits hienieden um ihrer Tugend (ἀρετή) und der Erbauung der anderen willen überall vor aller Augen sichtbar und bekannt werden läßt, mögen sie sich auch verbergen und bemüht sein, in Abgeschiedenheit zu leben (ἀναχωρεῖν). Wenn es nötig wird, dann lest dies auch den Heiden vor, damit sie erkennen: nicht allein ist unser Herr Jesus Christus Gott und Gottes Sohn; vielmehr erbringen auch die Christen, die ihm wahrhaft dienen und gottesfürchtig an ihn glauben, den Beweis dafür, daß die von den Griechen für Götter gehaltenen Dämonen nicht nur keine Götter sind; sondern sie treten sie auch noch mit Füßen [vgl. Lk. 10,19] und verfolgen sie als Verführer und Verderber der Menschen, durch Christus Jesus unseren Herrn, dem die Ehre sei von Ewigkeit zu Ewigkeit.

Quellen: MPG 65, Sp. 71 ff. (Apophthegmata Patrum); MPG 26,837 ff. (Vita Antonii). – *Literatur:* W. Bousset, Apophthegmata. Studien zur Geschichte des ältesten Mönchtums, 1923; H. Doerries, Die Vita Antonii als Geschichtsquelle, (jetzt) in: ders., Wort und Stunde, 1,1966, S. 145–224; H. Bacht, Das Vermächtnis des Ursprungs. Studien zum frühen Mönchtum, 1,1972.

1. Gemeint ist wohl nicht das biblische Sanctus (Jes. 6,3), sondern der ostkirchliche Huldigungs- und Gebetsruf, wie er noch in Luthers Lied (EKG 309) fortlebt: »Heiliger Herre Gott, heiliger, starker Gott, (heiliger barmherziger Heiland,) du ewiger Gott . . .« (griech. Ἅγιος ὁ θεός, ἅγιος ἰσχυρός, ἅγιος ἀθάνατος, ἐλέησον ἡμᾶς).

2. Zunächst die mittelägyptische mit Zentren in Pispir (»Grotte des Hl. Antonius«) am mons S. Antonii (s. u.) und am mons s. Pauli, dann die unterägyptische (nitrische und sketische) und schließlich auch die oberägyptische (Thebais).

3. Dem »Berg des Hl. Antonius« in Mittelägypten, unweit des Roten Meeres (Kolzim).

54. Arius und der Beginn des trinitätstheologischen Streites

Der im 2. Jahrzehnt des 4. Jahrhunderts anhebende Kampf, in dessen Verlauf die grundlegenden dogmatischen Bestimmungen hinsichtlich der göttlichen Dreifaltigkeit fixiert wurden, ist in seiner Anfangsphase verknüpft mit Person und Theologie des [aus Libyen stammenden?] Arius (Areios), der, wohl in Alexandrien theologisch geschult, zuletzt Presbyter an der dortigen Baukaliskirche war. Die von ihm mit großer Rührigkeit propagierte Doktrin, für die er sich gelegentlich auch auf den in der diokletianischen Verfolgung als Märtyrer gestorbenen Lukian von Antiochien zu berufen vermochte, ist wohl in erster Linie als ein radikalisierter und – durch allzu unkritische Anlehnung an platonisch-mittelplatonisches Seinsdenken(?) – aus den Fugen geratener Origenismus zu verstehen. – Die nach manchen Verhandlungen schließlich erfolgte Exkommunikation des Arius durch eine alexandrinische Synode (319) führte zunächst nur zu einer raschen Ausweitung des Konflikts, der auch – nach einer zweijährigen Zwangspause infolge der christenfeindlichen Politik des Licinius – sofort wieder ausbrach, als Konstantin die Herrschaft im Osten antrat.

a) Der Beginn des »arianischen Streits« nach der Enzyklika Alexanders von Alexandrien (Opitz, Urkunde 4b)

(3) Es sind . . . in jüngster Zeit in unserer Diözese (παροικία) Menschen aufgestanden, Gesetzesbrecher und Feinde Christi, die einen Abfall [vom Glauben] (ἀποστασία) lehren, den man mit vollem Recht als Vorspiel [der Erscheinung] des Antichrist ansehen und bezeichnen kann. (4) [Mochte es anfangs als geraten erscheinen, all diese Dinge mit Schweigen zu übergehen, so ist neuerdings durch die Einmischung Eusebs von Nikomedien eine neue Situation entstanden] Denn seit dieser Mann die Kirche von Berytos verlassen und auf die von Nikomedien seine begehrlichen Blicke geworfen hat, ohne daß er dafür bestraft worden wäre, bildet er sich ein, alle kirchlichen Angelegenheiten hingen von ihm ab; so stellt er sich [nun] vor diese Apostaten und hat damit begonnen, in alle Welt Empfehlungsbriefe für sie zu verschicken, um einige Ahnungslose in diese allerschändlichste und [zutiefst] christusfeindliche Häresie hineinzuziehen. Aus diesem Grunde habe ich es . . . für notwendig erachtet, mein Schweigen zu brechen und euch zu informieren, (5) damit ihr die Abtrünnigen und die unseligen Artikulationen ihrer Irrlehre selbst kennenlernt . . . (6) Hier nun [zunächst] die Namen der Apostaten: Arius, Achileus, Aeithales, Karpones, ein zweiter Arius und Sarmates, alles einstige Presbyter; ferner die ehemaligen Diakonen Euzoius, Lucius, Julius, Menas, Helladius und Gaius; zu ihnen gehören noch Sekundus und Theonas, die einst den Bischofstitel trugen. (7) Und das ist es, was sie sich im Widerspruch zu den [heiligen] Schriften erdacht haben (ἐφευρόντες): »Gott war nicht immer Vater; vielmehr gab es eine Zeit, da Gott nicht Vater war (ἦν ὅτε ὁ θεὸς πατὴρ οὐκ ἦν). [Auch] ist der Logos Gottes nicht immer gewesen, sondern [irgendwann einmal] aus dem Nichts entstanden. Denn der [unwandelbar] Gott *ist*, hat den, der [dies] nicht ist, aus dem Nichts erschaffen [›gemacht‹] (ὁ γὰρ ὢν θεὸς τὸν μὴ ὄντα ἐκ τοῦ μὴ ὄντος πεποίηκε). So gab es denn eine Zeit, da er [der Logos] nicht war (ἦν ποτε ὅτε οὐκ ἦν). Denn der Sohn ist ein Geschöpf (κτίσμα) und Gemächte (ποίημα). Weder ist er seinem Wesen (οὐσία) nach dem Vater gleich (ὅμοιος), noch ist er in Wahrheit und von Natur aus (φύσει) Logos des Vaters, noch seine wahre Weisheit; sondern er ist eines der geschaffenen und gewordenen Wesen und wird mißbräuchlich (καταχρηστικῶς) Logos und Weisheit genannt, da auch er durch Gottes eigenes Wort und durch die in Gott [selbst] wohnende Weisheit geworden ist, in der Gott wie das All, so auch ihn geschaffen hat. (8) Er ist deshalb seiner Natur nach ebenso dem Wechsel und der Veränderung unterworfen (τρεπτός . . . καὶ ἀλλοιωτὸς τὴν φύσιν) wie alle übrigen Vernunftwesen. Er, der Logos, ist [Gott wesens-]fremd, von ihm unterschieden und von der Wesenheit Gottes ausgeschlossen (ξένος τε καὶ ἀλλότριος καὶ ἀπεσχοινισμένος ἐστὶν ὁ λόγος τῆς τοῦ θεοῦ οὐσίας), und selbst für den Sohn ist der Vater unsichtbar (ἀόρατος). Besitzt er doch weder vollkommene und genaue Kenntnis des Vaters, noch vermag er ihn vollkommen zu schauen. Ja, selbst seine eigene Wesenheit (οὐσία) kennt der Sohn nicht so, wie sie [in Wirklichkeit] ist. (9) Er ist um unseretwillen geschaffen worden, auf daß uns Gott durch ihn wie durch ein Werkzeug (ὄργανον) erschüfe. Und es hätte ihn gar nicht gegeben, wenn Gott nicht uns hätte er-

schaffen wollen.« (10) Als einer die Frage an sie richtete, ob sich der göttliche Logos ebenso wandeln könne, wie es der Teufel vermochte, hatten sie keinerlei Bedenken zu erwidern: »Ja, das kann er; ist er doch von wandelbarer Natur, eben weil er geworden und geschaffen ist.« (11) Auf einer Zusammenkunft mit annähernd 100 Bischöfen Ägyptens und Libyens haben wir nun die Anhänger des Arius, die ohne die geringste Scheu solches [zu] sagen [wagen], samt denen, die zu ihnen halten, verdammt (ἀνεθεματίσαμεν). Die Leute um Euseb freilich haben sie aufgenommen und bemühen sich seitdem, die Lüge mit der Wahrheit zu vermengen . . . Doch es wird ihnen nicht gelingen . . . (12) . . . Denn wie wird einer, der [den Evangelisten] Johannes sagen hört: »Im Anfang war das Wort« [Joh. 1,1], nicht die verurteilen, die da behaupten: »Es gab eine Zeit, da er nicht war?« Wer wird ferner im Evangelium hören: »eingeborener Sohn« und »durch welchen alles geschaffen ist« [Joh. 1,18; 1,3], ohne die zu verabscheuen, die da tönen, er sei eines der Geschöpfe (ποιήματα)? . . .

In diesem Stil fährt die Enzyklika Alexanders fort, indem sie den Aufstellungen der Arianer mit biblischen Argumenten vor allem aus den Paulusbriefen und dem Johannesevangelium entgegentritt. Nach erneuten Warnungen vor den Machenschaften Eusebs schließt sie mit der Unterschrift von 17 Presbytern und 24 Diakonen, darunter 2 mit dem Namen Athanasius(!), alle aus Alexandrien, und dazu von 17 Presbytern und 20 Diakonen aus der Mareotis.

b) Das Glaubensbekenntnis des Arius und Genossen an Alexander von Alexandrien (um 320: ebenda, Urkunde 6)

(1) Unserem gesegneten Papst (μακάριος πάπας) und Bischof Alexander wünschen die Presbyter und Diakonen Heil im Herrn! (2) Unser von den Vorfahren her [überlieferter] Glaube, wie wir ihn auch von dir . . . gelernt haben, hat diesen Inhalt: Wir anerkennen *einen* Gott, der allein ungeworden (ἀγέννητος), allein ewig, allein anfangslos (ἄναρχος), allein wahrhaftig, allein unsterblich, allein weise, allein gut, . . . unveränderlich und unwandelbar (ἄτρεπτος καὶ ἀναλλοίωτος) ist, . . . der vor unvordenklichen Zeiten einen eingeborenen Sohn erzeugt hat, durch welchen er auch die Äonen und das All schuf. Er hat ihn jedoch nicht zum Scheine (οὐ δοκήσει), sondern in Wahrheit erzeugt, und zwar durch seinen eigenen Willen ins Dasein gerufen, unveränderlich und unwandelbar, als ein vollkommenes Geschöpf (κτίσμα . . . τέλειον) Gottes, aber nicht wie eines der [übrigen] Geschöpfe, als Erzeugnis (γέννημα), aber nicht wie eins der [übrigen] Erzeugnisse; auch nicht so, wie Valentin das Erzeugnis des Vaters als Emanation (προβολή) gelehrt, noch so, wie Mani das Erzeugnis als wesensgleichen Teil (μέρος ὁμοούσιον) des Vaters dargestellt hat; endlich auch nicht so, wie Sabellius die Einheit (μονάς) [selbst] teilte und vom »Sohnvater« (υἱοπάτωρ) sprach, oder so wie Hierakas[1], für den er Licht von einem Licht oder Teil eines zweiarmigen Leuchters[?] (λαμπάς εἰς δύο) ist, noch so, daß der, der vorher [bereits] da war, nachträglich als Sohn geboren oder hinzuerschaffen worden wäre, wie ja auch du selbst, gottseliger Vater, inmitten der Kirche und der [Kleriker-]Versammlung mehr als einmal diejenigen zurechtgewiesen hast, die derartiges vorbrachten. Vielmehr, sagen wir, ist er durch den Willen Gottes vor Zeiten und Äonen geschaffen worden und hat vom Vater Leben, Sein und Herrlichkeit (δόξαι) empfangen, welche der Vater gleichzeitig mit ihm hat ins Dasein treten lassen. (4) Denn der Vater hat sich, als er ihm alles zum Erbe gab, nicht selbst dessen beraubt, was er ohne Werden in sich trägt; ist er doch die Quelle allen Seins. Folglich gibt es drei Hypostasen [: Vater, Sohn und Hl. Geist]. Und zwar ist Gott, sofern er

Grund allen Seins ist, absolut allein (μονώτατος) ursprungslos. Der Sohn, erzeugt vom Vater außerhalb der Zeit (ἀχρόνως), geschaffen und konstituiert vor allen Äonen, war nicht, bevor er erzeugt ward; aber er allein ist, als außerhalb der Zeit [und] vor allen [anderen Geschöpfen] erzeugt, vom Vater [selbst] ins Dasein gebracht. Er ist weder ewig noch gleichewig mit dem Vater, noch teilt er mit ihm das Ungezeugtsein (οὐδὲ . . . ἐστιν . . . συναγέννητος τῷ πατρί); auch hat er nicht mit dem Vater zusammen das Sein, wie einige mit Blick auf die [aristotelische] Kategorie der Relation (τὰ πρός τι)² behaupten, indem sie zwei unerzeugte Prinzipien einführen. Vielmehr ist Gott als Einheit (μονάς) und Ursprung allen Seins vor allen Dingen . . . (5). . . . Wenn aber Aussagen wie »aus ihm«, »aus dem Schoße« [Ps. 109 (110), 3] . . . von bestimmten Leuten so interpretiert werden, als besagten sie, [der Logos] sei ein Teil von ihm, dem [mit ihm] Wesenseinen [bzw. Gleichgearteten] (μέρος αὐτοῦ ὁμοουσίου), und eine Emanation, dann ist nach ihrer Meinung der Vater zusammengesetzt, teilbar (διαιρετός) und wandelbar; und soweit es an ihnen liegt, wird der unkörperliche Gott leiden, was einem Körper zukommt . . .

c) Konstantins Eingreifen in den Kirchenstreit nach seinem Brief an Alexander von Alexandrien und Arius (Okt. 324; ebenda, Urk. 17)

Sein Eingreifen sieht der Kaiser, der, indem er sich an beide Wortführer zugleich wendet, seinen Standort über den streitenden Parteien sichtbar macht, in der ihm von Gott gestellten Doppelaufgabe begründet: einerseits das religiöse Sinnen und Trachten der Völker »gleichförmig« zu machen und zu einen, andererseits den schwerverwundeten Körper des gesamten Erdkreises zu erquicken und zu heilen, wobei er sich dessen bewußt ist, daß, wenn es gelänge, den eigenen Wünschen gemäß unter den »Dienern Gottes« volle Eintracht herzustellen, auch die öffentlichen Angelegenheiten eine der frommen Gesinnung aller entsprechende Wendung zum Besseren nähmen (§ 1). Es war daher schon heller Wahnsinn, wenn in Afrika³ in unbesonnener Leichtfertigkeit Spaltungen den öffentlichen Gottesdienst um seine Geschlossenheit brachten (§ 2.3).

(4) . . . Welch tödliche Wunde aber hat erst mein Ohr oder vielmehr mein Herz getroffen, als man mir meldete, unter euch sei eine noch schlimmere Spaltung im Entstehen, als sie dort [in Afrika] zurückgeblieben . . . Da ich nun aber Anlaß und Gegenstand dieser [Streitigkeiten] erwog, stellte sich der Vorwand als belanglos und solchen Haders keinesfalls wert heraus. Darum in die Notwendigkeit versetzt, diesen Brief an euch zu richten, appelliere ich an euren Gemeinsinn und stelle mich unter Anrufung der göttlichen Vorsehung so, wie es billig ist, gleichsam als Friedensbringer mitten in den Streit, den ihr miteinander ausfechtet. (6) Entstanden ist, wie ich höre, der ganze gegenwärtige Streit so, daß du, Alexander, die Presbyter fragtest, was ein jeder über eine bestimmte Stelle im Gesetz, oder vielmehr über einen nichtigen Teil eines Problems, dächte, und daß du, Arius, was gar nicht erst hätte gedacht oder, wenn schon gedacht, dann hätte totgeschwiegen werden sollen, unüberlegt entgegenhieltest . . . (7) So soll denn ein jeder von euch gleichermaßen dem anderen Verzeihung gewähren und auf das hören, was euer Mitdiener (συνθεράπων)⁴ euch gerechtermaßen anrät . . . (9) . . . Hat doch keine der Hauptanweisungen im Gesetz den Vorwand abgegeben und ist auch keine grundsätzliche Neuerung (καινὴ . . . αἵρεσις⁵) hinsichtlich der Gottesverehrung bei euch eingeführt worden; vielmehr seid ihr eines Sinnes und solltet euch daher auch zu einträchtigem Bunde zusammenfinden können. (13) Ich sage dies nicht, als ob ich euch zwingen wollte, bei dieser auf alle Fälle doch recht banalen Frage durchaus ein und derselben Meinung zu sein . . . (14) Über die göttliche

Vorsehung (πρόνοια) und über das höchste Wesen muß es [freilich] einen einzigen Glauben, ein einziges Verständnis . . . geben; was ihr jedoch untereinander über diese geringfügigen Fragen ausklügelt, das sollte, mögt ihr hierin auch zu keiner einhelligen Meinung gelangen, im innersten, geheimsten Denken eines jeden von euch wohl verwahrt bleiben. Dagegen bestehe unter euch unerschüttert das herrliche Gut freundschaftlicher Verbundenheit, der Glaube an die Wahrheit und die Gott und dem Dienst des Gesetzes erwiesene Ehre . . .

Quellen: H.G. Opitz, Athanasius Werke, 3,1. Urkunden zur Geschichte des arianischen Streites 318–328, 1934 f. – *Literatur:* W. Elliger, Bemerkungen zur Theologie des Arius, ThStKr 103, 1931, S. 244–251; H.G. Opitz, Die Zeitfolge des arianischen Streites von den Anfängen bis 328, ZNW 33, 1934, S. 131–159; G.C. Stead, The Platonism of Arius, JThS 15, 1964, S. 16–31; M. Simonetti, Studi sull'Arianesimo, Rom 1965; F. Ricken, Das Homousios von Nikaia als Krisis des altchristlichen Platonismus, (jetzt) in: H. Schlier u.a., Zur Frühgeschichte der Christologie, 1970; E. Boularand, L'hérésie d'Arius et la »foi« de Nicée, Paris 1972; M. Simonetti, La crisi ariana nel IV seculo, Stud. Aug. 2, Rom 1975.

1. Vielseitig gelehrter Ägypter (ca. 270–360), Origenist und Verfasser (heute verlorener) Bibelkommentare und Psalmen.
2. Vgl. Aristoteles, Kategorien 7b. 15.
3. Vgl. oben Nr. 48. 50d.
4. Vgl. die Selbstbezeichnung Konstantins als »Bischof für die äußeren Angelegenheiten [oder: für die Außenstehenden]« (ἐπίσκοπος τῶν ἐκτός) [Euseb, Leben Konstantins 4,24]).
5. Zu dieser durch den Zusammenhang nahegelegten Deutung von αἵρεσις s. H. Doerries a.o. [Nr. 50] a.O., S. 57, A. 2.

55. Erneuerung des Toleranzversprechens Konstantins in seinem Lehrbrief an die Provinzialen von 324 (Euseb, Leben Konstantins 2,56)

Nach seinem Sieg über Licinius (Sept. 324) ließ Konstantin zwei große Schreiben an seine östlichen Untertanen ergehen. Das erste (Euseb, Leben Konstantins, 2,24–42) hielt die Magistrate zu umfassender Wiedergutmachung an den Opfern alter und neuester Verfolgung an. Das zweite, an die Christen der östlichen Provinzen gerichtet (ebenda 2,48–60), erneuerte das Toleranzversprechen des »Mailänder Edikts«, diesmal allerdings nicht mehr den Christen, sondern den Heiden gegenüber. Es heißt in diesem, zum Schluß in Gebetsform gehaltenen »Missionsbrief mit dem Charakter einer apologetischen Rede« (H. Kraft) u.a.:

(56,1) Es ist mein Wunsch, daß dein Volk um des allgemeinen Besten des Erdkreises (οἰκουμένη) und aller Menschen willen in Frieden leben und ohne Spaltung (ἀστασίαστος) bleiben möge. Gleichen Frieden und gleiche Ruhe wie die Gläubigen [sc. die Christen] sollen aber auch die Irrenden erhalten und freudig genießen. Diese Wonne der Gemeinschaft nämlich wird auch jene zu bessern und auf den rechten Weg zu bringen vermögen. Keiner soll den anderen belästigen; wie sein Herz begehrt, so soll es ein jeder haben und halten. (2) Die Gutgesinnten seien sich dessen freilich gewiß, daß nur die heilig und rein leben, die du selbst berufst, in deinen heiligen Gesetzen zu ruhen. Die sich dem jedoch entziehen, sollen die Tempel ihres Trugs nach ihrem Willen behalten; wir [aber] haben das lichte Haus deiner Wahrheit. Was du naturentsprechend (κατὰ φύσιν) verliehen, das erflehen wir auch für sie, damit nämlich auch sie die innige Freude erfahren mögen, wie sie aus der allgemeinen Eintracht erwächst.

Quelle: I.A. Heikel a. o. [Nr. 50] a. O. – *Literatur:* A.H. M. Jones, Notes on the Genuineness of the Constantinian Documents in Eusebius' Life of Constantine, JEH 5, 1954, S. 196 ff.; H. Doerries a. o. [Nr. 50] a. O.; H. Kraft a. o. [Nr. 50] a. O.; P. R. Coleman – Norton a. o. [Nr. 52] a. O.

56. Das Konzil von Nizäa und sein Symbol

Als nach Erringung der Alleinherrschaft durch Konstantin der Streit um Arius (und Alexander) sofort wiederauflebte und sich weder durch den direkten Appell an die beiden Hauptbeteiligten (s. o. Nr. 54c), noch durch eine Mission des Ossius von Cordoba, des kaiserlichen Ratgebers in Kirchenfragen, in Alexandrien und Antiochien (Frühjahr 325) der Kirchenfriede wieder einstellen wollte, berief der Kaiser nach dem Vorgang von Arles (s. o. [Nr. 50d]) den Episkopat seines gesamten Reiches zu einem Konzil in das Landstädtchen Nicaea (Nikaia), nahe der kaiserlichen Residenz Nikomedien. Obwohl nur wenige Abendländer teilnahmen und das Hauptziel, nämlich die Beendigung des trinitätstheologischen Streits, nicht erreicht, sonder eher die Saat zu neuem Hader gelegt wurde, hat dies Konzil der »318 Väter«, das erste in der Reihe der »ökumenischen« Konzile, als Grundlage aller weiteren Lehrentscheidungen wie als Modellfall der »kaiserlichen Synodalgewalt« in der alten Kirche eine überragende Autorität gewonnen.

a) Die Konzilsverhandlungen nach dem Synodalbrief an die Kirchen Alexandriens, Ägyptens, Libyens und der Pentapolis (Opitz, Urkunde 23)

(2) Nachdem uns die Gnade Gottes und der gottgeliebteste ($\vartheta\epsilon o\varphi\iota\lambda\acute{\epsilon}\sigma\tau\alpha\tau o\varsigma$) Kaiser Konstantin aus verschiedenen Provinzen und Städten zur großen und heiligen Synode in Nizäa versammelt hat, erschien es der heiligen Synode als unbedingt notwendig, auch euch einen Brief zu schicken, damit ihr wissen könnt, was verhandelt und geprüft, was beschlossen und sichergestellt wurde. Vor allem anderen ist in Gegenwart des gottgeliebten Kaisers Konstantin all das geprüft worden, was mit der Gottlosigkeit und Gesetzwidrigkeit des Arius und seiner Anhänger zusammenhängt; (3) einstimmig wurde der Beschluß gefaßt, seine gottlose Auffassung ($\delta\acute{o}\xi\alpha$) mit dem Anathem zu belegen, desgleichen seine ruchlose Redeweise und Begrifflichkeit, der er sich zu seinen Lästerungen hinsichtlich des Sohnes Gottes bediente, indem er sagte, er sei »aus dem Nichts«, habe, »bevor er gezeugt ward, nicht existiert«, und es habe »eine Zeit« gegeben, »da er nicht war«; auch sei er kraft seiner Willensfreiheit ($\alpha\mathring{v}\tau\epsilon\xi o\upsilon\sigma\iota\acute{o}\tau\eta\varsigma$) fähig, sich für Bosheit wie Tugend zu entscheiden, ein Geschöpf und Gemächte, wie ihn jener [Arius] nennt und tituliert. (4) Das alles hat die heilige Synode mit ihrem Anathem belegt, da sie nicht bereit war, eine solch gottlose Auffassung, solchen Widersinn und solch lästerliche Reden auch nur anzuhören . . . (5) . . . Nachdem aber Gottes Gnade Ägypten von jener Falschlehre ($\kappa\alpha\kappa o\delta o\xi\acute{\iota}\alpha$) und Blasphemie und [damit auch] von jenen Menschen befreit hatte, die sich unterstanden, Verwirrung und Zwietracht unter das Volk zu säen, das bis dahin [oder: (nach dem Aufhören der Verfolgung) von neuem] ($\mathring{\alpha}\nu\omega\vartheta\epsilon\nu$) in Frieden lebte, blieb uns noch die Angelegenheit zu regeln, die mit der Vermessenheit ($\pi\rho o\pi\acute{\epsilon}\tau\epsilon\iota\alpha$) des Melitius und der von ihm Ordinierten zusammenhängt; auch darüber, was die Synode in dieser Frage beschlossen hat, wollen wir euch, liebe Brüder, informieren . . .

Gemeint ist das Schisma der Melitianer in Mittelägypten. Ihr Sprecher war der Bischof von Lykopolis, Melitius, der während der diokletianischen Verfolgung in der Diözese des geflüchteten Petrus von Alexandrien Ordinationen durchgeführt hatte. Als der 306(?) zurückgekehrte Petrus deswegen Meli-

tius für abgesetzt erklärte und durch einen Osterfestbrief 14 Bußkanones veröffentlichte, die je nach
dem Einzelfall unterschiedliche Bußfristen bemaßen und auch sonst bischöfliche Milde bekundeten,
verschärften sich die Gegensätze und scharten sich die Rigoristen um Melitius zur »Kirche der Märtyrer« zusammen. Zur Zeit des nizänischen Konzils zählte man in Ägypten 35 melitianische und 30–36
katholische Bistümer. – In dieser Angelegenheit also, so fährt das Synodalschreiben fort, wurde beschlossen, Melitius samt den von ihm geweihten Klerikern in ihren Stellen zu belassen, doch mit ge-
minderten Rechten, zumal ohne Ordinationsvollmacht oder das Recht zur aktiven Teilnahme an einer
Wahl; auch sollten sie bei auftretenden Vakanzen als Kandidaten mitberücksichtigt werden, ausgenommen Melitius selbst, dessen alter Ungehorsam und anmaßende Sinnesart eine Sonderregelung
notwendig mache (§ 6–10).

(11) So viel zu den speziell Ägypten und die allerheiligste Kirche Alexandriens be-
treffenden Verhandlungen und Beschlüssen. Was sonst noch in Anwesenheit unseres hochverehrten Mitbischofs (συλλειτουργός) und Bruders, des Herrn
Alexander, geregelt und beschlossen wurde, mag dieser euch selbst nach seiner
Rückkehr im einzelnen eröffnen, da er an diesen Vorgängen einen maßgeblichen
Anteil hatte. (12) Wohl aber möchten wir euch noch die gute Nachricht weiterge-
ben, daß dank eurer Gebete die Übereinstimmung hinsichtlich [der Begehung] des
Osterfestes (τὸ ἅγιον πάσχα) nunmehr wiederhergestellt worden ist. Alle Brüder
im Orient, die das Fest bisher gleichzeitig mit den Juden [sc. am jüdischen Passa,
dem 14. Nisan; daher ihr Name »Quartadezimaner«] gefeiert haben, werden es
von nun an zusammen mit den Römern, mit euch und uns allen begehen, die wir
mit euch seit alters am [rechten] Ostern festgehalten haben.

Mit der Aufforderung, Alexander bei seiner Rückkehr mit der Ehrerbietung und in der Gehorsamshal-
tung zu empfangen, auf die er einen Anspruch habe, sowie mit einem Schlußwunsch endet das Schreiben (§ 13).

b) Das nizänische Symbol (N)
Wir glauben an *einen* Gott, den Vater, den Allmächtigen, Schöpfer all des, das
sichtbar und unsichtbar ist; und an *einen* Herrn Jesus Christus, den Sohn Gottes,
der als Einziggeborener (μονογενής) aus dem Vater gezeugt ward, d.h. aus dem
Wesen des Vaters (τουτέστιν ἐκ τῆς οὐσίας τοῦ πατρός), Gott von Gott, Licht
von Licht, wahrhaftiger Gott aus wahrhaftigem Gott, geboren, nicht geschaffen,
eines Wesens mit dem Vater (θεὸν ἀληθινὸν ἐκ θεοῦ ἀληθινοῦ, γεννηθέντα οὐ
ποιηθέντα, ὁμοούσιον τῷ πατρί), durch welchen alles geworden ist, sowohl was
im Himmel wie was auf Erden ist, der um uns Menschen und um unseres Heiles
willen herabgestiegen und Fleisch geworden ist, der Mensch ward, litt und am
dritten Tage auferstand, aufgefahren ist gen Himmel [und] kommen wird, um Lebende und Tote zu richten; und an den Heiligen Geist.
Die aber sagen: »es gab eine Zeit, da er nicht war«, und: »ehe er geboren ward, war
er nicht«, und: »aus Nichtseiendem ist er geworden«, oder die behaupten, er sei
aus einer anderen Hypostase oder Wesenheit (οὐσία) [als der des Vaters] oder der
Sohn Gottes sei [geschaffen oder] wandelbar oder veränderlich ([ἢ κτιστὸν] ἢ
τρεπτὸν ἢ ἀλλοιωτόν), die verdammt die katholische und apostolische Kirche.

**c) Die Einfügung des Homousios und sein Sinn nach Eusebs Schreiben an seine Diöze-
sanen** (Opitz, Urkunde 22)
Eine der wichtigsten – und umstrittensten – Quellen für die Abfassung von N (wohl auf der Basis älte-
rer regulae fidei aus dem syrisch-palästinischen Bereich) und die Einfügung seines Hauptstichwortes,

des Homousios, ist ein Brief, den Euseb von Caesarea vom Konzil aus oder kurz nach seinem Abschluß an seine Diözesanen gerichtet hat. Euseb beginnt – und begründet sein Schreiben – damit, es gelte zu verhindern, daß die Adressaten im Blick auf das, was auf der »großen, in Nizäa versammelten Synode bezüglich des kirchlichen Glaubens verhandelt« wurde, auf bloße Gerüchte angewiesen seien, und kündigt an, zunächst »die Erklärung über meinen Glauben (περὶ πίστεως γραφή), die von mir vorgelegt ward«, mitteilen zu wollen, »sodann eine zweite [Erklärung], welche sie [sc. die maßgebliche Konzilsfraktion] herausgaben, indem sie zu meinen Formulierungen (φωναί) einige Zusätze machten« (§ 1). Was freilich seine eigene »Glaubenserklärung« notwendig machte, wird vom Verfasser geschickt verschleiert. – Folgt sodann das Zitat der »in Gegenwart unseres gottgeliebtesten Kaisers verlesenen« und für recht befundenen »Glaubenserklärung« (§ 2–6).

(7) Dieser von uns dargelegte Glaube ließ keinerlei Raum für einen Widerspruch; doch unser gottgeliebtester Kaiser bezeugte [auch noch ausdrücklich], bevor irgend jemand sonst das Wort nahm, daß er [dieser Glaube] vollkommen orthodox sei. Er bekannte überdies, daß ihm sein eigenes Empfinden entspräche, und befahl allen Anwesenden an, ihm zuzustimmen . . ., nur, daß ein einziges Wort, nämlich wesenseins (ὁμοούσιος), eingefügt werden müsse, welches er zudem selbst dahingehend interpretierte: der Sohn sei wesenseins nicht im Sinne körperlichen Erleidens (κατὰ τῶν σωμάτων πάθη) und sei aus dem Vater ins Dasein getreten weder zufolge einer Teilung noch einer Trennung; denn die immaterielle, geistige und unkörperliche Natur [Gottes] könne nicht irgendeiner körperlichen Affektion unterliegen; vielmehr sei es an uns, von solchen Dingen uns einen Begriff zu machen in einer göttlichen und unaussprechlichen Weise. Dies die Erwägungen unseres allerweisesten und gottgeliebten Kaisers. Doch jene verfaßten unter dem Vorwand (πρόφασις) der [vom Kaiser verlangten] Einfügung des Homousios folgendes Schriftstück . . .

Folgt das Zitat des Nicaenum, das in seinem Wortlaut mit dem oben gebotenen Text bis auf das hier zusätzlich gelesene »geschaffen oder« (ἢ κτιστὸν) ausnahmslos übereinstimmt (§ 8).

(9) Als sie nun diese Formel in Vorschlag gebracht hatten, unterließen wir es nicht, nachzufragen, in welchem Sinne sie die Wendungen »aus dem Wesen des Vaters« und »wesenseins mit dem Vater« gebrauchten. Entsprechend kam es zu Fragen und Antworten, und die Diskussion ging dem Sinn dieser Wendungen auf den Grund. Und sie bekannten, daß die Wendung »aus dem Wesen [des Vaters]« anzeige, daß der Sohn sein Sein [tatsächlich] vom Vater habe, ohne ein Teil vom Vater zu sein. (10) Unter der Voraussetzung eines solchen Verständnisses aber hielten wir es für richtig, unsere Zustimmung zu erklären . . ., zumal wir das hohe Ziel des Friedens vor Augen hatten . . . (11) In derselben Weise akzeptierten wir auch »geboren, nicht geschaffen«, weil sie versicherten, »geschaffen« sei eine Benennung, die ihm mit den anderen Geschöpfen gemeinsam gewesen wäre, welche durch den Sohn ins Sein kamen, mit denen der Sohn aber keine Ähnlichkeit habe . . . (15) Auch den Anathematismus im Anschluß an den von ihnen formulierten Glauben hielten wir für unverfänglich (ἄλυπος); verwehrt er doch [lediglich], sich einer Begrifflichkeit zu bedienen, die nicht schriftgemäß ist und nahezu die gesamte Verwirrung und Unruhe [in] der Kirche heraufbeschworen hat [!] . . .

d) Kanon 5 und 6

Unter den 20 kirchenrechtlichen Regelungen (Kanones), welche in Nizäa getroffen wurden, kommt wohl die größte geschichtliche Bedeutung denjenigen zu, die in Anlehnung an die staatlichen Provinzen (Eparchien [vgl. oben Nr. 46a]) die kirchliche Metropolitanverfassung einführten (Kan. 5) sowie unter Hinweis auf die Sonderstellung von Alexandrien und Antiochien (ohne Rückwirkung für das ebenfalls genannte Rom) der späteren Patriarchatsverfassung den Weg bahnten (Kan. 6).

(Kan. 5) Was die Exkommunikation von Klerikern und Laien betrifft, so muß der Urteilsspruch (γνώμη) der Bischöfe einer jeden Provinz (ἐπαρχία) Gesetzeskraft besitzen, gemäß der Regel, daß derjenige, der von einem Bischof exkommuniziert wurde, nicht von anderen wieder zugelassen werden darf . . . [Um jedoch Willkür zu vereiteln], wurde der Beschluß gefaßt, daß in jeder Provinz zweimal jährlich eine Synode abgehalten wird, an der alle Bischöfe der betreffenden Provinz teilnehmen; diese sollen gemeinsam die erforderlichen Untersuchungen anstellen [und ihre Entscheidung soll so lange in Kraft bleiben, bis sie selbst sie wieder aufgehoben oder abgemildert haben] . . . Von diesen Synoden soll die eine vor Beginn der Tessarakoste [der vierzigtägigen Fastenzeit vor Ostern] . . ., die andere im Herbst stattfinden.

(Kan. 6) Der alte Brauch hinsichtlich Ägyptens, Libyens und der Pentapolis soll beibehalten werden, wonach der Bischof von Alexandrien die Jurisdiktion (ἐξουσία) über alle diese [Provinzen] innehat, da auch für den Bischof von Rom ein derartiges Gewohnheitsrecht (τὸ τοιοῦτον σύνηθες) existiert. Ebenso sollen auch im Bereich von Antiochien und in den übrigen Provinzen die althergebrachten Vorrechte (τὰ πρεσβεῖα) gewahrt bleiben. Im übrigen ist völlig klar, daß die große Synode für den Fall, daß einer ohne Billigung durch seinen Metropoliten [sc. den Bischof der Metropolis = Provinzhauptstadt] Bischof geworden ist, festsetzt, daß er seiner Bischofswürde verlustig geht. Ist jedoch die Wahl von allen gemeinsam, umsichtig und der kirchlichen Ordnung gemäß getroffen worden, so soll der Entscheid der Mehrheit gelten, auch wenn zwei oder drei aus reinem Widerspruchsgeist opponieren.

Quellen: H.G. Opitz a.o. [Nr. 54] a.O.; G.L. Dossetti, Il simbolo di Nicea e di Costantinopoli, Rom 1967; J.Alberigo u.a., Conciliorum Oecumenicorum Decreta, 1962. – *Literatur:* Vgl. oben zu Nr. 54; dazu J.N.D. Kelly a. o. [Nr. 42] a.O., S. 205–259; G.C. Stead, ›Eusebius‹ and the Council of Nicea, JThS NS 24, 1973, S. 85–100; L.Abramowski, Die Synode von Antiochien 324/25 und ihr Symbol, ZKG 86, 1975, S. 356–366; H. von Campenhausen, Das Bekenntnis Eusebs von Caesarea (Nicaea 325), ZNW 67, 1976, S. 123–139.

57. Konstantins Häretikergesetz aus der Zeit um 326 (bei Euseb, Leben Konstantins, 3,64f.)

Hat Konstantin auch die Erkenntnis, daß niemand mit Gewalt zu irgendeiner Form der Gottesverehrung gezwungen werden dürfe, zu keiner Zeit preisgegeben, so war er Häretikern gegenüber weit weniger tolerant als gegenüber Heiden, wie folgender »Brief an die gottlosen Häretiker«, das »zornigste von allen echten Schreiben Konstantins« (H. Kraft), beweist, mit dem die christliche Ketzergesetzgebung einsetzte. Zu den Gründen für dieses scheinbar widersprüchliche Verhalten s. oben Nr. 55 i. Vgl. m. Nr. 54c.

(64,1) Erkennt nun durch dieses Gesetz (νομοθεσία), ihr Novatianer, Valentinianer, Markioniten, Paulianer[1], ihr, die ihr nach den Phrygern zubenannt seid[2], kurz alle, die durch ihre besonderen Versammlungen (συστήματα) die Sekten bilden, in welche Lügen eure Torheit sich verstrickt hat und mit welch tödlichem Gift eure Lehre durchtränkt ist, so daß durch euch die Gesunden zur Krankheit, die Lebenden zum ewigen Tod gebracht werden. (2) . . . (3) Doch was soll ich einzelnes aufzählen, da weder die Kürze der Zeit noch unsere [übrigen] Geschäfte es uns erlauben, nur irgend angemessen über eure Frevel zu reden? . . . (4) Was sollen wir also länger solche Frevel dulden? Unsere lange Nachsicht bewirkt ja nur, daß auch die Gesunden wie von einer pestartigen Krankheit befallen werden. Warum also nicht durch öffentlich bewiesene Strenge (δημοσία ἐπιστρέφεια) so rasch wie möglich dieses große Übel sozusagen mit den Wurzeln ausrotten?

(65,1) In diesem Sinne schreiben wir durch dieses Gesetz (νόμος) vor, daß keiner von euch hinfort wage, Zusammenkünfte zu veranstalten. Darum haben wir auch Befehl gegeben, alle eure Häuser, in denen ihr diese Zusammenkünfte (συνέδρια) veranstaltet, zu beschlagnahmen; ja, unsere Sorge geht so weit, daß nicht nur nicht öffentlich, sondern auch nicht einmal in einem Privathaus oder an Privatorten Versammlungen eures abergläubischen Wahns abgehalten werden dürfen. (2) . . . Gänzlich verbannt sei [jedenfalls] aus den glücklichen Zeiten unserer Regierung der Trug eurer verkehrten Lehre, ich meine die fluchwürdige und verderbliche Zwietracht der Häretiker und Schismatiker. Denn es ist dem Glück, dessen wir uns durch Gottes Gnade (σὺν θεῷ) erfreuen dürfen, [dienlich und] angemessen, alle, die ihr Leben in Hoffnung auf künftigen Segen führen, aus . . . der Finsternis zum Licht, aus dem Irrwahn zur Wahrheit, aus dem Tod zum Heil (σωτηρία) zu geleiten. (2) Um aber dieser Heilung (θεραπεία) den notwendigen Nachdruck (ἰσχύς) zu verleihen, haben wir, wie bereits gesagt, Befehl gegeben, alle Versammlungsstätten dieses Aberglaubens, ich meine die Bethäuser sämtlicher Häretiker (wenn man sie denn Bethäuser nennen darf!) zu beschlagnahmen und ohne Einspruchsmöglichkeit und Zeitverzug der katholischen Kirche zu übergeben, die übrigen Örtlichkeiten aber dem Fiskus zuzuführen und euch in Zukunft keinerlei Möglichkeit zu belassen, euch zu versammeln . . .

Quelle: I.A. Heikel a.o. [Nr. 50] a.O. – *Literatur:* H. Doerries a:o. [Nr. 50] a.O.; ders., Konstantinische Wende und Glaubensfreiheit, in: ders., Wort und Stunde, 1, 1966, S. 1–117, bes. 103 ff.; H. Kraft a.o. [Nr. 50] a.O.

1. Gemeint die in Kan. 19 von Nizäa als »Paulianisten« bezeichneten Anhänger des 268 verurteilten Paulus von Samosata, Vertreters eines dynamistischen Monarchianismus bzw. einer »ökonomisch«-trinitarischen Tradition (F. Loofs)? Zu den übrigen Ketzernamen s.o. Nr. 36a. 25.15.

2. Gemeint sind die auch »Kataphryger« genannten Montanisten: s. oben Nr. 18.

58. Der spätantike Staat als Zwangsstaat (Cod. Theod. 5,17,1; 12,1,1; 13,5,1)

Da das römische Reich seit der »Konstantinischen Wende« zusätzliche Lasten zu tragen hatte, sofern es einen wachsenden Teil seiner Energien auf Probleme verwandte, die sich aus der Mitte des Christentums erhoben (s. oben Nr. 54c. 57), da sich ferner mit den von Diokletian ergriffenen Reformmaßnahmen (s. oben Nr. 46b) allenfalls ein kurzfristiger wirtschaftlicher Aufschwung erreichen ließ, der aber »den Keim zu weiterem Verfall in sich trug« (N. Brockmeyer), und schließlich die Bedrohung von außen (Germaneninvasionen) sich im Laufe des 4. Jahrhunderts eher noch verstärkte, hat sich auch am Zwangscharakter des Regierungssystems (Dominat) im ganzen wenig geändert, wie folgende Belege zeigen:

(Cod. Theod. 5,17,1 [30.10.332]) Jeder [Grundherr], bei dem ein Kolone aus fremdem Besitz (iuris alieni)[1] aufgefunden wird, hat diesen nicht nur dorthin zurückzubefördern, woher er stammt, sondern für ihn auch die Kopfsteuer (capitatio [von caput = männl. Arbeitskraft]) zu entrichten für die Zeit [in der er in seinen Diensten gestanden hat]. Die Kolonen selbst, die Fluchtpläne schmieden, soll man, wie man mit Sklaven zu verfahren pflegt, in eiserne Fesseln schlagen, so daß sie die Pflichten, die ihnen als Freien zukommen, infolge ihrer Verurteilung zum Sklavenstand zu erfüllen *gezwungen* sind.

(Cod. Theod. 12,1,1 [15.3.313]).   Kein Richter [bzw. Provinzgouverneur] soll es wagen, einen Kurialen [Mitglied einer städt. curia] von seinen Verpflichtungen gegenüber der Kommune (civilia munera)[2] freizustellen oder jemanden nach eigenem Gutdünken von der Zugehörigkeit zum Stadtrat (curia) zu befreien. Sollte nämlich irgend jemand durch unglückliche Umstände derart finanziell heruntergekommen sein, daß er der Unterstützung bedarf, so muß sein Fall uns zur Kenntnis gebracht werden, damit ihm für eine bestimmte Zeit Befreiung von seinen Verpflichtungen als Bürger [seiner Kommune] gewährt werde.

(Cod. Theod. 13,5,1 [19.3.319]).   Wenn jemand einer Transportschifferfamilie entstammt (navicularius originalis), aber zum Kapitän eines Leichters (levamentarius)[3] aufgerückt ist, dann soll er dennoch beständig in derselben Berufsgruppe verbleiben, der offensichtlich auch seine Eltern angehört haben.

Quellen: Th. Mommsen a.o. [Nr. 52] a.O. – *Literatur:* N. Brockmeyer a.o. [Nr. 3] a.O., S. 121 ff. (m.weit.Lit.).

1.   Der Kolone galt also als grundhörig und wurde daher, wenn er floh, wie ein flüchtiger Sklave (servus fugitivus) behandelt.

2.   S. dazu oben Nr. 33b.

3.   Übersetzung von W. Arend a.o. [Nr. 45] a.O.

59. Das Mönchtum des Pachomius

Nach und neben der Anachorese (s. oben Nr. 53) entstand im 4. Jahrhundert bald auch das »koinobitische« Mönchtum (von κοινόβιον, lat. vita communis [›Gemeinsames Leben‹]), dem die Zukunft gehören sollte. Sein Stifter ist der Kopte Pachomius (gest. 346). Bereits um 320 gründete er in Tabennisi in der Thebais ein Kloster, dem später 8 weitere Männer- und 2 Frauenklöster unter seiner Oberleitung als Generalabt an die Seite traten.

a) Pachomius und die Mönche von Tabennisi nach der Mönchsgeschichte des Palladius (Historia Lausiaca, Kap. 32 f.)

(32) Tabennisi ist der Name eines Ortes in der Thebais, an dem Pachomius lebte, einer von den Männern, die den rechten Lebensweg einschlugen, so daß er auch gewürdigt ward, zu weissagen [oder: Weissagungen zu empfangen] und Engelserscheinungen zu schauen . . . Als er einst in der Höhle saß, erschien ihm ein Engel und sprach zu ihm: »Für dich selbst hast du alles wohl ausgerichtet (Τὰ κατὰ σαυτὸν κατώρθωσας) und sitzest darum unnütz in deiner Höhle! Geh' und sammle draußen all die jungen Mönche, wohne mit ihnen zusammen und setze für sie eine Regel fest (νομοθέτησον) nach dem Muster, das ich dir gebe.« Und er übergab ihm eine eherne Tafel, worauf wie folgt geschrieben stand:

»Laß jedermann essen und trinken nach seinem Vermögen und teile entsprechend den jeweiligen Möglichkeiten die Arbeiten ein. Hindere niemanden weder am Fasten noch am Essen. Wohl aber gebiete denen, die mehr zu leisten fähig sind, daß sie auch mehr leisten, während du denen, die schwächer sind und sich strengerer Askese unterwerfen, die leichteren Arbeiten zuteilen sollst. Richte in der Mönchssiedelung (αὐλή) verschiedene Zellen her und laß je drei Mönche eine Zelle bewohnen. Die Nahrung aber soll für alle in einem einzigen Haus bereitet werden. Schlafen sollen sie nicht im Liegen, sondern sie sollen sich schräge Stühle anfertigen, darüber Teppiche breiten und darauf sitzend schlafen. Nachts sollen sie mit Hemden und Leinen bekleidet und gegürtet sein. [Tagsüber] soll ein jeder ein gegerbtes Ziegenfell tragen, das sie auch bei Tisch nicht ablegen dürfen. Am Sabbat und am Herrentag, wenn sie zur Kommunion gehen, sollen sie ihre Gürtel lösen, das Ziegenfell ablegen und nur in der Kukulle[1] die Kirche betreten. Und zwar sollen die Kukullen ungefüttert sein wie bei Kindern und darauf ein Purpurkreuz eingebrannt. Teile sie [ferner] in 24 Abteilungen (τάγματα) ein und gib einer jeden [als Kennzeichen] einen Buchstaben des griechischen Alphabets . . . Jenen, die einfältigeren, lauteren Wesens sind, gib das Jota, den Mürrischen und Verschlagenen dagegen das Xi . . . Kommt ein Gast aus einem fremden Kloster, das einer anderen Regel (τύπος) untersteht, so darf er nicht mit diesen essen und trinken noch ihr Haus betreten, es sei denn, er ist auf einer Reise begriffen . . . Beim Essen sollen sie das Haupt mit den Kukullen verhüllen, damit kein Bruder den andern essen sieht. Auch ist es ihnen beim Essen nicht gestattet zu reden, noch wo anders hinzublicken als auf Teller oder Tisch. Den ganzen Tag über sollen sie zwölf Gebete verrichten, zur Zeit, da man die Lichter anzündet, sowie zur Mitternacht ebenfalls jeweils zwölf , zur neunten Stunde drei. Auch wenn die Menge sich zu Tisch begibt, soll jedem Gebet ein Psalmgesang vorangehen.«

Als darauf Pachomius dem Engel gegenüber einwandte, es seien das zu wenig Gebete, gab dieser zur Antwort:»So habe ich sie festgesetzt, damit auch die Kleinen (μικροί) die Vorschrift ohne Beschwer einhalten können. Die Vollkommenen bedürfen keiner Regel (νομοθεσία); widmen sie doch für sich selbst in ihren Zellen ihr ganzes Leben der Schau (θεωρία) Gottes. All denen habe ich hingegen diese Regel gegeben, die weniger Einsicht besitzen, damit sie wenigstens wie Knechte der Vorschrift gemäß wandeln und so in Freimut (παρρησία) leben möchten.« Solche Klöster nun, die nach dieser Regel ausgerichtet sind, gibt es recht viele; sie bergen annähernd 7000 Mönche. Im ersten und Hauptkloster wohnt Pachomius . . . ; es zählt 1300 Mönche . . . [In den pachomianischen Klöstern] wird jedes Handwerk ausgeübt, und aus den erzielten Gewinnen versorgen sie Frauenklöster und Gefängnisse . . . Sie lernen die ganze Heilige Schrift auswendig (ἀποστηθίζουσι).

(33) Es gibt auch ein Frauenkloster mit etwa 400 Nonnen; diese befolgen dieselbe Regel und führen dieselbe Lebensweise, nur daß sie keine Ziegenfelle tragen. Und zwar wohnen die Nonnen jenseits, die Mönche diesseits des [Nil-]Stromes. Wenn eine der Nonnen stirbt, so wird die Leiche von den anderen einbalsamiert, an das Ufer des Stromes getragen und dort niedergelegt; dann fahren die Brüder auf einem Kahn hinüber, bringen die Tote mit Zweigen von Palmen und Ölbäumen und unter Psalmengesang an das andere Ufer und setzen sie dort in eigenen Begräbnisstätten bei. Mit Ausnahme des Presbyters und des Diakons betritt niemand das Nonnenkloster; und auch diese kommen nur am Sonntag . . .

b) Die Zulassung zum Kloster nach der Mönchsregel des Pachomius (Regel 49)

Die von Pachomius in koptischer Sprache verfaßte Regel, die erste, von der wir wissen, hat nicht nur in vielen Einzelheiten spätere Mönchsregeln beeinflußt; vielmehr wurde von nun an auch das Vorhandensein einer solchen Regel weithin als konstitutiv angesehen. – Eine typische Bestimmung der – vollständig nur in der von Hieronymus 404 nach dem Griechischen gefertigten lateinischen Übersetzung erhaltenen – Regula Pachomii lautet:

Wenn sich jemand zur Pforte des Klosters begibt mit dem Wunsch, der Welt zu entsagen und sich der Schar der Brüder beizugesellen, so soll es ihm nicht erlaubt sein, [einfach] einzutreten; vielmehr muß der Abt (pater) des Klosters zunächst davon unterrichtet werden. Dann soll er [der Anwärter] einige Tage vor dem Tor stehen bleiben, und man soll ihn das Vaterunser und so viele Psalmen lehren, wie er [auswendig] lernen kann; und er soll mit Fleiß Proben [der Echtheit seiner Berufung] geben: daß er nichts Falsches getan und nicht in zeitlicher Sorge [die Welt] geflohen hat, daß er sich nicht in jemandes Gewalt befindet, seinen Eltern entsagen und seinen Besitz verachten kann. Und sehen sie dann, daß er zu allem taugt, so soll er in den übrigen Ordnungen des Klosters unterwiesen werden – was er zu tun, wem er zu dienen [bzw. zu gehorchen] habe, sei es in der Versammlung (collecta) aller Brüder, sei es in dem Haus, dem er zu übergeben ist, sei es in der Ordnung bei Tisch: so unterwiesen und vollendet in jeglichem guten Werk soll er dann den Brüdern beigesellt werden. Sodann wird man ihn seine weltliche Kleidung ablegen lassen und ihm das Mönchsgewand anlegen; man wird ihn dem Türhüter (ostiarius) übergeben, damit dieser ihn der Gesamtheit der Brüder vorstelle; die Kleidung aber, die er mit sich [trug und nun] abgelegt hat, sollen die in Empfang nehmen, denen dies Amt obliegt; der Kleiderkammer (repositorium) zugeführt, werden sie in der Verfügung des Klosterabtes (princeps monasterii) bleiben.

Quellen: C. Butler, The Lausiac History of Palladius, II, Cambridge 1904; A. Boon, Pachomiana Latina, Règle et Épitres de s. Pachôme . . ., Löwen 1932. – Literatur: R. Amand de Mendieta, Le système cénobitique basilien comparé au système cénobitique pachômien, RHR 1957, S. 31–80; H. Bacht, Antonius und Pachomius. Von der Anachorese zum Cönobitentum, Studia Anselmiana, 1956, S. 66–107; ders., Pakhome et ses disciples, in: Théologie de la vie monastique, Paris 1961, S. 39–71.

1. Τὸ κουκούλλιον (oder κουκούλιον [lat. cucullus]) – die am [Unter-]Kleid befestigte Kapuze, wie sie Kinder, nicht Erwachsene, zu tragen pflegten!

60. Die Verlegung der Residenz nach Konstantinopel im Jahre 330 (Anonymus Valesianus 6,30)

Nach dem heidnischen Historiker Zosimus (um 500) hat die wachsende Feindschaft von Seiten des Senats und des Volks von Rom, die sich Konstantin wegen seiner Ablehnung des heidnischen Gottesdienstes zuzog, ihn dazu veranlaßt, sich eine Stadt zu suchen, die ihm das Gleichgewicht halten könnte (Neue Geschichte, 2,30). Euseb dagegen bringt den Entschluß Konstantins, auf dem Areal der alten griech. Kolonie Byzanz eine zweite Metropole für den Osten zu errichten, mit dessen Wunsch in Zusammenhang, eine von allen unchristlichen Wesen reine Hauptstadt zu besitzen (Leben Konstantins, 3,48 u.ö.). In Wirklichkeit werden bei dieser Neugründung jedoch politisch-strategische Gesichtspunkte den Ausschlag gegeben haben, wenngleich die Folgen weit über diesen Bereich hinausgriffen. Kirchengeschichtlich wichtigste Folge der Gründung »Neuroms« war wohl, daß das dadurch entstandene »Machtvakuum« im Westen einerseits den Widerstand vor allem der römischen Senatsaristokratie gegen das christianisierte Imperium versteifte, andererseits die Entstehung einer unabhängigen Führung der Kirche, das Papsttum, begünstigte. – Über die Gründung der am 11.5.330 feierlich eingeweihten und in »Konstantinsstadt« umbenannten neuen Hauptstadt berichtet u.a. das Fragment einer anonymen Konstantinchronik, das 1636 der Franzose Valesius in seiner Ausgabe des Ammianus Marcellinus mitediert hat und dessen Verfasser seitdem »Anonymus Valesianus« oder »Valesii« heißt:

Zum Gedächtnis an seinen beispiellosen Sieg [über Licinius, seinen Schwager und Mitkaiser] benannte Konstantin [das alte] Byzanz nach sich selbst in Konstantinopel um. Er schmückte die Stadt, als wäre es seine Vaterstadt, mit aller Pracht aus und wünschte, sie [dem Range nach] Rom gleichzustellen; so zog er von allen Seiten Bürger für sie heran und machte dermaßen reichliche Schenkungen für sie, daß er dabei fast alle seine kaiserlichen Geldmittel erschöpfte. Auch einen Senat zweiten Ranges errichtete er dort, dessen Mitgliedern er den Titel ›clari‹ verlieh[1].

Quelle: J. Moreau, Excerpta Valesiana, BT, 1968². – *Literatur:* A.M. Schneider, Konstantinopel. Gesicht und Gestalt einer geschichtlichen Weltmetropole, 1956.
1. Die römischen Senatoren hießen ›clarissimi‹.

61. Christenverfolgung im Perserreich unter Schapur II.:
Aus dem Martyrium des Bischofs Simon (Schem'on)

Die »Konstantinische Wende« brachte keineswegs der gesamten Christenheit Entlastung vom Druck der Verfolgung. Im Gegenteil trug gerade die enge Verflechtung von Kaiser und Kirche im römischen Reich dazu bei, daß in Persien, dessen Erbfeind im Osten, die Christen als heimliche Verbündete Roms erstmals von Staats wegen systematisch verfolgt wurden, während sich bis dahin das Sassanidenreich den im Westen bedrängten Christen sogar als Zufluchtsort anbot und alle Verfolgungen ausnahmslos lokalen Charakter trugen. – Über die Christenverfolgung unter Schapur II. (310–379), die sich über mehrere Jahrzehnte hinzog, berichtet u. a. das spätestens im 1. Drittel des 5. Jahrhunderts entstandene Martyrium des persischen Erzmärtyrers Simon, Bischofs von Seleucia-Ctesiphon.

. . . Im Jahre 655 seit der Herrschaft Alexanders, d. i. das 296. Jahr nach der Kreuzigung unseres Herrn, das 117. Jahr der Herrschaft der Perser [und] das 31. Jahr des Königs Schapur, des Sohnes des Hormīzd, nachdem der selige Konstantin, der König der Römer, gestorben war, fand Schapur Gelegenheit, gegen seine Söhne in den Krieg zu ziehen, weil sie noch jung waren, und unternahm beständig räuberische Einfälle in das Land der Römer. Aus diesem Grunde wurde er ganz besonders zum Haß gegen die Diener Gottes im Gebiet seines Reiches getrieben und bemühte sich, einen Grund zur Verfolgung der Gläubigen zu suchen. Er erfand einen Vorwand, die Christen im Reich der Perser durch doppelte Steuer zu bedrücken. Er schrieb folgendes Edikt aus Bēṭ Hūzāyē an die Beamten von Bēṭ Arāmāyē: »Sobald ihr diesen unseren, der Götter, Befehl in diesem von uns gesandten Schreiben seht, ergreift Simon, das Haupt der Nazarener (Nāṣarāyē), und laßt ihn nicht frei, bis er eine Urkunde besiegelt und es auf sich nimmt, doppeltes Kopfgeld und zweifache Steuer von dem ganzen Volke der Nazarener, das in unserem, der Götter, . . . Machtbereich wohnt, zu erheben und zu bezahlen; denn wir, die Götter, sind in Bedrängnissen und Kämpfen; sie aber leben in Ruhe und Glück. Sie wohnen zwar in unserem Lande, sind aber Gesinnungsgenossen des Kaisers, unseres Feindes. Wir leben im Kampf und sie in Ruhe.« . . . Und als das Edikt des Königs zu

ihnen gekommen war, ergriffen sie den seligen Simon bar Ṣabbaʿe, lasen ihm das
vom König Geschriebene vor und forderten, daß er das Geschriebene vollziehe.
Der selige Simon aber antwortete ihnen mit großer Demut, . . . und sprach: »Ich
verehre [kniefällig] den König der Könige und ehre seinen Befehl mit meiner ganzen Kraft. Aber bezüglich dessen, was sein Befehl von mir verlangt, glaube ich,
daß auch ihr überzeugt seid, daß es mir nicht zusteht, Steuer vom Volke Christi,
meines Herrn, zu fordern. Denn unsere Macht über sie bezieht sich nicht auf das
Sichtbare, sondern auf das Unsichtbare, d.h. auf den Glauben unseres Herren . . .« Dies [alles] aber . . . schrieben sie auf, so wie es gesagt worden war, und
schickten es durch Eilboten an den König Schapur nach Bēṭ Hūzāyē. Als es vor ihm
verlesen wurde, wurde er von großem Zorne erfüllt, knirschte mit den Zähnen,
schlug die Hände gegeneinander und sprach: »Simon will seine Jünger und sein
Volk gegen meine Majestät aufwiegeln und zu Knechten des Kaisers machen, der
ihr Glaubensgenosse ist. Deshalb gehorcht er meinem Befehle nicht.« Die Juden
aber, Menschen, die jederzeit gegen unser Volk sind, die die Propheten töteten,
Christus kreuzigten, die Apostel steinigten und beständig nach unserem Blute
dürsten, fanden Gelegenheit zur Verleumdung, weil sie durch ihre Verbindung
mit der Königin, die ihre Glaubensgenossin war, freie Rede hatten . . .[1]
Nachdem dies Schreiben der Beamten . . . vor dem König verlesen worden war,
schrieb der König den Beamten bezüglich Simons ein anderes Verfahren vor: »Sobald ihr dieses unser, der Götter, Edikt seht, ruft Simon vor euch und sprecht zu
ihm aus unserem Befehl: Warum vernichtest du in deiner Freiheit dein Leben und
das Leben der Anhänger deiner Lehre und überlieferst dich und sie dem Tode? In
deinem Stolz und in deinem Hochmut willst du das Volk gegen mich aufwiegeln.
Jetzt werde ich über euch kommen, euch von der Erde vertilgen und aus der Mitte
der Menschen ausrotten, wenn ihr meinen Befehl nicht erfüllt.« . . . Als dies
[zweite] Edikt eintraf, wurde der heilige Simon von den Beamten gerufen. . . Und
als er gekommen war, las man ihm das Edikt vor . . . Er antwortete: »Mein erstes
und letztes Wort sind eins: Das Volk, das Christus, mein Herr, mir übergeben,
überliefere ich für die Wahrheit nicht der Steuer, sondern jeden Tod nehme ich für
sie auf mich. Und wie Christus für die Völker in allen Ländern und in allen König-
reichen gekreuzigt wurde, damit er ihnen in seinem Kreuz Leben gebe, so sterbe
auch ich für das Volk dieses Reiches, das mir übergeben ist, damit sie nicht seiner
Wahrheit sterben . . .« Als die Beamten die Antwort, die der selige Simon auf das
2. Edikt gab, hörten, schrieben sie sie nieder und meldeten sie dem König, und ihr
Schreiben wurde vor dem König verlesen . . . Da befahl er über die Priester und
die Leviten, daß sie sofort enthauptet, die Kirchen zerstört, das Heiligtum entweiht, und (die Gefäße des) Dienstes geplündert würden. »Und Simon, das Haupt
der Zauberer, werde gefesselt und zu mir geschickt, weil er meine Majestät verworfen und die des Kaisers erwählt hat, dadurch, daß er seinen Gott verehrt und
meine Götter verhöhnt.« Sofort gelangte das 3. Edikt, das vom König Schapur aus
Bēṭ Hūzāyē gesandt wurde, zu den Beamten von Bēṭ Arāmāyē. In ihm war folgendermaßen geschrieben: »Sobald ihr dieses unser, der Götter, Edikt sehet, ergreift
und fesselt Simon, das Haupt der Nazarener, und schickt ihn schnell an den Hof.
Seine Kirche werde zerstört.« . . . Als der selige Simon dies aber hörte, zitterte er
nicht . . ., und als er mit seinen Augen die Zerstörung seiner Kirche sah, wurde
sein Geist nicht verzagt. Er erhob sich und ging zu den Oberen, bevor sie ihn ergriffen. Sie setzten ihm den Termin: »Von jetzt in drei Tagen wirst du an den Hof
des Königs gehen.« Der heilige Simon nahm dies freudig auf sich. Sofort entstand

in den Städten Seleucia und Ctesiphon große Erregung, als die Verfolger kamen, die Kirchen zu zerstören. Der Bund[2] aber verbarg sich, die Schafe wiederum versteckten sich und Simon, das Haupt, wurde gefangen . . .

In diesen Tagen wurden gefangengenommen Gadya(h)b und Sābīnā, Bischöfe von Bēṯ Lāpāṭ, Joḥannān, Bischof von Hormīzd Ardaschīr, Būlīḏā, Bischof von Prāṭ, Joḥannān, Bischof von Karkā da- Maischān und viele Priester und Diakone. Sie wurden gefesselt und kamen an den Hof des Königs, nach Bēṯ Hūzāyē, nach Karkā da-Lāḏān, das Schapur neu gebaut hatte und wo er viele Kriegsgefangene aus Arab, Schīgār, Bēṯ Zabdai, Arzōn, Kardū, Armen und verschiedenen Gegenden angesiedelt hatte. In diesen Tagen aber wurde der Katholikos[3], der heilige Simon, gefesselt und aus Bēṯ Arāmāyē nach Karkā da-Lāḏān gesandt . . .

Der König befahl, daß Simon vor ihn komme. Als er eintrat, verehrte er ihn [kniefällig] und der König sprach zu Simon: »Simon, was ist das für eine Verwegenheit, die du gegen mich gezeigt hast? Ist das meine Liebe zu dir? Ist das die Ehre, mit der ich dich ehrte? . . .« Da warf er sich wieder verehrungsvoll vor dem König auf sein Angesicht zur Erde und sprach zum König: »Herr, König, wer ist es, der den Befehl des Königs verachtete? Wer ist es, der sich erkühnte, sich gegen den Befehl deiner Beamten und Knechte zu erheben, wenn ihre Befehle dem Willen Gottes entsprechen? Gewiß, Herr, König, wurde ich von deiner Majestät geehrt und von deiner Güte gelobt. Die Lüge ist verhaßt vor Gott und vor dir, bester der Männer. Aber um deines Lobes willen entäußere ich mich nicht des Lobes Gottes, der dich mit Glorie umgibt und dich groß macht, und um deiner Ehre willen schlage ich die Ehrung des Gottes der Gerechtigkeit nicht aus. Er hat dich zum König der Könige über die Völker und ihre Könige gemacht und diese große, starke und wunderbare Macht in deine Hand gegeben. Und warum werde ich, der kleinste und schwächste der Knechte deiner Majestät, von deiner Majestät Aufwiegler genannt?« Der König sprach: »Weil du deinem Volk die Steuer nicht auferlegst, die von uns, den Göttern, befohlen wurde.« Darauf antwortete der heilige Simon und sprach zum König: »Ferne sei es deinem Knecht, Herr, König, daß er für das demütige Volk Gottes zum Tyrannen werde . . .« Nachdem Simon so gesprochen, umringten ihn die Magier und Beamten und Tyrannen von allen Seiten und sprachen: »Dieser, der die Steuer nicht auf sich nehmen will, will mit sich auch sein Volk aufwiegeln« . . .

Da erging über ihn und alle seine Brüder der Befehl, daß sie mit dem Schwerte getötet würden. Es war aber Freitag und die 6. Stunde, und zu der Zeit, da der Herr zu dem Leiden des Kreuzes hinauszog, zogen auch jene Siegreichen in den Tod . . . Und so wurde der siegreiche Simon mit den Worten seines Sieges durch Enthauptung vollendet. Es war die 9. Stunde am Freitag des Leidens unseres Herrn. Als dies so geschehen war, wurde Finsternis und die Sonne verbarg sich plötzlich und Furcht und Zittern ergriff alle Zuschauer[4]. (G. Wießner)

Quelle: M. Kmosko, Martyrium Beati Simeonis Bar Sabba'e, PS 1,2,1907, S. 715ff. (Syr. Text m. lat. Übers.). – *Übersetzung:* Originalübertragung von G. Wießner, der auch die Auswahl besorgte. – *Literatur:* G. Wießner, Zur Märtyrerüberlieferung aus der Christenverfolgung Schapurs II. (Untersuchungen zur syr. Literatur I), AAG 3,67, 1967; W. Hage, Die oströmische Staatskirche und die Christenheit des Perserreiches, ZKG 84, 1973, S. 174–187 (m.weit.Lit.).

1. Vgl. dazu oben Nr. 22 m.A.3.
2. Hier wohl Bezeichnung der Kirchengliedschaft insgesamt und nicht nur der Asketen.
3. Die Verwendung dieses Titels stellt einen Anachronismus dar, da die Zusammenfassung der Bistümer auf persischem Boden zu (sechs) Metropolitanverbänden und die Erhebung des Metropoliten der

großköniglichen Residenzstadt Seleucia-Ctesiphon zum gemeinsamen Haupt der neugeschaffenen
Kirchenorganisation (»Katholikos«) erst dem 5. Jahrhundert angehört.
4. Zu diesem Motiv (imitatio passionis Christi) s. bereits das Polykarpmartyrium und dazu H. von
Campenhausen a.o. [Nr. 22] a.O.

62. Markell von Ankyra als Trinitätstheologe

Zu den Männern der ersten Stunde im Kampf gegen den Arianismus gehörte Markell, Bischof von Ankyra (in hohem Alter gest. 374), der erst jüngst durch eindringende Untersuchungen und die Zuwei-
sung wichtiger Texte, zumeist aus der Masse des fälschlich unter dem Namen des Athanasius umlau-
fenden Schrifttums, für uns ein ganz neues Profil gewonnen hat. Während Alexander von Alexandrien
und sein Nachfolger (seit 328) Athanasius in den ersten Jahren nach Nizäa vollauf damit beschäftigt
waren, ihre Position in ihrem durch den Streit mit Arianern und Melitianern (s. oben Nr. 56a) aufge-
wühlten Metropolitansprengel zu festigen und durch die Schwankungen der kaiserlichen Kirchenpolitik (325: Verbannung des Arius und der übrigen in Nizäa Exkommunizierten; 326: Absetzung des
Eustathius von Antiochien u. a. Nizäner; 327: Wiederaufnahme des Arius in Nizäa; 335: Absetzung
des Athanasius durch die kaiserliche Synode von Tyrus und seine Verbannung nach Trier) sich nicht
völlig aus dem Konzept bringen zu lassen, hat Markell die theologische Auseinandersetzung gesucht,
indem er über den Schlagabtausch in Nizäa (s. unten Text b) hinaus den Weg der halben und ganzen
Freunde des Arius mit unerbittlicher Kritik verfolgte und sich darum bemühte, das Homousios von Nizäa nicht zu verlassen, sondern zu interpretieren. Allerdings ist diese seine Interpretation alsbald selbst
in dogmatisches Zwielicht geraten und als »Sabellianismus« verdächtigt worden, was schließlich zu
seiner endgültigen Verurteilung durch das Konzil von Konstantinopel (381) führte. Das aber hat – beispielsweise – nicht verhindert, daß sich Ende des 4. Jahrhunderts Gregor von Nyssa, die stärkste spe-
kulative Begabung unter den sog. Jungnizänern, und im 19. Jahrhundert F. Schleiermacher von Markells trinitätstheologischem Ansatz besonders angezogen fühlten.

a) **Aus den Markellfragmenten in Eusebs Schriften »Wider Markell« und »Über die
kirchliche Theologie«** (Fr. 66 f. 52. 60. 111. 113. 121. 41 [Klostermann])
(Fr. 66) Es ist ja unmöglich, daß drei Hypostasen, sofern es sie geben sollte, sich
zur Monas [›Einheit‹] vereinigen, wenn nicht zuvor die Trias [›Dreiheit‹] ihren Ursprung aus der Einheit erhielte. Werden doch [nur] jene Dinge, wie es der hl. Paulus gesagt hat, in der Monas »zusammengefaßt« [werden: Eph. 1,10], die nicht
zur [ursprünglichen] Einheit, Gott, gehören, und gehören zu ihr allein der Logos
und der Geist (ἀδύνατον γὰρ τρεῖς ὑποστάσεις οὔσας ἑνοῦσθαι μονάδι, εἰ μὴ
πρότερον ἡ τριὰς τὴν ἀρχὴν ἀπὸ μονάδος ἔχοι. ἐκεῖνα γὰρ ἀνακεφαλαιοῦσ-
θαι ἔφησεν μονάδι ὁ ἱερὸς Παῦλος, ἃ μηδὲν τῇ ἑνότητι τῷ θεῷ διαφέρει.
ἑνότητι γὰρ ὁ λόγος καὶ τὸ πνεῦμα τῷ θεῷ διαφέρει μόνα).
(Fr. 67) Wenn also der Logos offensichtlich vom Vater ausgegangen und zu uns
gekommen ist, der Hl. Geist aber . . . »vom Vater ausgeht« [Joh. 15,26], und der
Herr an anderer Stelle vom Geist sagt: »Er wird nicht von sich aus reden, sondern,
was er hört, das wird er reden und euch das Zukünftige künden. Er wird mich verherrlichen; denn aus dem Meinigen wird er es nehmen und euch verkündigen«
[Joh. 16,13f.], kommt dann nicht, wenn auch in geheimnisvollem Wort, klar und
deutlich die göttliche Monas zu Gesicht, wie sie sich zu einer Trias erweitert, ohne
doch in irgendeiner Weise einer Trennung zu unterliegen (. . . ἡ μονὰς . . . πλα-
τυνομένη μὲν εἰς τριάδα, διαιρεῖσθαι δὲ μηδαμῶς ὑπομένουσα)? Denn wenn
der Logos vom Vater ausgeht, der Geist als ebenfalls vom Vater ausgehend bekannt wird und der Heiland wiederum vom Geist sagt: »Jener wird es von dem

Meinigen nehmen und euch verkündigen«, wird dann hier nicht ganz offensichtlich ein verborgenes Geheimnis enthüllt? Wie sonst nämlich – es sei denn dadurch,
daß sich die Monas, obwohl sie unteilbar ist, zu einer Trias erweitert – ist es ihm
möglich, einmal vom Hl. Geist zu sagen, er gehe vom Vater aus, und ein anderes
Mal: »Er wird es von dem Meinigen nehmen und euch verkündigen« . . .? Wie
sonst [ist es zu erklären], daß es, wenn er vom Vater ausgeht, von ihm gleichfalls
heißen kann, er empfange diesen Dienst vom Sohn? . . . [Das schließt doch wohl,
folgert Markell, zwingend die Annahme aus, Vater und Sohn seien »zwei getrennte Personen« (δύο διαιρούμενα . . . πρόσωπα)].
(Fr. 52) Durch die Aussage: »Im Anfang war der Logos« [Joh. 1,1], will er [der
Hagiograph] zeigen, daß der Logos als ruhende Kraft (δυνάμει) *in* dem Vater ist –
denn Anfang alles Gewordenen ist Gott, »aus dem alles ist« [1. Kor. 8,6] – ; mit
den Worten »Und der Logos war bei Gott«, daß der Logos als wirkende Kraft
(ἐνεργείᾳ) *bei* Gott ist – denn »alles ist durch ihn geworden, und ohne ihn ist auch
nicht eines geworden, das geworden ist« [Joh. 1,3] – ; mit den Worten schließlich,
der Logos sei Gott, daß man die Gottheit nicht zerreißen dürfe, da der Logos in ihm
und er selbst [Gott] im Logos ist. Sagt er doch: »Der Vater ist in mir und ich im Vater« [Joh. 10,38].
(Fr. 60) Bevor die Welt existierte, war der Logos im Vater. Als aber der allmächtige
Gott (ὁ παντοκράτωρ θεός) beschlossen hatte, alles im Himmel und auf Erden zu
erschaffen, bedurfte es für die Welt einer tätig wirkenden Kraft (ἐνέργεια δρα-
στική). Und deswegen, weil außer Gott nichts da war – denn das Bekenntnis be-
sagt, daß alles von ihm geschaffen worden ist –, trat damals der Logos hervor
(προελθών) und wurde zum Schöpfer der Welt. Er hatte diese aber schon vorher
innerhalb [der Gottheit] geistig (νοητῶς) vorbereitet, wie uns der Prophet Salomo
lehrt: »Als er den Himmel bereitete, war ich [die »Weisheit« als der »Anfang seiner Werke«] bei ihm . . ., ich war es, über die er sich freute« [Spr. 8,27–30].
(Fr. 111) Der nun herabstieg und durch die Jungfrau das Fleisch annahm, ist deshalb zum König über die Kirche eingesetzt worden, damit der zuvor aus dem Königreich der Himmel vertriebene Mensch durch den Logos die Königswürde erlangen möge. Diesen zuvor um seines Ungehorsams willen aus dem Königreich ver-
triebenen Menschen wollte Gott zum Herrn und Gott werden lassen und hat deshalb diese [zweite] Ökonomie [›Heilsveranstaltung‹][1] ins Werk gesetzt. Prophe-
zeit doch der allerheiligste Prophet David: »Der Herr ist König geworden, des
freue sich die Erde« [Ps. 96,1].
(Fr. 113) Deswegen wird der zuvor verführte Mensch, obwohl er sich im menschlichen Fleisch befindet, auch herrschen und, durch den Logos zum König eingesetzt,
»jede Herrschaft« des Teufels, »Macht und Gewalt« vernichten. »Denn er muß
herrschen«, heißt es, »bis er die Feinde unter seine Füße lege« [1. Kor. 15,24 f.].
Das, so meint der hl. Apostel, sei [Ziel und] Ende (τέλος) der Herrschaft unseres
Herrn Jesu Christi, wenn alles seinen Füßen unterworfen sei.
(Fr. 121) . . . Frage mich . . . nicht, was ich aus der göttlichen Schrift nicht deutlich erkannt habe . . . Wohl aber glaube ich jetzt [noch immer nur »stückweise«
erkennend und der Schau »von Angesicht zu Angesicht« erharrend (1. Kor.
13,12)] den göttlichen Schriften, daß *ein* Gott ist und daß dessen Logos aus dem
Vater hervorging, »damit alles durch ihn« [Joh. 1,3] ins Dasein trete. Nach der
Zeit des Gerichts, der Zurechtbringung (διόρθωσις) aller Dinge und der Beseiti-
gung jeder widerstrebenden Macht aber wird er »dann selbst unterworfen werden
dem, der ihm alles unterworfen hat« [1. Kor. 15,28], dem »Gott und Vater«

[1. Kor. 15,24], damit der Logos [wieder] so in Gott sei, wie er es war, bevor es die Welt gab. Zuvor nämlich war nichts außer Gott allein; als aber alles durch den Logos entstehen sollte, trat der Logos als tätig wirkende Kraft hervor (προῆλθεν . . . δραστικῇ ἐνεργείᾳ); dieser Logos aber war der Logos des Vaters.

(Fr. 41) Deshalb nennt er auch sich selbst nicht Gottessohn, sondern allenthalben Menschensohn, um durch solches Bekenntnis (ὁμολογία) den Menschen instand zu setzen, adoptionsweise (θέσει) Sohn Gottes zu werden, und sich [selbst] nach vollendetem Heilshandeln (μετὰ τὸ τέλος τῆς πράξεως) wieder als Logos mit Gott zu vereinen, jene apostolische Weissagung erfüllend: »dann wird er sich selbst dem unterwerfen, der ihm alles unterworfen hat, damit Gott sei alles in allem« [1. Kor. 15,28]; er wird dann nämlich dasselbe sein, was er zuvor war.

b) Markell und das römische Symbol (nach Epiphanius, Arzneikasten 72,2,1–3,5)

(72,2,1) An seinen allergesegnetsten Mitbischof Julius [von Rom] richtet Markell seinen Gruß in Christus! Da gewisse Leute, die früher verurteilt worden sind wegen ihres verkehrten Glaubens und die ich auf dem Konzil von Nizäa widerlegt habe, gewagt haben, an deine Frömmigkeit gegen mich zu schreiben, . . . in ihrem Bestreben, mir anzulasten, was man gegen sie vorgebracht hat, (2) hielt ich es für notwendig, als ich nach Rom kam, dir vorzuschlagen, du möchtest nach ihnen schicken, um mir so zu ermöglichen, ihnen Aug' in Auge gegenüberzutreten und sie auf zwei Punkte festzunageln: auf die Unwahrheit ihrer Anschuldigungen gegen mich wie darauf, daß sie fortfahren in ihrem [bereits in Nizäa überführten] Irrtum . . . (3) Da sie sich aber zu erscheinen weigerten, . . . und das, obwohl ich mich für einundeinviertel Jahr in Rom aufgehalten hatte, beschloß ich, im Blick auf meine bevorstehende Abreise dir in aller Aufrichtigkeit eine eigenhändig verfaßte Darlegung des Glaubens zu unterbreiten, über den ich belehrt und unterwiesen worden bin aus den heiligen Schriften, dir aber auch ins Gedächtnis zu rufen ihre üblen Behauptungen, auf daß du wissest, wessen sie sich versehen, um ihre Hörer zu täuschen und die Wahrheit zu verdecken. (4) Sagen sie doch, daß der Sohn, unser Herr Jesus Christus, . . . eine andere, vom Vater verschiedene Hypostase (ἄλλην ὑπόστασιν διεστῶσαν τοῦ πατρός) sei . . . (6) Im Gefolge der hl. Schrift glaube ich hingegen, daß es *einen* Gott gibt und als dessen einziggeborenen Sohn den Logos, der immerdar mit dem Vater ist und niemals in irgendeinem Sinne einen Anfang hatte, sondern immer ist und immer mit Gott und dem Vater herrscht (ἀεὶ ὤν, ἀεὶ συμβασιλεύων τῷ θεῷ καὶ πατρί), »dessen Reich«, wie der Apostel lehrt, »kein Ende haben wird« [Lk. 1,33] . . .[2]

Folgt (72,3,1) das Zitat des altrömischen Symbols, für das Markell unser ältester Zeuge ist (s. oben Nr. 42), und zum Schluß des Briefes noch einmal eine bündige Zusammenfassung seiner eigenen Trinitätslehre, die auf das »Ungetrenntsein« von Vater und Sohn abhebt. Alles andere, so meint Markell, liefe entweder auf eine Zwei-Götter-Lehre oder aber darauf hinaus, daß dem Sohn das wahrhafte Gottsein abgesprochen wird.

Quellen: E. Klostermann, Eusebius Werke, IV. Gegen Markell. Über die kirchliche Theologie. Die Fragmente Markells, GCS 14, 1972²; K. Holl, Epiphanius (Ancoratus und Panarion), III, GCS 37,1933. – *Literatur:* W. Gericke, Marcell von Acyra. Der Logos-Christologe und Biblizist, 1940; E. Schendel, Herrschaft und Unterwerfung Christi, BGE 12, 1971, S. 111 ff. (m.weit.Lit. [M. Richard, F. Scheidweiler, M. Tetz!]); M. Tetz, Zur Theologie des Markell von Ankyra III, ZKG 83, 1972, S. 145–194; ders., Markellianer und Athanasios von Alexandrien, ZNW 64, 1973, S. 75–121. Skeptisch über einige der jüngst vorgeschlagenen Textzuweisungen an Markell äußert sich allerdings

M. Simonetti, Su alcune opere attribuite di recente a Marcello di Ancira, Riv. di Stor. e Lett. Rel. 9, 1973, S. 313–329; ders., Ancora sulla paternità dello ps.atanasiano »Sermo maior de fide«, Vetera Christianorum 11, 1974, S. 333–343.
1. Nach der »ersten«, dem »Hervorgehen« des Logos aus Gott (s. oben Fr.60; unten Fr.121).
2. Vgl. damit aber oben Fr.113.121.

63. Das Lehrdekret der »westlichen« Synode von Serdika (Theodoret, Kirchengeschichte 2,8,39 ff.)

Als Konstantin 337 starb, durften die von ihm Verbannten zurückkehren, und es begannen neue Kämpfe. Während Athanasius und Markell in Rom Rückhalt fanden, gelang es ihrem Hauptwiderpart Euseb von Nikomedien, für seine Politik einer Revision des Nicaenum im Sinne des Bekenntnisses zur bloßen »Ähnlichkeit« des Sohnes mit dem Vater (weshalb diese Richtung auch als »Homöertum« [von griech. ὅμοιος, ›ähnlich‹] bezeichnet zu werden pflegt) sowohl den neuen Kaiser des Ostens, Constantius II., als auch die Mehrheit des östlichen Episkopats zu gewinnen (Kirchweihsynode von Antiochien 341). Die Kluft wurde vollends sichtbar, als das auf Drängen des Westens endlich, im Herbst 342, zustande gekommene Reichskonzil von Serdika (Sofia) noch vor Beginn der eigentlichen Verhandlungen in eine östliche und eine westliche Teilsynode auseinanderbrach, die sich gegenseitig exkommunizierten. – Aus dem u. a. bei Theodoret (Kirchengesch. 2,8,1–50) erhaltenen umfangreichen Synodalschreiben der Okzidentalen, das mit Anschuldigungen an die Adresse der Gegenseite gespickt ist, seien im folgenden nur die Passagen ausgezogen, die den Lehrgegensatz zwischen Ost und West besonders deutlich werden lassen:

(39) Wir haben es so übernommen, sind so belehrt worden und halten dieses fest als die katholische und apostolische Tradition . . ., daß Vater, Sohn und Hl. Geist [nur] *eine* Hypostase haben, welche die Häretiker ihrerseits als ›Wesenheit‹ [oder: ›Substanz‹] (οὐσία) bezeichnen. (40) Wenn einer fragen sollte: »Was ist die Hypostase des Sohnes?« so bekennen wir, daß es dieselbe ist wie die eine [einzige] Hypostase des Vaters und daß der Vater nie ohne den Sohn war, sowenig der Sohn jemals ohne den Vater gewesen ist . . . (45) Wir bekennen, daß es [nur] *einen* Gott gibt und daß die Gottheit des Vaters und die des Sohnes eine [einzige] ist. Gewiß wird niemand bestreiten, daß der Vater größer ist als der Sohn [vgl. Joh. 14,28]; doch rührt diese Überlegenheit nicht aus einem Unterschied in der Hypostase . . ., sondern allein aus dem Namen des Vaters, der größer ist als der des Sohnes . . . (47) [Mithin] glauben wir und sind dessen gewiß, daß der heilige Mund [des Herrn] die Worte »Ich und der Vater sind eins« [Joh. 10,30] auch wegen der Einheit der Hypostase gebraucht habe, welche ein und dieselbe ist bei Vater wie bei Sohn (καὶ διὰ τὴν τῆς ὑποστάσεως ἑνότητα, ἥτις ἐστὶ μία τοῦ πατρὸς καὶ μία τοῦ υἱοῦ)[1].

Quelle: L. Parmentier – F. Scheidweiler, Theodoret. Kirchengeschichte, GCS 44 (19), 1954². – *Literatur:* W. Schneemelcher, Serdika 342. Ein Beitrag zum Problem Ost und West in der Alten Kirche, Sonderheft zur EvTh, (f. E. Wolf) 1952, S. 83–104; H. Hess, The Canons of the Council of Sardica, A.D. 343, Oxford 1958; K. M. Girardet, Kaisergericht und Bischofsgericht, Antiquitas 1,21, 1975, S. 106 ff.
1. Im sog. 2. Bekenntnis der Kirchweihsynode von Antiochien 341, auf das sich die Okzidentalen von Serdika bei ihrer Kritik an den »ariomanitischen« Ketzern wohl beziehen, hatte es dagegen u. a. geheißen, die Namen Vater, Sohn und Geist seien »nicht aufs Geratewohl und ohne jeden Sinn« und Nutzen gegeben, sondern bezeichneten exakt »die besondere Hypostase, den Rang und die Glorie jedes

der Genannten« (τὴν οἰκείαν ἑκάστου τῶν ὀνομαζομένων ὑπόστασίν τε καὶ τάξιν καὶ δόξαν), so
daß sie »der Hypostase nach drei, der Übereinstimmung [Gesinnungsgleichheit] nach dagegen eins«
seien (ὡς εἶναι τῇ μὲν ὑποστάσει τρία, τῇ δὲ συμφωνίᾳ ἕν), wie ähnlich bereits Origenes formuliert
hatte (s. oben Nr. 32i).

64. Constantius II. und das Heidentum (Cod. Theod. 16,10,2–4)

Seit Constantius II., der bei der »Reichsteilung« nach Konstantins Tod als Augustus den Osten erhalten hatte, 13 Jahre später, nach Ermordung seines Bruders Constans durch den Usurpator Magnen-
tius, die Alleinherrschaft errang, betrieb er im gesamten Reichsgebiet auch eine aktive Kirchenpolitik
auf der Grundlage eines gemäßigten Arianismus (s. unten Nr. 68) und nach der Devise: »Was ich will,
das hat als Richtschnur zu gelten« (ὅπερ ἐγὼ βούλομαι, τοῦτο κανών)[1]. Aber auch religionspolitisch,
im Verhältnis zum Heidentum, wurde wie schon unter seinem Bruder Constans eine Abkehr von der
Linie Konstantins (s. oben Nr. 55) erkennbar, wenn diese – stillschweigend vollzogene – Neuorientie-
rung auch, wie es scheint, ohne allzu großen Nachdruck und »Erfolg« betrieben wurde.

(Cod. Theod. 16,10,2 [341]) Der Aberglaube höre [augenblicklich] auf, der Wahnsinn der Opfer werde abgetan (Cesset superstitio, sacrificiorum aboleatur insania).
Wer nämlich unter Übertretung des Gesetzes des göttlichen Princeps, unseres Vaters[2], und unter Verletzung dieser Weisung unserer Milde wagen sollte, Opfer
darzubringen, wird sich die entsprechende Strafe zuziehen und die Folgen des hier
ergangenen Spruches zu fühlen bekommen.
(Ebd. 16,10,3 [1.11.342 od. 343]) Obwohl aller Aberglaube mit Stumpf und Stiel
ausgerottet werden muß, ist es nichtsdestoweniger unser Wille, daß die außerhalb
der [römischen] Stadtmauern gelegenen Tempelbauten unangetastet und unbe-
schädigt bleiben sollen. Denn weil mit einigen dieser Tempel Spiele, Rennen oder
Wettkämpfe ihrem Ursprung nach verknüpft sind, darum sollen sie nicht niedergerissen werden; ist doch durch sie die [regelmäßige] Ausrichtung lang eingebür-
gerter Belustigungen für das Volk von Rom gewährleistet.
(Ebd. 16,10,4 [1.12.346 od. 354]) Wir haben beschlossen, daß umgehend die
Tempel allenthalben in Stadt und Land geschlossen werden und der Zutritt zu ihnen hinfort verboten ist, so daß allen verworfenen Menschen die Möglichkeit genommen wird zu sündigen. Ebenso ist es unser Wille, jedermann vom Opfern
fernzuhalten. Sollte jemand jedoch ein derartiges Verbrechen begehen, so soll er
niedergemacht werden durch das rächende Schwert. Ebenso bestimmen wir, daß
das Eigentum eines solchermaßen Exekutierten konfisziert wird. Auf ähnliche
Weise sind die Provinzstatthalter zu bestrafen, sollten sie es unterlassen, solche
Verbrechen zu ahnden.

Quellen: Th. Mommsen a.o. [Nr. 52] a.O. – Literatur: H. Doerries a.o. [Nr. 50] a.O., S. 206 ff.;
ders. a.o. [Nr. 57] a.O., bes. S. 45; P.R. Coleman – Norton a.o. [Nr. 52] a. O., II, 1966 (s. Reg. in
Bd. III).
1.   Athanasius, Geschichte der Arianer 33,7; vgl. dazu die Entgegnung des fast 100jährigen Ossius
(ebd. 44): ». . . Ich habe für den Glauben schon Zeugnis abgelegt zur Zeit, da unter Eurem Großvater
Maximian [der den natürlichen Großvater des Angeredeten, Constantius I. Chlorus, adoptiert hatte,]
die Verfolgung raste. Wollt nun auch Ihr mich verfolgen – ich bin bereit, alles Erdenkbare zu erdulden . . . Ich beschwöre Euch: Laßt ab von der Verfolgung! . . . Mischt Euch nicht in kirchliche Dinge.

Gebt nicht Ihr uns in diesen Belangen Eure Befehle, sondern wollt darin vielmehr von uns lernen. Euch hat Gott die Kaisermacht übergeben – uns hat er die kirchlichen Angelegenheiten anvertraut . . . Es steht geschrieben: ›Gebt dem Kaiser, was des Kaisers ist . . .!‹ Somit steht es uns nicht zu, auf Erden Herrschergewalt auszuüben, und Euch, Kaiser, nicht, das Weihrauchopfer darzubringen. Ich schreibe dies Euch in Sorge um Euer Seelenheil . . .«

2. Bei diesem Rückbezug auf eine konstantinische »lex« dieses Inhalts wird es sich um ein generalisierendes »Mißverständnis von Einzelverboten, etwa dem der häuslichen Opfer bei der privaten Haruspizin« (Cod. Theod. 9,16,1.2; 16,10,1) handeln (H. Doerries a.o. [Nr. 50] a.O., S. 207). Jedenfalls kann von einem allgemeinen Opferverbot durch Konstantin nicht die Rede sein.

65. Christliche Intoleranz: Firmicus Maternus »Über den Irrtum der heidnischen Religionen« (Kap. 16,4; 28,6; 29,1.4)

Um 347, bald nach seiner Konversion zum Christentum, schrieb der Rhetor I. Firmicus Maternus, Sizilianer aus dem Senatorenstand, die Streitschrift De errore profanarum religionum, in der er die Kaiser Constantius II. und Constans zur Ausrottung des heidnischen Religionswesens, besonders der Mysterienkulte aufrief (über die er im übrigen wertvollste Mitteilungen bietet!). Obwohl kein antikes Zeugnis dafür vorliegt, ist anzunehmen, daß die von einer so hochgestellten Persönlichkeit verfaßte Schrift auf die Religionspolitik der Kaiser, denen sie gewidmet ist, nicht ohne Einfluß blieb.

(16,4) Diese Praktiken müssen bis zur Wurzel gekappt, ausgemerzt und abgestellt werden, heiligste Kaiser (sacratissimi imperatores), durch eure in der allerschroffsten Tonart gehaltenen gesetzlichen Verfügungen, damit der gräßliche Irrtum dieser [heidnischen] Vermessenheit (praesumptio) die römische Welt nicht länger beflecke. [Mögen auch die Heiden so wenig den Wunsch haben, zum Rechten angehalten zu werden, wie die Kranken die vorgeschriebenen bitteren Arzneien lieben; gleichwohl ist die Pflicht, sie selbst wider ihren Willen zu retten, den Kaisern von Gott auferlegt. Denn] . . . es ist besser für euch, sie gegen ihren Willen zu befreien, als zuzulassen, daß sie willentlich ins Verderben stürzen (melius est, ut liberetis invitos quam ut volentibus concedatis exitium) . . .

(28,6) Hinweg, heiligste Kaiser, hinweg mit all dem Tempelschmuck! Laßt die Glut eurer Münz[stätt]en oder die Flamme eurer Schmelzöfen diese Götter rösten! Macht euch all die Tempelgaben zu Diensten und überführt sie in eure Kontrolle. Mit der Zerstörung der Tempel werdet ihr weitere Fortschritte in der göttlichen Tugend gemacht haben . . .

(29,1) Die Notwendigkeit . . . gebietet euch, heiligste Kaiser, dies Übel zu bestrafen und zu rächen, und es ist das Gesetz des allerhöchsten Gottes selbst, das euch verpflichtet, mit eurer Strenge das ungeheuerliche Verbrechen des Götzendienstes in jeder Weise zu verfolgen. Hört und nehmt euch zu Herzen die Anordnungen, die Gott hinsichtlich dieses Verbrechens getroffen hat . . . [Folgt der Hinweis auf Dt. 13,6–11.13–19, mit seinen Drohungen gegen diejenigen, die versuchen sollten, das Volk Israel zu Abgötterei zu verführen]. (4) . . . Auf diese Weise wird alles gut für euch ausgehen: Siege, Wohlfahrt, Friede, Reichtum, Gesundheit und Triumphe werden euer sein, so daß ihr, gefördert durch die göttliche Majestät, den Erdkreis regieren werdet in glücklicher Herrschaft.

Quelle: K. Ziegler, I. Firmicus Maternus. De errore profanarum religionum, BT, (1908) 1953[2]. – *Literatur:* C.A. Forbes, Firmicus and the secular arm, Class. Journ. 55, 1960, S. 146 ff.; H. Doerries a.o. [Nr. 57] a.O., bes.S.44 f.

66. Aus den »Taufkatechesen« Kyrills von Jerusalem
(Prokatechese 2.12.16; Katechese 3,10; 18,33)

Das 4. Jahrhundert erlebte einen bis dahin nicht gekannten Ansturm von Taufbewerbern, der auch einen Ausbau und eine festere Regulierung des herkömmlichen Taufunterrichts (Katechumenat) notwendig machte. Darüber blieb jedoch eine enge Verbindung von sittlicher Bildung und liturgischer Einübung (s. oben Nr. 8.21d) Hauptmerkmal wie wesentliche Funktion des altkirchlichen Katechumenats, der erst in Verfall geriet, als die Christianisierung innerhalb der Grenzen des römischen Reiches als abgeschlossen gelten konnte. – Berühmt sind die Katechesen, die um 350 Kyrill von Jerusalem, zumeist in der von Konstantin erbauten Grabeskirche, gehalten und später aufgrund stenographischer Notizen eines Zuhörers veröffentlicht hat. Außer einer Einführungs- oder Prokatechese sind es 18 in der österlichen Fastenzeit (Quadragesima) vor den Taufbewerbern (φωτιζόμενοι) gehaltene Ansprachen, wovon die ersten 5 über Sünde, Buße und Glauben handeln und die restlichen 13 das (mit dem Symbol von Konstantinopel 381 [s. unten Nr. 81a] nahe verwandte) Taufsymbol von Jerusalem fortlaufend erklären. Ob auch die unter Kyrills Namen überlieferten 5 »mystagogischen Katechesen«, die, zum Vortrag vor den Neugetauften (νεοφώτιστοι) in der Osterwoche bestimmt, die am Osterfest empfangenen Sakramente (19/20: Taufe; 21: Salbung [Chrisma]; 22/23 Eucharistie) behandeln, diesem und nicht vielmehr seinem Nachfolger Johannes von Jerusalem zuzuweisen sind, ist in der Forschung bis heute umstritten.

(Prokat. 2) Kam einst auch Simon Magus zum Taufbad (λουτρόν) und ward getauft [vgl. Apg. 8,13], aber nicht erleuchtet (ἐβαπτίσθη, ἀλλ᾽ οὐκ ἐφωτίσθη) . . . Sein Körper stieg zwar [ins Wasser] hinab und wieder herauf; seine Seele jedoch ward weder mit Christus begraben, noch mit ihm auferweckt [vgl. Röm. 6,3ff.]. Ich erwähne diese Beispiele . . . [auf daß ihr zuseht:] Keiner von euch werde erfunden als jemand, der die Gnade versucht, »und es wachse nicht [ein Schoß aus] eine[r] bittere[n] Wurzel empor und richte Schaden an« [Hebr. 12,15]. Möge auch niemand unter euch hier eintreten und sagen: Wohlan, laßt uns sehen, was die Gläubigen machen; ich will hineingehen, um zu schauen und zu erfahren, was dort geschieht. Erwartest du, daß du siehst, aber nicht gesehen wirst? Meinst du, ausforschen zu können, was geschieht, und Gott erforsche derweilen nicht dein Inneres? (12) Wenn nun die Unterweisung (κατήχησις) erfolgt ist und dich ein noch nicht Getaufter fragt, was die Lehrer gesagt haben, so schweige gegenüber dem Außenstehenden; denn ein Geheimnis (μυστήριον) vertrauen wir dir an, das auch die Hoffnung auf die künftige Welt begründet: bewahre dies Geheimnis für den, der dir [im Gericht] vergelten wird. Verschließe deine Ohren, wenn einer zu dir sagen sollte: Was schadet's, wenn auch ich [dies Geheimnis] erfahre? Denn so verlangen auch die Kranken nach Wein; wird er ihnen aber zur Unzeit verabreicht, so bewirkt er [tödliches] Fieber, und zwei Übel sind die Folge: der Kranke stirbt, und der Arzt hat seinen schlechten Ruf weg. So ist's auch mit dem noch nicht Getauften. Hört er von einem Getauften [was noch nicht für seine Ohren bestimmt ist], so verfällt er in Fieber, weil er nicht versteht, was er gehört hat, und so [aus purem Unverstand] das Gehörte schmäht und verspottet . . . Nicht, daß die Dinge, die hier in Rede stehen, nicht wert wären, weitergesagt zu werden; sondern die Ohren [des noch nicht Getauften] sind nicht würdig, sie zu vernehmen . . . Wirst du einmal durch eigene Erfahrung (πεῖρα) zum Gipfel dessen gelangt sein, was dir gelehrt wurde, so wirst du auch verstehen, weshalb die noch nicht Getauften nicht würdig sind, davon zu hören. (16) Etwas Großes ist die Taufe, der ihr entgegenseht: Befreiung für Gefangene, Vergebung der Sünden, Tod für die Sünde, Wiedergeburt für die Seele, lichtes Kleid, heiliges,

unauslöschliches Siegel, Himmelsgefährt, Paradieseswonne, Bürge des Reiches, Geschenk der Kindesannahme (Μέγα, τὸ προκείμενον βάπτισμα· αἰχμαλώτοις λύτρον· ἁμαρτημάτων ἄφεσις· θάνατος ἁμαρτίας· παλιγγενεσία ψυχῆς· ἔνδυμα φωτεινόν· σφραγὶς ἁγία ἀκατάλυτος· ὄχημα πρὸς οὐρανόν· παραδείσου τρυφή· βασιλείας πρόξενον· υἱοθεσίας χάρισμα). Doch der Drache lauert am Wegesrand . . . Sieh zu, daß er dich nicht infolge mangelnden Glaubens beiße . . . Laß »deine Füße beschuht« sein »mit Bereitschaft für das Evangelium des Friedens« [Eph. 6,15]; so wird er dich zwar beißen, dich aber nicht verletzen . . . (Kat. 3,10) Wer die Taufe nicht empfängt, für den gibt es kein Heil, ausgenommen einzig die Märtyrer, die auch ohne das [Tauf-]Wasser das Reich gewinnen. Denn als der Heiland durch das Kreuz den Erdkreis erlöste, floß aus seiner durchbohrten Seite Blut und Wasser hervor [vgl. Joh. 19,34], auf daß diejenigen, die in friedlicher Zeit leben, im Wasser getauft würden, die in Zeiten der Verfolgung Lebenden dagegen mit ihrem eigenen Blut. Vermag doch auch der Erlöser das Martyrium als Taufe zu bezeichnen, wenn er sagt: »Könnt ihr den Kelch trinken, den ich trinken werde, und euch taufen lassen mit der Taufe, mit der ich getauft werde?« [Mt. 20,22]. Die Märtyrer legen ihr Bekenntnis ab, »zum Schauspiel geworden für die Welt, für Engel und Menschen« [1. Kor. 4,9]. Und auch du sollst binnen kurzem das Bekenntnis ablegen. Doch ist es noch nicht an der Zeit, daß du davon hörst.
(Kat. 18,33) Nach dem heiligen und heilbringenden Tag der Ostern . . . werdet ihr, beginnend mit dem zweiten Tag nach dem Sabbat jeden Tag der folgenden Woche weitere Unterweisung erhalten. Darin werdet ihr wiederum in allen Einzelheiten über Grund und Ursache dessen belehrt werden, was euch widerfahren ist . . .: über das zunächst, was unmittelbar vor dem Taufakt selbst geschah, dann darüber, wie ihr gereinigt wurdet durch den Herrn von den Sünden, »mittels des Wasserbades im Wort« [Eph. 5,26], wie ihr in priesterlicher Weise (ἱερατικῶς) Anteil gewannet am Christusnamen, wie euch das Siegel der Gemeinschaft des Hl. Geistes verliehen ward, aber auch über die am Altar des Neuen Bundes gefeierten Mysterien . . .: welche es sind, die uns die heiligen Schriften überliefert haben, was ihre Kraft (δύναμις) ist, wie man ihnen zu nahen und wann und wie man sie zu gebrauchen hat; endlich auch darüber, wie ihr in der bevorstehenden Zeit, in Werken wie in Worten, der empfangenen Gnade würdig wandeln müßt, damit ihr alle euch des ewigen Lebens zu erfreuen vermögt. Dies alles wird euch, so Gott will, gelehrt werden.

Quelle: W.C. Reischl – J. Rupp, Cyrilli Hierosolymitarum archiepiscopi opera quae supersunt omnia, 2 Bde., 1848–1860 (Nachdr. 1967). – *Literatur:* B. Neunheuser, Taufe und Firmung, HDG IV,2, 1956, S. 59–70; A. Stenzel, Die Taufe. Eine genetische Erklärung der Taufliturgie, 1958, S. 77–164; J. Daniélou, Liturgie und Bibel. Die Symbolik der Sakramente bei den Kirchenvätern, 1963; G. Kretschmar, Die Geschichte des Taufgottesdienstes in der alten Kirche, Leiturgia V, S. 198–210.

67. Der Antiarianismus des Athanasius und seine Motive
(nach seinen Schriften »Über die Beschlüsse der nizänischen Synode«, Kap. 20, und »Reden wider die Arianer«, Buch 2, Kap. 67–69; Buch 3, Kap. 31)

Wenn Athanasius von Alexandrien (295–373) auch am Ende als der Vorkämpfer der nizänischen Orthodoxie schlechthin galt, so ist er doch zeitlebens »Theologe« und »Kirchenpolitiker« ineins gewesen (W. Schneemelcher). Auch ist er zwar stets mit großer Beharrlichkeit für die Rechtmäßigkeit der in Nizäa ausgesprochenen Verurteilung des Arius und seiner Anhänger und wider alle kaiserliche Einmischung in kirchliche Angelegenheiten eingetreten und hat dafür, wie seine insgesamt fünfmalige Verbannung lehrt, auch persönliche Unbill auf sich genommen. Für das Nicaenum und sein Homoousios aber ist er erst nach einem längeren Zwangsaufenthalt im Westen (339–346) ins Feld gezogen, und zwar erstmals in seiner Epistula de decretis Nicaenae synodi (350/351) sowie in den wohl während seines 3. Exils bei den Mönchen der ägyptischen Wüste (356 ff.) entstandenen, überaus polemisch gehaltenen (drei) Orationes contra Arianos. Beide Schriften lassen zugleich erkennen, welche Antriebe (außer den Machtinteressen des alexandrinischen Patriarchen) dem Antiarianismus des Athanasius zugrunde lagen und was die auch von einem Kritiker des altkirchlichen Dogmas wie A. von Harnack keineswegs geleugnete Größe der athanasianischen Konzeption ausmacht.

(Üb.d.Beschl.etc 20,3) Aber die Bischöfe [des nizänischen Konzils], da sie . . . die Heuchelei jener [sc. der Arianer] erkannten . . ., sahen sie sich genötigt, auch ihrerseits den Sinn aus den [heiligen] Schriften zu erheben und das früher Gesagte noch unmißverständlicher auszudrücken und schriftlich festzuhalten: der Sohn sei mit dem Vater wesenseins (ὁμοούσιος). Damit wollten sie anzeigen, daß er nicht nur von gleicher Beschaffenheit (ὅμοιος), sondern in der Gleichbeschaffenheit [mit ihm] identisch (ταὐτὸν τῇ ὁμοιώσει) [und so] »aus dem Vater« sei; auch ging es ihnen um den Hinweis, daß es mit dieser Gleichbeschaffenheit und Unwandelbarkeit (ἀτρεψία) durchaus etwas anderes auf sich habe als mit der Abbildlichkeit (μίμησις), wie sie an uns festzustellen ist und wie wir sie aufgrund von Tugend[haftigkeit] erwerben, indem wir die Gebote halten. (4) Körper, die einander ähnlich sind, können sich wohl auch einmal trennen und fern voneinander sein, wie es bei Menschenkindern in ihrem Verhältnis zu ihren Eltern der Fall ist . . . (5) Da jedoch die Zeugung des Sohnes aus dem Vater gar nichts zu tun hat mit natürlich-menschlichen Vorgängen und der Sohn dem Vater nicht nur ähnlich, sondern auch untrennbar mit dem Wesen des Vaters verbunden ist (ἀδιαίρετος . . . τῆς τοῦ πατρὸς οὐσίας), und nach seinen eigenen Worten er und der Vater eins sind: der Vater immer im Logos und der Logos [immer] im Vater, so wie sich der Lichtstrahl zum Licht verhält, darum hat die Synode, die eben dies im Sinne hatte, auch den treffenden Begriff ὁμοούσιος in ihr schriftlich niedergelegtes Bekenntnis aufgenommen . . .
(Red.w.d.A.2,67) . . . In ihm [dem fleischgewordenen Logos] ist also das Menschengeschlecht vollendet und so wiederhergestellt worden, wie es im Anfang war; nein, es hat vielmehr noch größere Gnade empfangen. Denn, von den Toten auferstanden, fürchten wir den Tod nicht länger, sondern werden in Christus auf immer im Himmel herrschen. Das aber ist geschehen, weil Gottes eigener Logos, der aus dem Vater ist, [den] Fleisch[esleib] anzog und Mensch wurde. Wäre er nämlich ein Geschöpf und als solches Mensch geworden, dann wäre der Mensch dessen ungeachtet so geblieben, wie er war: ohne Verbindung mit Gott. Denn wie hätte er, ein Geschöpf, durch ein Geschöpf mit dem Schöpfer verbunden werden können? . . . Wie hätte umgekehrt der Logos, wäre er ein Geschöpf, das [Ver-

dammungs-]Urteil Gottes aufheben und die Sünde vergeben können, wo doch bei den Propheten geschrieben steht, daß dies allein Sache Gottes sei . . . [Mich. 7,18]? . . . Es hat [die Sünde] der Herr selbst weggenommen, wie er gesagt hat: »Es sei denn, der Sohn mache euch frei . . .« [vgl. Joh. 8,36], und der Sohn, der [uns] freigemacht hat, hat damit in Wahrheit gezeigt, wie wenig er ein Geschöpf und eins der gewordenen Wesen, wie sehr er vielmehr [Gottes] eigener Logos, Abbild des Wesens des Vaters, ist, der auch im Anfang das Urteil gesprochen hat und allein die Sünden vergibt. Da nämlich im Logos gesagt worden ist: »Erde bist du, und zur Erde wirst du wieder werden« [Gen. 3,19], ist folgerichtigerweise durch den Logos selbst und in ihm die Befreiung und Aufhebung des Verdammungsurteils geschehen.

(68) Allein, so wenden sie ein, auch wenn der Heiland ein Geschöpf war, konnte doch Gott durch ein bloßes Wort den Fluch aufheben . . . Jedoch, man muß auf das sehen, was den Menschen frommt, nicht auf das, was Gott möglich ist . . . Was er [der Heiland] tut, das ist den Menschen auch nütze, und es ziemte sich nicht, daß er anders [wörtl.: ein anderer] war [als er uns tatsächlich bezeugt wird] . . . Wenn er sich, was ihm wohl möglich war, mit einem bloßen Wort begnügt und so den Fluch aufgehoben hätte, dann wäre zwar die Macht des Befehlenden manifest geworden, der Mensch jedoch hätte eine Beschaffenheit erlangt, wie sie auch Adam vor dem Sündenfall besaß: er hätte die Gnade von außen empfangen (ἔξωθεν λαβὼν τὴν χάριν) und nicht [leibhaftig:] in Verbindung mit dem [eigenen] Leib besessen . . .; vielleicht hätte er sogar eine minderwertigere Beschaffenheit [als Adam] erlangt, weil er sich ja inzwischen aufs Sündigen verstand . . . Und so hätte die Notwendigkeit [göttlichen Vergebens] bis ins Unendliche weiterbestanden, und dessen ungeachtet wären die Menschen Schuldner und Knechte der Sünde geblieben . . .

(69) Wiederum: wäre der Sohn ein Geschöpf, so wäre der Mensch dessen [der Menschwerdung] ungeachtet sterblich, weil ohne Verbindung mit Gott, geblieben . . .

(3,31) . . . Als Gott hatte er [der fleischgewordene Logos] einen eigenen Leib, und indem er sich dieses [Leibes] als eines Werkzeuges (ὄργανον) bediente, ist er um unseretwillen Mensch geworden. Darum wird auch, was diesem [Fleisch, in welchem nach Kol. 2,9 die Gottheit leibhaftig wohnte] zukommt, von ihm selbst ausgesagt, eben weil er in ihm war; so z.B. das Hungern, Dürsten, Leiden, Ermüden u.ä.m., dem das Fleisch ausgesetzt ist. Die dem Logos selbst eigenen Werke aber wie, daß er Tote erweckte, Blinde sehend machte und die Blutflüssige heilte, vollbrachte er selbst mittels seines eigenen Leibes. Und der Logos trug die Schwachheiten des Fleisches, als wären es die seinigen; sein war ja das Fleisch. Umgekehrt diente auch das Fleisch den Werken der Gottheit, weil sie in ihm war; Gottes war ja der Leib. Treffend hat dagegen der Prophet gesagt: »Er trug«, nicht: Er heilte »unsere Schwachheiten«, damit er nicht, als wäre er außerhalb des Leibes und heilte ihn lediglich so, wie er es immer tat, die Menschen von neuem dem Tode unterworfen bleiben ließe. Nein, er trägt unsere Schwachheiten und nimmt auf sich unsere Sünden, damit es klar werde, daß er um unseretwillen Mensch ward und der Leib, mit dem er sie trägt, sein eigen sei. Er selbst aber erlitt keinerlei Schaden (οὐδὲν ἐβλάπτετο), als er mit seinem Leibe unsere Sünden an das [Kreuzes-]Holz emportrug . . . [1. Petr. 2,24]. Wohl aber wurden wir Menschen von unseren Leiden erlöst und mit der Gerechtigkeit, die der Logos gibt, erfüllt.

Quellen: H.G. Opitz a.o. [Nr. 54] a.O., 2, 1934 (De decr.); MPG 26, Sp. 12 ff. (Orr. c. Ar.). – *Literatur:* E. Schwartz, Zur Geschichte des Athanasius (NGG 1904.1905.1908.1911 =) Ges. Schriften, 3, 1959; F.L. Cross, The study of St. Athanasius, Oxford 1945; W. Schneemelcher, Athanasius von Alexandrien als Theologe und Kirchenpolitiker, ZNW 43, 1950/1951, S. 242–256; D. Ritschl. Athanasius. Versuch einer Interpretation, 1964; E.P. Meijering, Orthodoxy and Platonism in Athanasius – Synthesis or Antithesis?, Leiden (1968) 1974²; Ch. Kannengießer, Politique et théologie chez Athanase d'Alexandrie, Paris 1975, S. 231–294 (Beiträge von G.C. Stead, J.B. Walker, D. Staniloae, H. Saake).

68. Aus dem 4. Bekenntnis von Sirmium vom 22. Mai 359 (bei Athanasius, Über die zu Ariminum in Italien und zu Sirmium in Isaurien gefeierten Synoden, 8)

Als Athanasius seine »Arianerreden« verfaßte, waren im Osten unter der von Constantius II. errichteten harten Herrschaft über die Kirche neue Fronten entstanden: Ein radikaler Neuarianismus unter geistiger Führung des einstigen antiochenischen Diakons Aëtius (gest. 367) und des späteren Bischofs von Kyzikus, Eunomius (gest. um 395), bildete sich (sein Hauptstichwort: Der Logos dem Vater »in allem unähnlich« [ἀνόμοιος]; daher »Anhomöertum« genannt), und die origenistische, von der überzogenen Polemik des Athanasius (wegen ihrer Rede von den *drei* göttlichen Hypostasen) gleichfalls als »arianisch« bezeichnete Mittelpartei zerfiel. – Welchen Kurs in dieser Wirrnis die kaiserliche Kirchenpolitik zu steuern gedachte, lehrt der Schluß des von einer kaiserlichen Kommission entworfenen 4. oder (wegen der ausführlichen Datierung, die ihm vorangestellt ist) von den Gegnern spöttisch »Datiertes Bekenntnis« genannten Symbols von Sirmium.

Weil das Wort ›Wesen‹ (οὐσία) von den Vätern in Einfalt angenommen wurde, dem Volk aber unbekannt ist und Ärgernis erregt, da es die [heiligen] Schriften nicht enthalten, darum schien es uns richtig, seinen Gebrauch abzuschaffen; es soll unter gar keinen Umständen der Begriff ›Wesen‹ jemals mehr mit Bezug auf Gott verwendet werden, weil sich die Schriften nirgendwo auf ein ›Wesen‹ des Vaters und des Sohnes beziehen. Vielmehr bezeichnen wir den Sohn als dem Vater in allen Dingen ähnlich (ὅμοιος . . . τῷ πατρὶ κατὰ πάντα), wie es auch die heiligen Schriften erklären und lehren.

Quelle: H.G. Opitz a.o. [Nr. 54] a.O., 2, 1935. – *Literatur:* J.N.D. Kelly a.o. [Nr. 42] a.O., S. 280 ff.; Ch. Kannengießer a.o. [Nr. 67] a.O., S. 63–156 (Beiträge von K.M. Girardet, Ch. Piétri, L.W. Barnard, J.M. Leroux).

69. Marius Victorinus als Hymnendichter und Paulusexeget

Der Kampf um Athanasius und die von ihm verfochtene Sache, und das hieß nun in der Tat: das Dogma von Nizäa, bezog immer mehr auch den lat. Westen ein und ließ dort eine theologische Literatur entstehen, die die im Osten erörterten Fragen aufnahm. Am selbständigsten geschah dies wohl durch C. Marius Victorinus, der, Ende des 3. Jahrhunderts in Afrika geboren, als gefeierter Lehrer der Rhetorik und (neuplatonischen) Philosophie in Rom wirkte, ehe er – bald nach 354 – zum Christentum konvertierte und damit einen Schritt tat, der von der Öffentlichkeit als sensationelles Ereignis empfunden und noch ein Menschenalter später Augustin als leuchtendes Beispiel vorgehalten wurde (Bekenntnisse 8,2,3 ff.). Bald nach seiner Bekehrung begann er damit, in einer Serie von theologischen Traktaten, auf der Basis der – porphyrianisch modifizierten (P. Hadot) – Ontologie Plotins, die Substanzgleichheit von Vater, Sohn und Geist gegen einen ebenfalls neuplatonisierenden Arianismus zu verteidigen und zu »beweisen«. – Demselben Ziel, der Abwehr der arianischen Propaganda, diente auch seine Hymnendichtung, für die im folgenden ein Beispiel geboten sei:

a) Aus dem 1. Hymnus auf die Trinität (Verse 1–16.74–78)

Adesto, lumen verum, pater omnipotens deus.
Adesto, lumen luminis, *mysterium* et *virtus dei*.
Adesto, sancte spiritus, patris et filii copula.
Tu cum quiescis, pater es, cum procedis, filius,
in unum qui cuncta nectis, tu es sanctus spiritus.

Unum primum, unum a se ortum, unum ante unum, deus.
Praecedis omne quantum, nullis notus terminis.
Nihil in te quantum quia neque quantum ex te est.
Namque ex te natum unum gignit magis quantum quam tenet.
Hinc immensus pater est, mensus atque immensus filius.
Unum autem et tu pater es, unum qu[e]m genui[s] filius.

Quod multa vel cuncta sunt, hoc unum est quod genuit filius,
Cunctis qui ὄντος semen est. Tu vero virtus seminis,
In quo atque ex quo gignuntur cuncta, *virtus* quae fundit *dei*,
Rursusque in semen redeunt genita quaeque ex semine . . .

Omnes ergo unum spiritu, omnes unum lum[ine].
Hinc singulis vera, hinc tribus una substantia est,
Progressa a patre filio et regressa spiritu,
Quia tres exsistunt singuli et tres in uno singuli.
Haec est beata trinitas, haec beata unitas.

Steh uns bei, wahres Licht, allmächtiger Vatergott! Steh uns bei, Licht des Lichts, »Geheimnis« und »Kraft Gottes«! Steh uns bei, Heiliger Geist, Band des Vaters und des Sohnes! In der Ruhe bist du Vater, im Hervorgang Sohn, und alles zu einem verbindend bist du Heiliger Geist.
O Gott, du bist das erste Eine, das aus sich selbst entsprungene Eine, das Eine vor dem Einen. Du gehst aller Vielfalt voraus, und keine Definition macht dich bekannt. Keine Vielfalt ist in dir, denn keine Vielfalt geht aus dir auch nur hervor. Das aus dir geborene Eine zeugt die Vielfalt eher, als daß es sie besitzt. Daher ist der Vater unermeßlich, der Sohn aber ermeßbar und unermeßlich zugleich. Du, Vater, bist das Eine, und den du zeugst, der Sohn, ist Eines, und das vom Sohn Gezeugte ist Eines als Mannigfaltiges oder Alles, denn der Sohn ist für alle Same des Seins. Du aber bist dieses Samens geheime Kraft; in diesem und aus diesem Samen wird alles gezeugt, was die »Kraft Gottes« hervorbringt, und zu diesem Samen kehrt aufs neue alles aus ihm Gezeugte zurück . . . Alle [sc. Vater, Sohn und Geist] sind . . . eins im Geiste, alle eins im Licht! So ist jedem einzelnen eine wirkliche und allen dreien eine einzige Substanz zu eigen, die vom Vater zum Sohn ausgeht und im Geist zum Vater zurückkehrt, denn sie sind drei einzelne und alle drei sind in jedem einzelnen. Dies ist die glückselige Dreifaltigkeit, dies die glückselige Einheit! (P. Hadot – U. Brenke)

b) Aus dem Kommentar zu den kleinen Paulinen (Zu Gal. 2,15f.; Phil. 2,13; 3,9; Eph. 2,8.15f.)

Zu den nach seiner Bekehrung verfaßten Schriften Viktorins gehörte auch eine – um Feststellung des Textes und Wortsinns, aber auch des dogmatischen und »philosophischen« Gehaltes bemühte – Auslegung des Galater-, Philipper- und Epheserbriefes, die nicht nur deshalb Beachtung verdient, weil es sich dabei um den ersten lat. Pauluskommentar überhaupt handelt, von dem wir wissen. Vielmehr enthält diese Paulusexegese auch »in Hinsicht auf die Rechtfertigung allein durch Glauben die strengst paulinischen Sätze, welche wir aus der alten Kirche kennen« (A. von Harnack). Dafür ein paar Beispiele:

[Zu Gal. 2,15 f.] Bis hierhin handelt es sich um den Teil einer Rede des Paulus selbst, welcher Petrus anklagt und ihm vorhält, er stimme in unkorrekter Weise jüdischer Denkart bei und zwinge auf diese Weise Heiden dazu, nach jüdischer Sitte zu leben. Wir, sagt er, . . . die wir nicht aus den Heiden stammen, sondern Juden sind, nehmen doch ja den Glauben an Christus an, . . . natürlich deshalb, weil wir wissen, daß der Mensch nicht gerechtfertigt werde aufgrund von Gesetzeswerken, sondern durch Glauben die Rechtfertigung erlange, und zwar durch den Glauben an Jesus Christus . . . Wenn wir also, dies wissend, geglaubt haben, daß die Rechtfertigung durch Glauben geschehe, dann befinden wir uns jedenfalls im Irrtum, so wir uns nun zu jüdischer Art (iudaismus) zurückwenden, der wir [doch gerade] abgesagt haben, um nicht aus Gesetzeswerken, sondern aus Glauben gerechtfertigt zu werden, und zwar aus Glauben an Christus. Allein dieser Glaube nämlich schenkt sowohl Rechtfertigung wie Heiligung (ipsa enim fides sola iustificationem dat et sanctificationem) . . .
[Zu Phil. 2,13]   »Müht euch« also, heißt es, »um euer Heil«. Indes ist das Mühen selbst Gott zu verdanken. Denn Gott wirkt in euch, und [zwar] wirkt er, daß euer Wollen so ausgerichtet sei (ut velitis ita). So ist das Wollen gewissermaßen [auch] unsere Sache (quasi nostrum), weshalb auch wir es sind, die sich um unser Heil mühen. Dennoch: weil uns das Wollen selbst von Gott gewirkt wird, darum geschieht es, daß wir sowohl das Vollbringen wie das Wollen von Gott haben (ut ex deo et operationem et voluntatem habeamus) . . .
[Zu Phil. 3,9]   ». . . wobei ich nicht meine eigene Gerechtigkeit habe, die aus dem Gesetz ist.« Jene Gerechtigkeit natürlich, welche ich . . . [besaß], als ich untadelig lebte; denn dann ist es gewissermaßen meine oder unsere Gerechtigkeit, wenn wir meinen, durch unseren guten Lebenswandel die Gottesgerechtigkeit zu verdienen, sofern ihr [unser] Wandel vollkommen entspricht (tunc enim quasi mea iustitia est, vel nostra, cum moribus nostris iustitiam dei mereri nos putamus perfectam per mores). Doch nicht, sagt Paulus, ist es diese Gerechtigkeit, die ich habe. Sondern . . . diejenige, die aus Gott kommt (ex deo procedit). Und welche ist das? Die »Gerechtigkeit, die aus dem Glauben kommt«, d.h. aus dem Glauben, welcher sich dem »Glauben Christi« [πίστις Χριστοῦ: Paulus!] verdankt (iustitia ex fide, quae est fides ex fide Christi) . . .
[Zu Eph. 2,8]   Er [Paulus] hat klar expliziert, daß wir Glauben schulden; doch schulden wir nicht mehr, als daß wir in Christus gläubig sind (ut credamus in Christo). Ist das aber so, daß dies allein unser Werk ist, so werden wir nicht durch unser Verdienst (meritum) gerettet, sondern durch Gottes Gnade . . .
[Zu Eph. 2,15.16]   Christus, sagt er, ist unser Friede, er, den er andernorts auch den Mittler (mediator) nennt . . . Also liegt es nicht an unserer Anstrengung . . ., daß wir erlöst werden; vielmehr ist allein der Glaube an Christus unsere Rettung (ergo non nostri laboris est ut nos solvamus, sed sola fides in Christum nobis salus est) . . . An uns liegt so gut wie nichts, es sei denn das eine: zu glauben an den, der alles überwunden hat (nostrum paene iam nihil est, nisi solum credere, qui superavit omnia). Darin nämlich besteht die volle Erlösung, daß Christus diesen Sieg errungen, daß er darum am Kreuz ausgeharrt hat und darum auferstanden ist, um uns, die wir an ihn glauben, Heil, Ewigkeit und himmlische Glorie zu bereiten.

Quellen: P. Henry – P. Hadot, Marii Victorini Opera, I. Opera Theologica, CSEL 83, 1971; A. Locher, Marii Victorini Afri Commentarii in Epistulas Pauli . . ., BT, 1972 (vgl. dazu allerdings die Rez. von F. Gori in: Riv. di fil.e di istr. class. 102, 1974, S. 487–492). – *Literatur:* A. Harnack, Geschichte der Lehre von der Seligkeit allein durch den Glauben in der alten Kirche, ZThK 1, 1891, S. 82–178 (hier: S. 158 ff.); R.A. Markus, Marius Victorinus und Augustine, The Cambridge History of Later Greek and Early Medieval Philosophy, Cambridge (1967) 1970, S. 331–340; P. Hadot, Porphyre et Victorinus, 2 Bde., Paris 1968; ders., Marius Victorinus. Recherches sur sa vie et ses oeuvres, Paris 1971; W.K. Wischmeyer, Bemerkungen zu den Paulusbriefkommentaren des C. Marius Victorinus, ZNW 63, 1972, S. 108 ff. – *Übersetzung:* P. Hadot – U. Brenke, Christlicher Platonismus. Die theologischen Schriften des Marius Victorinus, BAW, Zürich 1967.

70. Probleme hinsichtlich des Homousios (Athanasius, Über die Synoden etc. 41–45)

Als sich im Osten unter Führung des Basilius von Ankyra (gest. 365) aus der einstigen »eusebianisch«-origenistischen Mittelpartei heraus eine Opposition gegen die offizielle Kirchenpolitik und das von ihr propagierte »homöische« Bekenntnis formierte, die, sichtlich um Anschluß an die Nizäner bemüht, die Kompromißformel zur Losung erhob, daß der Sohn dem Vater »wesens*gleich*« (ὅμ ο ι οὔσιος bzw. ὅμοιος [καὶ] κατ' οὐσίαν) sei (daher ihr Name »Homöusianer«), wurde dies nicht nur von Männern wie dem in den Osten verbannten Bischof Hilarius von Poitiers (ca. 315–367) lebhaft begrüßt, der nach seiner Rückkehr aus dem Exil als Mittler einer sozusagen »ökumenischen« Debatte tätig wurde. Vielmehr zeigte sich nun auch Athanasius verständigungsbereit, wie folgender Auszug aus seiner um 359 verfaßten Schrift De synodis zeigt:

(41,1) Diejenigen, die das Konzil [von Nizäa] überhaupt ablehnen, sind durch diese kurzen Bemerkungen[1] hinlänglich überführt; die hingegen alles Übrige annehmen, was in Nizäa beschlossen wurde, und sich nur am Homousios stoßen, dürfen nicht als Feinde behandelt werden. Auch greifen wir sie nicht als Ariomaniten [›dem Wahnsinn des Arius Verfallene‹] an, noch als Widersacher der [nizänischen] Väter; vielmehr erörtern wir die Sache mit ihnen wie Brüder mit Brüdern, die meinen, was auch wir meinen, und sich nur am Wort stören. (2) Denn indem sie bekennen, daß der Sohn aus dem Wesen des Vaters und nicht aus einer anderen Hypostase sei, daß er ferner weder Geschöpf noch Gemächte (ποίημα), sondern sein [des Vaters] echtbürtiger und natürlicher Abkömmling (γνήσιον καὶ φύσει γέννημα) sei, und schließlich, daß er ewig mit dem Vater wese als [sein] Wort und [seine] Weisheit, sind sie nicht weit von der Annahme selbst des [ominösen] Terminus Homousios entfernt (οὐ μακράν εἰσιν ἀποδέξασθαι καὶ τὴν τοῦ ὁμοουσίου λέξιν). Dies ist beispielsweise der Fall bei Basilius von Ankyra, der über den Glauben gehandelt hat[2]. (3) Denn lediglich zu sagen, [der Sohn] sei [dem Vater] »ähnlich [auch] hinsichtlich des Wesens«, reicht bei weitem nicht an die Aussage heran, daß er »aus dem Wesen [des Vaters]« sei, womit vielmehr, wie sie selbst zugegeben haben, die Echtbürtigkeit der Beziehung zwischen Sohn und Vater (τὸ γνήσιον τοῦ υἱοῦ πρὸς τὸν πατέρα) bezeichnet wird . . . (4) Weil sie indes sowohl das ›ἐκ τῆς οὐσίας‹ als auch das ›ὁμοιούσιος‹ ausgesagt haben, was bringen sie mit dieser kombinierten Aussage anderes zum Ausdruck als [was mit dem] ›ὁμοούσιον‹ [gemeint ist]?

Im weiteren kommt Athanasius auch auf die Hemmungen zu sprechen, die bei den Homöusianern um Basilius gegen die Annahme des nizänischen Homousios bestanden. Es waren demnach zum einen die

Tatsache, daß die (origenistische) Synode von Antiochien (268), welche über Paul von Samosata[3] zu Gericht saß, das Homousios verurteilt hatte[4]; zum andern der Briefwechsel zwischen Dionys von Alexandrien und Dionys von Rom (s. oben Nr. 41).

Quelle: H.G. Opitz a.o. [Nr. 68] a.O. – *Literatur:* J. Gummerus, Die homöusianische Partei, Helsinki 1900; W.-D. Hauschild, Die Pneumatomachen. Eine Untersuchung zur Dogmengeschichte des vierten Jahrhunderts, Ev.-theol. Diss. Hamburg 1967, S. 130–190 (m.weit.Lit.), und dazu die Rez. von A.M. Ritter in: ZKG 80, 1969, S. 397–406.

1.   Sc. den Nachweis ihrer wiedersprüchlichen Ansichten wie ihrer mangelnden Bereitschaft, sich über den Sinn solcher Termini wie οὐσία (das das »Datierte Credo« von Sirmium 359, als Grundwort zu ὁμοούσιος oder dem neuerlichen ὁμοιούσιος, ganz aus dem theol. Sprachgebrauch verbannt wissen wollte: s. oben Nr. 68), zu instruieren, von denen sie zu Unrecht behaupteten, sie seien zu »dunkel«.

2.   Athanasius bezieht sich hier wohl auf das Lehrdekret der homöusianischen Synode von Ankyra 358 (bei Epiphanius, Arzneikasten 73,3–11).

3.   S. oben Nr. 57, A. 1.

4.   Vgl. dazu H. de Riedmatten, Les actes du procès de Paul de Samosate, Fribourg 1952.

71.   Kaiser Julian und die Restauration des Heidentums

332 in Konstantinopel als Neffe Konstantins geboren, wurde Julian, obzwar christlich erzogen, unter dem Einfluß des Rhetors Libanius (s. unten Nr. 87d) und des Neuplatonikers Maximus von Ephesus, der ihm auch die Welt der Mysterienkulte erschloß, zum erklärten Gegner des Christentums. Die Gründe für diesen »Abfall« (vgl. seinen Schmähnamen J. Apostata [›der Abtrünnige‹]) werden aber auch in seiner Lebensgeschichte zu suchen sein. Als Sechsjähriger entging er einem Blutbad, das die röm. Soldateska – unter den Augen seines kaiserlichen Vetters Constantius II. – unter seiner Verwandtschaft männlichen Geschlechts anrichtete, um mögliche Kronprätendenten aus dem Wege zu räumen. Und auch später verfolgte Constantius diesen letzten noch nicht beseitigten Verwandten mit besonderem Argwohn. 361 zur Alleinherrschaft gelangt, machte sich Julian mit ihm eigener Unrast an ein großangelegtes Reformwerk, das die Staats- und Finanzverwaltung ebenso im Auge hatte wie die nichtchristlichen Kulte. Doch nichts von alledem überdauerte ihn, als er im Juni 363 auf einem Perserfeldzug tödlich verwundet wurde. Der nun einsetzenden »Auslöschung seines Gedächtnisses« (damnatio memoriae) fiel auch ein Großteil seines literarischen Werks – Reden, Satiren, Briefe, Abhandlungen – zum Opfer, vor allem die dreibändige Schrift »Wider die Galiläer« (362/363), die wir nur noch aus Zitaten in der Erwiderung Kyrills von Alexandrien kennen.

a)   Julian und die Wiederherstellung des alten Kultes nach dem heidnischen Historiker Ammianus Marcellinus (Röm. Geschichte 22,5,1–4)

(5,1) Zwar war er [Julian] von frühester Jugend an dem Kult der Götter überaus zugetan; und je mehr er heranwuchs, um so mehr wurde er von Sehnsucht nach ihm verzehrt. Da er jedoch vielerlei zu befürchten hatte, hielt er mit seinen gelegentlichen rituellen Betätigungen in diesem Sinne möglichst hinter dem Berge. (2) Erst als seine diesbezüglichen Befürchtungen [mit dem Tode des Constantius] gegenstandslos geworden waren und er bemerkte, daß er sich nun frei fühlen dürfe zu tun, was ihm beliebte, ließ er seine geheimen Neigungen an die Öffentlichkeit dringen und ordnete in unzweideutigen und unbedingte Geltung beanspruchenden Dekreten an, die Tempel wieder zu öffnen, Opfertiere den Altären zuzuführen und den Kult der Götter wiederherzustellen. (3) Und um seinen Absichten mehr Nachdruck zu verleihen, ließ er die Vorsteher der sich befehdenden christlichen

Sekten samt einigen Anhängern aus einer jeden im Palast vor und redete ihnen gütlich zu, doch ja ihre Streitigkeiten zu begraben und ein jeder unbehelligt und ohne Furcht seinen eigenen Glaubensüberzeugungen nachzugehen. (4) Dies betrieb er [freilich] aus dem Grunde mit solcher Beharrlichkeit, weil [er sich ausrechnete:] je mehr er sie gewähren ließe, um so mehr würden sich die Spannungen zwischen ihnen verschärfen und um so weniger hätte er infolgedessen später beim Volk Einmütigkeit [sc. in der Ablehnung seiner Maßnahmen] zu befürchten. Wußte er doch aus eigener Erfahrung, daß kein wildes Tier dermaßen feindselig gegen Menschen ist, wie die meisten Christen einander mit tödlichem Haß verfolgen!

b) Wie ein Priester beschaffen sein muß (Aus Brief 89b [Bidez])
Der nur fragmentarisch erhaltene Brief Julians »An einen Priester« (wahrscheinlich an den Oberpriester der Provinz Asia) ermahnt zunächst zu tätiger Menschenliebe (φιλανθρωπία), die niemanden ausnimmt, zur Scheu vor den Göttern und zur Keuschheit des Leibes (288A–296D), um sodann das Idealbild eines wahren Priesters zu entwerfen, dessen wesentliche Züge sind:

. . . Solange er [der Priester] . . . für uns die Opfer vollzieht . . ., müssen wir ihn als das kostbarste Besitztum der Götter ansehen und dementsprechend mit Scheu und Ehrfurcht betrachten (297A) . . . [Obwohl ich], zumindest nach außen hin dank der Gnade der Götter (διὰ τοὺς θεούς) Pontifex Maximus, einer solch hohen Aufgabe nicht wert bin, bin ich doch willens, es zu sein, und bete darum stets zu den Göttern (298D) . . . Beginnen müssen wir [sc. bei der Reform des Priesterstandes] mit der frommen Scheu vor den Göttern. Denn wir sind schuldig, den Kult der Götter so zu vollziehen, als seien sie stets selbst gegenwärtig und sähen uns zu (299B) . . . Rein halten müssen sich aber die Priester nicht allein von unheiligen Werken und unzüchtigen Handlungen, sondern auch davon, derartiges auszusprechen oder auch nur anzuhören . . . Und damit du verstehen kannst, was ich meine: Kein Priester (ἱερώμενος) lese den Archilochos oder Hipponax[1] (300C) . . . Passend dürften für uns allein die Philosophie und unter den Philosophen namentlich diejenigen sein, die die Götter zu Führern ihrer Bildung[sarbeit] (παιδεία) bestellt haben, wie Pythagoras, Platon, Aristoteles und die [Stoiker] um Chrysipp und Zenon (300D) . . . Die Götterhymnen müssen sie auswendiglernen, deren es ja viele und schöne gibt aus alter wie neuer Zeit. Vor allem muß man die zu lernen versuchen, die in den Tempeln gesungen werden (301D). Denn die meisten davon wurden uns von den angerufenen Göttern selbst geschenkt . . .; auch soll man häufig zu den Göttern beten, privat wie öffentlich [oder: in persönlichen wie öffentlichen Angelegenheiten], am besten dreimal am Tage (302A), oder doch wenigstens morgens und abends. Wäre es doch mit [den Obliegenheiten eines Priesters] nicht zu vereinbaren, wenn er einen Tag oder eine Nacht verbrächte, ohne zu opfern (302B) . . . [Während der Tage seines Kultdienstes im Tempel] soll er sich ausschließlich mit Philosophie beschäftigen, in den Heiligtümern sich aufhalten, weder ein [anderes] Haus noch den Markt aufsuchen (302D), noch sich mit einem Beamten treffen . . ., sondern ausschließlich den Dienst an der Gottheit versehen (303A) . . . [Auch] müssen sich die Priester, so meine ich, [selbst in ihrem Privatleben] der Mäßigung befleißigen, damit wir auf wohlgesinnte Götter rechnen können (303D) . . . Insbesondere sollen sie alle liederlichen Theatervorführungen meiden (304B) . . ., keinen Schauspieler, keinen Wagenlenker zu Freunden wählen, keinen Tänzer oder Mimen ins Haus lassen (304C) . . .

c) Der Erfolg der Restaurationspolitik (Aus den Briefen an Arsakios, Oberpriester von Galatien [Nr. 84a Bidez] und an Aristoxenos, den Philosophen [Nr. 78 Bidez])

(Br.84a) Die hellenische Sache (Ἑλληνισμός) gedeiht nicht so, wie wir es erwarteten; schuld daran sind wir selbst, ihre Anhänger (429C) . . . Errichte in jeder Stadt zahlreiche Fremdenherbergen (ξενοδοχεῖα), damit die Fremden, und zwar nicht nur die Unsern, sondern auch alle übrigen, sofern sie bedürftig sind, in den Genuß der von uns geübten Menschenfreundlichkeit (φιλανθρωπία) gelangen (430C) . . . Ist es doch eine Schande, wenn von den Juden nicht ein einziger um Unterstützung nachsuchen muß, während die gottlosen Galiläer [sc. die Christen] sogar neben ihren [Armen] auch noch die unsrigen ernähren, die unsrigen aber der Hilfe von unserer Seite offenbar entbehren müssen (430D) . . .

(Br.78) . . . Suche mich . . . in Tyana zu erreichen, bei Zeus, dem Gotte der Freundschaft, und zeige mir unter den Kappadokiern [wenigstens] einen aufrichtigen Hellenen (καθαρῶς Ἕλλην). Bis jetzt nämlich stelle ich hier lediglich fest, wie man sich zu opfern weigert; und die wenigen, die opfern möchten, verstehen sich nicht darauf (375C).

d) Zur Rechtsstellung der Christen (Brief an Atarbios [Nr. 83 Bidez])

Es ist, bei den Götterrn, mein Wille, daß die Galiläer weder getötet noch widerrechtlich mißhandelt werden oder sonst irgendwelche Unbill erleiden; wohl aber erkläre ich, daß ihnen die Verehrer der Götter unbedingt vorgezogen werden müssen. Denn durch der Galiläer Torheit (μωρία) wäre beinahe alles umgestürzt worden; dank der Huld der Götter aber sind wir alle noch einmal davongekommen. Daher soll man den Göttern wie Menschen und Städten, die sie verehren, Ehre erweisen.

e) Berufsverbot für christliche Lehrer (Aus Brief Nr. 42 [Bidez-Cumont])

Am 17.6.362 erging ein Gesetz (Cod.Theod. 13,3,5 = Cod. Iust. 10,53,7), »das zwar harmlos schien, in Wirklichkeit aber eine Kriegserklärung an das Christentum bedeutete« (J. Bidez), sofern es auf dessen geistige Isolierung abzielte. Formal beschränkte es sich auf die Bestimmung, daß bei der Bestallung öffentlicher magistri studiorum doctoresque ein Unbedenklichkeitszeugnis der städtischen Senate im Hinblick auf die sittliche Eignung der Kandidaten vorliegen müsse. Doch ein gleichzeitiges Rundschreiben des Kaisers mit den Ausführungsbestimmungen stellte klar, was dieser sich unter der erforderlichen sittlichen Eignung (excellere . . . moribus) vorstellte:

. . . Bisher standen viele Gründe dem Besuch der Tempel entgegen, und die Bedrohungen von allen Seiten ließen es als verzeihlich erscheinen, wenn man mit seiner wahrhaftigen Meinung über die Götter hinter dem Berge hielt. Nachdem uns aber die Götter die Freiheit zurückgegeben haben, erscheint es mir als widersinnig, wenn man die Menschen etwas lehrt, von dessen Richtigkeit man selbst nicht überzeugt ist. Falls [die christlichen Lehrer] die [Autoren], die sie [im Unterricht] interpretieren . . ., für Weise halten, sollen sie zunächst einmal deren frommer Scheu gegenüber den Göttern nachzueifern trachten. Falls sie jedoch der Annahme sind, diese [ihre Autoren] haben sich hinsichtlich der am höchsten zu ehrenden Wesen getäuscht, so sollen sie sich zu den Kirchen der Galiläer fortscheren und dort Matthäus und Lukas auslegen . . . [Ihnen, sc. den beiden genannten Evangelisten, folgend?] gilt es bei euch als Gesetz, daß man die als Opfer dargebrachten Gaben nicht berühren dürfe; ich aber will [darüber hinaus], daß auch eure Ohren und Zungen gründlich ›wiedergeboren‹ werden (ἐξαναγεννηθῆναι), wie ihr euch ausdrücken würdet, [und nichts zu schaffen haben?] mit dem, woran ich selbst stets teilzuhaben wünsche samt denen, die wie ich denke und tun, was mir lieb ist (423C.D.).

Quellen: W. Seyfarth, Ammianus Marcellinus, Römische Geschichte (lat.-dt.), Schrift.u.Quell. d.alt.Welt, II, 1968; J. Bidez – F. Cumont, Imp. . . Juliani Epistulae, leges, poematia, fragmenta varia, Paris 1922 (Ep. 42); J. Bidez, L'Empereur Julien. Oeuvres Complètes, I, 2. Epitres, Paris 1932. – *Literatur:* J. Geffcken, Kaiser Julian, 1914; J. Bidez, Julian der Abtrünnige, 1940; J. Kabiersch, Untersuchungen zum Begriff der Philanthropia bei dem Kaiser Julian, Kl.-Phil. Stud. 21, 1960.
1. Archilochos, griech. Lyriker (7. vorschristl. Jahrhundert); ebenso Hipponax (ca. 540 v. Chr.), der berühmt war wegen der derb-saftigen Realistik seiner Wort- wie Stoffwahl.

72. Der Beginn der pneumatologischen Streitigkeiten in Ägypten

Während bis über die Mitte des 4. Jahrhunderts hinaus das Problem der trinitarischen Stellung Christi, m.a.W. das Verhältnis des Logos zum Vater, im Mittelpunkt des dogmatischen Interesses und Streites stand, wurde in den Jahrzehnten zwischen 360 und 380 – zuerst, wie es scheint, in Kreisen ägyptischer Pfarrkleriker und Laien – auch die Frage nach Wesen und Würde des Hl. Geistes, die Pneumatologie, in die Diskussion einbezogen. Wie es dazu kam, ist bis heute nicht völlig geklärt. Klar aber ist, daß als einer der ersten Athanasius in seinem unterägyptischen Exil die Bedeutung dieser neuen Fragestellung erkannte und auch die ersten Schritte zu ihrer Beantwortung unternahm.

a) Aus den Thesen der ägyptischen »Tropiker«[1] (Athanasius, Briefe an Serapion, Bischof von Thmuis, 1,1.3.15)

(1,1) . . . Du schriebst, Geliebter und wahrhaft Ersehnter, auch du darüber dich grämend, gewisse Leute, die die [Phalanx der] Arianer verließen wegen deren Lästerung wider den Sohn Gottes, hätten [dafür] wider den Hl. Geist Front gemacht, indem sie behaupteten, er sei nicht nur Geschöpf, sondern auch der »dienstbaren Geister« [Hebr. 1,14] einer und unterscheide sich von den Engeln nur graduell (αὐτὸ μὴ μόνον κτίσμα, ἀλλὰ καὶ τῶν λειτουργικῶν πνευμάτων ἕν αὐτὸ εἶναι καὶ βαθμῷ μόνον αὐτὸ διαφέρειν τῶν ἀγγέλων). Das macht, daß ihre Opposition gegen die Arianer nur vorgetäuscht ist; in Wahrheit handelt es sich um einen Angriff auf den rechten [›frommen‹] Glauben [überhaupt]. Denn wie jene [sc. die Arianer] mit ihrer Leugnung [der Gottheit] des Sohnes zugleich den Vater leugnen, so schmähen auch diese mit ihrer Schmähung des Hl. Geistes zugleich den Sohn. So haben die beiden Parteien den Widerstand gegen die Wahrheit untereinander so aufgeteilt, daß sie, indem die eine sich dem Sohn, die andere dem Geist widersetzt, beide an derselben Lästerung wider die heilige Trinität partizipieren . . .
(3) . . . »Wir haben«, sagen sie, »beim Propheten Amos [4,13 (LXX!)] gelesen: ›Denn siehe, ich bin es, der den Donner festigt und Wind (πνεῦμα!) schafft, der den Menschen seinen Gesalbten kundtut, der Morgenröte und Nebeldunkel bildet, der über die Höhen der Erde schreitet – Herr, Gott der Allmächtige, ist sein Name‹. Dadurch ließen wir uns davon überzeugen, daß die Arianer im Recht sind, wenn sie den Hl. Geist als Geschöpf bezeichnen« . . .
(15) . . . Diese Leute [aber] verharren, wie du schreibst, in ihrer Streitsucht wider die Wahrheit, schöpfen freilich [nun] nicht mehr aus den [heiligen] Schriften (da dort für sie nichts mehr zu holen ist!), sondern aus dem Überfluß ihres eigenen

Herzens, und sagen: »Wenn er [der Geist] weder Geschöpf noch einer der Engel ist, sondern ›aus dem Vater hervorgeht‹ [vgl. Joh. 15,26], dann ist also auch er Sohn und sind er und der Logos zwei Brüder. Ist er aber Bruder [des Logos], wie kann dann der Logos der Einziggeborene (μονογενής) sein [vgl. Joh. 1,14.18; 3,16.18; 1. Joh. 4,9], oder warum sind sie dann nicht gleich, sondern wird der eine [im Glaubensbekenntnis und in der Doxologie] nach dem Vater, der andere aber nach dem Sohn erwähnt? Und warum wird dann nicht auch von ihm, wenn er denn aus dem Vater ist, gesagt, er sei [gleichfalls] gezeugt oder Sohn, warum wird er vielmehr einfach Hl. Geist genannt? Wenn er aber Geist des Sohnes ist, dann ist eigentlich der Vater [des Logos] der Großvater (πάππος) des Geistes« . . .

b) Die Antwort des Athanasius: Der Geist ist kein Geschöpf! (ebenda 3,2–5)

(3,2) [Obwohl die Erkenntnis des Sohnes auch die richtige Erkenntnis des Hl. Geistes gewinnen läßt und der Hinweis auf Aussagen wie Gal. 4,6; Joh. 15,26; 1. Kor. 2,11 f. genügen müßte, um selbst den Streitsüchtigsten davon zu überzeugen, daß der nicht länger Geschöpf genannt werden dürfe, »der in Gott ist, der die Tiefen der Gottheit ergründet und durch den Sohn vom Vater verliehen wird, um nicht dadurch genötigt zu werden, auch den Sohn ein Geschöpf zu heißen, ihn, den Logos, die Weisheit, das Ebenbild, den Abglanz, in dem jeder, der ihn schaut, den Vater schaut, und schließlich das Wort hören zu müssen: ›Jeder, der den Sohn leugnet, hat auch den Vater nicht‹ (1. Joh. 2,23)«] ist es dennoch angebracht, die Überführung der Gottlosen durch weitere Beweise zu stützen und eben dadurch, womit die Ungeschöpflichkeit des Sohnes bewiesen wird, auch die Ungeschöpflichkeit des Hl. Geistes zu erweisen. Die Geschöpfe sind aus dem Nichts entstanden und haben einen Anfang ihres Seins; denn »im Anfang schuf Gott Himmel und Erde« [Gen. 1,1] und alles, was darinnen ist. Der Geist aber ist aus Gott und wird so, entsprechend dem Apostelwort [1. Kor. 2,11 f.], prädiziert. Wenn es nun vernünftig sein dürfte, zu schlußfolgern, daß der Sohn, eben weil er nicht aus nichts, sondern aus Gott ist, kein Geschöpf sei, dann ergibt sich mit Notwendigkeit, daß auch der Hl. Geist kein Geschöpf sei, weil anerkannt wurde, daß er aus Gott ist . . .

In diesem Sinne zitiert und bespricht Athanasius in den folgenden Kapiteln (3.4) noch 1.Joh.2,27; Jes.61,1; Eph.1,13;4,30; 2.Kor.2,15; Gal.4,19; 1.Kor.3,16; 1.Joh.4,13; 1.Kor. 8,6; 12,11.13; Kol.1,17; Weish.1,7; Ps.138,7; Joh.5,19; 1,3; Ps.103,29 f. und zieht daraus den Schluß:

(3,5) Nach diesen Schriftzeugnissen ist klar, daß der Geist kein Geschöpf, sondern am Schöpfungswerk selbst beteiligt ist. Denn der Vater erschafft das All durch den Sohn im Geiste; wo nämlich der Logos ist, dort ist auch der Geist, und was durch den Logos erschaffen wird, das hat aus dem Geist mittels des Logos die Kraft seines Seins (τὴν τοῦ εἶναι ἰσχύν). So steht ja im 32. Psalm geschrieben: »Durch das Wort des Herrn sind die Himmel gemacht [›befestigt‹], vom Hauch seines Mundes (τῷ Πνεύματι τοῦ στόματος αὐτοῦ) stammt all ihre Kraft« [LXX – Ps.32,6]. Gewiß ist der Geist vom Sohn so untrennbar (ἀδιαίρετον πρὸς τὸν Υἱόν), daß nach dem Gesagten daran kein Zweifel mehr bestehen kann . . .

Quellen: MPG 26, Sp.530 ff. – *Literatur:* H.B. Swete, The Holy Spirit in the Ancient Church, London 1912, S. 171 f.; 211 ff.; J. Lebon, Athanase d'Alexandrie. Lettres à Sérapion sur la divinité du Saint-Esprit, SC 15, Paris 1947; C.R.B. Shapland, The Letters of Saint Athanasius concerning the Holy Spirit, London 1951; W.-D. Hauschild a.o. [Nr. 70] a.O., S. 16 ff.

1. So werden die Gegner von Athanasius fast ausschließlich bezeichnet, ein Begriff, der wohl von ihm aufgrund der Tatsache gebildet wurde, daß die Gegner den Grundsatz vertreten, manche Aussage der Schrift seien als »Tropen« zu verstehen, also als »uneigentliche« Redeweise (s. Briefe an Serapion 1,7.10); ihr später üblich werdender Ketzername ist »Pneumatomachen« [›Feinde des Geistes‹].

73. Das Konzil von Alexandrien 362 (Athanasius, Lehrschreiben an die Antiochener 3–6)

Als am 8.2.362 den Alexandrinern das Amnestiegesetz Kaiser Julians verkündet wurde, das den von Constantius II. Verbannten die Rückkehr in die Heimat erlaubte, wurde Athanasius rasch verständigt und hielt schon am 21. desselben Monats einen geradezu triumphalen Einzug in seine Bischofsstadt. Bald darauf hielt er eine Synode ab, die – anders als es Julian erhofft haben wird – nicht der Generalabrechnung mit seinen theologisch-kirchenpolitischen Gegnern diente und somit zur Verschärfung der Spannungen (s. oben Nr. 71a) führte, sondern im Gegenteil ganz wesentlich zur Konsolidierung der nizänischen Orthodoxie beitrug. – Wir sind darüber hauptsächlich durch ein wohl von Athanasius selbst nach Abschluß der Verhandlungen verfaßtes umfängliches Synodalschreiben informiert, das, an eine mit der Regelung der besonders komplizierten kirchlichen Verhältnisse in Antiochien beauftragte Bischofskommission adressiert, diese dazu anhalten sollte, bei ihrer Mission auf keinen Fall andere als die in Alexandrien vereinbarten Friedensbedingungen zu Geltung kommen zu lassen.

(3) An alle, die mit uns in Frieden zu leben wünschen,. . . . auch an die, die sich vom Arianismus abwenden, laßt euren Einladungsruf ergehen und nehmt sie so auf, wie Väter ihre Söhne empfangen . . . Verlangt von diesen nichts weiter, als daß sie die Häresie der Arianer verdammen und den Glauben der heiligen Väter bekennen, wie sie ihn in Nizäa bekannt haben. Sie sollen aber auch diejenigen verdammen, die behaupten, der Hl. Geist sei ein Geschöpf und vom Wesen Christi getrennt (κτίσμα εἶναι τὸ Πνεῦμα ἅγιον, καὶ διῃρημένον ἐκ τῆς οὐσίας τοῦ Χριστοῦ). Denn erst das heißt, sich wirklich von der abscheulichen Irrlehre der Arianer zu trennen, wenn man die heilige Dreifaltigkeit nicht spaltet und nicht behauptet, aus dieser sei einer ein Geschöpf. Die aber vorgeben, den nizänischen Glauben zu bekennen, gleichzeitig jedoch den Hl. Geist zu lästern wagen, schwören nur äußerlich der arianischen Ketzerei ab, während sie ihr in ihrem Denken treu bleiben. In gleicher Weise sollen alle auch die Gottlosigkeit des Sabellius und Pauls von Samosata, die Hirngespinste Valentins und des Basilides sowie den Irrsinn der Manichäer verdammen. Wird so verfahren, so gibt es keinerlei Verdacht mehr, und nur noch der Glaube der katholischen Kirche wird in seiner vollen Reinheit in Erscheinung treten . . .

(5) . . . Was jene betrifft, die von einigen ihrer Rede von den drei Hypostasen wegen getadelt werden, weil diese Redeweise nicht aus der Schrift abzuleiten (ἄγραφος) und deshalb allein schon verdächtig sei, so haben wir es für gut befunden, nicht mehr von ihnen zu verlangen als das [Festhalten am] Bekenntnis von Nizäa. Zur Klärung der Meinungsverschiedenheiten haben wir jedoch die Frage an sie gerichtet, ob sie ὑπόστασις nicht vielleicht doch im Sinne der Ariomaniten, also so verstünden, als seien die Hypostasen . . . von einander wesensverschieden und als wese eine jede von ihnen für sich, von den anderen getrennt, wie es der Fall ist bei den übrigen Geschöpfen und bei den von Menschen Geborenen; ob sie sie als verschiedene Substanzen (οὐσίαι) auffaßten, wie z.B. Gold, Silber und Bronze, oder endlich in ähnlichem Sinne von drei Hypostasen redeten, wie andere Häretiker

von drei Prinzipien oder drei Göttern sprechen. Darauf haben sie uns versichert, so hätten sie niemals geredet oder gedacht. Als wir sie dann weiter fragten: »Was versteht ihr denn darunter, und weshalb verwendet ihr überhaupt diese Ausdrucksweise?«, haben sie uns geantwortet: weil sie an eine heilige Trinität glaubten, und zwar an eine nicht nur nominelle, sondern wirklich existierende und subsistierende (εἰς ἁγίαν Τριάδα . . . οὐκ ὀνόματι Τριάδα μόνον, ἀλλ᾽ ἀληθῶς οὖσαν καὶ ὑφεστῶσαν) . . .; niemals hätten sie dagegen behauptet, daß es drei Götter oder drei Prinzipien gebe . . ., sie anerkennten vielmehr eine heilige Dreifaltigkeit, eine einzige Gottheit, einen einzigen Ursprung, den Sohn als mit dem Vater eines Wesens (ὁμοούσιον), wie es die Väter formulierten, und den Geist, der weder Geschöpf, noch [der Gottheit] fremd sei, sondern mit dem Wesen des Sohnes und des Vaters untrennbar zusammengehöre (ἴδιον καὶ ἀδιαίρετον τῆς οὐσίας τοῦ Υἱοῦ καὶ τοῦ Πατρός).

(6) Nachdem wir die Interpretation dieser Leute samt der Rechtfertigung [ihrer Redeweise] akzeptiert hatten, richteten wir auch an diejenigen, die von diesen kritisiert wurden, weil sie nur von *einer* Hypostase redeten, die Frage, ob sie dies nicht vielleicht doch im Sinne des Sabellius, also auf Kosten [der selbständigen Subsistenz] des Sohnes und des Hl. Geistes verstünden . . . Doch auch sie beteuerten, so etwas niemals gesagt oder gedacht zu haben. »Wir gebrauchen ›Hypostase‹ in der Annahme, daß es dasselbe ist, ob man von Hypostase oder von Wesen (οὐσία) spricht, meinen jedoch, daß es deshalb nur *eine* Hypostase gebe, weil der Sohn aus dem Wesen des Vaters sein Sein hat und weil die Natur (φύσις) beider ein und dieselbe ist . . .« . . . Alle waren, nachdem sie in dieser Weise ihre Rede [von der einen bzw. den drei göttlichen Hypostasen] interpretiert hatten, dank der Gnade Gottes darin einig, daß der von den heiligen Vätern in Nizäa bekannte Glaube viel zutreffender und prägnanter formuliert sei und man daher besser daran täte, sich mit dem nizänischen Sprachgebrauch in Zukunft zufrieden zu geben[1].

Quelle: MPG 26, Sp.796 ff. – *Literatur:* M. Tetz, Über nikäische Orthodoxie. Der sog. Tomus ad Antiochenos des Athanasios von Alexandrien, ZNW 66, 1975, S. 194–222.

1.   Zum 2. christologischen, dem Problem der κατὰ σάρκα οἰκονομία τοῦ σωτῆρος gewidmeten Teil des »Tomus« s. unten Nr. 75.76.

74.   Aus den »Hymnen über die Kirche« Afrēms »des Syrers« (Hymnus 26/27)

Während in Ost- und Westrom der trinitätstheologische Streit tobte und Kaiser Julian versuchte, die »Konstantinische Wende« rückgängig zu machen, ist es auch im Bereich des orientalischen Christentums jenseits der Grenzen des römischen Reiches, namentlich bei Syrern und Armeniern, erstmals zu theologisch-literarischen Leistungen gekommen, die denen der Griechen und Lateiner durchaus kommensurabel sind. – Als Klassiker der syrischen Kirche gilt Ephraem (syr. Afrēm), der, 306 in Nisibis geboren, nach der Eroberung seiner Vaterstadt durch die Perser (363) bis zu seinem Tode (377) in Edessa lehrte und durch zahlreiche Bibelkommentare, metrische Reden und Hymnen sowie der Ketzerpolemik dienende Schriften einen über Syrien weit hinausreichenden Einfluß ausübte.

Der im folgenden als Beispiel für seine Hymnendichtung ausgewählte Christushymnus, in dem das Wesen der frühen syrischen Theologie vielleicht am klarsten zum Ausdruck kommt, wird unter 2 Nummern gezählt, gehört aber zusammen, da er »akrostichisch« aufgebaut ist. Und zwar folgen die

Strophen des ersten Teiles (Hymnus 26) in ihren Anfangsbuchstaben den »ungeraden« Buchstaben
(= Zahlen), die des zweiten Teiles (Hymnus 27) den »geraden« Buchstaben des syr. Alphabets. Nach
jeder – »auf die Melodie (syr. qala): ›O mein Schüler‹« zu singenden – Strophe folgt als Responsorium
(syr. ʿōnīṯā): »O Gütiger, dir sei Lobpreis, und Dank dir, o Sohn des Gütigen.«

(26,1) Tränke mich, o Herr, aus deiner Quelle! – Bereichere meinen Geist aus deiner Gabe! – Hülle mich auch in den Panzer, der innen die Seele schützt! – Vermehre mir, als Gütiger, alle Hilfen! – Gib mir auch die Arznei, die mich heilt! – Und meine Makel laß mich weiß(waschen) in dir! – Laß mich meine Schulden tilgen aus deinen Schätzen!
(2) Deine Vollkommenheit, o mein Herr, nahm Mängel auf sich – Deine Macht hüllte sich in Leiden. – Vollkommener, der zu Wachstum kam, – Beschnittener, der das Gesetz (νόμος) erfüllte, – Held, mit dem Stamme Isais auf der Schulter, – auserlesener Pfeil, auf den Bogen gelegt! – das (himmlische) Brautgemach verhieß er dem, der ihn liebt; – die Gehenna dagegen dem, der ihn haßt!
(3) Deine Schritte sind voll Frieden. – Deine Erniedrigung, o mein Herr, ist deine Herrlichkeit. – Der Glaube an Dich bringt (alle) Seligkeiten . . .
(5) Deine Güte ist uns ein Spiegel. – Selig, wer hineinblickt! – Denn (deiner Güte) Seligkeit ist nicht auszusprechen, – (Nur) ihr Verkosten kann von ihr erzählen. – Gar groß ist die Seligkeit dessen, der sie betrachtet. – Ganz ist sie beladen mit Gütern für den Demütigen. – Das Prägebild des Vaters erhält er in ihr. – In den Typus (τύπος) des Sohnes kleidet er sich aus ihr.
(7) Wer wird (je) deine Größe ermessen! – Wer wird (je) deine Gottheit erforschen! – Das volle Gefäß des Wissens – versagt (in) seiner Fülle vor dir. – Der Tod bildet die Grenze des Wissens eines Sterblichen. – Der Engel, das lebendige Werkzeug deines Dienstes – das von seinem Schöpfer erschaffene Werkzeug – wer möchte glauben, daß er (dich) erforschen kann!
(8) Ein Tor fürwahr ist, wer wähnt, dich erforscht zu haben. – Sein Wahn hat ihn sehr stolz gemacht. – Sehr niedrig ist sein Hochmut. – Seine Natur bezeugt (es), die ihn widerlegt. – Denn der Gesetz(νόμος)-geber schuf in ihm ein Zeichen; – er schuf in ihm die Leiden und Hunger und Durst. – Er schuf ihm viele Gefahren. – (Gottes) Zeugen bei ihm. Er überhebe sich nicht!
(9) Unser Mund, o mein Herr, versagt vor dir. – Unsere Einsicht ist dir (gegenüber nur) ein Spiegel. – Das Gewirr der Worte macht uns stolz, – das Gewirr des Irrtums wird uns zur Prahlerei . . .
(27,1) In deinem Namen, Jesus, soll mein Rühmen sein – in dem Namen deines Erzeugers soll meine Zuflucht sein! – Sohn und Frucht, die von Ewigkeit besteht – mit der Wurzel ohne Anfang! – Zeitlicher Sohn, dessen Anfang aus dem Hause Davids ist, – wahrer Sohn, Sohn des Wahren für immer! – Gepriesen sei deine erste Zeugung – gepriesen sei deine zweite Geburt!
(2) Ich fürchte mich vor deiner Majestät; – dein Lob zu sagen, vermag ich nicht. Denn wo soll der Gedanke dich suchen, da er und sein Suchen in dir eingeschlossen sind . . .
(4) Die Weisheit der Weisen besteht darin, – das Leben zu erben im (Himmel)reich. – Die Weisheit der Weisen besteht darin, – ein gutes Ende (sich) zu bereiten. – Schau auf jenen in Werken weisen Joseph! – Sieh, wie er seinen Schatz der Flamme entriß! – Des in seinen Sprüchen weisen Salomon – Klugheit dagegen wurde von törichten (Weibern) besiegt . . .
(6) Nicht kann deine Zeugung ausgesagt werden; – allen Zungen ist sie fremd. –

Höher ist sie als alle Engel der Höhe; – ganz jenseits des Wissens ist sie. – Nicht
neigt sie sich herab zu Zeit und Zahl. – Nicht ist sie verwandt mit Sprache und Gedanken – noch mit euch, ihr Toren. Wollet nicht erforschen – den Ursprung, der
ganz vor allen verborgen ist!
(7) Laßt uns staunen über dich, mein Herr, daß du Gott bist – und wieder dich be-
wundern, daß du auch Mensch bist . . .
(8) Antwort gab dir der Tote, und er wurde ein Symbol. – Du antwortest dem Blinden, und er wurde ein Typus (τύπος). – Antwort gab dir der Tote, und er besiegte
den Tod. – Du gabst Antwort dem Blinden, und er besiegte die Finsternis. – Antwort gab dir der Tote; antworten werden dir die Toten in der Auferstehung . . .
(9) Dein Wille gleicht dir, mein Herr! – Dein Wille ist (nur) einer in seinen Wandlungen. – Er wollte und schmückte alle Geschöpfe. – Ein Wille, den kein Mensch
richten (kann). – Dein Wille ist der Wille deines Erzeugers. – Dein Wille ist uns
wohl und (will) unser Glück. – Unser Wille werde dein Schüler! – Wolle, mein
Herr, und sei unser wohlwollender Eigentümer!
(10) Unterwirf ihm die sieben Sinne – den Geist, den Herrn der Gedanken! – Die
Sinne, mein Herr, und die Glieder – der Geist mit allen (Sinnen und Gliedern)
möge dir gefallen! – Deine Majestät, o Herr, möge meine Sinne schmücken! –
(Mein) Geist ließ (die Sinne) wachsen wie ein Gärtner. – (Mein) Geist möge von
seinen Bäumen – die Erstlingsfrüchte dir darbringen!
(11) Darbringen möge dir, mein Herr, unsere Freiheit – reinen Sinn aus (reinem)
Herzen! – Aufopfern möge dir auch unser Lager – reines Lob aus (reinem) Mund!
– Abwischen möge, mein Herr, unser Gebet von uns den Schmutz! – Überreich
möge, mein Herr, Lob dir darbringen deine Herde! – Es singe dir unsre ganze
Hürde – und lobpreise dich mit Hosannarufen! (E. Beck)

Quelle: E. Beck, Des heiligen Ephraem des Syrers Hymnen de ecclesia, CSCO 198 f., 1960. – *Übersetzung:* E. Beck, a. a. O., 199 (Auswahl: G. Wießner). – *Literatur:* E. Beck, Die Theologie des hl. Ephräm, Studia Anselmiana 21, Rom 1949; A. Vööbus, Literary critical and historical Studies in Ephrem the Syrian, Stockholm 1958; ders., History of asceticism in the Syrian Orient, 2 Bde., CSCO Subsidia 14.17, Louvain 1958. 1960; N. EL-Khoury, Die Interpretation der Welt bei Ephrem dem Syrer, Tüb. Theol. Stud. 6, 1976.

75. Die Christologie des Apollinaris von Laodizea

Bereits zur Zeit der alexandrinischen Synode von 362 hatte sich die ohnehin schon schwierige kirchen-
politisch-theologische Situation namentlich im Osten des römischen Reiches dadurch weiter kompli-
ziert, daß neben die trinitätstheologische (Verhältnis des Sohnes [und Geistes] zum Vater) eine neue
Fragestellung getreten war: die »christologische« im engeren Sinne, in der es um das Verhältnis zwischen Göttlichem und Menschlichem in Christus ging; ein Problem, über das es für Jahrhunderte nicht
mehr zur Ruhe kommen sollte. Hervorragenden Anteil am Aufkommen der christologischen Streitigkeiten zu Beginn der 60er Jahre des 4. Jahrhunderts hatte der 310 als Sohn eines Grammatiklehrers
und Presbyters gleichen Namens im westsyrischen Laodizea geborene, ebenso gelehrte wie schriftstel-
lerisch gewandte Apollinaris, seit 361 Bischof seiner Vaterstadt (gest. um 390), der sich zeitlebens als
Sachwalter des athanasianischen Erbes verstand und, seit sein Versuch einer Verständigung mit den
übrigen Nizänern gescheitert war, sich mit Erfolg darum bemühte, seiner Theologie eine eigene kirchliche Organisationsform zu geben. – Obwohl schon vor 381 mehrfach verurteilt, war der apollinaristischen Christologie im Osten ein bedeutender Erfolg beschieden, zumal seit die Mehrzahl ihrer Anhänger mit der Großkirche Frieden schloß und es ihnen gelang, eine Reihe von christologischen Schriften

ihres Meisters orthodoxen Vätern unterzuschieben. Unter seinem eigenen Namen – und unverfälscht – auf uns gekommen ist nur sein dogmatisches Hauptwerk »Wissenschaftliche Darlegung der göttlichen Inkarnation nach dem Gleichbild des Menschen« (Ἀπόδειξις περὶ τῆς θείας σαρκώσεως τῆς καθ᾽ ὁμοίωσιν ἀνθρώπου), das sich größtenteils aus einer Gegenschrift Gregors von Nyssa wiedergewinnen läßt.

a) Die philosophischen Prämissen und ihre christologische Konsequenz (Ps.-Athanasius, Wider Apollinaris 1,2; Wiss. Darl. Fragment 81 Loofs; Aus der 1. Rede »Über die Henosis« Fragment 2 Loofs)

(Ps.-Ath., W. Ap. 1,2) Zwei Vollkommene können unmöglich eine Einheit bilden (δύο τέλεια ἓν γενέσθαι οὐ δύναται). Gott und ein vollständiger Mensch können nicht zusammen bestehen . . .
(Wiss.Darl.Fr.81) Und wenn Gott sich einem Menschen verbunden hätte (συνήφθη), ein Vollkommener [Vollständiger] einem Vollkommenen, dann gäbe es zwei [Söhne]: einen Sohn Gottes von Natur und einen durch Adoption (θετός).
(Üb.d.Hen.Fr.2) . . . Es ist unmöglich, daß in einem und demselben [Subjekt] zwei Vernunft- und Willensträger (δύο νοερὰ καὶ θελητικά) zusammenbestehen, wenn anders nicht einer dem anderen widerstreiten soll zufolge seines eigenen Wollens und seiner Eigentätigkeit (διὰ τῆς οἰκείας θελήσεως καὶ ἐνεργείας). Folglich hat der Logos nicht eine menschliche Seele angenommen, sondern nur den Samen Abrahams; denn den Tempel des Leibes (σῶμα) Jesu bildete im voraus der unbeseelte, vernunft- und willenlose (ἄψυχος καὶ ἄνους καὶ ἀθελής) Tempel Salomos ab.

b) Die Gegner (Wiss. Darl. Fragment 15 Loofs i. Vgl. m. Eustathius von Antiochien, Abhandlungen gegen die Arianer, Fragment 41)

Christus einen inspirierten Menschen (ἄνθρωπος ἔνθεος) zu nennen, steht im Widerspruch zu den apostolischen Lehren und den [Beschlüssen der] Synoden[1]; es waren Paul [von Samosata], Photin [von Sirmium][2] und Markell, die angefangen haben, in dieser Weise die Wahrheit auf den Kopf zu stellen[3].

c) Das Christusbild und seine soteriologischen Motive (Über die Fleischwerdung, Fragment 10 Loofs; Wiss. Darl. Fragmente 48.49.51 Loofs; Syllogismen Fragment 116 Loofs; Brief an Jovian 1 f.)

(Üb.d.Fleischw.Fr.10) O neue Schöpfung und göttliche Mischung (μῖξις θεσπεσία): Gott und Fleisch haben eine [und dieselbe] Natur gebildet (θεὸς καὶ σάρξ μίαν [καὶ τὴν αὐτὴν] ἀπετέλεσαν φύσιν).
(Wiss.Darl.Fr.48) Als leibgewordene Vernunft (νοῦς ἔνσαρκος) ist der Sohn aus der Jungfrau geboren worden, nicht als wäre er [erst] in der Jungfrau Fleisch geworden, sondern so, daß er sie im Vorübergehen (παροδικῶς) passierte[4]. . .
(Ebd.Fr.49) Griechen und Juden versagen sich nämlich offensichtlich aus dem Grunde dem Glauben, weil sie es nicht akzeptieren können, von dem aus der Jungfrau Geborenen als von Gott sprechen zu hören.
(Ebd.Fr.51) Hingegen würden es Griechen und Juden akzeptieren, wenn wir sagten, der aus Maria Geborene sei ein inspirierter Mensch wie Elia.
(SyllogismenFr.116) Es macht uns aber lebendig (ζωοποιεῖ) Christi Fleisch wegen der mit ihm wesenhaft verbundenen Gottheit (διὰ τὴν συνουσιωμένην αὐτῷ θεότητα); was aber lebendigmacht, ist göttlich; göttlich ist also das Fleisch, weil es mit Gott in Verbindung getreten ist (συνήφθη); und dieses rettet, wir aber werden gerettet, weil wir an ihm wie an einer Speise teilhaben . . . Der Leib Christi ist nicht [wie der unsere] ein Leib des Todes, sondern des Lebens; also ist das Göttliche nicht eines Wesens (ὁμοούσιον) mit dem Menschlichen.

(Brief an Jovian 1) Wir bekennen, daß der Sohn Gottes, vor [allen] Zeiten ewig gezeugt (ἀϊδίως γεννηθέντα), am Ende der Zeiten um unseres Heiles willen aus
Maria geboren sei nach dem Fleisch (κατὰ σάρκα), wie der göttliche Apostel lehrt
mit den Worten:»als die Zeit erfüllet war, sandte Gott seinen Sohn, vom Weibe
geboren« [Gal. 4,4]; daß derselbe Sohn Gottes und Gott sei nach dem Geist (κατὰ
πνεῦμα), Menschensohn hingegen nach dem Fleisch; daß [endlich] der eine Sohn
nicht zwei Naturen (δύο φύσεις) habe: eine anbetungswürdige und eine nicht anbetungswürdige, sondern *eine* Natur des Gott-Logos, wie sie fleischgeworden ist
(μία φύσις τοῦ θεοῦ λόγου σεσαρκωμένη)[5] und angebetet wird zusammen mit
seinem Fleische in *einer* Anbetung. Eben so wenig gibt es aber auch zwei Söhne:
der eine wahrhaftiger und angebeteter Sohn Gottes, der andere ein Mensch aus
Maria, der nicht angebetet wird und [nur] aus Gnaden Sohn Gottes geworden ist,
wie es auch bei Menschen der Fall ist, sondern, wie gesagt, den *einen* Sohn Gottes
aus Gott; derselbe und kein anderer ist auch aus Maria am Ende der Tage dem Fleische nach geboren worden, wie ja der Engel der Gottesgebärerin (θεοτόκος) Maria
auf die Frage:»wie wird dies geschehen . . .«, zur Antwort gab:»Der heilige
Geist wird über dich kommen, und die Kraft des Höchsten wird dich überschatten;
darum wird auch das Heilige, das geboren wird, Sohn Gottes genannt werden«
[Lk. 1,34 f.].
(2) Der demnach aus der Jungfrau Maria Geborene, von Natur und nicht gnaden-
haft und durch Teilhabe (μετουσία) Sohn Gottes und wahrhaftiger Gott, nur dem
aus Maria stammenden Fleisch nach Mensch, aber dem Geiste nach derselbe Sohn
Gottes und Gott [geblieben], er hat an seinem Fleisch unsere Leiden erlitten . . .
Der Gottheit nach aber ist er leidensunfähig (ἀπαθής) und unwandelbar geblieben . . .

Quellen: MPG 26,1093 ff. (PS.-Ath., C. Apoll.); H. Lietzmann, Apollinaris von Laodicea und seine
Schule, 1904. – *Literatur:* H. Lietzmann a.a.O.; A. Grillmeier, Christ in Christian Tradition, London
(1965) 1975². S. 329 ff.; J. Liébaert, Christologie, HDG, 3,1a, 1965, S. 79 ff.; E. Mühlenberg, Apollinaris von Laodicea, 1969, und dazu die Rez. von R. Hübner in: Kleronomia, 4, Thessalonich 1972,
S.131–161.
1.   Gemeint ist speziell das Nicaenum und sein Homousios, das zusammen mit der biblischen Bezeichnung Jesu als des »Menschen aus dem Himmel« (1. Kor. 15,47 u.ö.) bei Apollinaris den Ausgangspunkt für seine den Menschen Jesus mit Gott identifizierende Lehre gebildet zu haben scheint.
2.   Schüler Markells von Ankyra (?); gest. 376.
3.   In Wahrheit waren die Gegner weniger die Genannten, von denen sich, namentlich was den Samo-
satener und Photin betrifft, die Kirche zur Zeit des Apollinaris längst losgesagt hatte, als vielmehr Vertreter der sog. antiochenischen »Trennungs-« oder »Zwei-Naturen-Christologie«, wie sie u.W. zuerst, und zwar in antiarianischer Wendung, bei dem »Altnizäner« Eustathius von Antiochien (gest. vor
337) begegnet; vgl. folgendes Fragment aus dessen »Abhandlungen wider die Arianer« (Fr. 41 Span-
neut): ». . . weder das Todesleiden noch das Begehren nach Nahrung, noch der Durst, nicht Schlaf,
nicht Traurigkeit, nicht Müdigkeit, nicht das Vergießen von Tränen noch irgendeine andere Veränderung kann zusammen mit der Fülle der Gottheit bestehen: ist sie doch ihrer Natur nach unveränderlich. Vielmehr ist dies alles dem aus Seele und Leib bestehenden *Menschen* im eigentlichen Sinne zuzuschreiben. Denn es läßt sich aus den menschlichen und unschuldigen Regungen erweisen, daß Gott
nicht zum Schein und der Mutmaßung nach, sondern in aller Wahrheit den ganzen Menschen angezogen und ihn vollkommen *angenommen* hat.«
4.   Vgl. dazu etwa noch aus derselben Schrift Fr. 34 Loofs: ». . . die göttliche Fleischwerdung hat
nicht aus der Jungfrau ihren Anfang genommen, sondern war bereits vor Abraham und vor aller
Schöpfung.« Insofern ist der Inkarnierte der »›Mensch‹ vom Himmel« (s. oben A.1).
5.   Es war diese ihm durch Fälscher als athanasianisch vorgestellte und darum von ihm aufgenomme-

ne, in Wahrheit jedoch apollinaristische Formel, die später Kyrill von Alexandrien von einer »naturhaften Einigung« von Menschlichem und Göttlichem in Christus sprechen ließ (s. unten Nr. 93d).

76. Die Christologie des Athanasius nach seinem Brief an Epiktet von Korinth

Der weiteren Verbreitung der apollinaristischen Lehren, auf die erstmals das Konzil von Alexandrien, allerdings eher beschwichtigend und mit einer zweideutigen Kompromißformel (s. Tomus ad Antiochenos 7) reagiert hatte, suchte u.a. auch eine Synode im Jahre 371 unter Leitung des Bischofs Epiktet von Korinth zu wehren, deren Akten nach Abschluß der Verhandlungen Athanasius übersandt wurden. Der Brief, mit dem dieser antwortete, sollte dann, obwohl ihm auch Apollinaris voll hatte zustimmen können (s. dessen Brief an Serapion, Fr. 159 Loofs), im 5. und 6. Jahrhundert im Lager der Anhänger Kyrills von Alexandrien nahezu kanonisches Ansehen gewinnen. Athanasius wiederholt darin zu Beginn, was er schon oft ausgesprochen hatte, daß nämlich für ihn das Nicaenum oberste Autorität in Lehrfragen und dazu vollkommen suffizient sei (§ 1; vgl. oben Nr. 73), geht sodann auf einige der in Korinth geäußerten christologischen Auffassungen ein (§ 2), die für ihn sämtlich mit der »Lehre der katholischen Kirche« unvereinbar sind (§ 3) und auf dem Grundirrtum basieren, daß in ihnen die Homousie des vom Logos in seiner Inkarnation angenommenen Menschenleibes mit seiner Gottheit behauptet wird, was folgerichtig zu der Anschauung führen müsse, der (mit dem Logos wesenseine) Vater sei mit dem Leib des Logos, also mit etwas Geschöpflichem, eines Wesens. Darüber hinaus: bestünde diese Auffassung zu Recht, »wozu bedürfte es dann der Ankunft (ἐπιδημία) des Logos«? Damit der, »der die Sünden anderer zu sühnen kam«, sich für sich selber zum Opfer brächte und sich selber erlöste? (§ 4).

(5) Doch es sei ferne, daß es sich so verhalte! Denn »des Samens Abrahams nimmt er sich an«, sagte der Apostel; »deshalb mußte er auch seinen Brüdern in allem gleich werden« [Hebr. 2,16 f.] und einen uns gleichen Leib annehmen . . . In dem Leibe aber, der da beschnitten und getragen ward, der aß, trank, müde ward, ans [Kreuzes-]Holz genagelt wurde und litt, weste der leidensunfähige und unkörperliche Logos Gottes. Dieser Leib war auch das, was ins Grab gelegt ward, als er [der Logos] selbst [ohne sich von ihm zu trennen?] hinging, um, wie Petrus sagt, »den Geistern im Gefängnis« zu predigen [1. Petr. 3,19]. (6) . . . Den Leib aber schlug Joseph [aus Arimathia] in Linnen und setzte ihn auf Golgatha bei; und für alle war so augenscheinlich, daß der Leib nicht der Logos [selbst], sondern [daß das, was da beigesetzt ward,] Leib des Logos war. Dieser war es auch, den nach seiner Auferstehung von den Toten Thomas berührte und an dem er die Nägelmale wahrnahm, die der Logos sehenden Auges in seinen Leib hatte treiben lassen und es nicht verhinderte, obwohl er es hätte verhindern können . . . Denn was der menschliche Leib des Logos erlitt, das bezog der mit ihm verbundene (συνὼν αὐτῷ) Logos auf sich, auf daß wir an der Gottheit des Logos teilhaben könnten. Es klang zwar in der Tat verwunderlich, daß es ein und derselbe sei, der litt und nicht litt: litt, da sein eigener Leib litt und er in eben dem Leidenden war; nicht litt, da der Logos, der von Natur Gott ist, deshalb leidensunfähig ist . . . Das tat er aber . . ., damit er das Unsrige auf sich nehme . . . und uns stattdessen mit dem Seinigen umkleide und den Apostel sprechen lassen könne: »Es muß dieses Verwesliche anziehen Unverweslichkeit, und dieses Sterbliche muß anziehen Unsterblichkeit« [1. Kor. 15,53]. (7) Dies geschah jedoch nicht zufolge einer [bloßen] Annahme [oder: Setzung] (θέσει), wie manche gemeint haben; sondern indem der Heiland wirklich

und wahrhaftig Mensch wurde, wurde die Erlösung des ganzen Menschen (ὅλου
τοῦ ἀνθρώπου σωτηρία) bewirkt . . . [Andernfalls erwiesen sich ja Erlösung
und Auferstehung des Menschen als ein leeres Wort.] Nun aber ist unsere Erlösung keine Einbildung, und erfolgte in dem Logos nicht die Erlösung des Leibes
allein, sondern wahrhaftig die des ganzen Menschen, des Leibes und der Seele.
Folglich war der aus Maria entstandene Leib von Natur aus ein menschlicher
Leib . . . Ein wahrhaftiger Leib war es, weil es derselbe war wie der unsrige . . .
(8) . . . Was bei Johannes gesagt ist: »Der Logos ward Fleisch« [Joh. 1,14], hat
denselben Sinn wie, . . . was bei Paulus geschrieben steht: »Christus ist für uns
zum Fluch geworden« [Gal. 3,13]: Wie er nicht selbst zum Fluche ward, sondern
nur deshalb gesagt wird, er sei zum Fluch geworden, weil er für uns den Fluch auf
sich nahm, so ist er auch Fleisch geworden, nicht indem er sich in Fleisch verwan-
delte, sondern [so], daß er für uns lebendiges Fleisch annahm und Mensch ward.
Denn zu sagen: »Der Logos ward Fleisch«, bedeutet das Gleiche, wie wenn man
sagt: Der Logos ward Mensch . . . (10) . . . Der Leib litt zwar, als er am Kreuz
durchstochen wurde, und aus seiner Seite floß Blut und Wasser. Da er aber der
Tempel (ναός) des Logos war, war er von der Gottheit erfüllt. Aus diesem Grunde
verhüllte die Sonne, als sie ihren Schöpfer leiden sah in dem mißhandelten Leib,
ihre Strahlen und verfinsterte die Erde; der Leib aber, obwohl von sterblicher Natur, erhob sich über diese seine Natur um des ihm innewohnenden Logos willen,
verlor die ihm naturgemäße Sterblichkeit und ward unverweslich, weil er den über
alles Menschenwesen erhabenen Logos angezogen hatte.

Athanasius schließt damit, daß die Verbindung des Sohns Mariens mit dem Logos nicht in Analogie
zur Inspiration eines Propheten oder heiligen Menschen durch Gottes Geist zu denken sei, daß sich
diese Verbindung vielmehr wesentlich von dem Verhältnis unterscheide, in dem Propheten und Heilige der Vorzeit zu Gott standen (§ 11.12).
Quelle: MPG 26,1049 ff. – *Literatur:* Vgl. oben Nr. 67; ferner S.G. Ludwig, Athanasii epistola ad
Epictetum, Theol.Diss.Jena 1911; J. Liébaert a.o. [Nr. 75] a.O., S. 71 ff.; A. Grillmeier a.o. [Nr. 75]
a.O., S. 308 ff.; ders., Mit ihm und in ihm. Christologische Forschungen und Perspektiven, 1975,
S. 19 ff., 78 ff.; J. Roldanus, Le Christ et l'Homme dans la Théologie d'Athanase d'Alexandrie, Leiden
1968.

77. **Verweltlichung des Klerus** (Ammianus Marcellinus, Röm. Geschichte 27,3,11–15)

Von »Verweltlichung« ist die Kirche gewiß nicht erst seit der »Konstantinischen Wende« bedroht gewesen, wie es spiritualistische Kirchenkritik seit den Tagen der mittelalterlichen Armutsbewegungen
immer wieder behauptet hat. Wohl aber gehört es zu den mit der Entwicklung von der Verfolgung über
die Tolerierung bis zur Privilegierung des Christentums innerhalb des römischen Reiches verbundenen
tiefreichenden, ja umstürzenden Folgen auf fast allen Gebieten kirchlichen Lebens, daß die im folgenden angeführte Episode kein Einzelfall blieb. Die Quelle, die 31 Bücher Rerum gestarum des heidnischen Historikers Ammianus Marcellinus, ist insofern unverdächtig, als es dieser nachweislich verstanden hat, sein Ziel, die römische Vergangenheit zu verherrlichen, zu erreichen, ohne das Christentum darum unsachlich darzustellen.
Zusammenhang: Schilderung der Amtszeit des (für Ruhe und Ordnung in der Hauptstadt verantwortlichen) Praefectus urbis Romanae Viventius.

(11) . . . Seine Amtszeit verlief in Ruhe und zu allgemeiner Zufriedenheit, weil alles in Fülle vorhanden war. Allein, [wie schon seinen Vorgänger] erschreckten auch ihn blutige Parteikämpfe des zerstrittenen Volkes, die folgender Handel hervorrief: (12) Damasus und Ursinus brannten beide über Menschen Maß darauf, den [römischen] Bischofsstuhl an sich zu reißen, und bei ihren gegeneinander gerichteten Intrigen kämpften sie mit derartiger Erbitterung, daß es bei den Auseinandersetzungen ihrer Anhänger Tote und Verwundete gab. Als sich Viventius außerstande sah, diese Krawalle zu unterbinden oder zu beschwichtigen, zog er sich unter dem Druck der Gewalt auf ein Gut vor den Toren der Stadt zurück.
(13) In diesem Streit blieb Damasus dank der massiven Unterstützung seiner Parteigänger Sieger [Okt. 366]. Es ist eine wohlbekannte Tatsache, daß in der Basilika des Sicininus, einer Versammlungsstätte des christlichen Ritus, an einem Tage 137 Leichen von Erschlagenen gefunden wurden und sich die schon seit langem aufgehetzte Menge nachher nur mit Mühe wieder beruhigen ließ. (14) Bedenke ich freilich den Prunk, wie er in Rom herrscht, so kann ich nicht leugnen, daß diejenigen, die eine solche Würde [wie die des römischen Bischofs] erstreben, unter Aufbietung all ihrer Kräfte darum bemüht sein müssen, ihr Ziel zu erreichen. Denn wer es glücklich erreicht hat, der hat für alle Zukunft ausgesorgt: er gedeiht durch die Schenkungen der Matronen, fährt nur noch in Kutschen einher, ist prunkvoll gekleidet und läßt sich so reichliche Schmäuse herrichten, daß seine Tafel selbst ein Königsmahl in den Schatten stellt. (15) Sie könnten in Wahrheit ein glückseliges Leben führen, wenn sie nur von der Größe der Stadt, die sie zur Tarnung ihrer Laster gebrauchen, einmal absehen wollten und sich den Lebensstil mancher Provinzbischöfe zum Vorbild nähmen, deren Genügsamkeit im Essen und Trinken, Einfachheit auch in der Kleidung und zu Boden gerichteter Blick sie der ewigen Gottheit (perpetuum numen) und ihren wahrhaften Verehrern als Muster an Reinheit und Sittsamkeit empfiehlt . . .

Quelle: W. Seyfarth a.o.[Nr. 71] a.O., 4, 1971. – *Literatur:* E. Caspar, Geschichte des Papsttums von den Anfängen bis zur Höhe der Weltherrschaft, 1,1930, S. 196 ff.; J. Vogt, Ammianus Marcellinus als erzählender Geschichtsschreiber der Spätzeit, AAMz 1963, H. 8.

78. Basilius von Caesarea

Auf Basilius (ca. 330–379), seit 370 Bischof von Caesarea und Metropolit von Kappadokien, sowie die beiden anderen mit ihm zum Dreigestirn der »großen Kappadokier« zusammengefaßten Theologen: seinen Freund Gregor von Nazianz und seinen jüngeren Bruder Gregor von Nyssa, geht jener Lehrbegriff zurück, der schließlich den gesamten Osten erobern und in das die trinitätstheologischen Streitigkeiten des 4. Jahrhunderts abschließende Dogma eingehen sollte. In ihm verband sich das Bekenntnis zum nizänischen Homousios mit der Betonung der drei göttlichen Hypostasen im Sinne der origenistischen Tradition. Nicht minder groß aber ist des Basilius Bedeutung für die Geschichte des östlichen Mönchtums, dem er als Verfasser von »Regeln« und als Gründer von Klöstern in seiner kappadokischen Heimat seine grundlegende Gestalt gegeben hat. Erfahrungen und Hoffnungen des Mönches waren es wohl auch, die ihn und seine Freunde mit besonderer Leidenschaft für die Gottheit des Hl. Geistes eintreten und in den kirchenpolitischen und theologischen Wirren ihrer Zeit mit all den menschlichen Enttäuschungen, die damit verbunden zu sein pflegen, auch einem Kaiser Valens (364–378) gegenüber, welcher noch einmal – in Fortsetzung der Kirchenpolitik Constantius' II. – den Versuch unternahm, das »homöische« Bekenntnis zur Maxime einer reichseinheitlichen Regelung der Glaubensfragen zu machen, ihre Sache mit Festigkeit vertreten ließen.

a) Die Überlegenheit des gemeinschaftlichen über das einsame Leben (Längere Regeln [Regulae fusius tractatae] 7)

(7,1) Das Zusammenleben mit mehreren, die denselben Zweck verfolgen, ist in vielfacher Hinsicht von Nutzen. Erstens ist keiner von uns imstande, allein die Bedürfnisse des Leibes zu befriedigen, zu deren Beschaffung wir einander nötig haben. Denn wie der Fuß das eine vermag, das andere aber nicht, und ohne die Hilfe der anderen Glieder sein Vermögen sich weder stark noch ausdauernd genug zeigt, und auch, was ihm mangelt, nicht aus sich selbst zu ersetzen vermag, so wird auch in dem einsamen Leben (μονήρης ζωή) das, was wir haben, für uns unnütz und das Fehlende unbeschaffbar, da Gott, der Schöpfer, es so bestimmt hat, daß einer des anderen bedarf, wie geschrieben steht [Pred. 13,20], damit wir uns einander anschlössen. Zum anderen ist es mit der Eigenart der Liebe Christi unvereinbar, daß jeder auf seinen eigenen Vorteil sieht: »denn die Liebe«, heißt es [1. Kor. 13,5], »ist nicht selbstsüchtig« . . . Zudem ist es in der Abgeschiedenheit nicht leicht, seiner eigenen Fehler gewahr zu werden, weil man niemanden hat, der einen zurechtweist. Daher widerfährt dem, was gesagt ist: »Wehe dem, der allein ist, weil er, wenn er fällt, niemanden hat, der ihn aufrichte« [Pred. 4,10]. Auch werden von mehreren leichter eine Mehrzahl von Geboten erfüllt, was von einem einzelnen niemals geschehen kann, da das eine Gebot an der Erfüllung des anderen hindert . . . [z.B. wenn wir Kranke besuchen, können wir nicht gleichzeitig Fremde beherbergen]. (2) Wenn wir aber alle, in einer Hoffnung der Berufung aufgenommen, *ein* Leib sind und zum Haupte Christus haben . . .: wie können wir dann [in Einsamkeit lebend und also voneinander] geschieden und getrennt, den wechselseitigen Dienst der Glieder und die [gemeinsame] Unterordnung unter unser Haupt, das Christus ist, verwirklichen und aufrechterhalten? . . . Da endlich auch einer allein nicht imstande ist, alle geistigen Gaben (χαρίσματα) zu empfangen, sondern der Geist nach dem Maß des Glaubens, der in einem jeden ist, verliehen wird [Röm. 12,6], so wird in dem gemeinsamen Leben die einem jeden verliehene Gabe Gemeingut aller . . . Denn was jeder besitzt, das hat er nicht so sehr um seinet- als um der übrigen willen empfangen . . .

b) Die soziale Bedeutung des basilianischen Mönchtums nach der Gedächtnisrede Gregors von Nazianz (Rede 43,63)

(63,1) . . . Begib dich ein wenig aus der Stadt [Caesarea] hinaus und betrachte die neue Stadt, das Vorratshaus der Frömmigkeit, die gemeinsame Schatzkammer der Besitzenden, in welcher der Überfluß ihres Reichtums, ja, [nicht selten] sogar ihr Notwendigstes aufbewahrt wird, als Folge seiner [des Basilius] Mahnungen: kein Fraß der Motten mehr, nicht länger eine Augenweide für Diebe; dem Wetteifer, zu dem der Neid anstachelt, ebenso entronnen wie der Verderbnis der Zeit: wo Krankheit in philosophischem Licht betrachtet wird, wo man Unglück als einen Segen versteht und das Mitgefühl auf die Probe stellt. (2) . . . (3) . . . (4) . . . Er [Basilius] war es, der [immer wieder] der Erste war, in jene zu dringen, die Menschen sein wollten, daß sie ihre Mitmenschen nicht verachten und Christus, das eine Haupt aller, nicht entehren dürften durch unmenschliche Behandlung eben jener Mitmenschen; vielmehr gezieme es sich für sie, das Unglück der anderen als Gelegenheit zu nutzen, ihr eigenes Los zu sichern, und Gott als Darlehen jene Barmherzigkeit zu gewähren, deren sie selbst aus seiner Hand bedürfen. (5) Darum verachtete er es nicht, diese Krankheit [sc. die Lepra] mit seinen Lippen zu ehren, edel, von edler Herkunft und glänzendem Ansehen, wie er war; viel-

mehr begrüßte er die Kranken als Brüder . . . (6) Er war auch der Erste, der sich
ihnen näherte, um sie zu pflegen, als eine Konsequenz seiner Philosophie, ihnen
somit nicht nur eine in Worten bestehende, sondern auch eine stillschweigende
Belehrung zuteil werden lassend. [Was dabei herauskam] kann nicht nur in der
Stadt [sc. der »Basilias« vor den Toren Caesareas], sondern auch auf dem Land und
darüber hinaus betrachtet werden; ja, selbst die Spitzen der Gesellschaft haben
miteinander gewetteifert in der Menschenfreundlichkeit und Großherzigkeit ihnen [den Kranken] gegenüber. (7) Andere haben ihre Köche, ihre glänzenden Tafeln, die kunstvollen Produkte und Leckereien des Konditors, exquisite Gefährte,
weiche, fliegende Roben; des Basilius Sorge jedoch galt den Kranken, der Pflege
ihrer Wunden, der Nachahmung Christi in der Reinigung der Aussätzigen, nicht
mit Worten, sondern mit der Tat.

c) Die göttlichen Funktionen des Hl. Geistes (Über den Hl. Geist [geschr. 375] 9,22 f.)
(22) Prüfen wir nun die uns geläufigen Begriffe (κοιναὶ ἔννοιαι), die wir vom
Heiligen Geiste haben: die Begriffe von ihm, die wir aus der Schrift gesammelt haben, und diejenigen, die uns aus der mündlichen Überlieferung (ἄγραφος παρά-
δοσις) der Väter überkommen sind.
Wer ist nicht, wenn er die Namen des Geistes vernimmt, gleich in seiner Seele
emporgehoben; wer erhebt nicht seine Gedanken hin zu der allerhöchsten Natur?
Denn man nennt ihn »Geist Gottes«, »Geist der Wahrheit«, der »aus dem Vater
hervorgeht« [Joh. 15,26], »rechter Geist«, »lenkender Geist« (Ps. 50, 12–15).
»Heiliger Geist«, das ist in besonderer Weise sein ureigenster Name, der Name
des unkörperlichsten von allen Wesen, des in reinster Weise immateriellen, des al-
lereinfachsten, das es gibt. So lehrt der Herr die Frau, die glaubte, Gott an einem
bestimmten Ort anbeten zu müssen, daß das Unkörperliche ohne Grenzen (ἀπε-
ρίληπτον) ist: »Gott«, so sagt er, »ist Geist« [Joh. 4,24]. Wer den Namen »Geist«
aussprechen hört, kann sich somit gar keine begrenzte Natur vorstellen, die Änderungen unterworfen wäre, Wechselfällen unterläge oder in jeder Hinsicht der
Kreatur gliche. Nein, im Gegenteil: Wer sich in seinen Gedanken zu der allerhöchsten Wesenheit emporschwingt, hat notwendigerweise die Vorstellung von
einer intelligiblen Substanz, unendlich in ihrer Macht, unbegrenzt in ihrer Größe,
jenseits aller Maße von Zeiten oder Äonen, von verschwenderischer Freigebigkeit
mit den eigenen Gütern. Zu ihm wenden sich alle, die der Heiligung bedürfen; zu
ihm schwingt sich das Verlangen all derer auf, die der Tugend gemäß ihr Leben
einrichten. Sie werden wie »neu belebt« durch seinen Anhauch und erfahren seine
Hilfe bei der Verfolgung ihres eigenen naturgemäßen Zieles. Ihm, der die Fähig-
keit besitzt, andere zur Vollendung zu führen, mangelt selbst nichts: Er ist kein
Lebewesen, das seine Kräfte erneuern müßte, sondern ›Chorführer‹ des Lebens
[vgl. Plotin, Enn. 6,9,9,48] . . . Alles erfüllt er mit seiner Macht, doch teilt er sich
nur denen mit, die seiner würdig sind[1], freilich nicht nach einem festen einheitli-
chen Maß, sondern so, daß er seine Wirkkraft nach dem Maß des Glaubens aus-
teilt. Selbst einfach in seinem Wesen, offenbart er seine Macht durch vielfältige
Machterweise [Hebr. 2,4]; dabei ist er ungeteilt jedem Wesen gegenwärtig und
ganz an allen Orten; er teilt sich so aus, daß er selbst dabei keine Beeinträchtigung
erfährt, und läßt alle so an sich teilhaben, daß er unverändert bleibt, vergleichbar
einem Sonnenstrahl, dessen freundliches Licht jedem gegenwärtig ist, der es ge-
nießt, so als wäre er allein; und doch erhellt er Land und Meer und mischt sich mit
der Luft. So ist auch der Geist jedem Menschen gegenwärtig, so als wäre er allein,

wenn dieser nur fähig ist, ihn zu empfangen; und ohne jede Veränderung strahlt er Gnade aus, die für alle genügt . . .

(23) . . . Durch ihn erheben sich die Herzen; die Schwachen werden an die Hand genommen; die um Fortschritt Ringenden werden vervollkommnet. Er erleuchtet die, welche sich von jedem Schmutz gereinigt haben, und macht sie durch die Gemeinschaft mit sich ›geistig‹. Wie die klaren und durchscheinenden Körper zu funkeln beginnen, wenn sie ein Lichtstrahl trifft, und dann von sich aus einen neuen Glanz ausstrahlen, so werden auch die Seelen, die den Geist in sich tragen, durch die Erleuchtung des Geistes ›geistig‹ (pneumatisch) und verströmen Gnade über andere. Von da aus [erfließt alles]: die Erkenntnis des Zukünftigen, die Einsicht in die Mysterien, das Verstehen der verborgenen Dinge, die Ausspendung der Charismen, die Teilnahme am himmlischen Leben, das ständige Verbleiben in Gott, die Gottähnlichkeit und schließlich das Höchste, was der Mensch überhaupt ersehnen kann: das ›Gott-Werden‹ (θεὸν γενέσθαι).

d) Das Wirken des Heiligen Geistes (ebenda 19,49)

Was für ein Wirken ist es? Ein Wirken, unsagbar in seiner Größe und unermeßlich in seiner Vielfalt. Wie können wir uns eine Vorstellung machen, . . . worin sein Wirken bestand, ehe es ein vernunftbegabtes Wesen gab; welch machtvolles Wirken er im Hinblick auf künftige Zeitalter entfaltet? Denn er war da, existierte vor allem anderen und war gegenwärtig vor aller Zeit, in Gemeinschaft mit dem Vater und mit dem Sohn. Würdest du dir daher etwas jenseits der Zeit [Existierendes] vorstellen, du würdest finden, daß es später ist als der Geist. Denkst du an die Schöpfung? Die Mächte des Himmels sind gefestigt worden durch den Geist . . . Das Kommen Christi? Auch ihm ging der Geist mit seinem Wirken voraus. Christi Gegenwart im Fleisch? Der Geist ist untrennbar damit verbunden. Wunder und Heilungsgaben? Sie sind durch das Wirken des Geistes hervorgebracht worden. Dämonen wichen durch den Geist Gottes. Der Satan hat in Gegenwart des Geistes seine gesamte Macht verloren. Die Sünden sind in der Gnade des Heiligen Geistes vergeben worden, denn »ihr seid abgewaschen und geheiligt worden im Namen unseres Herrn Jesus Christus und im Heiligen Geist« [1. Kor. 6,11]. Der vertraute Verkehr (οἰκείωσις) mit Gott vollzieht sich durch den Heiligen Geist, denn »Gott hat den Geist seines Sohnes in unsere Herzen gesandt, der da ruft: Abba, Vater!« [Gal. 4,6]. Die Auferstehung der Toten geschieht durch den Geist, denn »Du sendest deinen Geist aus, und sie werden neu geschaffen, und du wirst das Angesicht der Erde erneuern« [Ps. 104,30] . . . Ist da wirklich die Sorge am Platze, man könne durch übertriebene Ehrungen [des Geistes] über das verdiente Maß hinausgehen? Müssen wir nicht im Gegenteil befürchten, daß wir hinter dem Angemessenen zurückbleiben, selbst wenn wir uns bemühten, die schönsten Worte zu finden, die je aus menschlichem Denken und aus der menschlichen Sprache hervorgegangen sind? . . . Wenn du das Wort vernimmst: »Wenn der Paraklet kommt, so wird er euch an alles erinnern und euch in alle Wahrheit führen« [Joh. 14,26], so mach' dir von der Tätigkeit des Führens gemäß dem, was du eben gehört hast, ein Bild und rede nicht geringschätzig davon . . .

e) Über die unterschiedliche Bedeutung von οὐσία und ὑπόστασις (Brief 236,6; geschr. 376)

Die Unterscheidung zwischen οὐσία und ὑπόστασις ist dieselbe wie zwischen Gemeinsamem (τὸ κοινόν) und Besonderem (τὸ καθ᾽ ἕκαστον), z.B. zwischen dem Lebewesen und diesem bestimmten Menschen (ὁ δεῖνα ἄνθρωπος). Weshalb wir auch bezüglich der Gottheit eine [einzige] οὐσία bekennen, so daß wir das Sein [von Vater, Sohn und Hl. Geist] nicht in verschiedenem Sinne aussagen, die Hypostase jedoch als eigentümlich, damit unser Begriff von Vater, Sohn und Hl. Geist distinkt und klar sei (ἵν᾽ ἀσύγχυτος ἡμῖν καὶ τετρανωμένη ἡ περὶ Πατρὸς καὶ Υἱοῦ καὶ Ἁγίου Πνεύματος ἔννοια ἐνυπάρχῃ). Denn in der Tat: so wir nicht die besonderen Merkmale (ἀφωρισμένοι χαρακτῆρες) an einer jeden [göttlichen Hypostase] – wie Vaterschaft, Sohnschaft, Heiligung – anerkennten, sondern Gott [ausschließlich] nach dem gemeinsamen Begriff des [göttlichen] Seins bekennten, dürfte es unmöglich sein, in rechter [›gesunder‹] Weise Glaubensrechenschaft abzulegen. Folglich müssen wir den Glauben, indem wir das Besondere (τὸ ἰδιάζον) dem Gemeinsamen hinzufügen, so bekennen: die Gottheit ist das Gemeinsame, die Vaterschaft das Besondere (ἴδιον); beides kombinierend sagen wir mithin: »Ich glaube an Gott, den Vater« . . . [Aus all dem wird ersichtlich,] daß man vollkommen an der Einheit festzuhalten vermag im Bekenntnis der *einen* Gottheit [Vaters, Sohnes und Hl. Geistes] und zugleich – in der Unterscheidung der Besonderheiten (ἰδιώματα), wie sie an einer jeden [der drei göttlichen Hypostasen] wahrgenommen werden – bekennen, was den Personen (πρόσωπα) eigentümlich ist. Die aber die Begriffe οὐσία und ὑπόστασις als identisch bezeichnen, sind gezwungen, lediglich eine Verschiedenheit der πρόσωπα [Personen? Erscheinungsweisen?] zu bekennen, und indem sie von drei Hypostasen zu reden vermeiden, sind sie außerstande, dem Übel des Sabellianismus [wörtl.: des Sabellius] zu entrinnen, der auch seinerseits unter vielfältiger Begriffsverwirrung den Versuch macht, die πρόσωπα zu unterscheiden, indem er behauptet, eine und dieselbe Hypostase nehme je nach Bedarf eine andere Gestalt an (τὴν αὐτὴν ὑπόστασιν λέγων πρὸς τὴν ἑκάστοτε παρεμπίπτουσαν χρείαν μετασχηματίζεσθαι).

Quellen: MPG 31, Sp. 889 ff. (Reg. fus. tract.); F. Boulenger, Grégoire de Nazianze, Discours Funèbres etc., Paris 1908; B. Pruche, Basile de Césarée. Sur le Saint-Esprit, SC 17, Paris 1968²; Y. Courtonne, Saint Basile, Lettres, III, Paris 1966. – *Literatur:* Zum Ganzen s. L. Vischer, Basilius der Große, Basel 1953; ferner J. Gribomont, Histoire du texte des Ascétiques de s. Basile, Louvain 1953; ders., Saint Basile, in: Théologie de la vie monastique, Paris 1961, S. 99–113; H. Doerries, De Spiritu Sancto. Der Beitrag des Basilius zum Abschluß des trinitarischen Dogmas, AAG 3.39, 1956; R. Hübner, Gregor von Nyssa als Verfasser der sog. ep. 38 des Basilius. Zum unterschiedlichen Verständnis der οὐσία bei den kappadozischen Brüdern, in: Epektasis (FS f.J. Daniélou), Paris 1972, S. 463–490.
1. Vgl. oben Nr. 32i.

79. Ulfila und die Bekehrung der Westgoten zum Christentum (Sokrates, Kirchengeschichte 4,33)

Im 2. Jahrhundert n. Chr. – zumindest in ihrem Traditionskern – aus ihrer nördlichen Heimat (wohl der Insel Gotland) aufgebrochen, eroberten die Goten im Verlauf des 3. Jahrhunderts weite Gebiete im Schwarzmeerraum, von wo sie im Verein mit verwandten Stämmen ihrer neuen Nachbarschaft den Angriff auf das römische Reich eröffneten. Die ersten Impulse zur Goten*mission* scheinen von christlichen Kriegsgefangenen ausgegangen zu sein, die sie in großer Zahl von ihren Beutezügen auf dem östlichen Reichsgebiet mitbrachten. – Von dieser noch durch keine politischen Nebengedanken belasteten Art der Germanenmission war auch das Wirken des Mannes. der der einzige bedeutende kirchliche

Führer der Goten und darüber hinaus aller durch sie gewonnenen Germanen bleiben sollte: des Wulfi-
las oder Ulfila, wie er sich wohl selbst nannte. Um 311 als Enkel von den Goten verschleppter kappado-
kischer Christen, obgleich selbst Halbgote, bereits als Christ geboren, wurde er bei Gelegenheit einer
Gotengesandtschaft an den nunmehr christlichen Kaiserhof der Römer von dem Ariusanhänger Euseb
von Nicomedien, dem kirchlichen Vertrauensmann Constantius' II., zum »Bischof der Christen im
Lande der Goten« geweiht. Zu einer größeren Entscheidung kam es jedoch, nach schweren Rückschlä-
gen der Gotenmissionierung, erst wieder nach Ausbruch einer Stammesfehde zur Zeit des Kaisers Valens, Ende der 60er Jahre, worüber der Kirchenhistoriker Sokrates folgendes zu berichten weiß:

Die nördlich der Donau siedelnden Barbaren, Goten genannt, spalteten sich im
Gefolge einer Stammesfehde in zwei Lager: das eine hatte in Fritigern seinen Anführer, das andere in Athanarich. Als nun Athanarich die Oberhand zu gewinnen
drohte, nahm Fritigern seine Zuflucht zu den Römern und erbat deren Unterstützung gegen seinen Widersacher. Als dies Kaiser Valens zur Kenntnis gelangte, befahl er seiner Schutztruppe im Bereich von Thrakien, den Barbaren in ihrem
Kampf wider Barbaren Hilfe zu leisten. Und sie errangen im Gebiet nördlich der
Donau über Athanarich den Sieg und schlugen den Gegner in die Flucht. Viele
Barbaren nahmen dies zum Anlaß (πρόφασις), Christen zu werden. Um für die
empfangene Unterstützung seine Dankbarkeit zu erweisen (χάριν ἀποδιδοὺς ὧν
εὐηργετεῖτο), nahm Fritigern die Religion des Kaisers an und bewog viele seiner
Gefolgsleute, es ihm gleich zu tun. Aus diesem Grunde hängt die Mehrzahl der
Goten bis zum heutigen Tage dem Arianismus an, dem sie sich damals, dem Kaiser
zuliebe, zugewandt hatten. Damals erfand auch der Gotenbischof Ulfila die gotische Schrift und setzte durch Übertragung der heiligen Schriften ins Gotische die
Barbaren instand, sich mit den göttlichen Worten vertraut zu machen. Weil aber
Ulfila nicht allein unter den Gefolgsleuten Fritigerns für das Christentum missio-
nierte, sondern auch die des Athanarich zu bekehren suchte, ahndete Athanarich
die Absage an den von den Vorfahren überkommenen Götterdienst an vielen zum
Christentum Bekehrten mit schweren Strafen, so daß damals die Barbaren, die
sich zum arianischen Glauben hielten, Blutzeugen wurden . . . Die Barbaren
aber, die das Christentum in Einfalt aufgenommen hatten, setzten das irdische Leben hintan für den Glauben an Christus . . .

Quelle: MPG 67, Sp. 29 ff. – *Literatur:* K.D. Schmidt, Die Bekehrung der Germanen zum Christentum, 1939 ff.; W. Baetke, Die Aufnahme des Christentums durch die Germanen, in: Die Welt als Geschichte, 9,1943 (unveränd. Nachdruck[!] 1962); H. Doerries, Germanische Nationalkirchen, in:
ders., Wort und Stunde, II, 1969, S. 76–111.

80. Das Christentum als Staatsreligion: Das Edikt »Cunc-
tos populos« Theodosius' I. vom 28.2.380 (Cod. Theod.
16,1,2)

Nach der Katastrophe des Kaisers Valens im Kampf gegen die Goten (August 378), in der sein Heer bis
zur völligen Vernichtung geschlagen wurde und er selbst ums Leben kam, rief sein Neffe und Mitkaiser
Gratian den spanischen General Theodosius zu Hilfe, um die Gotengefahr zu bannen, und erhob ihn
ein halbes Jahr später zum Mitregenten für den Osten. – Welche Richtung Theodosius bei der gleichfalls ins Auge gefaßten Neuregelung der kirchlichen Verhältnisse in seinem Reichsteil einzuschlagen
beabsichtigte, darüber gab ein Edikt Auskunft, welches, in Thessalonich gegeben und an die Bevölkerung Konstaninopels adressiert, gleichwohl als kirchenpolitisches Manifest für alle seine Untertanen

gedacht gewesen sein wird. Schon die Kodifikatoren des römischen Rechts unter Justinian sahen es als so bedeutsam an, daß sie es an die Spitze ihrer Sammlung kaiserlicher Konstitutionen setzten (Cod. Iust. 1,1). Und noch heute gilt es vielfach als das »klassische Dokument der kaiserlichen Politik des ›christlichen Staates‹«[1].

Alle Völker, über die wir ein mildes und maßvolles Regiment führen (Cunctos populos, quos clementiae nostrae regit temperamentum), sollen, so ist unser Wille, in der Religion verharren, die der göttliche Apostel Petrus, wie es der von ihm kundgemachte Glaube (religio) bis zum heutigen Tage dartut, den Römern überliefert hat und zu dem sich der Pontifex Damasus[2] wie auch Bischof Petrus von Alexandrien[3], ein Mann von apostolischer Heiligkeit, offensichtlich bekennen; d.h. daß wir gemäß apostolischer Weisung (disciplina) und evangelischer Lehre *eine* Gottheit Vaters, Sohnes und Hl. Geistes in gleicher Majestät und heiliger Dreifaltigkeit (patris et filii et spiritus sancti unam deitatem sub pari maiestate et sub pia trinitate) glauben. Nur diejenigen, die diesem Gesetz folgen, sollen, so gebieten wir, katholische Christen heißen dürfen; die übrigen aber, die wir für toll und wahnsinnig halten, haben den Schimpf ketzerischer Lehre (haeretici dogmatis infamia) zu tragen. Auch dürfen ihre Versammlungsstätten (conciliabula) nicht als Kirchen bezeichnet werden. Endlich soll sie vorab die göttliche Vergeltung, dann aber auch unsere Strafgerechtigkeit ereilen, die uns durch himmlisches Urteil (ex coelesti arbitrio) übertragen worden ist.

Quelle: Th. Mommsen a. o. [Nr. 52] a. O. – *Literatur:* H. Berkhof, Kirche und Kaiser, 1947, S. 63 f.; W. Enßlin, Die Religionspolitik des Kaisers Theodosius d. Gr., 1953, S. 15 ff.; N. Q. King. The Emperor Theodosius and the Establishment of Christianity, London 1961, S. 28 ff.; A. M. Ritter, Das Konzil von Konstantinopel und sein Symbol, 1965, S. 28 ff., 221 ff.; A. Lippold, Theodosius der Große und seine Zeit, Urban-Tb. 107, 1968, S. 17 ff.
1. So etwa H. Berkhof. a. a. O., S. 64; N. Q. King a. a. O., S. 29.
2. S. oben Nr. 77.
3. Nachfolger des Athanasius (373–381).

81. Die Dekrete des Konzils von Konstantinopel 381

Es war der erstrebten Konsolidierung der kirchlichen Lage im Osten nur dienlich, daß Theodosius auf dem mit seinem Edikt »Cunctos populos« beschrittenen verhängnisvollen Wege nicht fortfuhr! Weder beharrte er dabei, den Kirchenstreit sozusagen per Gesetz und allein mit staatlichen Zwangsmitteln zu beenden, sondern ließ einer synodalen Lösung Raum; noch hielt er an seiner ursprünglichen einseitigen Orientierung an Rom und Alexandrien als alleinigen Garanten der Orthodoxie fest, sondern strebte eine Lösung der strittigen Fragen an, die von der Mehrheit des östlichen Episkopats getragen werden konnte. Zu diesem Zweck berief er zum Mai 381 eine Reichssynode nach Konstantinopel ein, die sich, obwohl auf ihr der abendländische Episkopat noch ungenügender vertreten war als in Nizäa, im Laufe des 5. und 6. Jahrhunderts gleichwohl als das 2. autoritative (»ökumenische«) Konzil nach und neben dem der »318 Väter« von Nizäa durchgesetzt und diesen Ehrenplatz bis heute behalten hat. Seine wichtigsten Lehr- und kirchenrechtlichen Bestimmungen sind:

a) Das nizänokonstantinopolitanische Glaubensbekenntnis (NC)
Wir glauben an *einen* Gott, den Vater, den Allmächtigen, Schöpfer Himmels und der Erden, all des, das sichtbar ist und unsichtbar. Und an *einen* Herrn Jesus Christus, Gottes eingeborenen Sohn, aus Gott geboren vor aller Zeit, Licht von Licht,

wahrer Gott von wahrem Gott, geboren, nicht geschaffen, mit dem Vater eines Wesens (θεὸν ἀληθινὸν ἐκ θεοῦ ἀληθινοῦ, γεννηθέντα οὐ ποιηθέντα, ὁμοούσιον τῷ πατρί [N!]), durch den alle Dinge ins Sein traten, der um uns Menschen und um unseres Heiles willen herabgekommen ist vom Himmel und Fleisch geworden aus dem Hl. Geist und Maria, der Jungfrau, der Mensch wurde, gekreuzigt ward unter Pontius Pilatus, litt und begraben ward, am dritten Tage auferstand nach den Schriften, aufgefahren ist gen Himmel, sitzt zu Rechten des Vaters und wiederkommen wird in Herrlichkeit, zu richten Lebende und Tote; des Reich wird sein ohne Ende. Und an den Hl. Geist, den Herrn, der da lebendigmacht, der vom Vater ausgeht, der mit dem Vater und dem Sohn zugleich angebetet und gepriesen wird, der durch die Propheten geredet hat (Καὶ εἰς τὸ πνεῦμα τὸ ἅγιον, τὸ κύριον καὶ ζωοποιόν, τὸ ἐκ τοῦ πατρὸς ἐκπορευόμενον, τὸ σὺν πατρὶ καὶ υἱῷ συμπροσκυνούμενον καὶ συνδοξαζόμενον, τὸ λαλῆσαν διὰ τῶν προφητῶν); an eine heilige katholische und apostolische Kirche. Wir bekennen eine Taufe zur Vergebung der Sünden; wir warten auf die Auferstehung der Toten und das Leben der zukünftigen Welt.

b) Kanon 1
Der Glaube der 318 Väter, die in Nizäa in Bithynien versammelt waren, soll nicht außer Kraft gesetzt werden (ἀθετεῖσθαι), sondern in Geltung bleiben; und es wird jede Häresie verdammt, namentlich die der Eunomianer oder Anhomöer, die der Arianer oder Eudoxianer, die der Semiarianer oder Pneumatomachen, die der Sabellianer, Markellianer, Photinianer und Apollinaristen[1].

c) Aus dem Lehrdekret (»Tomus«) des Konzils nach dem Synodalschreiben der Konstantinopler Synode von 382 (bei Theodoret, Kirchengeschichte 5,9,11)
. . . [Der zu Nizäa festgestellte, evangeliumsgemäße Glaube] muß . . . allen genügen, welche nicht das Wort des wahren Glaubens verkehren wollen; ist er doch sehr alt, entspricht dem Taufbefehl [wörtl.: der Taufe] und lehrt uns, zu glauben an den Namen des Vaters und des Sohnes und des Hl. Geistes, so nämlich, daß *eine* Gottheit, Macht und Wesenheit Vaters und Sohnes und Hl. Geistes und eben so gleiche Ehre, Würde und gleichewige Herrschaft geglaubt wird in drei ganz vollkommenen Hypostasen oder drei vollkommenen Personen, so daß weder die Krankheit des Sabellius Platz greift, indem die Hypostasen vermischt und die Eigentümlichkeiten derselben aufgehoben werden, noch die gotteslästerliche Lehre der Eunomianer, Arianer und Pneumatomachen Kraft gewinnt, derzufolge die Wesenheit oder Natur oder Gottheit geteilt und der ungeschaffenen, wesenseinen und gleichewigen Trinität eine Art nachgeborener, geschaffener und wesensverschiedener Natur beigesellt wird (διδάσκουσαν ἡμᾶς πιστεύειν εἰς τὸ ὄνομα τοῦ πατρὸς καὶ τοῦ υἱοῦ καὶ τοῦ ἁγίου πνεύματος, δηλαδὴ θεότητος καὶ δυνάμεως καὶ οὐσίας μιᾶς τοῦ πατρὸς καὶ τοῦ υἱοῦ καὶ τοῦ ἁγίου πνεύματος πιστευομένης, ὁμοτίμου τε τῆς ἀξίας καὶ συναιδίου τῆς βασιλείας, ἐν τρισὶ τελειοτάταις ὑποστάσεσιν, ἤγουν τρισὶ τελείοις προσώποις. . .).

d) Kanon 3
Der Bischof von Konstantinopel soll nach dem Bischof von Rom den Ehrenvorrang (τὰ πρεσβεῖα τῆς τιμῆς) besitzen, weil diese Stadt das neue Rom ist.

Quellen: G.L. Dossetti a.o. [Nr. 56] a.O.; J. Alberigo u.a. a.o. [Nr. 56] a.O.; L. Parmentier –

F. Scheidweiler a.o. [Nr. 63] a.O. – *Literatur:* Zum Ganzen s. A.M. Ritter a. o. [Nr. 80] a.O.; ferner J.N.D. Kelly a.o. [Nr. 42] a.O., S. 294–361; D.L. Holland, The Creeds of Nicea and Constantinople reexamined, ChH 38, Nr. 2, 1969, S. 1–14.

1. Die Verurteilung »jeglicher Häresie« reicht also von den »ultra-arianischen« Gefolgsleuten des Eunomius (s.o. Nr. 68) und den unter Constantius II. und Valens herrschend gewesenen, hier nach einem ihrer Führer, dem Hofbischof Eudoxius (zuletzt von Konstantinopel), benannten Homöern (»Arianern«) auf der »Linken« über die »semi-arianischen« Hauptgegner aus der Schlußphase der trinitätstheologischen Streitigkeiten, die »Pneumatomachen« (s.o. Nr. 72a m. A. 1) aller Schattierungen, in der »Mitte« bis zu den verschiedenen ketzerischen Richtungen innerhalb des nizänischen Lagers, den Anhängern Markells (s.o. Nr. 62), seines Schülers Photin (s.o. Nr. 75b m. A. 2) und des Apollinaris (s.o. Nr 75. 76), auf der »Rechten«.

82. Hieronymus und die Revision der lateinischen Bibel (Aus der Vorrede zu seiner Evangelienrevision)

Wohl das größte Verdienst des nach zwiespältiger Bischofswahl (s. oben Nr. 77) in Amt und Würden gelangten Damasus I. von Rom (366–384), der in den 70er Jahren bei den von Basilius von Caesarea initiierten Ausgleichsbemühungen zwischen dem Westen und der Mehrheitspartei unter den Nizänern des Osten – als recht schwieriger Verhandlungspartner – eine Rolle spielte und sich in seinem Bistum selbst besonders die Pflege der römischen Märtyrergräber (Katakomben) angelegen sein ließ, war die Sorge um die Revision der lat. Bibelübersetzungen, die er seinem derzeitigen Freund und Sekretär, dem gelehrten Mönch Hieronymus aus Stridon in Dalmatien (340/350–420) übertrug und ständig förderte. – Über den Beginn seiner Arbeiten, mit dem zugleich die seit dem Frühmittelalter im Abendland allein gültige und dann durch das Konzil von Trient (1546) für maßgeblich in Glaubens- und Sittenlehre erklärte Vulgata [›allgemein verbreitete‹ (sc. lat. Bibelübersetzung)] ihren Anfang nahm, berichtet dieser in dem 383 verfaßten Vorwort zu seiner Evangelienrevision:

Du zwingst mich, ein neues Werk aus einem alten zu schaffen, gleichsam als Schiedsrichter zu fungieren über Bibelexemplare, nachdem diese [seit langem] in aller Welt verbreitet sind, und, wo sie von einander abweichen, zu entscheiden, welche [der von ihnen gebotenen Lesarten] mit dem authentischen griechischen Text (Graeca veritas) übereinstimmen. Es ist das ein Unterfangen, das ebenso viel liebevolle Hingabe verlangt, wie es gefährlich und vermessen ist (Pius labor, sed periculosa praesumptio): über die anderen zu urteilen und dabei selbst dem Urteil aller zu unterliegen; in die Sprache eines Greises ändernd einzugreifen und eine bereits altersgraue Welt in die Tage ihrer ersten Kindheit zurückzuversetzen. Wird sich auch nur einer finden, sei er gelehrt oder ungelehrt, der mich nicht, sobald er diesen Band in die Hand nimmt und feststellt, daß das, was er hier liest, nicht in allem den Geschmack dessen trifft, was er einmal in sich aufgenommen hat, lauthals einen Fälscher und Religionsfrevler schilt, weil ich die Kühnheit besaß, einiges in den alten Büchern zuzufügen, abzuändern oder zu verbessern? Zwei Überlegungen sind es indes, die mich trösten und dieses Odium auf mich nehmen lassen: zum einen, daß du, der an Rang allen anderen überlegene Bischof (tu, qui summus Sacerdos es), mich dies zu tun heißest; zum andern, daß, wie auch meine Verleumder bestätigen müssen, in differierenden Lesarten schwerlich die Wahrheit anzutreffen ist (verum non esse quod variat). Wenn nämlich auf die lateinischen Texte Verlaß sein soll, dann mögen sie bitte sagen: Welchen? Gibt es doch beinahe so viele Textformen (exemplaria), wie es Abschriften (codices) gibt.

Soll aber die zutreffende Textform (veritas) aus einem Vergleich mehrerer ermittelt werden, warum dann nicht gleich auf das griechische Original zurückgehen und danach all die Fehler verbessern, ob sie nun auf unzuverlässige Übersetzer zurückgehen, ob es sich bei ihnen um Verschlimmbesserungen wagehalsiger, aber inkompetenter Textkritiker oder aber einfach um Zusätze oder Änderungen unaufmerksamer Abschreiber handelt? . . . [Zum Problem der verschiedenen Versionen des Alten Testaments will ich mich hier nicht weiter äußern.] Ich spreche nun [vielmehr] vom Neuen Testament: Daß es ursprünglich in Griechisch abgefaßt ist, unterliegt keinem Zweifel, mit Ausnahme des [Werkes des] Apostels Matthäus, der sich als erster an die Abfassung des Evangeliums Christi wagte und es in Judäa in hebräischen Lettern (Hebraicis litteris) herausbrachte. So wie wir es in unserer Sprache vorliegen haben, weist es unübersehbare Unstimmigkeiten auf; und da sich der Strom in mehrere Kanäle aufgeteilt hat, läßt es sich gar nicht vermeiden, daß man die eine Quelle aufsucht . . . Wir kündigen in diesem kurzen Vorwort lediglich die vier Evangelien, und zwar in folgender Reihenfolge an: Matthäus, Markus, Lukas, Johannes; sie sind von uns nach dem Vergleich mit griechischen Handschriften – freilich alten! – überarbeitet worden. Um jedoch allzu große Abweichungen von dem lateinischen Wortlaut, wie man ihn aus den Lesungen gewohnt ist (a lectionis Latinae consuetudine) zu vermeiden, haben wir unsere Feder in Zaum gehalten und nur dort verbessert, wo sich Änderungen des Sinns zu ergeben schienen, während wir alles übrige so durchgehen ließen, wie es war.

Quelle: MPG 29, Sp. 525 ff. – *Literatur:* F. Cavallera, Saint Jerôme, 2 Bde., Louvain – Paris 1922; F. Stummer, Einführung in die lateinische Bibel, 1928.

83. Der Dogmenstreit und das Volk von Konstantinopel
(Aus Gregor von Nyssa, Über die Gottheit des Sohnes und des Hl. Geistes)

Es wäre ein Mißverständnis, wenn man (aufgrund der eigenen Problemfremdheit gegenüber dem altkirchlichen Dogma) annähme, die Lehrstreitigkeiten jener Zeit hätten allenfalls in Kreisen führender Bischöfe und Theologen Widerhall gefunden. Wie sehr vielmehr auch der sog. »Mann auf der Straße« daran Anteil genommen hat – wenn auch nicht immer zum Besten der Sache, um die es ging! –, lehrt z.B. folgende indignierte Äußerung Gregors von Nyssa in seiner Rede De deitate filii et spiritus sancti, gehalten vor den Teilnehmern eines auf kaiserliche Einladung anberaumten »Religionsgespräches« zu Konstantinopel im Juni 383 (s. unten Nr. 84). Gregor erinnert darin u.a. an das Auftreten des Apostels Paulus in Athen (Apg. 17,16 ff.) und bemerkt dazu:

Wozu erwähnte ich jene [biblische] Lektion? Weil es auch heutzutage noch Leute gibt, jenen Athenern gleich, die »für nichts anderes Zeit« haben »als etwas recht Neues zu reden oder zu hören« (Apg. 17,21); erst gestern oder vorgestern aus banausischem Gewerbe emporgestiegen und ohne jede rechte Vorbildung, tragen sie mit dem Anspruch auf Letztgültigkeit theologische Lehren vor, ja, womöglich sind es gar Hausdiener, solche, denen die Peitsche gebührt, und aus Sklavendiensten Entlaufene, die vor uns feierlich über Unaussprechliches philosophieren! Ihr wißt genau, wen meine Rede hierbei im Auge hat. Denn sämtliche Gegenden der Stadt sind voll von derartigen Leuten: die engen Gassen ebenso wie die Märkte,

Plätze und Wegkreuzungen; voll von denen, die mit Textilien hökern, an Wechseltischen stehen, uns Lebensmittel verkaufen. Fragst du, wieviel Obolen es macht, so philosophiert dir dein Gegenüber etwas von »Gezeugt« und »Ungezeugt« vor. Suchst du den Preis eines Stückes Brot in Erfahrung zu bringen, so erhältst du zur Antwort: »Größer ist der Vater, und der Sohn steht unter ihm.« Lautet deine Frage: »Ist das Bad schon fertig?«, so definiert man dir, daß der Sohn sein Sein aus dem Nichts habe . . .

Quelle: MPG 46, 557.

84. Das Häretikergesetz Theodosius' I. vom 25. Juli 383 (Cod. Theod. 16,5,11)

Als trotz aller Konzilsbeschlüsse und kaiserlichen Verfügungen der erhoffte Kirchenfriede nicht einkehren wollte, veranstaltete Theodosius im Juni 383 in Konstantinopel ein »Religionsgespräch«, zu dem außer Nizänern auch die Häretiker eingeladen waren[1]. Nach seinem Scheitern erließ er gegen sämtliche nichtkatholischen Glaubensgemeinschaften ein generelles Versammlungsverbot.

Allen denen, die der Irrtum der verschiedenen Häresien plagt, d.h. den Eunomianern, Arianern, Makedonianern, Pneumatomachen[2], Manichäern, Enkratiten, Apotaktiten, Sakkophoren und Hydroparastaten[3], ist es generell untersagt, sich in welchen Kreisen auch immer zu versammeln . . . und, öffentlich oder privat, in einer Weise zu betätigen, welche der katholischen Frömmigkeit schaden könnte. Wenn es aber jemanden geben sollte, der sich über so augenscheinliche Verbote hinwegsetzt, dann ist es allen, die an der Pflege und Schönheit des rechten Gottesdienstes Freude finden (quos rectae observantiae cultus et pulchritudo delectat), gestattet, [einen solchen Gesetzesübertreter] aufgrund [entsprechender] Übereinkunft aller Gut[gesinnt]en zu vertreiben[4].

Quelle: Th. Mommsen a.o. [Nr. 52] a.O. – *Literatur:* S. oben Nr. 80 (W. Enßlin, N.Q. King, A. Lippold).
1.   Vgl. Sokrates, Kirchengeschichte 5,10,6 ff.; Sozomenus, Kirchengeschichte 7,12,1 ff.
2.   Vgl. die Häresienliste des Kanons 1 von Konstantinopel (oben Nr. 81b).
3.   Wie schon in einem Mandat vom 8.5.381 (Cod. Theod. 16,5,7), welches die Testierfähigkeit für Manichäer beschränkte, gelten auch hier die Ketzernamen der Enkratiten (von ἐγκράτεια [›Enthaltung‹]), Apotaktiten (von ἀπόταξις[›Verzicht‹]), Sakkophoren (»Sackträger«) und Hydroparastaten (»die [bei der Eucharistie Wein] durch Wasser Ersetzenden«) – alles Hinweise auf die Grundanschauung dieser Sekten von der strengen Askese als Merkmal der wahren Kirche – wohl nur als verschiedene Bezeichnungen für ein und dieselbe Irrlehre: die manichäische, die längst auch von der kaiserlichen Ketzergesetzgebung als christliche Häresie betrachtet und seit den 70er Jahren mit besonderer Strenge verfolgt wurde.
4.   Der Codex Theodosianus führt in Buch 16, Kap. 5 (»Über die Häretiker«) noch 13 weitere Erlasse Theodosius' I. gegen Häretiker auf – insgesamt sind es 66, davon 61 aus der Zeit zwischen dem 3.8.379 und dem 30.8.435 und 18 aus der Regierungszeit Theodosius' I. –, woraus wohl auch Rückschlüsse auf die Wirksamkeit solcher Erlasse gezogen werden dürfen!

85. Der Abendhymnus des Ambrosius von Mailand

Einer der einflußreichsten und vielseitigsten Kirchenmänner der theodosianischen Reichskirche war
der aus römischem Beamtenadel stammende und vor seiner überraschenden Wahl zum Bischof der Residenzstadt Mailand (374) in höherem Verwaltungsdienst tätige Ambrosius (333/34–397). Für Augustin, dem die Begegnung mit diesem imposanten Mann von wesentlicher Bedeutung wurde für seine
Bekehrung zum katholischen Christentum, war das Eindrucksvollste außer der von ihm geradezu als
Erlösung empfundenen allegorischen Schriftauslegung, wie sie Ambrosius seiner ausgedehnten Lektüre griechischer Theologen (Philon, Origenes, Basilius) entnahm und – als etwas damals im Abendland noch Ungewohntes – seinen Predigten zugrundelegte, der von Ambrosius in Mailand eingeführte
wechselchörige Psalmgesang der Ostkirche und seine eigene feinfühlige Hymnendichtung (vgl. Augustins »Bekenntnisse«, 6,3–5; 9,6.12), für die der Abendhymnus wohl das berühmteste Beispiel darstellt.

Deus creator omnium	O Gott, du Schöpfer aller Welt,
polique rector, vestiens	Des Himmels Lenker, der den Tag
diem decoro lumine	Mit hellem Strahlenkleide schmückt,
noctem soporis gratia	Mit gnädgem Schlummer deckt die Nacht,
artus solutos ut quies	Daß Ruhen den erschlafften Geist
reddat laboris usui	Zum Dienst der Arbeit kräftig macht,
mentesque fessas allevet	Den müden Seelen Lindrung schafft,
luctusque solvat anxios,	Die Ängste der Versuchung löst,
grates peracto iam die	Dank, da der Tag vollendet ist,
et noctis exortu preces,	Und beim Beginn der Nacht Gebet
voti reos ut adiuves,	Um Hilfe bei gelobter Schuld
hymnum canentes solvimus.	Steigt auf zu dir im Hymnensang.
te cordis ima concinant,	Dich preist des Herzens tiefster Grund,
te vox canora concrepet,	Dich tönt der Stimme vollster Klang,
te diligat castus amor,	Dich schließt die keusche Liebe ein,
te mens adoret sobria,	Dich betet an der klare Geist,
ut cum profunda clauserit	Daß, wenn die tiefste Finsternis
diem caligo noctium,	Der Nächte ganz den Tag umschließt,
fides tenebras nesciat	Der Glaube nichts vom Düster weiß
et nox fide reluceat.	Und Nacht durch Glauben wird erhellt,
dormire mentem ne sinas,	Daß du nicht schlafen läßt den Geist,
dormire culpa noverit,	Doch schlafen lernt die schwere Schuld,
castis fides refrigerans	Der Glaube, keuscher Herzen Eis,
somni vaporem temperet.	Den schwülen Dunst des Schlafes kühlt,
exuta sensu lubrico	Daß dich von trüben Brünsten frei
te cordis alta somnient	Im Traum die innern Augen sehn,
nec hostis invidi dolo	Und nicht die Angst die Schlummernden
pavor quietos suscitet.	Durch List des bösen Neiders stört.
Christum rogamus et patrem,	Zum Sohn, zum Vater flehen wir
Christi patrisque spiritum,	In Christi und des Vaters Geist:
unum potens per omnia:	Eins mächtig über alles sei
fove precantes, trinitas.	Den Betern hold, Dreieinigkeit!

Quelle: W. Bulst, Hymni latini antiquissimi LXXV. Psalmi III, 1956. – *Literatur:* E. Daßmann, Die Frömmigkeit des Kirchenvaters Ambrosius von Mailand, 1965.

86. Ambrosius und die Etablierung der Reichskirche

Am nachhaltigsten aber hat sich Ambrosius dem Gedächtnis der Geschichte als Vorkämpfer dessen eingeprägt, was unter dem Eindruck des Kirchenkampfes im 3. Reich gern als »abendländische Kirchenfreiheit« bezeichnet und gepriesen wurde. Mit diesem – ins Mittelalter vorausweisenden – Eintreten für eine scharfe Unterscheidung der »weltlichen« und der »geistlichen Gewalt« nach dem Grundsatz, daß der Kaiser nicht Herr, sondern »Sohn der Kirche« (filius ecclesiae) sei, ging jedoch Hand in Hand die Befürwortung einer Zwangspolitik gegenüber Anders- und »Ungläubigen«, die, obschon im Ausmaß kaum vergleichbar, in ihrer Begründung den Argumenten der Christenverfolger aus vorkonstantinischer Zeit bedenklich glich und jedenfalls ganz »römisch« empfunden war.

a) Aus der Bittschrift des Symmachus um Wiederaufstellung des Victoria-Altars (3,3–10)

Im Jahre 382 hatte Kaiser Gratian – hinter dem, wie immer, Ambrosius stand – den Altar der Siegesgöttin Victoria inmitten der curia Iulia, des Sitzungssaals des Senats, Symbol der christenfeindlichen Haltung dieser dem Rang nach höchsten Körperschaft des Reiches, entfernen lassen; dasselbe war schon einmal unter Constantius II. geschehen, doch hatte Julian umgehend für die Wiederherstellung gesorgt. Eine Gesandtschaft der heidnischen Senatspartei unter Führung des gefeierten Redners Symmachus (ca. 345–402), die um Rückgängigmachung dieser Maßnahme bitten sollte, war damals auf Betreiben des Ambrosius nicht vorgelassen worden. Nach dem Tode Gratians (384) aber machte man einen erneuten Vorstoß bei Valentinian II., dem Symmachus, derzeit römischer Stadtpräfekt, die hier in Auszügen wiedergebene Relatio einreichte.

(3) Wir bitten um die Wiederherstellung jenes religiösen Zustandes (religionum status), unter dem die Republik sich so lange auf das glücklichste entwickelt hat . . . Wer meint es so gut mit den Barbaren [ist so bar aller Kultur], daß er nicht den Altar der Siegesgöttin vermißte? . . . Euer ewiges Regiment verdankt viel der Göttin Victoria und wird ihr noch mehr verdanken. Überlaßt es denen, diese Macht zu verabscheuen, die niemals deren Hilfe erfahren haben. Ihr aber solltet auf einen Schutz nicht verzichten, der Eure Triumphe begünstigt . . . (4) Gestattet uns, so beschwöre ich Euch, daß wir in unserem Alter den Nachkommen übermitteln, was wir selbst empfangen haben, als wir noch Knaben waren. Groß ist die Liebe zum Herkommen (Consuetudinis amor magnus est). Verdientermaßen war die Tat des göttlichen Constantius [sc. die Entfernung des Victoriaaltars] nur von kurzer Dauer. Und Ihr solltet vermeiden, Euch an solchen Vorbildern zu orientieren, die, wie Ihr wißt, von so kurzer Dauer waren. Wir sind ängstlich bedacht auf die Dauer Eures Namens und Ruhmes, und daß ein künftiges Zeitalter nichts zu bessern finden möge.

Wenn der Altar entfernt bleibt, so fällt auch die Sanktion der dort abgenommenen Eide dahin. Obwohl der Altar durch Constantius entfernt wurde, sollten eher andere Beispiele dieses Herrschers zum Vorbild genommen werden (5–6).

(7) Möge Euer ewiges Regiment den anderen Taten desselben Kaisers Aufmerksamkeit schenken, die es eher verdienen, von Euch nachgeahmt zu werden! Er ließ die Privilegien der geweihten Jungfrauen [sc. der Vestalinnen] uneingeschränkt

bestehen, wies die priesterlichen Ämter Männern von edler Abkunft zu, war einverstanden mit der Übernahme der Kosten für die römischen Zeremonien, und, hinter dem freudig bewegten Senat durch all die Straßen der ewigen Stadt einherziehend, betrachtete er gnädigen Auges die Tempel; und als er die an den Postamenten angebrachten Götternamen las, erkundigte er sich nach dem Ursprung der heiligen Gebäude und bewunderte ihre Begründer. Obwohl er sich selbst zu einer anderen Religion bekannte, hat er diese [sc. die unsrige] dem Reich erhalten. (8) Denn jedermann hat seine eigene Sitte, jeder seinen eigenen Ritus. Der göttliche Geist (divina mens) hat den Städten verschiedene Kulte zugeteilt, um sie zu beschützen. Wie jeder Mensch mit seiner Geburt eine Seele empfängt, so empfingen Nationen einen Genius, der über ihrem Geschick wacht. Dazu kommt die Nützlichkeit (utilitas), die hinsichtlich der Götter des Menschen glaubwürdigster Zeuge ist (quae maxime homini deos adserit). Da nämlich unser Verstand im Dunkeln tappt, wie könnten wir bessere Kenntnis von den Göttern besitzen als durch Erinnerung [an ihren Beistand] und sichtbare Erfolge? Und wenn eine lange Reihe von Jahren eine Religion bestätigen, dann sollten wir so vielen Jahrhunderten die Treue bewahren und unseren Eltern Folge leisten, so, wie diese mit Erfolg ihren Altvorderen folgten. (9) Laßt uns einmal annehmen, Rom selbst wende sich an Euch mit folgenden Worten: »Vortreffliche Kaiser, Väter Eures Landes, achtet die Jahre, zu denen mich fromme Riten haben gelangen lassen. Laßt mich leben nach meiner eigenen Weise, denn ich bin frei. Dieser Kult machte die Welt meinen Gesetzen untertan . . . Bin ich dafür aufbewahrt worden, um in meinem Alter getadelt zu werden? (10) Ich bin durchaus nicht unwillens zu bedenken, wie wertvoll das sei, was man einführen zu müssen wähnt; und doch: verspätet und schimpflich ist es, etwas im Alter noch umzumodeln.« Wir bitten daher darum, den »Göttern unseres Landes« und den »Heroen unserer Scholle« [Vergil] eine Frist zu gewähren. Das, was alle verehren, sollte billigerweise als eines angesehen werden. Wir schauen dieselben Sterne an, der Himmel ist uns allen gemein, dieselbe Welt umgibt uns. Was verschlägt es, auf welchem Wege ein jeder von uns nach der Wahrheit sucht? Wir können unmöglich auf einem und demselben Wege einem solch großen Geheimnis auf die Spur kommen . . .

b) Der Einspruch des Ambrosius (Brief 17,1.12–14)

(1) . . . Anders kann die Wohlfahrt [des Staates] nicht gesichert werden als so, daß ein jeder den wahren Gott, d.h. den Gott der Christen, von dem alle Dinge gelenkt werden, aufrichtig verehrt; denn er ist allein der wahre Gott, dem man im innersten Herzen Ehrfurcht zollen muß (Aliter enim salus tuta esse non poterit, nisi unusquisque Deum verum . . . veraciter colat; ipse enim solus verus est Deus, qui intima mente veneretur). (12) . . . Nichts ist mithin wichtiger als die Religion, nichts erhabener als der Glaube (Nihil maius est religione, nihil sublimius fide). (13) Wäre dies eine zivilrechtliche Affäre, so würde das Recht auf Erwiderung der Gegenseite vorbehalten sein. Nun aber handelt es sich um eine Religionsangelegenheit; und ich appelliere an dich als Bischof . . . Sollte irgend etwas in gegenteiligem Sinne entschieden werden, so könnten wir Bischöfe das natürlich nicht mit Gleichmut hinnehmen und dazu schweigen. Du magst dann in jede beliebige Kirche gehen, doch wirst du dort entweder keinen Priester antreffen oder aber einen solchen, der entschlossen ist, dir zu widerstehen. (14) Was willst du auch dem Priester antworten, wenn er dir sagt: »Die Kirche Gottes verlangt nicht nach deinen Gaben, weil du auch die heidnischen Tempel mit Gaben bedacht hast; der Al-

tar Christi weist deine Gaben zurück, weil du Idolen Altäre errichtet . . . Der Herr
Jesus weist deinen Dienst zurück, weil du Idolen gedient; hat er doch . . . gesagt:
›Ihr könnt nicht zwei Herren dienen . . .‹?« . . . Mit dem Irrtum eines anderen
können wir nichts gemein haben (Alieni erroris societatem suscipere non possu-
mus)!

c) Ambrosius und der Synagogenbrand von Callinicum (Brief 40,6.10)

Hauptsächlich wohl als verspätete Reaktion auf die Begünstigung des Judentums durch Julian kam es
unter der Regentschaft des Theodosius auch zu verschiedenen Ausbrüchen von Judenfeindschaft, wie
etwa in Callinicum im äußersten Osten des Reiches. Dort hatte der Ortsbischof einen Tumult erregt
und die Synagoge durch Mönchshorden in Brand setzen lassen. In höchster Erregung gelobte Theodosius, den Landfriedensbruch gebührend zu strafen, und verfügte den Wiederaufbau auf Kosten der Kirche von Callinicum. Ambrosius aber legte auch hier Protest ein:

(6) Der Comes Orientis berichtete vom Brand einer Synagoge auf die Anstiftung
des Ortsbischofs hin. Du hast angeordnet, daß die andern bestraft werden sollten
und der Bischof persönlich für die Wiederherstellung der Synagoge Sorge zu tragen habe. Ich bestehe nicht darauf, daß der Bericht des betroffenen Bischofs hätte
abgewartet werden sollen. Sind es doch die Bischöfe, die aufgebrachte Massen in
Schach halten und um den Frieden besorgt sind, es sei denn, sie würden selbst ge-
reizt durch eine Gotteslästerung oder einen der Kirche angetanen Schimpf . . .
(10) Soll [aber allen Ernstes] dem Unglauben der Juden ein Platz geschaffen werden auf Kosten der Kirche . . .? Soll das dank der Gnade Christi für Christen er-
worbene Erbe den Schatz der Ungläubigen vermehren . . .? Sollen die Juden diese
Inschrift an der Stirnseite ihrer Synagoge anbringen: »Der Tempel der Ungerechtigkeit, errichtet aus der den Christen abgenommenen Beute?«

d) Aus der Rede des heidnischen Rhetors Libanius »Zu Gunsten der Tempel« (Rede 30,8 f. 55)

Wenn sich das heidnisch-christliche Verhältnis unter Theodosius zunehmend zuspitzte, so war das
freilich z.T. auch die Folge selbstherrlicher Aktionen untergeordneter Instanzen wie des Prätorianerpräfekten Cynegius, mit dessen Billigung es u.a. zur Zerstörung der Tempel von Edessa und Apamea
sowie des Serapeion in Alexandrien, aber auch zur Verwüstung von Landheiligtümern durch Mönchshorden kam, über die sich Libanius in seiner um 390 verfaßten Schutzrede Pro templis beschwerte:

(8) Du [Theodosius] hast nicht die Schließung der Tempel angeordnet oder ihren
Besuch untersagt, noch hast du von Tempeln und Altären das Feuer, das
Weihrauchopfer . . . entfernt; vielmehr waren es die Schwarzröcke (μελανειμο-
νοῦντες) . . . (9) Diese Art von Gewalttat geschieht sogar in den Städten; noch
schlimmer aber treibt man es auf dem Lande . . .

L. beschreibt mit bewegten Worten die systematische Zerstörung ländlicher Götterschreine. Ein Ge-
höft aber, das seines Schutzschreines beraubt worden ist, der in Wahrheit seine Seele war, liegt da wie
ein geblendeter Leichnam.

(55) Wenn du, mein Fürst, den Tempelfrevel gutheißt und gestattest, dann müssen wir's tragen, mit Kummer zwar, doch so, daß du siehst, wir können gehorchen. Wenn aber jene Menschen [sc. die mönchischen »Schwarzröcke«] ohne
deine Billigung erstürmen werden, was ihnen bisher noch entgangen oder inzwischen in Eile wieder hergerichtet worden ist, dann wisse, daß die Landeigentümer
sich selbst und das Gesetz zu verteidigen wissen werden[1].

e) Ambrosius fordert den Kaiser zur Kirchenbuße auf (Brief 51,6 f. 11–13. 17)

Aus Empörung über die Einquartierung kaiserlicher Truppen hatte im Jahre 390 die Bevölkerung der makedonischen Hauptstadt Thessalonich den dortigen Stadtkommandanten umgebracht. Trotz aller Beruhigungsversuche des Ambrosius ließ sich Theodosius zu einem Racheakt hinreißen, den er zu spät bereute: auf seinen Befehl hin wurden mehrere Tausend ahnungsloser Bürger Thessalonichs in den Zirkus gelockt und dort samt und sonders von Soldaten niedergemacht.

(6) Nun ist sie also geschehen, die Schandtat von Thessalonich! Seit Menschenge-denken ist derartiges nicht vorgekommen, und ich konnte nur hilflos zuse-hen . . .: Hier ist Buße (reconciliatio) vor unserem Gott vonnöten! (7) Oder schämst du dich, Kaiser, zu tun, was David, der König und Prophet, Stammvater unseres Herrn dem Fleische nach, getan . . . [2. Sam. 12]? (11) Dies schreibe ich nicht, um dich zu beschämen . . . [Aber] Sünde wird nicht anders von uns ge-nommen, denn durch Tränen und Reue . . . (12) So rate, bitte, mahne, warne ich. Schmerzt es mich doch, dich, der du bisher ein Vorbild nie gekannter Frömmigkeit warst, . . . nun ohne Reue über die Ermordung so vieler Unschuldiger zu se-hen . . . Füge nicht deiner Sünde eine zweite hinzu, indem du dich auf dein »Recht« versteifst (ut usurpes) . . . (13) Gewiß, in allem übrigen bin ich dein Schuldner und kann dir gegenüber nicht undankbar sein . . . Ich wage aber nicht, das [Meß-]Opfer darzubringen, wenn du daran teilzunehmen beabsichtigst. Denn was schon unstatthaft wäre nach dem Mord an einem einzigen Unschuldigen, sollte das statthaft sein nach der Ermordung Tausender? . . . (17) . . . Wenn du glaubst, so folge mir . . . Glaubst du aber nicht, so verzeih mir, was ich tue – ich aber muß Gott [vor dem Kaiser] den Vorzug geben . . .[2]

Quellen: J. Wytzes, Der Streit um den Altar der Viktoria. Die Texte der betreffenden Schriften des Symmachus und Ambrosius mit Einl., Übers.u.Komm., Amsterdam 1936; MPL 16, Sp. 875 ff. (Brie-fe); R. Foerster, Libanii Opera, III, BT, 1906. – *Literatur:* H. von Campenhausen, Ambrosius von Mailand als Kirchenpolitiker, 1929; J.-R. Palanque, Saint Ambroise et l'empire Romain, Paris 1933; F.H. Dudden, The Life and Times of St. Ambrose, 2 Bde., Oxford 1935; R. Klein, Symmachus. Eine tragische Gestalt des ausgehenden Heidentums, 1971 (m.weit.Lit.).

1.   Eine Reaktion auf diese Schutzrede mag es gewesen sein, wenn Theodosius, der nach dem Tode des Cynegius den Heiden Flavius Tatianus als dessen Nachfolger im Amt des Prätorianerpräfekten im Osten einsetzte und ihm später sogar, zusammen mit dem prominentesten Repräsentanten des stadt-römischen Heidentums, Symmachus, das Konsulat für das Jahr 391 übertrug, durch ein Gesetz vom 2.9.390 (Cod. Theod. 16,3,1) den Mönchen den Aufenthalt in bewohnten Gegenden untersagte und ihnen deserta loca und vastae solitudines als Aufenthaltsort anwies.

2.   Ende 390 lenkte Theodosius tatsächlich ein und erschien mindestens einmal, ohne alle kaiserlichen Insignien, als Büßer in der Mailänder Kirche des Ambroisus, um dort, wie es die Sitte verlangte, vor versammelter Gemeinde seine Schuld zu bekennen.

87. Zur Rechtsstellung der Nichtchristen im theodosiani-schen Zeitalter

a) Verbot öffentlicher Kultbetätigung im Sinne des Heidentums (Cod. Theod. 16,10,10 [24.2.391])

Niemand beflecke sich durch Opfer, niemand schlachte ein unschuldiges Opfer-tier, niemand nähere sich den Opferschreinen, durchwandere die Tempel oder erzeige den durch die Bemühung eines Sterblichen geschaffenen Götterbildern seine Bewunderung, um sich nicht göttliche und menschliche Sanktionen zuzuziehen. Richter sollen ebenfalls an diese Norm gebunden sein: wenn einer von ihnen, heidnischem Ritus ergeben, irgendwo unterwegs oder in der Stadt [Rom] einen Tempel betreten sollte, um dort Gebete zu verrichten, so soll er gehalten sein, sofort eine Zahlung von 15 Pfund Goldes zu entrichten; desgleichen hat ihr Amtspersonal ebenso umgehend eine Strafe in gleicher Höhe zu zahlen, es sei denn, man widersetzte sich dem [betreffenden] Richter und zeigte ihn sofort unter öffentlicher Eidesleistung an . . .

b) Die »Sekte der Juden« – »durch kein Gesetz verboten« (ebenda 16,8,9 [29.9.393])
Daß die Sekte (secta) der Juden durch kein Gesetz verboten sei, steht hinlänglich fest (satis constat). Darum hat es uns aufs heftigste erregt, daß ihre Zusammenkünfte an einigen Orten untersagt worden sind. Deine erhabene Größe[1] wird also, nachdem du diese Weisung entgegengenommen, dafür Sorge tragen, daß der Übermut jener Leute, die unter dem Namen der christlichen Religion sich Unerlaubtes herausnehmen und Synagogen zu zerstören und zu plündern wagen, durch angemessene Strenge in Schach gehalten werde.

c) Keine Gewaltanwendung gegen Nichtchristen selbst! (ebenda 16,10,24 [8.6.423])
Die Manichäer sowie diejenigen, die man Pepyziten[2] nennt, aber auch die, die schlimmer als alle Häretiker in dem einen Punkte sind, daß sie gegenüber allen anderen eine abweichende Auffassung hinsichtlich des ehrwürdigen Tages der Ostern vertreten[3], belegen wir mit ein und derselben Strafe: Einziehung der Güter und Verbannung, sofern sie an dem besagten Wahnsinn festhalten. Denen aber, die in Wahrheit Christen sind oder von denen es heißt, sie seien es, erlegen wir besonders auf, daß sie die Geltung der [wahren] Religion nicht mißbrauchen (religionis auctoritate [non] abusi) und es nicht wagen, an Juden oder Heiden Hand anzulegen, sofern diese in Ruhe ihr Leben zubringen und nichts tun, was Unruhe stiftete oder den Gesetzen zuwiderliefe. Falls sie aber an harmlosen Bürgern sich vergriffen und deren Güter an sich gebracht haben sollten, so müssen sie gezwungen werden, nicht einfach Schadensersatz zu leisten; vielmehr sollen sie dazu verurteilt werden, dreifach oder vierfach zu ersetzen, was sie geraubt haben. Auch sollen die Provinzstatthalter, ihre Beamten und die Provinzbewohner wissen, daß sie, falls sie ein derartiges Verbrechen geschehen lassen, in der gleichen Weise bestraft werden wie die, die das Verbrechen begingen.

d) Ausschluß der Heiden vom Kriegs- und höheren Verwaltungsdienst (ebenda 16,10,21 [7.12.416])
Alle, die sich mit dem unheiligen Irrtum oder Verbrechen des heidnischen Kultus beflecken, d.h. die Heiden, sollen weder zum Kriegsdienst zugelassen noch durch die Ehrenstellung eines Beamten oder Richters ausgezeichnet werden.

Quellen: Th. Mommsen a.o. [Nr. 52] a.O. – *Literatur:* J. Geffcken, Der Ausgang des griechisch-römischen Heidentums, 2. Aufl. 1929, S. 178 ff.; P.R. Coleman – Norton a.o. [Nr. 52] a.O., II, 1966.
1. Adressat ist der »Kommandant sowohl der Kavallerie wie der Infanterie im gesamten Orient« (magister utriusque militiae per Orientem) Addeus.
2. Gemeint sind die Montanisten (s. oben Nr. 18c).
3. Gemeint sind die bereits in Nizäa als »Judaisten« exkommunizierten Quartadezimaner (vgl. dazu oben Nr. 56a).

88. Johannes Chrysostomus

Einem ganz anderen Typus eines reichskatholischen Bischofs als beispielsweise bei Ambrosius begegnet man bei seinem Zeitgenossen Johannes Chrysostomus (ca. 347–407). Nach Studien der Philosophie und der Rhetorik (u. a. bei Libanius) legte er in einem Asketenzirkel um Diodor, den späteren Bischof von Tarsus und das eigentliche Haupt der antiochenischen Exegetenschule, die Grundlagen seiner späteren Wirksamkeit. 388–397 Presbyter und rechte Hand des Bischofs in seiner Vaterstadt Antiochien, erzielte er als Kanzelredner eine Wirkung, die ihm bei der Nachwelt den Beinamen Chr. (›Goldmund‹) und ein nie mehr erlöschendes Ansehen eintragen sollte. Sie verschaffte ihm auch die von ihm nicht erstrebte Bischofswürde in der Reichshauptstadt Konstantinopel, wo sich freilich der undiplomatische Mann den zuerst in Hofkreisen sich regenden Widerständen gegen den kompromißlosen Reformgeist seines Regimes und den Intrigen einiger Amtskollegen, an der Spitze der skrupellose Theophilos von Alexandrien, auf die Dauer nicht gewachsen zeigte. 404 endgültig vertrieben, starb er auf dem Transport zu seinem letzten Verbannungsort an den Folgen der Schikanen seiner Bewacher. – Seine zahlreichen erhaltenen Werke – zumeist Nachschriften von Gelegenheitsreden und Predigtzyklen über fast alle biblischen Bücher, aber auch Abhandlungen wie die vielgelesenen sechs Bücher »Über das Priestertum« – erweisen Chrysostomus als Klassiker der spätantiken Rhetorik, als einen bemerkenswerten Exegeten, der gerade auch den Apostel Paulus verstanden hat wie kaum ein anderer griechischer Kirchenvater, und endlich als einen Kirchenmann mit unbestechlichem Blick auch für die sozialen Schäden seiner Zeit.

a) Das kirchliche Amt und seine Erfordernisse (Über das Priestertum 3,4.7; Über den 1. Korintherbrief, Homilie 8; Über das Priestertum 4,3f.)

In seiner Reformschrift De sacerdotio geht es Chrysostomus um das Problem, wie es in einer Lage, in der sich die Folgen der »Konstantinischen Wende« auch für das kirchliche Amt immer spürbarer machten, sofern sich viele zu ihm drängten, seit es darin Macht und Ansehen zu gewinnen gab, gelingen könnte, »Unwürdige« fernzuhalten. Die beiden folgenden Auszüge nennen die entscheidenden Eignungskriterien und bezeugen überdies eine Sakramentsfrömmigkeit, die nicht nur für Chrysostomus, sondern auch für die zeitgenössische antiochenische und später für die östliche Theologie überhaupt charakteristisch ist: die der ehrfurchtsvollen Scheu vor dem eucharistischen Mysterium, dem infolge seiner Verbindung mit der Gottheit »schauervollen«, »furchteinflößenden« Leib des Herrn.

(Üb.d.Pr. 3,4,175) Das Priesteramt wird zwar auf Erden ausgeübt, besitzt aber den Rang (τάξις) himmlischer Einrichtungen . . . Hat doch . . . der Paraklet selbst dieses Amt gestiftet und Menschen, die noch im Fleische leben, bewogen, den Dienst von Engeln zu versehen. Darum muß der zum Priester Geweihte (ἱερώμενος) so rein sein, wie wenn er im Himmel selbst, inmitten der Engelmächte, stünde. (176) . . . (177) Denn wenn du den Herrn geopfert daliegen siehst und den [bischöflichen] Zelebranten (ἀρχιερεύς) vor dem Opfer (θῦμα) dastehen und beten und alle [Kommunizierenden] mit Seinem kostbaren Blut gerötet werden, glaubst du da noch, unter Menschen zu sein und auf Erden zu weilen? Fühlst du dich da nicht vielmehr geradewegs in den Himmel entrückt . . .? . . . Der mit dem Vater in der Höhe thront, wird in jener Stunde [des eucharistischen Opfers] von den Händen aller gefaßt und gibt sich selbst denen dar, die ihn umfassen und umfangen wollen.

(3,7,200) Niemand hat Christus inniger geliebt als Paulus; niemand hat größeren Eifer gezeigt als er, niemand ist reicherer Gnade gewürdigt worden. Und doch ist er, ungeachtet solch gewaltiger Vorzüge, voll Zittern und Zagen im Blick auf seine Führerstellung (ἀρχή) wie auf die von ihm Geführten . . . [vgl. 2. Kor. 11,3; 1. Kor. 2,4] . . . (204) . . . »Ich habe darum gebeten«, erklärte er [auch], »als ein Verfluchter selber fern von Christus zu sein zum Besten meiner Brüder, meiner Verwandten dem Fleische nach« [Röm. 9,3]. Vermag jemand, dies Wort nachzusprechen, und kann er im innersten Herzen so beten, so machte er sich schuldig, wenn er [dem Amte] auswiche . . .

Daß es freilich verheerende Folgen hätte, würde die Vollmacht des Priesters von seiner persönlichen »Heiligkeit« und »Würdigkeit« abhängig gemacht, hat Chrysostomus selbst gesehen und darum in späteren Predigten z.B. versichern können:

(Üb.d.1.Kor.brief,Hom.8,1) . . . Auch durch Bileam wirkte Gott [vgl. Num. 22–24], wie er auch dem Pharao und Nebukadnezar eine Offenbarung zuteil werden ließ; und auch Kaiphas weissagte, obwohl er nicht wußte, was er sagte. Endlich haben auch manch andere, die es nicht mit Jesus hielten, Dämonen ausgetrieben in seinem Namen. Denn weil solches nicht um derentwillen, die es wirken, sondern um der anderen willen geschieht, darum ist dergleichen oft auch durch Unwürdige geschehen. Was wundert's dich auch . . .? Sagt doch Paulus: »Alles ist euer, es sei Paulus, Apollos, Kephas, . . . Leben oder Tod« [1. Kor. 3,21f.]; und ein andermal: »Er selbst bestellte einige zu Aposteln, andere zu Propheten, andere zu Hirten und Lehrern, damit die Heiligen zugerüstet würden zum Werk des Dienstes« [Eph. 4,11 f.]. Denn wenn es nicht so wäre, dann hätte nichts es verhindert, daß alle [längst] zugrunde gegangen wären! Weder gäbe es die Taufe, noch den Leib Christi, noch geschähen durch jene [sc. die Priester] die Opferdarbringungen, wenn die Gnade allenthalben die Würdigkeit (ἀξία) voraussetzte . . . Ich sage dies, damit niemand unter den Anwesenden argwöhnisch den Lebenswandel des Priesters unter die Lupe nehme [und dann in seinem Glauben an die Heilswirksamkeit der Sakramente Schiffbruch erleide]. Denn der Mensch trägt nichts bei zu dem, was hier geschieht; sondern das Ganze ist das Werk der Macht Gottes, und *er* ist es, der euch in die Geheimnisse einweiht (μυσταγωγῶν) . . .

Worin – trotz aller Hochschätzung der kultischen Funktion – für Chrysostomus die wesentliche und sinngebende Aufgabe des kirchlichen Amtes besteht, mögen schließlich folgende Zitate aus seiner Reformschrift verdeutlichen:

(Üb.d.Pr.4,3,394) . . . Nichts ist wichtiger als die Belehrung durch das Wort (ἡ διὰ τοῦ λόγου διδασκαλία) . . . Wo dieses fehlt, da fällt auch alles übrige dahin . . .
(Ebd. 4,4,399) So gilt es denn großen Fleiß darein zu setzen, daß das Wort Christi reichlich unter uns wohne . . . [vgl. Kol. 3,16].

b) Mönchtum und Kirche (Homilien über das Buch Genesis, 43,1; Über das Priestertum 6,5.10; Homilien über den 1. Korintherbrief, 25,3)
(Gen.-Hom. 43,1) . . . Wo sind nun, die da behaupten, es . . . bedürfe des Rückzuges aus der Welt (ἀναχώρησις) [wenn anders man an einem tugendhaften Wandel festhalten wolle], während es für den, der einem Haus vorstehe, ein Weib habe und sich um Kinder und Gesinde kümmern müsse, unmöglich sei, tugendhaft zu sein. Sollen sie sich doch diesen Gerechten [sc. Lot: Gen. 19,1ff.] vor Augen halten, wie er samt Weib, Kindern und Gesinde inmitten einer Stadt lebt, sich unter einer Menge böser und gesetzwidrig lebender Menschen aufhält und wie ein Lichtfunke inmitten eines Meeres leuchtet . . . und doch nicht verlischt . . . Ich sage das nicht, als wollte ich den Rückzug aus der Welt unterbinden und den Aufenthalt auf den Bergen und in den Wüsten untersagen; ich will nur deutlich machen, daß dem, der nüchtern und wachsam sein will, nichts von alledem [weder

Ehe noch tätiges Leben inmitten der Welt] ein [Tugend-]Hindernis bildet . . .
Darum wünschte ich auch, es möchten – diesem selig zu preisenden Manne [sc.
Lot] gleich – gerade die Tugendhaften inmitten der Städte leben, um dort für die
andern gleichsam zum Sauerteig zu werden . . .
(Üb.d.Pr.6,5,531) Gewaltig ist der Kampf, vielfältig die Mühsal der Mönche. Vergleicht man jedoch die Strapazen, die es sie kostet, mit der gewissenhaften Verwaltung des Priesteramtes, so wird man einen ebenso großen Unterschied feststellen,
wie er zwischen einem Privatmann und einem König besteht . . .
(Ebd. 6,10,572) . . . Ich vermag nicht zu glauben, daß derjenige gerettet werden
kann, der sich überhaupt nicht um das Heil des Nächsten kümmert. Hat es doch
jenem Bedauernswerten [vgl. Mt. 25, 24 ff.] gar nichts genützt, daß er sein Talent
nicht verminderte; sondern weil er es nicht vermehrte . . ., hat er es vollständig
eingebüßt.
(Hom.üb.1.Kor.,25,3) Dies ist der Maßstab (ϰανών) vollkommenen Christentums, dies dessen exakte Definition und höchste, durch nichts zu überbietende
Verwirklichung: zu suchen, was der Gemeinschaft nützt; was auch [Paulus] klar-
stellte, indem er der Mahnung: »Werdet meine Nachfolger!« hinzufügte: »so wie
ich Christi [Nachfolger bin]« [1. Kor. 11,1]. Denn nichts vermag uns so zu Nach-
ahmern Christi zu machen wie, wenn wir uns um den Nächsten kümmern. Wenn
du auch fastest, auf dem nackten Boden schläfst, [ja] dich [sogar] erwürgst, dich
aber um den Nächsten nicht sorgst, so hast du immer noch nichts Großes vollbracht, sondern befindest dich mit solchen [asketischen] Leistungen noch in weitem Abstand von diesem [Vor-]Bild . . .

c) Kritik an sozialen Mißständen und Pläne zu sozialen Reformen (Neun Reden über die
Genesis, R. 4.5; Homilien über den 1. Korintherbrief, 40,5; Über ein Wort des Propheten
David [Ps. 48,17] und über die Gastfreundschaft, 3; Homilien über den 1. Timotheusbrief,
12,4)
Thema des 4. Sermons über die Genesis (MPG 54,593–598) ist: »Daß die Sünde drei Arten von
Knechtschaft heraufgeführt hat . . .« Demnach gibt es nur eine einzige Form der Über- und Unterord-
nung, die nicht Sündenfolge, sondern in der Ordnung der »Natur« selbst begründet ist: die »Herrschaft« der Eltern über ihre Kinder. Grund: »Wie dich die Eltern geboren haben, so kannst du sie nicht
gebären!« Von den drei Knechtschaften ist auch in dem folgenden 5. Sermon (MPG 54,599–604) die
Rede. Es sind: die Unterjochung der Frau unter den Mann anstelle der ihr ursprünglich zugedachten
»Gehilfenschaft«, die Sklaverei und schließlich die Zwangsherrschaft des Staates (ὁ τῶν ἀρχόντων, ὁ
τῶν ἐξουσιῶν [δουλείας τρόπος]), die Chrysostomus, was ein bezeichnendes Licht auf seine Staats-
auffassung und -erfahrung wirft, als die drückendste und am meisten zu fürchtende Form der Knechtschaft empfindet. »Denn wo du auch hinblicken magst: überall kannst du geschliffene Schwerter,
Scharfrichter, Hinrichtungen, Folterungen, Bestrafungen . . . sehen.« Diese Sündenfolgen, so meint
der Prediger, sind zwar »in Christus« nicht einfach aufgehoben, wohl aber für den »Tugendhaften«
letztlich wesenlos geworden und durch die von Christus verheißenen Heilsgüter reichlich aufgewogen.
– Daß das aber kein »quietistisches« Sichabfinden mit den Gegebenheiten bedeutet und den Blick für
soziale Mißstände nicht trübt, lehrt folgende Textauswahl:

(Üb.d.1.Kor.br.,Hom.40,5) . . . Nicht, weil eine wirkliche Notwendigkeit dazu
bestünde, ist die Klasse (γένος) der Sklaven eingeführt worden . . .; vielmehr ist
dies als Strafe für die Sünde und als Züchtigung für den Ungehorsam über den
Menschen gekommen. Als aber Christus erschien, hat er auch dies aufgehoben
(ἔλυσεν). »Denn in Christus gibt es weder Sklaven noch Freie« [Gal. 3,28] . . .
Bist du [wirklich um das Wohl der Sklaven] besorgt, so wirst du keinen [mehr] zu
deiner eigenen Bedienung beschäftigen, sondern wirst sie käuflich erwerben, sie

ein Gewerbe erlernen lassen, so daß sie auf eigenen Füßen zu stehen vermögen [und nicht das Elendsheer der bettelnden Freigelassenen vergrößern], und sie dann freilassen . . .

(Üb.e.W.usw.,3) . . . Warum gebraucht ihr [Reichen] Gold und Silber in so protzerischer Weise? Weil dadurch euer Ansehen steigt, wollt ihr sagen? Habt ihr denn nicht den Anfang dieser Rede gehört, daß Reichtum nicht den »Glanz« eines Menschen ausmacht . . .? Diese prachtvollen Wohnpaläste sind unversöhnliche Ankläger, die noch, wenn der Besitzer längst tot ist, ihre anklagende Stimme erheben . . . Jeder Passant, der die Höhe und die weiten Ausmaße des Gebäudes sieht, wird sich oder seinem Nachbarn sagen: Wieviel Tränen hat der Bau dieses Hauses gekostet? Wieviele Waisen sind hier ausgeplündert worden? Wievielen Witwen ist hier Unrecht geschehen? Wieviele Arbeiter sind hier um ihren vollen Lohn geprellt worden? . . .

(Üb.d.1.Tim.br.,Hom.12,4) . . . Gott hat im Anfang nicht den einen reich, den anderen arm erschaffen, . . . sondern allen hat er dieselbe Erde zum Besitz übergeben. Wenn diese also Gemeingut aller ist, woher kommt es dann, daß du so und so viele Tagewerke davon besitzst, während dein Nächster auch nicht eine Scholle Landes sein eigen nennen kann? . . . Betrachte einmal den Haushalt (οἰκονομία) Gottes: Er hat manches zum Gemeingut gemacht, um das Menschengeschlecht damit zu beschämen, so z.B. Luft, Sonne, Wasser, Erde, Himmel, Meer, Licht, die Gestirne; das alles verteilt er gleichmäßig wie unter Brüder . . . Und sieh, wie es bei solchem Gemeingut keinerlei Hader gibt; sondern alles geht friedlich vonstatten. Sowie aber einer etwas an sich zu reißen und es zu seinem Eigentum zu machen sucht, geht der Streit sofort los, so, als wäre die Natur selbst darüber empört, daß, während Gott uns mit allen Mitteln beisammenhalten will, wir es auf Trennung voneinander absehen, auf Aneignung von Sondergut, und von »Mein« und »Dein« reden, diesem frostigen Wort! . . . Wo aber dies Wort nicht zu hören ist, da entsteht auch kein Kampf und Streit. Also ist die Gütergemeinschaft die in höherem Maße angemessene [von Gott uns zugedachte] Lebensform als das Privateigentum, und sie ist unserer Natur gemäß (κατὰ φύσιν) . . .

Quellen: J.A. Nairn, ΠΕΡΙ ΙΕΡΩΣΥΝΗΣ (De Sacerdotio) of St. John Chrysostom, Cambridge 1906; MPG 54.55.61.62. – *Literatur:* Chr. Baur, Johannes Chrysostomus und seine Zeit, 2 Bde., 1929/1930; G. Fittkau, Der Begriff des Mysteriums bei Johannes Chrysostomus, Theophaneia IX, 1953; I. auf der Maur, Mönchtum und Glaubensverkündigung in den Schriften des hl. Johannes Chrysostomus, Paradosis XIV, 1959; A.M. Ritter, Charisma im Verständnis des Johannes Chrysostomos und seiner Zeit, FKDG 25,1972; H. Doerries, Erneuerung des kirchlichen Amts im vierten Jahrhundert, in: B. Moeller – G. Ruhbach (Hgg.), Bleibendes im Wandel der Kirchengeschichte, 1973, S. 1–46; W. Jaeger, Die Sklaverei bei Johannes Chrysostomus, Ev.-theol.Diss. Kiel 1974.

89. Theodor von Mopsuestia als Christologe

Der fruchtbarste Beitrag zu der durch Apollinaris in Gang gebrachten christologischen Diskussion in der Zeit zwischen den Konzilien von Konstantinopel (381) und Ephesus (431) ging von einem Manne aus, der, wie Chrysostomus aus Antiochien gebürtig und Schüler des Libanius wie Diodors, lange Zeit sein Weggefährte war, ehe er 392 die Leitung einer kleinen kilikischen Diözese übernahm: Theodor von Mopsuestia (ca. 352–428). Daß er zugleich der bedeutendste Exeget der antiochenischen Schule und der typischste ihrer Vertreter war – seine grundsätzlich am Literalsinn festhaltenden und nur an besonders ausgezeichneten Stellen mit Typologien rechnenden Kommentare fast zur gesamten Bibel trugen ihm bei den Nestorianern (s. unten Nr. 95) den Ruf »des Schrifterklärers« schlechthin ein –, wird kein Zufall sein, sondern legt die Vermutung nahe, daß der christologische Streit auch ein Streit um das hermeneutische Problem war.

a) Kritik am arianisch-apollinaristischen »Logos-Sarx«-Schema (aus: Katechetische Homilien 5,9)

Was die [Anhänger] des Arius und des Eunomius[1] anlangt, so sagen sie, er [Christus] habe einen Leib angenommen, aber keine Seele; statt einer Seele, sagen sie, [besitze er] die göttliche Natur. Und sie setzen die göttliche Natur des Eingeborenen dermaßen herab [zu sagen], er sei aus seiner natürlichen Größe herabgesunken und habe die Tätigkeiten der Seele ausgeübt, indem er sich in diesen Leib einschloß und alles tat, um ihn existieren zu lassen . . . Übernähme aber [die Gottheit] die Funktion der Seele, so würde sie notwendigerweise auch die des Leibes übernehmen, und man würde das Wort der verirrten Häretiker für wahr halten . . ., daß er nur dem Scheine nach Mensch war, ohne dessen Natur zu besitzen . . .

b) Die christologische Grundauffassung Theodors (aus: Von der Menschwerdung, Buch 9, Fragment 1; Katechetische Homilien 5,19; 8,10. 13)

(V.d.Menschw.,B.9, Fr. 1) Wir haben also herausgefunden, daß an dieser Stelle [sc. Joh. 1,14] das ›er wurde‹ (ἐγένετο) keinesfalls anders gemeint sein kann als dem Scheine nach (κατὰ τὸ δοκεῖν). Dies . . . ist aber nicht so zu verstehen, als habe der Logos nicht wirkliches Fleisch angenommen, sondern so, daß er es nicht geworden ist . . . Ist er doch nicht in Fleisch verwandelt worden (μετεποιήϑη) . . .

(Kat.Hom.5,19) Gleichfalls sagten unsere seligen Väter: »der Fleisch wurde«, damit du begreifst, daß er einen vollkommenen Menschen angenommen habe . . . [Nicht einen Leib allein, sondern einen ganzen Menschen,] zusammengesetzt aus einem Leib und einer unsterblichen, vernünftigen Seele. Er nahm ihn an um unseres Heiles willen und wirkte durch ihn das Heil für unser Leben . . .

(Ebd. 8,10) So lehren uns die heiligen Schriften den Unterschied der *beiden Naturen* . . .: wie beschaffen der sei, der annahm, und wie beschaffen der, der angenommen wurde; und daß derjenige, der annahm, die göttliche Natur sei, die um unseretwillen alle Dinge schuf, während dieser [Angenommene] die menschliche Natur sei, die um unseretwillen von dem angenommen wurde, der die Ursache aller Dinge ist, und daß [schließlich zwischen beiden] eine unaussprechliche und ewig unauflösliche Verbindung (συνάφεια?) bestehe . . . (13) Die Unterscheidung der Naturen macht gewiß ihre strenge Verbindung nicht zunichte, noch zerstört diese strenge Verbindung die Unterscheidung der Naturen; vielmehr verbleiben eben diese unterschiedenen Naturen in ihrem [je] eigenen Wesen (ītūtā = οὐσία), und ihre Verbindung ist notwendigerweise von Dauer, weil der, der angenommen ward, dem, der annahm, an Ehre und Herrlichkeit beigesellt ist; hat Gott ihn doch eben deshalb annehmen wollen.

c) Die Einung der beiden Naturen in Christus (aus: Wider Eunomius, Buch 8; Von der Menschwerdung, Buch 7; Kommentar zum Johannesevangelium, Buch 6)

(W. Eun., B. 8) ›Prosopon‹[2] wird auf doppelte Weise gebraucht: entweder bezeichnet es die Hypostase und das, was jeder von uns ist, oder es wird der Ehre und der Größe und der Anbetung zuerkannt, folgendermaßen: ›Paulus‹ und ›Petrus‹

bezeichnen Hypostase und Prosopon jedes von ihnen [beiden]; das Prosopon aber unseres Herren Christus bedeutet Ehre und Größe und Anbetung. Weil sich der Gott Logos in der Menschheit offenbarte, verband er die Ehre seiner Hypostase mit dem Sichtbaren. Und deswegen bezeichnet das ›Prosopon‹ Christi, daß es [ein Prosopon] der Ehre ist, nicht [ein Prosopon] der Usia der zwei Naturen . . . Was für den König Purpurgewänder oder königliche Kleider sind, das ist für den Gott Logos der Anfang, den er aus uns genommen hat, unzertrennlich, unveräußerlich, ohne [räumliche] Entfernung in der Anbetung. Wie der König also nicht durch Natur Purpurgewänder hat, so hat auch nicht der Gott Logos durch Natur Fleisch. Wenn jemand behauptet, daß der Gott Logos natürlicherweise Fleisch hat, geschieht der göttlichen Usia eine Entfremdung durch ihn, weil er [sc. der Logos] sich einer Veränderung unterzieht durch Hinzufügung einer Natur . . . (L. Abramowski)

(V.d.Menschw.,B.7) . . . Wie man . . . von dem, der seinem Wesen (οὐσία) nach allen gegenwärtig ist, gleichwohl nicht sagt, er wohne allen ein (ἐνοικεῖν), sondern nur denen, bei denen er nach seinem Wohlgefallen ist, ebenso ist auch, wenn von Einwohnen die Rede ist, nicht [überall] ganz und gar dieselbe [Art von] Einwohnung zu finden . . . Wenn es nun heißt, er wohne in den Aposteln oder überhaupt in den Gerechten, so läßt er dies Einwohnen wie einer geschehen, der an Gerechten sein Wohlgefallen hat . . . In ihm selbst hingegen, so sagen wir, ist die Einwohnung nicht auf dieselbe Art geschehen . . ., sondern wie in einem Sohne (ὡς ἐν υἱῷ) . . . D. h. daß er, als er Wohnung nahm, den Angenommenen gänzlich mit sich einte (ὅλον ἑαυτῷ . . . ἥνωσεν) und ihn befähigte (παρεσκεύασεν), mit ihm zusammen an aller Ehre teilzuhaben, an der er, der Einwohnende, selbst teilhat als derjenige, der von Natur Sohn ist; daß er ihn, entsprechend seiner Einung mit ihm, zu einem [einzigen] Prosopon mit sich vollendete . . .

(Komm.z.Joh.-Ev.,B.6 [Zu Joh. 16,14]) . . . Da es [aber] nicht in der Natur des Fleisches gelegen war, sich mit dem Gott Logos zu einen, bedurfte der Christus im Fleisch notwendig der Vermittlung durch die Gabe des Geistes; und nachdem er die ganze Gnade vollkommen empfangen hatte, die ihm entsprechend seiner Salbung zuteil wurde, führte er sein Leben in großer Unschuld, wie es die menschliche Natur [aus sich heraus] nicht vermag. Auf diese Weise aber empfing der angenommene Mensch (homo assumptus) die Teilhabe an ihm [sc. dem Gott Logos] als den Ursprung alles Guten zugleich für alle Menschen; denn was ihm zuteil ward, dessen werden wir alle teilhaftig werden, sei es in der Auferstehung, sei es in der Himmelfahrt . . .

d) Maria – Gottgebärerin? (aus: Von der Menschwerdung, Buch 15)

. . . Wenn man nun fragt: »Ist Maria Menschen- oder Gottgebärerin (ἀνθρωποτόκος ἢ θεοτόκος)?«, so sei unsererseits erwidert: »Beides trifft zu!« Das eine ist sie der Natur der Sache nach, das andere beziehungsweise (ἀναφορᾷ). Menschengebärerin ist sie von Natur, weil der, der im Schoße Mariens war, ein Mensch war und so auch daraus hervorging. Gottgebärerin aber ist sie, weil Gott in dem [von ihr] geborenen Menschen war: nicht in ihm seiner Natur nach eingeschlossen, wohl aber in ihm wesend seinem willentlichen Verhalten nach (κατὰ τὴν σχέσιν τῆς γνώμης).

Quellen: R. Tonneau – R. Devréesse, Les homélies catéchétiques de Théodore de Mopsueste, StT 145, 1949; H.B. Swete, Theodori Mopsuesteni in epistulas B. Pauli commentarii, Bd. 2, Cambridge 1882

(Appendix A); L. Abramowski, Ein unbekanntes Zitat aus Contra Eunomium des Theodor von Mopsuestia, in: Le Muséon 71,1958, S. 97–104; J.M. Vosté, Theodori Mopsuesteni commentarius in
evangelium Johannis Apostoli, CSCO 115 (textus). 116 (versio), 1940. – *Übersetzung:* L. Abramowski, Zur Theologie Theodors von Mopsuestia, in: ZKG 72,1961, S. 263–293 (hier: S. 263 f.). – *Literatur:* L. Abramowski a.a.O.; J. Liébaert a.o. [Nr. 75] a.O., S. 92 ff.; A. Grillmeier a.o. [Nr. 75] a.O.,
S. 421 ff.

1. Zu diesem s. oben Nr. 68.

2. Im Hintergrund dieses Zentralbegriffes der Christologie Theodors (wie später des Nestorios)
scheint zum einen der Epiphaniegedanke (in der Menschheit Christi wird seine Gottheit anschaubar),
zum andern die stoische Ontologie zu stehen (πρ. = »Erscheinungsbild« als Gesamtheit jener Eigenschaften, durch die die allgemeine φύσις oder οὐσία zur konkreten ὑπόστασις, d.h. zum individuell
Seienden wird).

90. Die Ermordung der Philosophin Hypatia im Jahre 415 (nach Sokrates, Kirchengeschichte 7,15)

Zu Alexandrien lebte eine Frau mit Namen Hypatia, Tochter des Philosophen
Theon. Sie stach an Bildung (παιδεία) so sehr hervor, daß sie sämtlichen Philosophen ihrer Zeit den Rang ablief, an die Spitze der sich von Plotin herleitenden Pla-
tonikerschule trat und alle, die danach verlangten, in sämtlichen philosophischen
Disziplinen (μαθήματα) unterrichtete . . . Infolge des edlen Freimuts, den ihr
ihre Bildung verlieh, trat sie den Magistraten beherrscht gegenüber und scheute
sich auch nicht, sich in Gesellschaft von Männern zu zeigen. Denn ein jeder be-
gegnete ihr, ihrer ungewöhnlichen Klugheit und Tugendhaftigkeit wegen, mit
Ehrfurcht und Bewunderung. Diese Frau nun wurde damals das Opfer von Mißgunst. Da sie nämlich mit [dem alexandrinischen Präfekten] Orestes häufiger zu-
sammentraf, ging in der christlichen Bevölkerung [Alexandriens] das verleumde-
rische Gerücht um, sie sei es, die Orestes davon abhalte, mit dem Bischof [Kyrill]
in freundschaftliche Beziehungen zu treten. So schmiedeten denn allerlei Hitz-
köpfe unter Anführung eines Lektors namens Petrus ein Komplott gegen sie: als
sie von irgendwoher nach Hause zurückkehrte, lauerten sie der Frau auf, warfen
sie aus der Sänfte und schleiften sie zu der Kirche, die unter dem Namen Caesa-
reum (Καισάριον) bekannt ist; dort entkleideten und steinigten sie sie. Danach
rissen sie sie, Glied um Glied, in Stücke, trugen alles auf einem Platz namens Ci-
naron zusammen und verbrannten es. Diese Greueltat trug sowohl Kyrill als auch
der Kirche von Alexandrien nicht geringen Schimpf ein. Und in der Tat: was
könnte denen, die wie Christus gesinnt sind, ferner liegen als Mord, Kampf und
derlei Schandtaten? Es geschah dies aber im 4. Jahr des Episkopats Kyrills, dem
Jahr, in dem die Kaiser Honorius zum 10. und Theodosius II. zum 6. Male das
Konsulat bekleideten, im Monat März, zur Fastenzeit.

Quelle: MPG 67, Sp. 29 ff. – *Literatur:* Ch. Kingsley, Hypatia, 1853 (zum Verhältnis dieses berühmten Romans zu den geschichtlichen Tatsachen s. etwa H. von Schubert in: PrJ 124, 1906, S. 11 ff.);
K. Praechter, Art. Hypatia, PW 9,1,1914, Sp. 242 ff.

91. Augustin

Aurelius Augustinus, 354 zu Thagaste (im heutigen Algerien) in kleinbürgerlichem Provinzmilieu und einem halbheidnischen Elternhaus (seine Mutter Monnica war gläubige Katholikin) geboren und am 28. August 430 als Bischof des kleinen nordafrikanischen Hafenstädtchens Hippo Regius (seit 395) während der Belagerung der Stadt durch die Vandalen gestorben, darf getrost nicht nur als der größte altkirchliche Theologe des Westens, sondern auch als der einzige Kirchenvater bezeichnet werden, der bis heute eine geistige Macht geblieben ist. Auch daß wir über sein Leben und sein Schrifttum besser unterrichtet sind als bei jedem anderen Kirchenvater, ist vor allem sein Verdienst: In den zwischen 397 und 401 abgefaßten 13 Büchern »Bekenntnisse« (Confessiones) hat er Einblick gewährt in seine innere Entwicklung (bis zum Tode der Mutter 387) und in den 427 begonnenen, allerdings unvollendet gebliebenen 2 Büchern »Verbesserungen« (Retractationes) – unter Korrektur und Erläuterung dessen, was ihm nun als irrig oder mißverständlich erschien – Rechenschaft abgelegt von seiner literarischen Tätigkeit. Von den hier genannten 93 Schriften mit 232 Büchern (ohne die Briefe und die Predigten) sind nur wenige verloren.

A. Zum Werdegang Augustins

a) Der Schüler der Rhetorik und Ciceros »Hortensius« (aus: Bekenntnisse 3,4,7)
[Während des Rhetorikstudiums an der Hochschule zu Karthago (seit 371)] war ich im gewohnten Studiengang bereits an das Buch eines gewissen Cicero gelangt, dessen Sprache fast allgemein bewundert wird, nicht ebenso freilich der [sich darin ausdrückende] Geist. Diese Schrift aber enthält einen Aufruf zur Philosophie und trägt den Titel »Hortensius«. Es war das Buch, das meinem Empfinden (affectus) eine andere Richtung gab, meine Bitten, o Herr, auf dich selbst richtete und mein Wünschen und Verlangen von Grund auf änderte. Als nichtig erschien mir mit einem Male alles eitle Hoffen, und mit unglaublicher Inbrunst des Herzens verlangte mich nach der Unsterblichkeit der Weisheit, und ich begann aufzustehen, um zu dir zurückzukehren. Denn nicht . . . um meine rhetorische Bildung zu vervollkommnen, las ich dies Buch immer wieder; nicht wie, sondern was es zu mir sprach, hatte es mir angetan.

b) Im Bannkreis des Manichäismus (ebenda 3,5,9–7,12; 4,1,1,; 5,6,10)
(3,5,9) [Aufgrund der durch Ciceros »Hortensius« wiedererweckten Jugenderinnerungen mich der Hl. Schrift zuwendend, erschien mir diese jedoch als unwert, mit der Würde des Ciceronischen verglichen zu werden]. Meine Aufgeblasenheit schreckte nämlich vor ihrer [unscheinbaren] Art zurück . . .
(6,10) So verfiel ich Menschen, die voll Hochmut faselten . . . [Deinen Namen wie denjenigen unseres Herrn Jesus Christus und des Parakleten, unseres Trösters, des Hl. Geistes] führten sie ständig im Munde . . .; ihr Herz jedoch war leer an Wahrheit. Gleichwohl tönten sie: »Die Wahrheit, die Wahrheit!« und redeten mir viel davon vor; doch sie war nirgends bei ihnen zu finden, sondern nur irriges Geschwätz: nicht allein über dich, der du in Wirklichkeit die Wahrheit bist, auch über die Elemente dieser Welt, deine Schöpfung, hinsichtlich derer ich selbst über das, was Philosophen richtig gesagt haben, noch hätte hinausgehen müssen, aus Liebe zu dir . . .
(7,12) Denn von etwas anderem [sc. als dem rein Materiellen], das wahrhaft seiend wäre, wußte ich [damals] nichts, und mein vermeintlicher Scharfsinn verführte mich dazu, den albernen Betrügern beizupflichten, wenn sie von mir wissen wollten, woher das Böse stamme (unde malum) . . .

(4,1,1) [Während dieser Zeit], von meinem 19. bis zu meinem 28. Lebensjahr,
war ich Verführter und Verführer zugleich, Betrogener und Betrüger in der Vielfalt der Begierden . . . Denn [in der Öffentlichkeit] jagte ich [als Lehrer der sog.
»freien« Künste] dem eitlen Ruhm der Menge nach . . ., [insgeheim aber] verlangte mich sehnlich danach, von all jenem Schmutz befreit zu werden, indem ich
denen, die man [bei den Manichäern] die Auserwählten (electi) und Heiligen
(sancti) heißt, Speise zutrug, aus der sie mir in ihrer Bauchküche (officina aquali-
culi sui) Engel und Götter zubereiten sollten, die mich befreiten[1]. So trieb und tat
ich es mitsamt meinen Freunden, die durch mich und mit mir dem Trug verfallen
waren.
(5,6,10) Fast volle 9 Jahre hindurch verbrachte ich bei ihnen unsteten Geistes als
Hörer[2]. . .

c) Über die Lektüre der Platoniker zu Paulus (ebenda 7,9,13 f.; 20,26–21,27)

(7,9,13) . . . Dank deiner Fügung erhielt ich . . . einige aus dem Griechischen ins
Lateinische übersetzte Schriften der Platoniker[3]. Hier las ich, wenn auch nicht gerade mit denselben Worten . . ., daß »im Anfang das Wort war . . .« [vgl. Joh.
1,1–5] und daß die Menschenseele, obschon sie »Zeugnis gibt vom Licht«, doch
»nicht selber das Licht ist« . . . [vgl. Joh. 1,7–10]. Das andere aber, daß »er in
sein Eigentum kam . . .« [vgl. Joh. 1,11 f.], das habe ich dort nicht gelesen.
(14) Ebenso las ich dort, daß das Wort, Gott, ». . . aus Gott geboren« sei [Joh.
1,13]; daß aber »das Wort Fleisch geworden ist und unter uns gewohnt hat« [Joh.
1,14], das habe ich dort nicht gelesen . . .
(7,20,26) Damals . . ., als ich von der Lektüre der platonischen Bücher zur Suche
nach der intelligiblen Wirklichkeit aufgefordert, dein unsichtbares Wesen aus den
Werken der Schöpfung erkannt hatte [vgl. Röm. 1,20] . . ., war ich mir des einen
sicher, daß du bist und [zwar] unendlich bist . . .; auch war ich mir des anderen
gewiß, daß du allein wirklich seiend bist, weil du immerdar ein und derselbe bist,
in keiner Hinsicht deines Wesens und durch keine Veränderung ein anderer oder
irgendwann einmal anderswie; alles übrige aber sei aus dir hervorgegangen, wofür
allein schon das als sicherstes Zeugnis spricht, daß es ist . . . Daß mir diese [Bü-
cher der Platoniker] in die Hände fielen, noch bevor ich mich in deine Schriften
versenkte, geschah, wie ich glaube, durch eine Fügung deines Willens; es sollte
sich mir ins Gedächtnis einprägen, welche Wirkung von ihnen auf mein Inneres
ausgegangen war; wenn ich aber später über deiner Schrift zur Ruhe gekommen
wäre und meine Wunden von deinen pflegenden Fingern behandelt würden, dann
sollte mir mit voller Deutlichkeit aufgehen, welcher Unterschied besteht zwischen
[philosophischer] Vermessenheit (praesumptio) und [demütigem] Bekennen (confessio), zwischen denen, die wohl sehen, wohin man zu gehen hätte, aber den Weg
dahin nicht wissen . . .
(7,21,27) So griff ich denn mit heißer Begier nach der ehrwürdigen Schrift (stilus)
deines Geistes, vor allem nach dem Apostel Paulus . . . Und allmählich fand ich
nun alles Wahre, was ich dort [bei den Platonikern] gelesen, auch hier wieder, hier
jedoch nicht ohne den Preis deiner Gnade . . . Von alledem liest man bei jenen
Philosophen nichts: . . . vom »Opfer, wie du es willst, dem zerbrochenen Geist,
dem zerknirschten und zerschlagenen Herzen« [Ps. 50(51),19], vom Heil für alles
Volk (populi salus) . . . Niemand vernimmt da den, der einlädt: »Kommet her zu
mir, alle, die ihr mühselig und beladen seid« [Mt. 11,28f.]; sie verschmähen es,
von dem »zu lernen, der da sanftmütig und von Herzen demütig« ist [Mt.
11,25] . . .

d) Das Beispiel des Antonius (ebenda 8,6,14–8,19)

Bei Gelegenheit des Besuches eines afrikanischen Landsmannes, Ponticianus, in Mailand, wohin Augustin, seit 383 in Rom tätig, ein Jahr später auf die Stelle eines Lehrers der Rhetorik berufen worden war, weiß dieser das Gespräch auf das »Antoniusleben« des Athanasius (s. oben Nr. 53b) und den Einfluß zu lenken, den dies Buch auf die Ausbreitung der monastischen Idee im Abendland ausübte. Augustin quittiert den ihn zutiefst aufwühlenden Bericht seines Besuchers mit dem Ausruf:

(8,8,19) Was geschieht uns? . . . Ungelehrte raffen sich auf und reißen das Himmelreich an sich, während wir uns mit unseren herzlosen Doktrinen in Fleisch und Blut wälzen!

e) Die Bekehrung (ebenda 8,12,28 f.; 10,27,38)

(8,12,28) [In einem Sturm widerstreitender Gefühle – »Du aber, o Herr, wandtest mich während seines Redens zu mir selbst herum, holtest mich hinter meinem eigenen Rücken hervor, wo ich mich eingerichtet hatte, dieweil ich mich nicht erschauen wollte« – begibt sich Augustin danach allein in den Garten]. Unter einem Feigenbaum warf ich mich zu Boden, ich weiß nicht, wie es kam, und ließ den Tränen freien Lauf . . ., und vieles sagte ich dir, wenn auch nicht gerade mit diesen Worten; der Sinn [meiner Klagen] aber war: »Ach, Herr, wie lange [Ps. 6,4]? . . . Wie lange noch, wie lange dies ›Morgen, ja morgen!‹? Warum nicht heute? Warum soll nicht diese Stunde das Ende meiner Schmach sehen?« (29) . . . Und siehe, da hörte ich aus dem Nachbarhause eine Stimme – war's die eines Knaben, eines Mädchens, ich weiß es nicht –, die im Singsang wiederholte: »Nimm es, lies es; nimm es, lies es (Tolle, lege; tolle, lege)« . . . Ich unterdrückte die Gewalt der Tränen, erhob mich und wußte [da mir nicht bekannt war, daß Kinder bei irgendeinem Spiel derartiges zu leiern pflegten] keine andere Deutung, als daß mir Gott befehle, das [in dieser Zeit ständig griffbereite Bibel-]Buch aufzuschlagen und die erste Stelle zu lesen, auf die ich träfe. Denn von Antonius hatte ich gehört, daß er eine Evangelienlesung, zu der er sich wie von ungefähr eingefunden, das Wort nämlich: »Geh, verkaufe alles, was du hast, und gib's den Armen . . .« [Mt. 19,21], als Mahnung auf sich bezogen und auf diesen Gottesspruch (oraculum) hin sich sogleich zu dir bekehrt habe. So kehrte ich denn eilends zu dem Platz zurück, wo . . . ich das Buch des Apostels hingelegt hatte, als ich [in den Garten] aufgebrochen war. Ich ergriff es, schlug es auf und las schweigend den Abschnitt, auf den zuerst mein Auge fiel: »Nicht in Fressen und Saufen, nicht in Wollust und Unzucht, nicht in Hader und Neid; sondern ziehet an den Herrn Jesus Christus und wartet des Leibes, aber nicht so, daß ihr seinen Begierden verfallt« [Röm. 13,13 f.]. Weiter wollte ich nicht lesen; es war auch nicht nötig. Denn mit dem Schluß des Satzes flutete alsbald ruhige Gewißheit wie ein Lichtstrom in mein Herz, und alle Schatten der Unentschlossenheit wurden verscheucht . . .

(10,27,38) Spät habe ich dich geliebt, du uralte und doch so neue Schönheit (pulchritudo); spät habe ich dich geliebt (sero te amavi). Und siehe, du warst in meinem Innern und ich war draußen, und da suchte ich dich und, selbst eine Mißgestalt, warf ich mich auf das Schöngestalte, das du geschaffen hast. Du warst in mir, ich aber war nicht bei dir. Dinge hielten mich von dir fern, die doch gar nicht wären, wenn sie nicht in dir wären. Du aber hast gerufen, immer lauter erscholl dein Ruf, und du durchbrachst meine Taubheit! Du hast geleuchtet, immer strahlender wurde dein Leuchten, und du verscheuchtest meine Blindheit! Du hauchtest mich an, ich sog diesen Odem ein und atme dir nun entgegen; ich habe gekostet und hungere und dürste nun; du hast mich berührt, nun brenne ich nach dem Frieden in dir.

f) Die Vorbereitung zum Priesteramt (aus: Brief 21)

Zwei Jahre nach seiner Bekehrung (386) nach Afrika zurückgekehrt, wurde Augustin anläßlich eines Besuches in Hippo (Anfang 391) gegen seinen Wunsch zum Presbyter geweiht. In dem folgenden Brief bittet er seinen Bischof, Valerius, um Aufschub, um sich mit der Bibel besser vertraut machen zu können:

1) Vor allem bitte ich deine fromme Weisheit, zu bedenken, daß es zwar in diesem Leben und besonders in dieser unserer Zeit nichts Leichteres, Erfreulicheres und *den Menschen* Annehmlicheres gibt als das Bischofs-, Presbyter- oder Diakonenamt[!], sofern man die Sache obenhin . . . betrachtet; doch vor *Gott* gibt es nichts Elenderes, Traurigeres und Verdammlicheres . . . (3) Dies macht es mir zur Pflicht, alle Heilmittel (medicamenta) der göttlichen Schriften gründlich zu erforschen und es unter Gebet und Lesung dahin zu bringen, daß meiner Seele die zu solch gefahrvollen Geschäften erforderliche Gesundheit zuteil werde . . . (4) . . . Mir fehlt es an Selbsterkenntnis (scire me) und jenem vollen, beharrlichen Glauben, ohne den wir das Heil nicht erlangen können. Doch selbst wenn ich dies besäße: wie soll ich es zum Heile anderer wenden, »indem ich nicht suche, was mir nütze ist, sondern was vielen zur Rettung dient« [1. Kor. 10,33]? . . . Wie aber soll das anders geschehen als so, wie es der Herr selbst sagt, nämlich durch Bitten, Suchen und Anklopfen [vgl. Mt. 7,7], d.h. durch Gebet, Schriftlesung und Wehklagen (orando, legendo, plangendo)? . . .

g) Der Bischof (aus: Sermon 340,1)

[An seine Gemeinde, zum Gedenktag seiner Bischofsweihe] . . . Für euch bin ich Bischof, mit euch bin ich Christ. Jenes bezeichnet die von mir übernommene Pflicht, dies die Gnade; jenes die Gefahr, dies das Heil . . . Laßt meinen Dienst (ministerium) fruchtbar werden. »Ihr seid Gottes Ackerfeld« [1. Kor. 3,9]. Von außen nehmt ihr den auf, der da pflanzt und begießt, inwendig aber den, der das Gedeihen gibt [vgl. 1. Kor. 3,6] . . . Streitende sind zu befrieden, Mittellose zu unterstützen, Unterdrückte zu befreien, Gute zu belobigen, Böse zu ertragen, alle zu lieben . . .: helft uns durch euer Gebet und eure Willfährigkeit, daß uns die Freude zuteil wird, euch weniger vorzustehen (praeesse) als zu nützen (prodesse)[4].

h) Der Mönchstheologe (aus: Augustinregel)

Augustin, bei dessen Bekehrung das Beispiel des Antonius eine so wesentliche Rolle spielte, ist dem monastischen Ideal auch weiterhin verbunden geblieben. Mit großer Wahrscheinlichkeit hat er auch selbst eine schriftliche Lebensordnung für Mönche[5] hinterlassen, aus der im folgenden zitiert sei:

(1,1) Das ist es, was wir euch im Kloster zu halten gebieten. (2) Das erste Ziel eures gemeinschaftlichen Lebens ist es, in Eintracht zusammenzuwohnen und »eine Seele« und »ein Herz« in Gott zu sein [vgl. Apg. 4,32]. (3) Auch sollt ihr nichts euer eigen nennen, sondern alles gehöre euch gemeinsam, und es werde von eurem Vorgesetzten einem jeden unter euch Nahrung und Kleidung zugeteilt, und zwar nicht allen in gleicher Weise, . . . sondern so, wie es jeder nötig hat. So lest ihr es ja auch in der Apostelgeschichte [4,32.35] . . . (4) Die in der Welt etwas besaßen, sollen es nach ihrem Eintritt ins Kloster gern zum Gemeinbesitz werden sehen. (5) Die hingegen in der Welt nichts besaßen, sollen nicht im Kloster das suchen, was sie draußen nicht haben konnten; wohl aber sollen sie bekommen, was sie ihrer Schwachheit wegen brauchen . . .

(5,2) . . . Niemand tue etwas für sich selbst, sondern all euer Arbeiten geschehe zum Nutzen der Gemeinschaft . . . Denn die Liebe (caritas), die, wie geschrieben steht, »nicht das Ihre sucht« [1. Kor. 13,5], ist so zu verstehen, daß sie den Gemeinnutz dem Eigennutz . . . vorzieht. Wisset deshalb, daß ihr um so mehr [im Guten] fortschreitet, je mehr ihr um das Gemeinwohl statt um euer eigenes besorgt seid; so nämlich wird all das, was zur Fristung dieses vergänglichen Lebens notwendig gehört, die Liebe überstrahlen, die da »bleibt« [vgl. 1. Kor. 13,13].

(7,1) Dem Vorgesetzten ist zu gehorchen wie einem Vater und seine Ehrenstellung zu wahren, damit nicht in ihm Gott beleidigt wird; erst recht gilt dies für den Priester, der für euch alle Sorge trägt. (3) Der euch aber vorsteht, soll sich glücklich schätzen nicht als einer, der kraft seines Amtes herrscht, sondern der in Liebe dient (non . . . potestate dominantem, sed caritate servientem). Seiner Ehrenstellung vor den Menschen (coram vobis) nach stehe er über euch, im Angesichte Gottes (coram Deo) aber liege er euch in Furcht zu Füßen. Gegenüber allen erzeige er sich als ein Vorbild guter Werke, Unruhestifter weise er zurecht, Verzagte tröste er, der Schwachen nehme er sich an, mit allen habe er Geduld . . . Obwohl beides [Einhaltung der Klosterdisziplin und Ehrfurcht (metus)] notwendig ist, strebe er doch mehr danach, von euch geliebt als gefürchtet zu werden, indem er sich stets bewußt bleibt, daß er vor Gott für euch wird Rechenschaft ablegen müssen.

(8,1) Der Herr schenke euch, daß ihr dies alles voll Liebe beachtet: gleichsam als Liebhaber der geistigen Schönheit (tamquam spiritalis pulchritudinis amatores), als solche, die durch ihren guten Wandel den Wohlgeruch Christi verbreiten [vgl. 2. Kor. 2,15]; nicht wie Sklaven unter dem Gesetz, sondern wie Freie unter der Gnade.

B. Zur Lehre Augustins

I. Hermeneutik und Erkenntnislehre (fides, ratio, auctoritas)

i) Aus der Vorrede zur Schrift »Über die christliche Glaubenslehre« (De doctrina christiana)

Mit dieser Schrift (bis zur Mitte von Buch 3 um 397 geschrieben; der Rest ist etwa 426 entstanden) hat Augustin das geschichtlich wirksamste hermeneutische Werk überhaupt geschaffen, in dem sich die verschiedenen exegetisch-hermeneutischen Traditionen der Antike mischen. – Im Vorwort rechtfertigt er sein Unternehmen u.a. folgendermaßen:

(1) Es gibt gewisse Regeln (praecepta) für den Umgang mit den [heiligen] Schriften, die man, wie mir scheint, denen, die sich mit dem Schriftstudium beschäftigen, nicht ohne Nutzen übermitteln kann; von ihnen läßt sich sowohl bei der Lektüre anderer, die den in den göttlichen Schriften verborgenen Sinn erschlossen haben (operta aperuerunt), als auch dann profitieren, wenn man ihn auch seinerseits anderen erschließen soll . . . (4) [Nun könnte man freilich einwenden, es bedürfe solcher Regeln gar nicht;] vielmehr könne alles, was sich aus dem Dunkel jener Schriften in löblicher Weise ans Licht bringen lasse, aufgrund einer göttlichen Gnadenmitteilung (divinum munus) zu Tage treten. (7) [Die eine solche Gnadengabe empfangen haben, tun recht daran, sich ihrer zu freuen;] nur sollen sie eingedenk bleiben, daß sie ihr *Wissen* der Vermittlung von Menschen, sei sie mündlich oder schriftlich, verdanken. (10) . . . [Zudem:] Soll jemand, dem so etwas

nicht widerfahren ist, sich deshalb für keinen Christen halten? Oder muß er zweifeln, ob er den Hl. Geist empfangen habe? (11) Nein, vielmehr lerne ein jeder ohne Selbstüberschätzung (superbia), was nun einmal durch Menschen zu lernen ist; und wer einen anderen belehrt, der gebe ohne Selbstüberhebung und Neid weiter, was er [selbst] empfangen hat. Wir wollen den nicht versuchen, an den wir glauben; sonst könnte es geschehen, daß wir, in die Irre geführt durch solche Schliche des Widersachers wie durch [eigene] Verkehrtheit, davon absehen, noch länger die Kirchen zu besuchen, um dort das Evangelium zu hören und kennenzulernen, oder ein Buch zu lesen bzw. der Lesung oder Predigt eines Menschen zu lauschen, und statt dessen darauf warten, bis wir »in den dritten Himmel entrückt . . .« werden, wie es beim Apostel heißt, um dort »unaussprechliche Worte« zu vernehmen, »wie sie keinem Menschen zu sagen erlaubt sind« [2. Kor. 12,2–4], oder dort den Herrn Jesus Christus zu schauen und von ihm lieber als von Menschen das Evangelium zu hören. (12) Hüten wir uns vor solchen im höchsten Maße zu Überheblichkeit verleitenden, gefährlichen Versuchungen und bedenken wir lieber, daß selbst ein Apostel Paulus, ungeachtet dessen, daß er von einer göttlichen und himmlischen Stimme zu Boden geworfen und unterwiesen ward, gleichwohl nach einem Menschen schicken mußte, um die Sakramente zu empfangen und der Kirche einverleibt zu werden . . . (13) Dies alles hätte gewiß auch durch einen Engel geschehen können; doch wäre es auf eine Mißachtung des Menschenwesens (humana condicio) hinausgelaufen, hätte sich Gott den Anschein gegeben, als wolle er sich nicht der Menschen bedienen, um anderen Menschen sein Wort zu übermitteln (ministrare). Wie wäre sonst auch der Ausspruch wahr: »Der Tempel Gottes ist heilig; und der seid ihr« [1. Kor. 3,17], wenn Gott nicht [auch] aus diesem menschlichen Tempel heraus Antwort geben, sondern seine gesamte Offenbarung an die Menschheit nur vom Himmel herab und durch Engel verkünden wollte? Endlich wäre auch, falls Menschen nichts voneinander lernten, selbst der Liebe, die doch Menschen einander durch das Band der Einheit verbindet, keine Gelegenheit gegeben, die Geister sich austauschen zu lassen und sozusagen miteinander zu verschmelzen[6].

j) Glauben und Erkennen (aus: Brief 120,3; Sermon 43,4.9; Wider den sog. Fundamentalbrief des Mani 4,5)

(Br. 120,3) Es sei . . . ferne, daß Gott in uns das hasse, worin er uns als den übrigen Lebewesen überlegen erschaffen hat; es sei ferne, sage ich, daß wir darum glaubten, um auf den Vernunftempfang oder die Suche danach zu verzichten; vermöchten wir doch auch nicht zu glauben, wenn wir nicht vernunftbegabte Seelen besäßen. Daß also in gewissen, auf die Heilslehre bezüglichen Dingen, die wir mit der Vernunft einstweilen noch nicht zu erfassen vermögen – einst werden wir es aber können –, der Glaube der Vernunft vorangeht, [jener Glaube], der das Herz reinigt, auf daß es das Licht der hohen Vernunft fassen und ertragen könnte, auch das ist jedenfalls vernünftig (rationis est) . . . Darum ist auch das Wort des Propheten vernünftig: »So ihr nicht glaubt, werdet ihr nicht verstehen« [Jes. 7,9 (LXX!)]. Unzweifelhaft hat er hier diese beiden [Vermögen] unterschieden und geraten, zuerst zu glauben, damit wir, was wir glauben, auch zu verstehen vermögen. Also ist es vernünftig, wenn wir geheißen werden, den Glauben der Vernunft vorangehen zu lassen . . . Verhält es sich aber so, so steht gleichfalls außer Zweifel, daß eine, und sei es auch noch so geringe Vernunft, die uns eben diese Ordnung nahelegt, dem Glauben vorangeht.

(Serm. 43,4) . . . Sagt einer zu mir: Ich will erkennen, um zu glauben (Intelligam, ut credam), so erwidere ich: Glaube, um zu erkennen (Crede, ut intelligas) . . . (9) [Trotzdem ist die gegnerische Rede nicht einfach falsch]. Denn auf jeden Fall rede ich doch, was ich rede, zu dem Zweck, daß diejenigen zum Glauben kommen möchten, die noch nicht glauben; und doch können sie nicht glauben, wenn sie nicht verstehen, was ich rede. Also ist auch jener mindestens teilweise im Recht, der da sagt: Ich will erkennen, um zu glauben . . .

(Wid.d.Br.d.Man. 4) . . . Mich hält [im Schoße der katholischen Kirche] die Übereinstimmung der Völker und Nationen, mich hält darin die durch Wunder begründete, durch Hoffnung genährte, durch Liebe gemehrte, durch das hohe Alter bekräftigte Autorität; es hält mich fest die vom Bischofssitz des Apostels Petrus, dem der Herr nach seiner Auferstehung seine Schafe zu weiden befohlen hat, bis zum Episkopat der Gegenwart sich fortsetzende Sukzession der Bischöfe [›Priester‹], schließlich auch der Name »katholisch« selbst, den nicht ohne Grund unter so vielen Häresien diese Kirche allein festgehalten hat . . . Dies also sind die so zahlreichen, starken und teuren Bande des Christennamens, die den Glaubenden zu Recht im Schoße der katholischen Kirche festhalten, obschon die Wahrheit infolge der Schwachheit unserer Erkenntnis oder unserer Lebensführung wegen sich noch nicht in voller Klarheit zeigt . . . (5) . . . Ich frage also: »Wer ist dieser [euer] Mani?« Ihr werdet antworten: »Ein Apostel Christi.« Das aber glaube ich nicht . . . So wirst du mir vielleicht das Evangelium rezitieren und mir daraus die Person des Mani zu beglaubigen versuchen . . . Ich hingegen würde dem Evangelium keinen Glauben schenken, wenn mich nicht die Autorität der katholischen Kirche dazu bewogen hätte (ego vero evangelio non crederem, nisi me catholicae ecclesiae commoveret auctoritas). Wenn ich also denen gehorcht habe, die zu mir sagten: »Glaube dem Evangelium!«, warum sollte ich denselben den Gehorsam verweigern, so sie zu mir sagen: »Glaube den Manichäern nicht!«? . . .

II. Der Ausbau des Kirchenglaubens in Auseinandersetzung mit dem Donatismus

k) Die Einheit der Kirche (Wider die Briefe Petilians 2,77,172; Über die Taufe 3,16,21)
(W.d.Br.Pet.2,77,172) . . . Christliche Liebe kann nur in der Einheit der Kirche gewahrt werden; so seht denn, daß ihr [Donatisten, sofern ihr im Schisma verharrt] ohne sie »nichts« seid [vgl. 1. Kor. 13,1 ff.], mögt ihr auch an Taufe und Glauben festhalten und in dessen Kraft selbst »Berge versetzen« . . .
(Üb.d.T.3,16,21) Daß . . . gesagt wird, der Hl. Geist werde allein in der katholischen Kirche durch Handauflegung verliehen, haben unsere Vorfahren zweifelsohne im Sinne des Apostelwortes verstanden wissen wollen: »denn die *Liebe* Gottes ist ausgegossen in unsere Herzen durch den Hl. Geist, der uns gegeben ist« [Röm. 5,5]. Das ist die Liebe, welche die nicht haben, die sich von der Gemeinschaft der katholischen Kirche lossagten, weshalb es ihnen auch nichts nützt, selbst wenn sie »mit Menschen- und mit Engelzungen redeten . . .« . . . Hat doch der die Liebe Gottes nicht, der die Einheit der Kirche nicht liebt; und so wird ersichtlich, daß die Behauptung berechtigt ist, der Hl. Geist werde allein in der katholischen Kirche empfangen . . .

l) Die Heiligkeit der Kirche als Geschenk Christi (Über die christliche Glaubenslehre 3,32,45; Wider den Brief Parmenians 2,4,9; 14,32)

(Üb.d.christl.Gl.3,32,45) Die zweite [Regel des Tyconius[7]] handelt von dem zweigeteilten Leib des Herrn (De domini corpore bipartito), die jedoch nicht so lauten sollte. Denn was mit ihm nicht in Ewigkeit herrschen wird, ist auch nicht in Wahrheit Leib des Herrn. Vielmehr hätte man sprechen sollen »vom wahren und gemischten Leib des Herrn« (corpus verum atque permixtum) oder »vom wahren und vorgeblichen (simulatum) Leib des Herrn« . . . Denn man muß sagen, daß die Heuchler (hypocritae) nicht nur in Ewigkeit, sondern auch jetzt nicht mit ihm sind, obwohl sie in seiner Kirche zu sein scheinen. Daher hätte diese Regel auch so gefaßt werden können, daß sie lautete: »Von der gemischten Kirche« (De permixta ecclesia).

(Üb.d.Br.Parm.2,4,9) . . . »Ihr sollt heilig sein, gleichwie ich heilig bin« [Lev. 11,45], entsprechend einem gewissen Maß an Ähnlichkeit mit jenem Bilde nämlich (secundum quandam scilicet imaginis similitudinem), in das wir verklärt werden von einer Herrlichkeit zur andern gleichwie vom Geist des Herrn [vgl. 2. Kor. 3,18] als der Gabe (munus) dessen, der uns gleichförmig macht mit dem Bilde seines Sohnes . . .

(Ebd.2,14,32) . . . Der Herr nämlich ist's, der Tote erweckt, Verwundete heilt, Blinde sehend macht [›erleuchtet‹], Nackte kleidet, [mit Sünde] Befleckte reinigt . . . [Gewiß handelt er dabei durch Menschen], aber er handelte [eben] auch durch Judas, den er mit den übrigen [Aposteln] zur Predigt des Evangeliums aussandte, handelte auch durch die Pharisäer an denen, die das aus deren Mund vernommene Gute in die Tat umsetzten, obschon diese selbst nicht entsprechend ihren [eigenen] Lehren handelten [vgl. Mt. 23,3] . . .

m) Über Wirksamkeit und Nutzen des Sakramentsempfangs (Über die Taufe 4,17,24; Wider die Briefe Petilians 1,6,7–7,8)

(Üb.d.T.4,17,24) . . . »Außerhalb der Kirche gibt es kein Heil (salus extra ecclesiam non est)« [Cyprian]. Wer bestreitet das? Darum hat auch alles, was als zum Wesen der Kirche gehörig betrachtet wird, außerhalb der Kirche keine [volle] Heilswirksamkeit (et ideo quaecumque ipsius ecclesiae habentur, extra ecclesiam non valent ad salutem). Aber es ist eben ein Unterschied, etwas nicht zu haben und es nicht in ersprießlicher Weise zu haben (non habere – non utiliter habere). Wer die Taufe nicht hat, ist zu taufen, damit er sie habe; wer sie aber ohne Nutzen hat, ist dahin zurechtzubringen, daß er sie mit Nutzen habe. Weder ist das Wasser bei der Taufe der Häretiker verfälscht, da die von Gott geschaffene Kreatur gut bleibt; noch verdienen die Worte des Evangeliums deshalb einen Tadel, weil sie sich im Munde derer finden, die im Irrtum befangen sind . . . Folglich können wir mit den Häretikern die Taufe gemein haben, wie auch das Evangelium ihnen und uns gemeinsam sein kann, mag auch ihr Irrtum von unserem Glauben noch so weit abliegen . . .

(Wid.d.Br.Pet.1,6,7) Mag deshalb jemand von einem gläubigen oder ungläubigen Spender (dispensator) das Taufsakrament empfangen haben, so wird er [in jedem Fall] seine ganze Hoffnung auf Christus zu richten haben . . .

(7,8) . . . Immer nämlich rechtfertigt Christus den Gottlosen so, daß *er* aus einem Gottlosen einen Christen macht; immer wird der Glaube von Christus empfangen, immer ist Christus Ursprung (origo) der Wiedergeborenen und Haupt der Kirche . . . [Wer darum dem Einwand begegnet, wie ein schuldbeladener Priester einen Täufling unschuldig machen könne,] wird darauf erwidern: »mich macht nur der unschuldig, der um unserer Sünde willen gestorben und um unserer Rechtfertigung willen auferstanden ist. Denn ich glaube nicht an den Diener (minister), durch den ich die Taufe empfange, sondern an den, der den Gottlosen rechtfertigt, so daß mir [dieser] Glaube zur Gerechtigkeit gerechnet wird« [vgl. Röm. 4,5].

n) Wort und Sakrament (Traktate über das Johannesevangelium 80,3)
»Ihr seid schon rein um des Wortes willen, das ich zu euch geredet habe« [Joh. 13,10]. Warum sagt er nicht: Ihr seid schon rein um der Taufe willen, mit der ihr gewaschen wurdet, . . . wenn nicht aus dem Grunde, weil es auch im Wasser das Wort ist, das reinigt? Nimm das Wort weg, und was ist das Wasser anderes als eben Wasser? Es tritt das Wort zum Element hinzu, und es wird zum Sakrament, auch dieses gleichsam ein sichtbares Wort (Detrahe verbum, et quid est aqua nisi aqua? Accedit verbum ad elementum, et fit sacramentum, etiam ipsum tamquam visibile verbum) . . . Woher rührt denn diese so große Wirkmacht (virtus) des Wassers, daß es, indem es den Leib berührt, zugleich das Herz reinwäscht, wenn es nicht das Wort ist, welches dies wirkt, und zwar nicht weil es gesprochen, sondern weil es geglaubt wird? . . . Dieses Wort des Glaubens ist so wirkmächtig in der Kirche, daß es mittels dessen, der da glaubt, darbringt, segnet und benetzt, selbst ein noch so kleines Kind reinigt, obschon es noch nicht imstande ist, mit dem Herzen zu glauben zur Gerechtigkeit und mit dem Munde zu bekennen zur Seligkeit [vgl. Röm. 10,10] . . .

III. Die Lehre von Sünde und Gnade in Auseinandersetzung mit dem Pelagianismus

o) Die Grundgedanken über Natur und Gnade (Über Natur und Gnade 3,3–6,6)
(3,3) Die menschliche Natur ist gewiß ursprünglich ohne Schuld (primitus inculpata) und ohne jeden Fehl erschaffen worden; hingegen ist diese Menschennatur, in der ein jeder aus Adam geboren wird, nunmehr des Arztes bedürftig, da sie [in sich selbst] nicht heil [›gesund‹] ist. Allerdings hat sie [auch jetzt noch] alle Güter, die sie . . . in der Begabung mit Leben, Sinnen und Verstand besitzt, vom höchsten Gott, ihrem Schöpfer und Bildner. Das Laster (vitium) aber, das diese natürlichen Güter verdunkelt und schwächt, so daß sie [die menschliche Natur] der Erleuchtung und Heilung bedarf, hat sie sich nicht vom schuldlosen Bildner, sondern aus der Ursünde (originale peccatum) zugezogen, die aus freiem Willen (liberum arbitrium) begangen ward. Darum trifft auch die straffällig gewordene Natur eine ganz und gar gerechte Strafe. Wenn wir nämlich nunmehr in Christus eine »neue Kreatur« sind [vgl. 2. Kor. 5,17], dann waren wir doch »von Natur Kinder des Zorns ebenso wie die übrigen; Gott aber hat uns . . . mit Christus zum Leben erweckt, durch dessen Gnade wir gerettet wurden« [Eph. 2,3–5].
(4,4) Diese Gnade Christi also, ohne die weder Kinder noch Erwachsene gerettet werden können, wird nicht in Vergeltung für Verdienste (merita), sondern umsonst (gratis) verliehen, weshalb sie auch Gnade (gratia) heißt . . . [vgl. Röm. 3,24] Aus diesem Grunde werden gewiß alle zu Recht verdammt, die nicht durch jene [Gnade] Befreiung erlangen, sei es, daß sie [den Gnadenruf] noch nicht hören konnten oder ihm nicht gehorchen wollten, sei es auch, daß sie, sofern sie aus Al-

tersgründen [das Wort] noch nicht vernehmen konnten, das Bad der Wiedergeburt – unerachtet der Möglichkeit, es zu empfangen und dadurch gerettet zu werden [vgl. Tit. 3,5] – nicht empfangen haben; sind sie doch nicht ohne Sünde, die sie entweder vom Ursprung her (originaliter) mit sich schleppten oder durch schlechten Lebenswandel vermehrten. »Denn alle haben gesündigt« – ob in Adam oder in sich selbst – »und mangeln des Ruhmes, den sie vor Gott haben sollten« [Röm. 3,23].

(5,5) Die gesamte Masse (Universa . . . massa) ist also der Strafe verfallen; und würde allen die geschuldete Strafe der Verdammnis zuteil, so geschähe dies zweifelsohne nicht zu Unrecht. Daher heißen alle, die dem aus Gnaden entnommen werden, nicht Gefäße ihrer eigenen Verdienste, sondern »Gefäße der Barmherzigkeit« [Röm. 9,23]. [Um] wessen Barmherzigkeit aber [handelt es sich], wenn nicht dessen, der Christus Jesus in diese Welt gesandt hat, um Sünder selig zu machen [vgl. 1. Tim. 1,15]: diejenigen, die er zuvor ersehen, vorherbestimmt, berufen, gerechtfertigt und verherrlicht hat [vgl. Röm. 8,29 f.] . . .

(6,6) Wollen wir dies im Sinne der Schrift recht begreifen, so lassen wir uns nicht in einen Disput gegen die christliche Gnade hineindrängen und zu Aussagen verleiten, mit denen wir zu beweisen suchen, daß die Menschennatur selbst bei kleinen Kindern nicht des Arztes bedürfe, da sie unversehrt sei, und bei Erwachsenen aus sich selbst heraus zur Gerechtigkeit zu genügen vermöge, sofern sie nur wolle. Das scheint gewiß scharfsinnig geredet zu sein; doch in jenen »tiefsinnigen Reden«, welche das Kreuz Christi entleeren [vgl. 1. Kor. 1,17], »ist die Weisheit nicht, die von oben kommt« [Jak. 3,15] . . .

p) Das Gesetz der Werke und das Gesetz des Glaubens (aus: Über den Geist und den Buchstaben 9,21.22)

(9,21) Es wird . . . der Mühe wert sein, darüber nachzudenken, welches der Unterschied sei zwischen dem Gesetz . . . der Werke (lex operum), das jenen [Selbst-]Ruhm ein-, und dem Glaubensgesetz (lex fidei), das ihn ausschließt . . . (22) Was also ist der Unterschied? . . . Dasselbe, was das Werkgesetz durch Drohen verlangt, erlangt das Glaubensgesetz durch Glauben. Jenes sagt: »Laß dich nicht gelüsten!« [Ex. 20,17]; dieses sagt: »Da ich nun einsah, niemand könne in Züchten leben, es sei denn, Gott gäbe es ihm – und zwar war das bereits ein Beweis von Weisheit, zu erkennen, wessen Gnadengabe dies ist –, trat ich zum Herrn und flehte ihn an« [Weish. 8,21] . . . Im Werkgesetz spricht Gott: Tu, was ich befehle! Im Glaubensgesetz spricht man zu Gott: Gib, was du befiehlst (Da, quod iubes)! Darum nämlich befiehlt uns das Gesetz, um uns daran zu erinnern, was der Glaube zu tun hat; d.h. wer einen Befehl erhält, ihn aber noch nicht erfüllen kann, der soll wissen, worum er zu bitten hat. Kann er ihn jedoch sogleich erfüllen und kommt ihm gehorsam nach, so soll er erst recht wissen, wessen Gabe er das verdankt. »Denn wir haben nicht den Geist dieser Welt empfangen«, spricht derselbe beharrliche Prediger der Gnade (constantissimus gratiae praedicator), »sondern den Geist, der von Gott kommt, auf daß wir wissen, was uns von Gott geschenkt ist« [1. Kor. 2,12]. Was aber ist der Geist dieser Welt anderes als jener Geist des Hochmuts (superbia), durch den das unverständige Herz derer verfinstert ist, die, obschon sie Gott erkannten, ihn doch nicht als Gott verherrlichten, indem sie ihm dankten? Derselbe [Hochmuts-]Geist betrügt auch alle die, die, »weil sie die Gottesgerechtigkeit nicht kannten und ihre eigene Gerechtigkeit aufzurichten suchten, sich der Gottesgerechtigkeit nicht untergeordnet haben« [Röm. 10,3] . . .

Nachdem ich dies nun nach dem Maß der Kräfte, die mir Gott zu schenken geruhte, betrachtet und gründlich behandelt habe, ziehe ich daraus den Schluß: nicht durch Vorschriften für ein rechtschaffenes Leben kann der Mensch gerechtfertigt werden, nur durch den Glauben an Jesus Christus. Oder was dasselbe ist: nicht durch das Werkgesetz, sondern durch das Glaubensgesetz; nicht durch den Buchstaben, sondern durch den Geist; nicht durch Verdienst der Werke, sondern durch ungeschuldete Gnade (gratuita gratia).

q) Die göttliche Vorherbestimmung (Über die Vorherbestimmung der Heiligen 8,16)
Der Glaube ist . . . seinem Anfang wie seiner Vollendung nach Gottes Geschenk (Fides . . . et inchoata, et perfecta, donum Dei est). Daß dieses Geschenk den einen gegeben werde, den anderen aber nicht, wird nie und nimmer bezweifeln, wer sich nicht in Widerspruch zu dem völlig klaren Zeugnis der Hl. Schrift begeben will. Warum es aber nicht allen zuteil werde, darf den Gläubigen nicht beschweren; glaubt er doch, daß alle um [der Sünde] des einen [sc. Adams] willen der Verdammnis anheimgefallen sind, und dies zweifelsohne vollkommen zu Recht, so daß Gott nicht der geringste berechtigte Tadel träfe, auch wenn kein einziger dieser Verdammnis entnommen würde. Daraus [aber] wird das Übermaß der Gnade ersichtlich, daß so viele gerettet werden und an denen, die nicht gerettet werden, ablesen können, was sie selbst verdient hätten, auf daß, wer sich rühmt, nicht seiner eigenen Verdienste, die denen der Verdammten offensichtlich gleich sind, sondern des Herrn sich rühme [vgl. Jer. 9,23; 1. Kor. 1,31]. Warum [Gott] aber lieber diesen als jenen rettet, das gehört zu seinen unerforschlichen Ratschlüssen und seinen unergründlichen Wegen [vgl. Röm. 11,53]. Denn es ist besser, auch hier [auf das Apostelwort] zu hören und [es ihm] nachzusprechen: »Wer bist du denn, Mensch, daß du mit Gott rechtest?« [Röm. 9,20], als daß wir zu sagen wagen, so als wüßten wir Bescheid, was Gott uns verborgen lassen wollte, er, der dennoch nichts Ungerechtes wollen kann.

IV. Theologie der Geschichte: Die beiden civitates

Wie mit seinem antidonatistischen Kirchenbegriff und seiner schon vor der Kontroverse mit Pelagius (s. unten Nr. 92) in den Grundzügen fertigen Gnadenlehre, so hat Augustin gerade auch mit seiner – oft genug allerdings mißverstandenen – »Zwei-civitates«-Lehre die weitere Geschichte von Theologie und Kirche entscheidend geprägt. Hauptquelle sind seine unter dem Eindruck der Eroberung Roms durch die Westgoten (24. Aug. 410) zwischen 413 und 426 stückweise veröffentlichten 22 Bücher De civitate dei.

r) Der Gegensatz der beiden civitates im Ganzen der Menschheitsgeschichte (Über die Unterweisung der Anfänger im Glauben [De catechizandis rudibus] 31,2; Über den Herrschaftsverband Gottes 14,28)
(Üb.d.Unterw.usw.31,2) Zwei Herrschaftsverbände (civitates) gibt es . . . von Anbeginn der Menschheit an: einen der Ungerechten und einen anderen der Heiligen, und sie dauern bis zum Ende dieser Weltzeit (saeculum); nach außen hin [›körperlich‹] jetzt [noch] miteinander vermischt, willentlich (voluntatibus) dagegen [jetzt bereits] getrennt, müssen sie sich am Tage des Gerichts auch nach außen hin voneinander scheiden.
(Üb.d.Herrsch.G.s 14,28) Zwei Arten von Liebe (duo amores) sind es . . ., die die beiden Herrschaftsverbände schufen: den irdischen Herrschaftsverband die bis zur

Verachtung Gottes gehende Selbstliebe (amor sui), den himmlischen Herrschaftsverband die bis zur Selbstverachtung gehende Gottesliebe (amor Dei). Mit einem
Wort: der eine rühmt sich seiner selbst, der andere des Herrn . . . Jenen beherrscht in seinen Fürsten oder in den von ihm unterjochten Völkern die Herrschsucht, in diesem sind einander in Liebe dienstbar die Vorgesetzten, indem sie sich
sorgsam beraten, die Untergebenen, indem sie Gehorsam leisten.

s) Der Ursprung der irdischen civitas (ebenda 15,1)

. . . Wir haben das Menschengeschlecht in zwei Klassen (genera) eingeteilt: zur
einen gehören die, die nach Menschenweise (secundum hominem) leben, die andere aber umfaßt diejenigen, die in Ausrichtung auf Gott (secundum deum) leben.
In übertragenem Sinne (mystice) nennen wir die beiden Klassen auch zwei Herrschaftsverbände, d.h. zwei Menschengemeinschaften (societates hominum), deren eine vorherbestimmt (praedestinata) ist, mit Gott in Ewigkeit zu herrschen,
die andere aber, in Gemeinschaft mit dem Teufel ewige Pein zu erdulden . . .
Diese gesamte Weltzeit nämlich, in der Geschlechter kommen und gehen, fällt zusammen mit dem Fortgang (excursus) jener beiden Herrschaftsverbände, von denen wir reden. – Zuerst also wurde von jenen beiden Stammeltern aller Menschen
Kain geboren, der zur menschlichen civitas, danach Abel, der zur civitas Gottes
gehört . . .: Zuerst wurde der Bürger dieses Äons geboren, danach erst der, der
Fremdling in dieser Welt ist und der civitas Gottes angehört: aus Gnaden vorherbestimmt (praedestinatus), aus Gnaden erwählt, aus Gnaden Fremdling hienieden, aus Gnaden Bürger dort droben. Denn soweit es an ihm liegt, entstammt er
derselben Masse, die ursprünglich als ganze verdammt wurde (ex eadem massa
oritur, quae originaliter est tota damnata); gleichwohl hat Gott wie ein Töpfer . . .
[vgl. Röm. 9,21] aus derselben Masse ein Gefäß zur Unehre und ein anderes zur
Ehre geformt . . . Darum steht auch von Kain geschrieben, er sei Stadtgründer
gewesen (quod condiderit civitatem) [Gen. 4,17]; Abel hingegen, als Fremdling,
hat keine »Stadt« gegründet. Denn der Herrschaftsverband der Heiligen ist jensei-
tig (superna), obschon er hienieden Bürger hervorbringt, unter welchen er sich auf
Pilgerschaft befindet, bis die Zeit seiner Herrschaft anbricht . . .

t) Das relative Recht der irdischen civitas (ebenda 4,4; 15,4; 19,17.21–26)

(4,4) Was sind Reiche (regna), sofern ihnen Gerechtigkeit (iustitia) mangelt, anderes als gewaltige Räuberbanden (magna latrocinia)? . . .
(15,4) . . . Gleichwohl wäre es nicht richtig, den Dingen, wonach dieser [irdische]
Herrschaftsverband verlangt, die Eigenschaft von Gütern gänzlich abzusprechen;
ist er doch in seiner menschlichen Art nicht schlecht. Er verlangt nämlich nach einer Art irdischen Friedens (pax terrena) im Verhältnis zu den an Rang niedersten
Dingen (pro rebus infimis) . . .
(19,17) . . . So erstrebt auch der irdische Herrschaftsverband, der nicht aus Glauben lebt, den irdischen Frieden und läßt die Eintracht der Bürger in bezug auf Befehlen und Gehorchen unverrückt darauf gerichtet sein, daß sich bei ihnen hinsichtlich der zum sterblichen Leben gehörigen Dinge ein gewisses Maß an
Willensübereinstimmung (quaedam compositio voluntatum) herstelle. Der
himmlische Herrschaftsverband aber oder vielmehr der Teil von ihm, der sich in
dieser Sterblichkeit auf Pilgerschaft befindet und aus Glauben lebt, muß sich
gleichfalls dieses [irdischen] Friedens bedienen, bis eben diese sterbliche Existenz,
für die ein solcher Friede notwendig ist, ihr Ende findet . . . Mithin besteht zwi-

schen beiden Herrschaftsverbänden Einmütigkeit in den zum vergänglichen Leben gehörigen Dingen, weil beiden diese sterbliche Existenz gemeinsam ist, . . . [allerdings nur,] soweit das ohne Verletzung der Frömmigkeit und der Religion möglich ist . . .

(21) [Legt man die Ciceronische Staatsdefinition zugrunde, wonach »Staat« eine Volkssache (res populi) ist, und versteht weiterhin mit Cicero unter »Volk« eine »durch Rechtsübereinkunft und Interessenidentität verbundene Menschengemeinschaft« (coetus multitudinis iuris consensu et utilitatis communione sociatus)[8], so ist nicht nur Rom niemals ein Staat im Vollsinn gewesen, sondern kann es einen solchen Staat auch gar nie geben]. Gerechtigkeit (iustitia) ist ja die Tugend, die jedem das Seine (sua cuique) zuteilt. Wie kann man folglich von Gerechtigkeit beim Menschen reden, wo diese den Menschen selbst dem wahren Gott entzieht und den unreinen Dämonen unterwirft? . . .

(24) [Passender, wenn auch weniger anspruchsvoll, dürfte folgende Definition sein:] »Volk ist die Vereinigung vernunftbegabter Wesen, verbunden in einträchtiger Übereinstimmung hinsichtlich der Dinge, die sie schätzt« (Populus est coetus multitudinis rationalis rerum quas diligit concordi communione sociatus) . . . Ganz allgemein jedenfalls geht einem politischen Gemeinwesen von Gottlosen wahre Gerechtigkeit ab; denn ihm gebietet Gott nicht als einem solchen, das ihm gehorsam ist, ihm allein zu opfern, so daß darin auch nicht der Geist über den Leib und die Vernunft über die Leidenschaften die Oberhand haben . . .

(26) . . . [Selbst ein gottloses Volk aber] schätzt die ihm eigene und nicht zu verachtende Art von Frieden, den es freilich am Ende nicht besitzen wird, da es sich seiner vor dem Ende nicht in rechter Weise bedient. Daß es ihn jedoch inzwischen, in diesem Leben, besitze, daran ist auch uns gelegen; denn solange beide Herrschaftsverbände miteinander vermischt sind, bedienen auch wir uns des Friedens Babylons (pax Babylonis) . . . [vgl. 1. Tim. 2,2; Jer. 29,7] . . .

u) civitas dei und Kirche (ebenda 20,9,1.2)

(20,9,1) . . . »Wer eines von diesen geringsten Geboten auflöst und so die Leute lehrt, der wird der Geringste heißen im Himmelreich; wer es aber tut und lehrt, der wird groß heißen im Himmelreich« [Mt. 5,19] . . . In anderem Sinne ist also das Himmelreich zu verstehen, in welchem beide vertreten sind: sowohl der, welcher ›auflöst‹ [d.h. nach Augustin: der nicht tut], was er lehrt, als auch der, der [seiner Lehre entsprechend] handelt . . . ; in anderem Sinne wiederum wird vom Himmelreich gesprochen, in das nur eingeht, wer [den Geboten entsprechend] handelt. Demnach ist dort, wo beide Arten vorhanden sind, die Kirche, so, wie sie jetzt beschaffen ist (qualis nunc est); wo es aber nur noch jene [zweite Menschen-] Art geben wird, da wird die Kirche sein, so, wie sie dereinst beschaffen sein wird (qualis tunc erit), wenn es in ihr keinen Bösen mehr geben wird. So ist denn auch jetzt die Kirche Reich Christi und Reich der Himmel, und es herrschen mit ihm auch jetzt seine Heiligen, anders freilich, als sie dereinst herrschen werden . . . (2) [Jetzt handelt es sich noch immer um ein Reich des kriegerischen Kampfes (regnum militiae)], in dem einmal den anstürmenden Leidenschaften Widerstand zu leisten ist, während sie ein andermal als bereits bezwungene zu beherrschen sind, bis es zu dem völlig befriedeten Reich (pacatissimum regnum) kommt, wo ohne Feind regiert wird . . . [Von dem diesem voraufgehenden, jetzt schon angebrochenen tausendjährigen Reich heißt es Offb. 20,4 zusammenfassend:] »Und ich sah Throne und die darauf saßen, und es ward ihnen das Gericht übertragen.« Dies darf nicht im Sinne des letzten Gerichtes verstanden werden, sondern es sind damit die Sitze der Vorsteher (praepositi) und die Vorsteher selbst gemeint, durch die gegenwärtig die Kirche geleitet wird (per quos nunc ecclesia gubernatur). Unter dem ihnen übertragenen Gericht aber läßt sich, so will mir scheinen, nichts besser als das verstehen, von dem es heißt: »Was ihr gebunden haben werdet auf Erden, wird auch im Himmel gebunden sein; und was ihr gelöst haben werdet auf Erden, wird auch im Himmel gelöst sein« [Mt. 18,18] . . .

V. Sozialethik

Auch die im folgenden belegten augustinischen Anschauungen dürften nur im Licht des ihnen zugrundeliegenden Verständnisses von Christentum und »Welt« als des Themas von De civitate dei voll verständlich sein. Zugleich lassen sie die Grenzen der »Zwei-civitates«-Lehre Augustins sichtbar werden.

v) Die Ethik der Bergpredigt und die politische Ethik der Römer (aus: Brief 138,9 ff.)
(9) [Die Apologeten des Heidentums beteuern], mit den Sitten (mores) des Staates stimmten an keinem Punkt Verkündigung und Lehre Christi überein, als dessen Gebot folgendes feststehe: Wir dürfen niemandem Böses mit Bösem vergelten . . . [Mt. 5,39–41 par.]. Dies alles, so versichern sie, sei den Sitten des Staates zuwider. »Denn wer wird es zulassen, daß ihm etwas vom Feind entwendet wird, oder wer wird den Plünderern einer römischen Provinz ihre Übeltaten nicht mit dem Kriegsrecht vergelten?« . . . Auf welche Weise aber pries Cicero die Sitten Caesars, der doch gewiß Verwalter des Staates war, indem er sagte, daß jener nichts zu vergessen pflegte außer erlittenes Unrecht[9]? . . . (10) Steht dies bei ihren Schriftstellern zu lesen, so spendet man lauthals Beifall und hat es den Anschein, als würden Sitten beschrieben und gepriesen, die es wohl wert wären, daß sich an ihnen ein politisches Gemeinwesen wieder aufrichte . . . Steht es jedoch als Gebot der göttlichen Autorität zu lesen, daß man Böses nicht mit Bösem vergelten solle, . . . gleich wird die Religion verklagt, als sei sie dem Staate feind. Würde man dagegen auf sie hören, wie sie es verdient, so würde sie den Staat weit besser als Romulus, Numa, Brutus[10] und die übrigen berühmten Männer des römischen Volkes . . . festigen und mehren. Denn was ist der Staat (res publica) anderes als die Sache des Volkes (res populi)? . . . Und was ist ein politisches Gemeinwesen anderes als eine in ein gewisses Maß von Eintracht eingebundene Vielzahl von Menschen (hominum multitudo in quoddam vinculum redacta concordiae)? . . . (11) [Dem Grundsatz, daß durch Eintracht ein Gemeinwesen konstituiert wird, entspricht in hohem Maße auch das Gebot, Böses nicht mit Bösem zu vergelten. Folgt man ihm nämlich, so] wird zu jener Eintracht, wie sie einem politischen Gemeinwesen zuträglicher ist als alles andere, ein Reuiger (paenitens) hinzugewonnen, und zwar nicht durch rohe Gewalt, sondern durch das Wohlwollen dessen überwunden, dem [das Unrecht] widerfuhr . . .

w) Das Ideal des christlichen Kaisers (Über den Herrschaftsverband Gottes 5,24)
Wir . . . preisen einige[!] christliche Kaiser nicht darum glücklich, weil sie länger regierten oder, eines sanften Todes sterbend, ihren Söhnen die Herrschaft hinterließen . . . Solche Gaben und Tröstungen dieses kummervollen Lebens zu empfangen war vielmehr auch Dämonenverehrern vergönnt . . . Sondern glücklich nennen wir sie, wenn sie ein gerechtes Regiment führen (si iuste imperant), wenn

sie sich ob all der schmeichlerisch verhimmelnden und kriecherisch unterwürfigen
Reden in ihrer Umgebung nicht überheben, sondern eingedenk bleiben, daß sie
Menschen sind; wenn sie ihre Macht in den Dienst der göttlichen Majestät stellen,
um die Gottesverehrung so weit wie möglich auszubreiten (si suam potestatem ad
Dei cultum maxime dilatandum maiestati eius famulam faciunt); wenn sie Gott
fürchten, lieben und verehren; wenn sie mehr noch jenes Reich liebhaben, in dem
sie keine Mitregenten zu fürchten brauchen[!]; wenn sie langsam sind zu strafen
und bereitwillig Nachsicht üben . . .; wenn sie es nicht unterlassen, für ihre Sünden ihrem wahren Gott das Opfer der Demut, der Klage, des Gebetes darzubringen[11]. Solche christlichen Herrscher nennen wir glücklich, einstweilen in Hoffnung, danach in Wirklichkeit, wenn eingetroffen sein wird, wessen wir harren.

x) Rechtfertigung des Glaubenszwanges? (aus: Brief 93,2,5; 5,17.16)
(2,5) Du meinst[12], man dürfe niemanden zur Gerechtigkeit zwingen (neminem
debere cogi ad iustitiam), obwohl du [im Gleichnis vom großen Abendmahl (Lk.
14,15–24)] liest, daß der Hausvater zu seinen Knechten sagte: »Alle, die ihr findet, nötigt hereinzukommen« (cogite intrare); obwohl du liest, daß selbst ein Sau-
lus, der spätere Paulus, durch äußerst gewaltsame Einwirkung Christi zur Erkenntnis der Wahrheit gedrängt wurde [vgl. Apg. 9,3ff.]; . . . obwohl du das
Wort Christi vernimmst: »Niemand kommt zu mir, es sei denn, der Vater ziehe
ihn« [Joh. 6,44], was sich im Herzen all derer abspielt, die sich aus Furcht vor dem
Zorn Gottes zu ihm bekehren . . .
(5,17) . . . Ursprünglich . . . war [auch] ich der Meinung, es dürfe niemand zur
Einheit Christi gezwungen werden, sondern man müsse es das Wort ausrichten
lassen, müsse den Kampf mittels der Auseinandersetzung führen und den Sieg
durch Vernunftgründe erringen, um nicht an denen, die wir als offenherzige Häretiker kannten, erheuchelte Katholiken zu haben! Allein, mit dieser Meinung
unterlag ich, und zwar nicht den Worten derer, die mir widersprachen; vielmehr
waren es die aufgezeigten Beispiele, die sie überwanden. An erster Stelle hielt man
mir nämlich das Beispiel meiner eigenen Stadt [Thagaste?] entgegen, die sich früher geschlossen zur Donatistenpartei hielt, nun aber aus Furcht vor den kaiserlichen Gesetzen[13] zur katholischen Einheit bekehrt wurde . . . Wie viele hielten die
Donatistenpartei deshalb für die wahre Kirche, weil [falsche] Sicherheit (securitas)
sie zur Erkenntnis der katholischen Wahrheit . . . träge gemacht hatte? Wie vielen
versperrten [falsche] Gerüchte von Lästerern die Tür zum Eintreten . . .? Wie
viele glaubten, es komme nicht darauf an, zu welcher Seite sich ein Christ halte,
und blieben deshalb bei der Partei des Donatus, weil sie dort geboren waren und
niemand sie nötigte, von dort zu weichen und zur katholischen Kirche überzutreten!
(5,16) [Wenn anders diesen Beispielen irgendwelche Beweiskraft zukommt, dann]
ist nicht entscheidend, daß einer überhaupt einem Zwang ausgesetzt, sondern
nur, wozu er gezwungen wird: ob es gut sei oder böse. Nicht als könne jemand gegen seinen Willen gut sein; wohl aber gibt er aus Furcht vor dem, was er nicht erleiden will, die Feindseligkeit auf, die ihm zuvor im Wege war, oder er sieht sich
gedrängt, die Wahrheit zu erkennen, die ihm zuvor unbekannt war, indem er aus
Furcht den früher unterstützten Irrtum ablegt oder der ihm früher unbekannten
Wahrheit nachfragt und so freiwillig annimmt, wozu er sich zuvor nicht verstehen
mochte . . .

y) Christentum und Eigentum (aus: Traktate über das Johannesevangelium 6,25.26, im Vergleich mit Brief 157,4,33)

Augustin setzt sich hier mit Klagen der Donatisten auseinander, denen Kaiser Honorius im Sinne der staatlichen Ketzergesetzgebung das kirchliche Eigentum abgesprochen hatte und die sich beschwerten, als seien sie durch die Katholiken beraubt worden. Aufgrund welchen Rechtes, so fragt Augustin die Gegner, werden hier Eigentumsansprüche geltend gemacht?

(6,25) . . . Kraft menschlichen oder göttlichen Rechts? . . . Das göttliche Recht besitzen wir in der Schrift, das menschliche in den Gesetzen der Könige. Wodurch also besitzt ein jeder das, was er besitzt? Doch offenbar kraft menschlichen Rechts. Denn nach göttlichem Recht »gehört die Erde dem Herrn samt allem, was darinnen ist« [Ps. 24(23),1]. Arme und Reiche hat Gott aus demselben Lehm gemacht, und Arme wie Reiche ernährt ein und dieselbe Erde. Kraft menschlichen Rechts aber sagt man: dieser Landbesitz (villa), dies Haus, dieser Sklave ist mein. Kraft menschlichen Rechts also, kraft kaiserlichen Rechts. Wieso? Weil Gott eben diese menschlichen Rechtssatzungen dem Menschengeschlecht mittels der Kaiser und Könige dieser Welt gegeben hat . . . Sage also nicht: Was geht mich der Kaiser an? . . . (26) . . . Denn [wenn du so redest,] was hast du dann mit dem Besitztum zu schaffen? [Allein] kraft königlichen Rechts gibt es überhaupt so etwas wie Besitzrechte (Per iura regum possidentur possessiones) . . .[14]

z) Christentum und Sklaverei (Über den Herrschaftsverband Gottes 19,15; Auslegungen zu den Psalmen 124,7)

(Üb.d.Herrsch.G.s 19,15) . . . Zu Recht . . . versteht man die Sklaverei (servitus) als einen erst dem Sünder auferlegten Stand (condicio). So lesen wir denn auch nirgends in den Schriften von einem Sklaven, bis der gerechte Noah seinen Sohn zur Strafe für seine Sünde [erstmals] mit diesem Namen belegte [Gen. 9,25] . . . Dazu [und mithin zur Herrschaft des Menschen über den Menschen] aber kam es gewiß nicht ohne göttliche Verfügung, bei dem es keine Ungerechtigkeit gibt und der den Verfehlungen der Menschen unterschiedliche Strafen zuzumessen weiß, je nach dem, wie sie es verdienen. Allein, wie der höchste Herr sagt: »Jeder, der Sünde tut, ist der Sünde Knecht« [Joh. 8,34]; darum sind auch gewiß viele Fromme ungerechten Herren dienstbar, die nicht [schon deshalb, weil sie Sklaven besitzen, auch] als Freie gelten können; »denn wovon einer überwältigt ist, dessen Sklave ist er geworden« [2. Petr. 2,19]. Und auf jeden Fall ist der glücklicher daran, der Sklave eines Menschen als der Begierde ist (Et utique felicius servitur homini quem libidini), da es, um von anderen Lüsten zu schweigen, gerade die Herrschsucht (libido dominandi) ist, die die Herzen der Sterblichen in grausamster Tyrannei verwüstet . . . Niemand aber ist von Natur aus, so, wie Gott ursprünglich den Menschen geschaffen hat, Sklave eines Menschen oder der Sünde. Gleichwohl ist in der als Strafe verhängten Sklaverei (poenalis servitus) ein ordnender Ausfluß desjenigen Gesetzes zu erblicken (ea lege ordinatur), das die natürliche Ordnung zu wahren gebietet und zu stören untersagt. Deshalb mahnt auch der Apostel die Sklaven, ihren Herren untertan zu sein und ihnen aufrichtig und gutwillig zu dienen [vgl. Eph. 6,5], auf daß sie, wenn sie schon von ihren Herren nicht die Freiheit erlangen können, ihre Sklaverei gewissermaßen selbst in Freiheit verwandeln, indem sie nicht in arglistiger Furcht, sondern in treuer Liebe dienen, bis die Bosheit vergeht und jegliche Herrschaft und menschliche Gewalt abgetan wird und Gott ist alles in allem [vgl. 1. Kor. 15,24.28].

(Ausl.z.d.Ps.124,7) . . . Siehe, er [Christus] hat nicht aus Sklaven Freie, sondern aus schlechten Sklaven gute Sklaven gemacht (Ecce non fecit de servis liberos, sed de malis servis bonos servos) . . .

Quellen: M. Skutella, S. Aureli Augustini Confessionum libri XIII, BT, 1934 (Nachdr. 1969); A. Goldbacher, S.A. Augustini Hippon. episc. Epistulae, CSEL 34.44.57 f., 1895–1923; A. Hamman, MPLS 2,1960, Sp. 398 ff. (echte Sermones); L. Verheijen, La règle de s. Augustin, 2 Bde., Paris 1967; W.M. Green, S.A. Augustini . . . De doctrina christiana libri quattuor, CSEL 80, 1963; J. Zycha, S.A. Augustini . . . Contra epistulam Fundamenti . . ., CSEL 25, 1891; M. Petschenig, S.A. Augustini Scripta contra Donatistas, 1.2, CSEL 51 f., 1908 f.; R. Willems, S.A. Augustini in Johannis evangelium tractatus CXXIV, CChr SL 36,1954; C.F. Urba – J. Zycha, S.A. Augustini . . . De spiritu et littera . . . De natura et gratia . . ., De praedestinatione sanctorum . . ., CSEL 42.60, 1913; A. Wolfhard – G. Krüger, Augustin. De catechizandis rudibus, SQS 4, 2. Aufl. 1893; E. Hoffmann, S.A. Augustini ep. De civitate dei libri XXII, CSEL 40,1.2, 1899 f.; E. Dekkers – J. Fraipont, S.A. Augustini Enarrationes in psalmos CI–CL, CChr SL 40,1956. – *Literatur:* F. van der Meer, Augustinus der Seelsorger, 1958; P. Brown, Augustinus von Hippo, 1973; R. Lorenz, Zwölf Jahre Augustinusforschung (1959–1970), in: ThR 38,1973/4, S. 292 ff.; 39, 1974/5, S. 95 ff., 253 ff., 331 ff.; 40, 1975/6, S. 1 ff., 97 ff., 227 ff.; C. Andresen, Zum Augustingespräch der Gegenwart, Bd. 1, 2. Aufl. 1976; Bd. 2 (im Erscheinen).

1. Drastisch-plastischer Ausdruck für die manichäische Auffassung, daß nicht nur der Mensch Lichtträger und daran gegebenenfalls durch Verkündigung der Gnosis zu erinnern ist, sondern daß auch etwa Pflanzen und Tieren Licht beigemengt ist und daraus herausgeläutert werden muß, was aber nur durch den Körper tugendhafter Menschen geschehen kann.

2. Augustin war also, wohl vor allem wegen nie zu überwindender letzter Vorbehalte, zu keiner Zeit Vollmitglied (electus) des Manichäismus, sondern gehörte ihm nur als »Hörer« (auditor) an.

3. Dabei handelte es sich wohl vor allem um von Marius Victorinus übersetzte Schriften des Porphyrius sowie einige Plotintraktate.

4. Damit stimmt fast wörtlich überein, was in der Augustinregel über die Aufgaben des Abtes bzw. »Vorstehers« gesagt wird (s. unten Abschnitt h).

5. Unter den drei in Frage kommenden, unter Augustins Namen überlieferten Texten (s. dazu R. Lorenz, ThR 40, 1975/6, S. 244 ff.) wird im folgenden der als »regula tertia«, »regula Augustini« oder »Praeceptum« bezeichnete (nach der jetzt maßgeblichen Ausgabe von L. Verheijen = MPL 32, 1377–1384) zitiert.

6. Die hermeneutischen praecepta, die dann in der Schrift selbst entwickelt werden und von denen sich Augustin verspricht, daß sie »ohne allen Irrtum zum verborgenen Schriftsinn (occultus sensus) gelangen oder doch wenigstens nicht auf eine abgeschmackte und verkehrte Ansicht verfallen« lassen (18), basieren – als hermeneutischem Grundschema – auf der Unterscheidung von »Zeichen« (signum) und »Sache« (res). Von den als Gegenstand der Unterweisung aus der Schrift zu erhebenden »Sachen« handelt Buch 1; es sind: der dreieinige Gott, Christus, die Kirche, das Doppelgebot der Liebe, welches zugleich – neben der Glaubensregel – als Kriterium dafür dient, was in der Schrift wörtlich, was figürlich zu verstehen ist. Das 2. Buch handelt von den »Zeichen«, d.h. Worten und Begriffen, zu deren Erklärung, sofern sie unbekannt sind, die profanen Wissenschaften (artes liberales) herangezogen werden müssen. Buch 3 ist der Frage gewidmet, wie die bei den – »eigentlichen« wie »übertragenen« – Zeichen vorkommenden Zweideutigkeiten (ambigua) verstehend zu durchdringen sind, wie sich also das mit dem betreffenden Bibelwort eigentlich Gemeinte feststellen läßt. Buch 4 endlich bietet eine Homiletik bzw. Rhetorik.

7. Bei der Ergänzung des hermeneutischen Teils seiner 397 mitten in Buch 3 abgebrochenen Schrift De doctrina christiana hat sich Augustin i. w. damit begnügt, ein kritisches, wenn auch weitgehend zustimmendes Referat der 7 Regeln anzuhängen, die der Reformdonatist Tyconius in seinem um 380 verfaßten Liber regularum, dem ersten lateinischen Kompendium der biblischen Hermeneutik, aufgestellt hatte.

8. Cicero, Über den Staat 1,39.

9. Cicero, Zugunsten des Q. Ligarius 12,35.

10. Romulus, nach der Romsage Gründer der Stadt; Numa Pompilius, nach derselben Sage zweiter

König und maßgeblicher Gesetzgeber Roms; L. Iunius Brutus (um 500 v. Chr.) gilt als Begründer der römischen Republik und Urheber folgenreicher staatsrechtlicher wie sakraler Neuerungen.

11.   Offensichtlich eine Anspielung auf Theodosius' I. Bußakt von Mailand (s. oben Nr. 86e m.A.2).

12. Angeredet ist Augustins Freund Vincentius, inzwischen Bischof der Rogatistensekte innerhalb des Donatismus.

13. Seit 404 ergingen wiederholt Petitionen der afrikanischen Katholiken, an denen auch Augustin beteiligt war, an den Kaiserhof und verlangten verschärfte Maßnahmen gegen die donatistischen Schismatiker. Die daraufhin erlassenen Gesetze hatten zum Inhalt: Ausweisung für den donatistischen Klerus, Geldstrafen für renitente Laien und Enteignung der Kirchen zugunsten der Katholiken. Erst recht verstärkte sich der staatliche Druck nach dem für die Katholiken günstigen Ausgang des Religionsgespräches von Karthago (Juni 411) und führte innerhalb eines Jahrzehnts praktisch zur Zerschlagung des Donatismus. Doch gerade jetzt meldete sich Augustin mäßigend zu Wort (vgl. z.B. Brief 133 v. J. 412), so daß er, trotz allem, kaum als »Vater der Inquisition« betrachtet werden kann.

14.   Vgl. zu Augustins Eigentumsauffassung, nach der also nur im Sinne menschlichen (»positiven«), nicht göttlichen Rechts [Privat-]Eigentum als legitim zu gelten hat, auch etwa Brief 157. Danach sieht Augustin den Verzicht auf Eigentum als eine ideale Betätigung christlicher Gesinnung an, wie sie schon in der Urgemeinde, die auch er sich »kommunistisch« strukturiert denkt, verwirklicht wurde, behält jedoch jene »rühmlichste Vollkommenheit« besonders »Hochgesinnten«, d.h. wohl Klerikern und Mönchen, vor (vgl. auch oben die Auszüge aus der Augustinregel, Abschnitt h). Für die übrigen Kirchenglieder, die sich nicht dazu aufzuschwingen vermögen, den »Rat der Vollkommenheit« anzunehmen, aber doch dessen eingedenk bleiben, daß sie wahrhaft Christen sind, ist das Almosengeben, die freiwillige Liebestätigkeit, die einzige Praktizierung dieses »Kommunismus« (s. bes. Br. 157,4,33).

92. Pelagius

Augustins Gnadenlehre stieß auf den Widerspruch des Pelagius (ca. 354–420), der, aus Britannien stammend, um 384 in Rom auftauchte und sich dort als Asket und Bibelausleger großes Ansehen erwarb, ehe er 410 vor den Westgoten nach Afrika floh und hier mit seiner Sünden- und Gnadenlehre mit derjenigen Augustins in Konflikt geriet (Verurteilung seiner Hauptlehren durch das Konzil von Karthago 418). Es war wohl in erster Linie ein asketisch-moralisches Interesse, das ihn gegen Augustin auf der Möglichkeit eines tugendhaften Lebens und der Verdienstlichkeit des frommen Werkes insistieren und dafür nach einer theologischen Grundlage Ausschau halten ließ.

a) Aus der »Erklärung der Paulusbriefe« (Expositiones XIII epistularum Pauli)

(Zu Röm.3,28) . . . Einige mißbrauchen diese Stelle zur Aufhebung (destructio) der Werke der Gerechtigkeit, indem sie behaupten, allein der Glaube vermöge [dem Getauften] zu genügen, während doch derselbe Apostel andernorts sagt: »Und wenn ich allen Glauben besäße, . . . habe aber die Liebe nicht, so ist's mir nichts nütze« [1. Kor. 13,2], [jene Liebe,] in der, wie er an einer anderen Stelle beteuert, die Erfüllung des Gesetzes beschlossen liegt . . . [Röm. 13,10]. Wenn dies der gegnerischen Auffassung also offensichtlich widerspricht, an welche [Gesetzes-]Werke hat man dann bei der Aussage des Apostels zu denken, daß ohne sie der Mensch gerechtfertigt werde durch Glauben? Natürlich an so etwas wie Beschneidung, Sabbat[heiligung] u.ä.m., nicht aber an Werke der Gerechtigkeit, von denen der selige Jakobus sagt: »Der Glaube ohne Werke ist tot« [Jak. 2,26]. Hier aber spricht er [Paulus] von demjenigen, der, zu Christus kommend, am Anfang seines Glaubensweges allein durch Glauben gerettet wird (qui ad Christum veniens sola, cum primum credit, fide salvatur). Indem er aber beifügt: »Werke des *Gesetzes*«, macht er klar, daß es auch Gnadenwerke (gratiae opera) gebe, [die die Getauften zu tun schuldig sind].

(Zu Röm. 5,12) »Wie deshalb durch einen Menschen die Sünde in diese Welt ihren Einzug hielt und durch die Sünde der Tod.« Aufgrund des Beispiels oder Vorbildes (Exemplo vel forma). Wie nämlich die Sünde durch Adam aufkam, während es sie vordem nicht gab, so ist auch die Gerechtigkeit, als sie sich fast bei niemandem mehr fand, durch Christus wiederhergestellt worden; und wie durch jenes Sünde der Tod seinen Einzug hielt, so ist auch durch die Gerechtigkeit dieses das Leben erneuert worden. »Und so ging [der Tod] auf alle über, [von dem her,] in welchem alle gesündigt haben« (in quo omnes peccaverunt). Indem sie nämlich solchermaßen sündigen, sterben sie auch auf die gleiche Weise. Denn der Tod ist nicht auf Abraham, Isaak [und Jakob] übergegangen [, von denen ja der Herr sagt: »Denn sie alle leben ihm« (Lk. 20,38)]. Hier aber bezeichnet er [Paulus] darum alle als tot, weil inmitten der Menge der Sünder die wenigen Gerechten nicht ausgenommen werden . . . [ähnlich wie Ps. 13,1; 115,11]. Oder [so ließe sich die Stelle auch deuten:] er [der Tod] ist auf alle die übergegangen, die nach menschlicher, nicht himmlischer Art (ritus) lebten.

(Zu Röm. 8,29) »[Denn] welche er zuvor erkannte.« Demgemäß ist es sein Vorsatz, diejenigen allein durch Glauben zu retten, von denen er im voraus gewußt hat, daß sie glauben würden; und die er umsonst (gratis) zum Heil berufen hat, die wird er um so mehr verherrlichen, wenn sie [auf ihr Heil hin] wirken. »Und hat sie dazu vorherbestimmt, daß sie gleichgestaltet seien dem Bild [der Herrlichkeit] seines Sohnes.« Vorherbestimmen ist dasselbe wie Vorherwissen (Praedestinare idem est quod praescire). Von welchen er also voraussah, daß sie in ihrem Leben[swandel] gleichgestaltet sein würden [dem Bilde seines Sohnes], die wollte er auch zur Gleichförmigkeit [mit seinem Sohne] in Herrlichkeit gelangen lassen; denn »er wird unsern Leib der Niedrigkeit verwandeln zur Gleichförmigkeit mit dem Leibe seiner Herrlichkeit« [vgl. Phil. 3,21] . . .

(Zu Röm. 9,16) . . . Läge es [wirklich] nicht an unserem Wollen und Laufen, wie einige meinen, warum beeilte sowohl er [Paulus] selbst sich zu sagen: »Ich habe den Lauf vollendet« [2. Tim. 4,7], als er auch andere zu laufen ermahnte mit den Worten: »Lauft so, daß ihr alle [den Kampfpreis] erlangt« [1. Kor. 9,24]? Daraus wird ersichtlich, daß er sich hier eher eines Ausdrucks des Fragenden . . . als des Leugnenden bedient. [Oder er will sagen: So liegt es nicht *nur* an unserem Wollen und Laufen, sondern auch an der Hilfe des Herrn (Ita non volentis neque currentis tantum, sed et domini adiuvantis)].

b) Der Beginn der Kontroverse mit Augustin (nach Augustin, Über die Gabe der Beharrlichkeit 20,53)

Welches meiner Werke . . . hat allgemeiner bekannt werden und mehr Freunde finden können als die Bücher meiner »Bekenntnisse«? Obwohl ich auch diese bereits vor dem Auftreten der pelagianischen Irrlehre herausgab, habe ich darin zu unserem Gott in der Tat gesagt, und zwar zu mehreren Malen: »Gib, was du befiehlst, und befiehl, was du willst« (Da quod iubes, et iube quod vis)[1]. Als diese meine Worte von einem meiner Brüder und Mitbischöfe in Rom in Gegenwart des Pelagius erwähnt wurden, konnte sie dieser nicht ertragen, sondern widersprach ziemlich erregt und geriet beinahe mit demjenigen in Streit, der sie erwähnt hatte . . .

c) Die Lehre von der Willensfreiheit nach der Schrift »Vom freien Willen« (bei Augustin, Über die Gnade Christi und die Erbsünde, 4,5)

Wir unterscheiden jene drei [Kräfte: Möglichkeit, Willen und Tat], indem wir sie sozusagen in eine bestimmte Reihenfolge bringen, folgendermaßen: An die erste Stelle setzen wir das Können (posse), an die zweite das Wollen (velle), an die dritte Stelle das Sein (esse). Das Können verlegen wir in die Natur, das Wollen in unsere Entscheidungskraft (arbitrium), das Sein in das Vollführen (effectus). Das erste Vermögen, nämlich das Können, gebührt im eigentlichen Sinne (proprie) Gott, der es seiner Kreatur [aus Gnaden] verliehen hat; die beiden anderen dagegen, d.h. Wollen und Sein, sind auf den Menschen zu beziehen, weil sie der Quelle seiner freien Entscheidung entspringen. Also besteht das Lob des Menschen in seinem Wollen und Tun des Guten; oder vielmehr, es gebührt dies Lob sowohl dem Menschen als auch Gott, der ja die Möglichkeit eben dieses Wollens und Tuns verliehen hat und diese Möglichkeit ständig mit seiner Gnadenhilfe (gratiae suae . . . auxilium) unterstützt. Daß aber der Mensch überhaupt das Gute wollen und vollbringen kann, ist allein Gottes Werk . . .; daß wir in rechter Weise handeln, reden oder denken, ist hingegen unser Werk, da wir all dies auch zum Bösen wenden können. Darum loben wir . . ., wenn wir sagen, der Mensch könne sündlos sein, zugleich Gott, . . . dessen Freigebigkeit wir dies Können verdanken; auch ist hier keinerlei Gelegenheit zum Preis des Menschen, wo es allein um eine Sache Gottes geht. Steht doch [im Augenblick] weder das Wollen, noch das Sein, sondern allein dies zur Debatte, was sein *kann*.

Quellen: A. Souter, Pelagius's Expositions of thirteen epistles of St. Paul, II, Cambridge 1926; A. Zumkeller, Die Gabe der Beharrlichkeit, in: Aurelius Augustinus. Schriften gegen die Semipelagianer (lat.-dt.), hg. v. A. Kunzelmann – A. Zumkeller, 1955; C.F. Urba – J. Zycha, S.A. Augustini . . . De gratia Christi et de peccato originali . . ., CSEL 40; 1913. – *Literatur:* G. de Plinval. Pélage. Ses écrits, sa vie et sa réforme, Lausanne 1943; T. Bohlin, Die Theologie des Pelagius und ihre Genesis, 1957; J. Ferguson, Pelagius. A historical and theological study, London 1957; R.F. Evans, Pelagius. Inquiries and Reappraisals, New York 1968; G. Greshake, Gnade als konkrete Freiheit. Eine Untersuchung zur Gnadenlehre des Pelagius, 1972.
1. Bekenntnisse 10, 29.31.37; vgl. auch oben Nr. 91p.

93. Zur Geschichte der christologischen Streitigkeiten des 5. bis 7. Jahrhunderts

In den Ende des 3. Jahrzehnts des 5. Jahrhunderts (nach bedeutsamen Vorspielen im 4.) offen ausgebrochenen und erst nach mehr als zweihundertjähriger Dauer – um den Preis wesentlicher Einbußen für den Bestand der byzantinischen Reichskirche nicht nur, sondern auch der byzantinischen Herrschaft! – beendeten christologischen Streitigkeiten ist oftmals nur der Machtkampf zwischen den Inhabern der Bischofsstühle von Alexandrien, Antiochien, Konstantinopel und Rom um die Vorherrschaft in der Reichskirche gesehen worden. Daneben machte sich aber geltend, daß sich hier zwei theologische Richtungen ohne Kompromißbereitschaft gegenüberstanden. D.h. der christologische Streit war in einem wesentlich stärkeren Ausmaß als der trinitätstheologische ein ausgesprochener theologischer Schulstreit (antiochenische – alexandrinische Schule)! Wären schließlich zu den gelehrten nicht auch ganz elementare religiöse Motive und Interessen hinzugekommen, so vermöchte man wohl seine Heftigkeit, aber kaum seine Resonanz in breiten Bevölkerungsschichten, nicht zuletzt in Kreisen des östlichen Mönchtums, zu verstehen, für die gewiß mehr auf dem Spiel stand als nur die populäre Anschauung von der »Gottesmutterschaft« Mariens. Diese Interessen aufzuspüren, wäre also eine ebenso wichtige Verstehensvoraussetzung wie die Kenntnis der konkurrierenden Formeln und Terminologien. – In seiner ersten Phase allerdings (dem sog. »nestorianischen Streit«, 428–431) hatte sich der Konflikt in der Tat daran entzündet, daß 428 in dem Mönch Nestorius ein Vertreter der antiochenischen Schule auf den Patriarchenstuhl in Konstantinopel gelangte und alsbald in einen bereits schwelenden Streit um den volkstümlichen Theotokostitel für Maria eingriff. Deswegen in Alexandrien und Rom angezeigt, bot er mit diesem dogmatischen Anlaß dem streitbaren Alexandriner Kyrill zugleich die willkommene Gelegenheit, um mit Unterstützung Roms seine Macht zu festigen und den Sturz des Nestorius zu betreiben.

a) Aus den Predigten des Nestorius (Sermones 9. 12 [Loofs, S. 262. 280])
(Serm. 9) . . . Um des Tragenden willen ehre ich den Getragenen; um des Verborgenen willen bete ich den Sichtbaren an. Untrennbar von dem Sichtbaren ist Gott; darum trenne ich nicht die Ehre dessen, der sich [selbst] nicht trennt. Ich trenne die Naturen (φύσεις), eine aber die Anbetung . . . Nicht ist an sich (καθ᾽ ἑαυτό) Gott, was im Mutterleib gebildet . . ., nicht ist an sich Gott, was im Grabe bestattet ward; denn dann wären wir offensichtliche Menschenanbeter und Totenverehrer. Weil vielmehr in dem Angenommenen Gott ist, trägt der Angenommene, da mit dem Annehmenden geeint, von dem Annehmenden her mit ihm zusammen die Bezeichnung ›Gott‹ (συγχρηματίζει θεός) . . .
(Serm. 12) Die Einheit der Naturen ist nicht getrennt, sondern die οὐσίαι derer, die geeint sind, sind getrennt . . . Christus ist unteilbar in dem Christussein, er ist aber doppelt in dem Gott- und Menschsein; er ist einfach in der Sohnschaft, in dem [aber], welcher angezogen hat, und in dem, welcher angezogen ist, doppelt. In dem πρόσωπον des Sohnes[1] ist er ein einziger, aber wie mit zwei Augen, geschieden in den Naturen der Menschheit und Gottheit. Denn wir kennen nicht zwei Christi oder zwei Söhne und Eingeborene und Herren, nicht einen anderen und einen anderen [griech. wohl: ἄλλος καὶ ἄλλος] Sohn, . . . sondern einen und denselben, der erblickt worden ist in geschaffen und ungeschaffener Natur . . .

b) Aus dem 2. Brief Kyrills an Nestorius vom Januar/Februar 430 (Schwartz ACO I,1,1, S. 25–28)
(3) . . . [Den Worten und Lehren des Nicaenum[2]] müssen auch wir folgen und dabei wohl bedenken, was es bedeute, daß der aus Gott [stammende] Logos »Fleisch und Mensch geworden« ist. Wir sagen nämlich nicht, die Natur des Logos sei erst aufgrund einer Verwandlung (μεταποιηθεῖσα) Fleisch geworden, auch nicht, sie sei in einen ganzen, aus Seele und Leib bestehenden Menschen umgewandelt worden; wir behaupten vielmehr: Der Logos hat auf unaussprechliche und unergründliche Weise mit einer Vernunftseele beseeltes Fleisch[3] mit sich hypostatisch (καθ᾽ ὑπόστασιν) geeint[4], ist so Mensch geworden und hat den Namen ›Menschensohn‹ erhalten, aber nicht bloß nach [seinem eigenen] Willen und Wohlgefallen, auch nicht so, als hätte er zusätzlich ein bloßes πρόσωπον angenommen, sondern beide zu einer wirklichen Einheit zusammengeschlossenen Naturen sind wohl verschieden, und doch ist aus beiden *ein* Christus und Sohn geworden . . .
(6) In diesem Sinne also werden wir *einen* Christus und Herrn bekennen. Dabei beten wir nicht einen Menschen zusammen mit dem Logos an, damit nicht durch das Wort »mit« (σύν –) sich der Gedanke an eine Scheidung einschleiche, sondern wir beten ihn als einen und denselben an . . . So wir aber die hypostatische Einung als unverständlich und unziemlich ablehnen, verfallen wir darauf, von zwei Söhnen zu reden . . . (7) . . . Genau so haben, wie wir finden werden, die heiligen Vä-

ter gedacht, weshalb sie sich auch die Freiheit nahmen, die heilige Jungfrau Gottgebärerin (θεοτόκος) zu nennen, nicht als hätte die Natur des Logos oder seine Gottheit aus der Jungfrau ihren Ursprung genommen, sondern weil aus ihr der heilige mit einer Vernunftseele ausgestattete Leib geboren wurde, mit dem sich der Logos hypostatisch geeint hat, so daß man sagen konnte, er sei dem Fleische nach geboren worden . . .

c) Aus dem 2. Brief des Nestorius an Kyrill vom 15. Juni 430 (ebenda S. 29–32)

(2) . . . Betrachte einmal, wenn es dir beliebt, die Aussagen [des Nicaenum] genauer, so wirst du finden, daß jener göttliche Väterchor nicht die [mit dem Vater] wesenseine Gottheit [des Sohnes] leidensfähig genannt und behauptet hat, die dem Vater gleichewige [Gottheit] sei erst vor kurzem geboren worden – oder sie, die ihren zerstörten Tempel auferweckt hat, sei selbst von den Toten auferstanden . . . (3) . . . Beachte [vielmehr], wie sie [die Väter von Nizäa] zuerst ›Herr‹ und ›Jesus‹ und ›Christus‹ und ›Eingeborener‹ und ›Sohn‹, also die gemeinsamen Namen für Gottheit und Menschheit als Grundsteine setzen und dann darauf die Überlieferung von der Menschwerdung und dem Leiden und der Auferstehung bauen, um . . . [auf diese Weise] einerseits die Trennung der auf Sohnschaft und Herrenwürde bezüglichen Prädikate zu vermeiden und andererseits der Gefahr zu begegnen, daß man die Eigentümlichkeiten der Naturen verschwinden und in der einen einzigen Sohnschaft (ἐν τῷ τῆς υἱότητος μοναδικῷ) aufgehen läßt. (7) . . . Überall da, wo die göttliche Schrift das Heilswerk (οἰκονομία) des Herrn erwähnt, schreibt sie Geburt und Leiden nicht der Gottheit, sondern der Menschheit zu, so daß, will man sich ganz genau ausdrücken, die heilige Jungfrau »Christus«-, nicht »Gottgebärerin« (Χριστοτόκος, οὐ θεοτόκος) heißen muß . . . Es ist also zutreffend und den evangelischen Überlieferungen angemessen, zu bekennen, der Leib (σῶμα) sei der Tempel der Gottheit des Sohnes, ein Tempel, der [mit ihm] in einer unüberbietbaren, göttlichen Verbindung (συνάφεια) derart geeint ist, daß die Natur der Gottheit sich das zueigen macht (οἰκειοῦσθαι), was dieses Tempels ist. Will aber jemand unter den Begriff der Zueignung (οἰκειότης) auch die Eigentümlichkeiten des [dem Logos] verbundenen Fleisches: Geburt, Leiden und Tod, mit einbeziehen (προστρίβειν), so zeugt dies, mein Bruder, von einer durch griechisches Denken irregeleiteten oder vom Wahnsinn des Apollinaris und Arius . . . infizierten Sinnesart . . . Die sich nämlich durch den Begriff der Zueignung hierzu verleiten lassen, sind dann auch genötigt zu sagen, der Gott Logos habe am Stillen [des Jesuskindes] und an seinem allmählichen Heranwachsen partizipiert, habe im Augenblick der Passion Angst gehabt und der Hilfe eines Engels bedurft. Ganz zu schweigen von Beschneidung, Darstellung [im Tempel (θυσία)], Schweiß und Hunger, was alles, als dem Fleisch um unseretwillen widerfahren, gewiß anbetungswürdig ist; es aber seiner Gottheit zuzuschreiben, wäre eine Lüge und zöge uns mit Recht die Anklage auf Verleumdung zu . . .

d) Aus den Anathematismen Kyrills gegen Nestorius (ebenda S. 40–42)

Die Antwort auf diesen dogmatisch besonders wichtigen Nestoriusbrief erfolgte in Gestalt eines umfänglichen Schreibens einer alexandrinischen Synode vom November 430. Ihm sind 12 Anathematismen beigefügt, die bündig aussprechen sollten, was Nestorius zu verurteilen habe, wenn er selbst der Verurteilung entgehen wolle, wie sie ihm auch bereits durch eine römische Synode unter Coelestin wenige Monate zuvor angedroht worden war. – Den Antiochenern besonders anstößig, war es gerade dieser 17. Brief aus der Korrespondenz Kyrills, auf den sich die Gegner einer »Zwei-Naturen«-Christologie immer wieder beriefen.

(1) Wer nicht bekennt, daß der Immanuel [vgl. Jes. 7,14] in Wahrheit Gott und die heilige Jungfrau deshalb Gottgebärerin ist, weil sie den aus Gott stammenden, Fleisch gewordenen Logos geboren hat, der sei verdammt.

(2) Wer nicht bekennt, daß der aus Gott dem Vater stammende Logos mit dem Fleisch hypostatisch geeint und Christus mitsamt dem ihm eigenen Fleisch einer ist, nämlich als derselbe zugleich Gott und Mensch, d.s.v.

(3) Wer nach erfolgter Einung (ἕνωσις) in dem einen Christus die Hypostasen unterscheidet und sie durch bloße Verbindung (συνάφεια) der Würde, Macht oder Herrschaft nach verbindet und nicht vielmehr durch eine Vereinigung (σύνοδος) im Sinne einer physischen Einung (καθ᾽ ἕνωσιν φυσικήν), d.s.v.

(4) Wer die Aussagen der Evangelien und Apostelschriften, mögen sie die Heiligen von Christus machen oder er von sich selbst, auf zwei Personen (πρόσωπα) oder Hypostasen verteilt und die einen dem gewissermaßen als neben dem aus Gott stammenden Logos stehend und von ihm unterschieden (ἰδικῶς) gedachten Menschen, die anderen als gottgeziemend nur dem Logos aus Gott dem Vater zuschreibt, d.s.v.

(5) Wer zu behaupten wagt, Christus sei ein Gott in sich tragender Mensch (θεοφόρος ἄνθρωπος), und nicht vielmehr bekennt, daß er als einziger und natürlicher Sohn in Wahrheit Gott ist, sofern der Logos nach den Schriften Fleisch wurd. s.v.

(11) Wer nicht bekennt, daß das Fleisch des Herrn lebenspendend und das eigene Fleisch des aus Gott dem Vater stammenden Logos ist, sondern behauptet, es sei das Fleisch irgendeines anderen, mit ihm der Würde nach verbundenen oder nur einer göttlichen Einwohnung (ἐνοίκησις) teilhaftig gewordenen Menschen, . . . der d.s.v.

(12) Wer nicht bekennt, daß der Logos Gottes am Fleische gelitten hat, mit dem Fleische gekreuzigt worden ist, am Fleische den Tod geschmeckt hat und der »Erstgeborene aus den Toten« [Kol. 1,18] geworden ist, sofern er als Gott Leben und Lebenspender ist, d.s.v.

e) Die Unionsformel von Ephesus 433 (ebenda I,1,4, Nr. 123,3 = 127,5)

Obwohl es Kyrill auf raffinierte Weise gelang, auf dem Konzil von Ephesus 431 die Verurteilung des Nestorius und das Bekenntnis zur Theotokos durchzusetzen, blieb auch ihm der Weg des Kompromisses nicht erspart. Von Rom wie vom byzantinischen Hof bedeutet, den Ausgleich mit den verständigungsbereiten Antiochenern zu suchen, erklärte er sich bereit, eine von Johannes von Antiochien vorgelegte Unionsformel betreffs »des Redens und Denkens über die jungfräuliche Gottesmutter und die Art der Menschwerdung des eingeborenen Sohnes Gottes« zu unterzeichnen, die folgenden Wortlaut hat:

Wir bekennen . . . unseren Herrn Jesus Christus, den eingeborenen Sohn Gottes, als vollkommenen Gott und vollkommenen Menschen aus Vernunftseele und Leib (θεὸν τέλειον καὶ ἄνθρωπον τέλειον ἐκ ψυχῆς λογικῆς καὶ σώματος). Vor den Zeiten aus dem Vater der Gottheit nach geboren, ist derselbe am Ende der Tage um unseret- und um unseres Heiles willen aus Maria, der Jungfrau, der Menschheit nach [hervorgegangen], mit dem Vater wesenseins der Gottheit nach und als derselbe mit uns wesenseins der Menschheit nach. Denn es ist eine Einung zweier Naturen (δύο . . . φύσεων ἕνωσις) erfolgt, weshalb wir auch *einen* Christus, einen Sohn, einen Herrn bekennen. Diesem Begriff der unvermischten Einung (ἀσύγχυτος ἕνωσις) entsprechend bekennen wir die heilige Jungfrau als Gottesmutter, weil der Gott Logos Fleisch und Mensch geworden ist und vom Augenblick der

Empfängnis an den aus ihr genommenen Tempel mit sich geeint hat. Wir wissen aber, daß die Theologen die evangelischen und apostolischen Aussagen über den Herrn teils als auf eine Person (πρόσωπον) gehend [auf beide Naturen] gemeinsam beziehen, teils als auf zwei Naturen sich beziehend trennen. Dabei gelten ihrer Überlieferung zufolge die gottgeziemenden Prädikate von der Gottheit Christi, die Niedrigkeitsaussagen hingegen von seiner Menschheit.

f) Aus dem »Lehrbrief an Flavian« Papst Leos d. Gr. (ebenda II, 2,1, S. 24–33)

Als in den vierziger Jahren des 5. Jahrhunderts der Archimandrit (Großabt) Eutyches in Konstantinopel den im Ephesus erzielten Kompromiß mit der Behauptung gefährdete, nur *vor* der Menschwerdung sei zwischen einer göttlichen und einer menschlichen Natur zu unterscheiden, nach ihrer Einung hingegen habe die göttliche Natur des Erlösers die menschliche in sich aufgesogen, und Kyrills Nachfolger, Dioskur von Alexandrien (444–451), sich auf seine Seite schlug, griff der römische Bischof Leo I. (440–461) mit einem vom 13. Juni 449 datierenden ausführlichen Lehrschreiben an Flavian von Konstantinopel in den neu aufflammenden Lehrstreit (den sog. »eutychianischen Streit«, 448–451) ein, und zwar in einer Weise, daß sich Nestorius in seinen wesentlichen Anliegen verstanden fühlen konnte[5]. Es heißt darin u.a.:

(2) . . . Man darf . . . jene einzigartig wunderbare und wunderbar einzigartige Geburt [vgl. Lk. 1,35] nicht so auffassen, als wäre durch die Analogielosigkeit (novitas) d[ies]er Geburt [›Erschaffung‹] die Eigentümlichkeit (proprietas) der [menschlichen] Art (genus) [des Jungfrauensohnes] beseitigt worden. Denn wohl gab der Hl. Geist der Jungfrau die Fruchtbarkeit; dennoch wurde ein wirklicher Leib aus ihrem Leibe genommen . . . (3) Die Eigentümlichkeiten beider Naturen blieben also gewahrt und verbanden sich zu *einer* Person (salva igitur proprietate utriusque naturae et in unam coeunte personam), als von der Majestät die Niedrigkeit, von der Kraft die Schwachheit, von der Ewigkeit die Sterblichkeit angenommen wurde. Um unsere Schuld zu tilgen, wurde die unverletzliche Natur vereinigt mit der leidensfähigen. Wie es zu unserer Rettung notwendig war, sollte ein und derselbe Mittler (mediator) zwischen Gott und Menschen, der Mensch Christus Jesus [vgl. 1. Tim. 2,5], einerseits sterben, andererseits aber auch nicht sterben können. In der unversehrten und vollkommenen Natur eines wahren Menschen ist daher der wahre Gott geboren, vollkommen in dem Seinen, vollkommen in dem Unsern. Das Unsere nennen wir das, was der Schöpfer ursprünglich in uns erschaffen und was er wiederherzustellen (quae reparanda) übernommen hat . . . [D.h.:] Er hatte teil an unseren Schwachheiten, nicht aber an unseren Sünden. Er nahm Knechtsgestalt (forma servi) an, ohne sich mit unseren Sünden zu beschmutzen, und erhöhte das Menschliche (humana augens), ohne das Göttliche zu mindern. War doch jene Selbstentäußerung, durch die der Unsichtbare sichtbar wurde und der Herr aller Dinge einer der Sterblichen sein wollte, eine Herablassung (inclinatio) des Erbarmens und nicht eine Minderung der Macht. So wurde der, der, in Gottes Gestalt (forma dei) verbleibend, den Menschen gemacht hat, Mensch in Knechtsgestalt. Jede Natur nämlich bewahrt ihre Eigentümlichkeit unversehrt (tenet enim sine defectu proprietatem utraque natura) . . . (4) So tritt denn der Sohn Gottes in diese Welt ein und steigt von seinem himmlischen Thron herab, ohne dabei die Herrlichkeit seines Vaters zu verlassen . . . Derselbe, der wahrer Gott ist, ist zugleich wahrer Mensch (qui enim verus est deus, idem verus est homo) . . . Wie Gott nicht verändert wird durch sein Erbarmen [in der Erniedrigung], so wird auch der Mensch [in Jesus Christus] durch die [göttliche] Würde nicht verschlungen. Jede der beiden Naturen [›Gestalten‹] vollbringt [vielmehr] in

Gemeinschaft mit der anderen, was ihr eigentümlich ist (agit enim utraque forma [sc. dei et servi] cum alterius communione quod proprium est) . . . (5) Wegen dieser Einheit der Person also, die man sich bei beiden Naturen denken muß, steht geschrieben, der Menschensohn sei vom Himmel gestiegen [vgl. Joh. 3,13], während es doch der Gottessohn war, der von der Jungfrau, aus der er geboren wurde, Fleisch angenommen hat; und wiederum wird gesagt, der Sohn Gottes sei gekreuzigt worden und begraben, während er doch . . . in der Schwachheit seiner *menschlichen* Natur gelitten hat . . .

g) Die christologische Formel von Chalkedon 451 (ebenda II,1,2, S. 126–130)

Leos Eingreifen war zunächst kein Erfolg beschieden. Vielmehr gelang es Dioskur auf dem von Leo später sog. »Räuberkonzil« von Ephesus 449 (mit Unterstützung des Militärs und fanatisierter Mönchshaufen), Eutyches für rechtgläubig und Flavian für abgesetzt erklären zu lassen. Als jedoch im darauffolgenden Jahr Kaiser Theodosius II. starb, berief das neue Kaiserpaar zum Oktober 451 ein Konzil nach Chalkedon (am Ostufer des Bosporus) ein, die größte und glänzendste Kirchenversammlung in der Geschichte der alten Kirche überhaupt. – Dessen nach langem Widerstreben auf Drängen der kaiserlichen Beamten im Verein mit den päpstlichen Legaten schließlich beschlossene Lehrformel rezitiert zunächst die Bekenntnisse von Nizäa 325 und Konstantinopel 381, die eigentlich, wie in Ephesus beschlossen, ausreichend seien[6]. Doch um der neu aufgekommenen Irrlehren des Nestorius und des Eutyches willen habe es die Synode für richtig befunden, die »Synodalbriefe (συνοδικαὶ ἐπιστολαί) des seligen Kyrill . . . an Nestorius und die Orientalen«[7] samt dem Lehrbrief des Erzbischofs Leo von Rom als rechtgläubige Erläuterung des nizänischen Glaubens anzunehmen. Danach heißt es:

Den heiligen Vätern also folgend, lehren wir alle übereinstimmend, als einen und denselben Sohn (ἕνα καὶ τὸν αὐτὸν . . . υἱόν) unseren Herrn Jesus Christus zu bekennen. Derselbe ist vollkommen in der Gottheit und derselbe vollkommen in der Menschheit, zugleich wahrhaft Gott und wahrhaft Mensch aus Vernunftseele und Leib, mit dem Vater wesenseins der Gottheit nach und zugleich mit uns wesenseins der Menschheit nach, in jeder Hinsicht uns ähnlich, ausgenommen die Sünde. Vor den Zeiten aus dem Vater geboren der Gottheit nach, ist derselbe am Ende der Tage um unseretwillen und unseres Heiles wegen aus Maria der Jungfrau, der Gottgebärerin, der Menschheit nach [hervorgegangen]. [Wir bekennen ihn als] einen und denselben Christus, Sohn, Eingeborenen, in zwei Naturen[8] unvermischt, unverwandelt, ungetrennt, ungesondert erkannt (ἕνα καὶ τὸν αὐτὸν Χριστὸν υἱὸν κύριον μονογενῆ, ἐν δύο φύσεσιν ἀσυγχύτως ἀτρέπτως ἀδιαιρέτως ἀχωρίστως γνωριζόμενον), wobei keineswegs die Verschiedenheit der Naturen um der Einung willen aufgehoben wird, sondern die Eigentümlichkeit (ἰδιότης) einer jeden Natur erhalten bleibt und sich zu einer Person (πρόσωπον) und einer Hypostase verbindet. [Wir bekennen ihn] nicht als in zwei Personen gespalten und getrennt, sondern als einen und denselben Sohn, Eingeborenen, Gott, Logos, Herrn, Jesus Christus, wie vorzeiten die Propheten über ihn und [dann] er, Jesus Christus, selbst uns unterwiesen haben und wie es das Symbol der Väter uns überliefert hat.

Zum Abschluß werden alle verworfen, die es wagen sollten, anders zu lehren.

h) Aus dem »Henotikon« Kaiser Zenons vom Jahre 482 (bei Euagrius Schol., Kirchengeschichte 3,14)

Auch das Konzil von Chalkedon hat nicht den Frieden gebracht, den man sich von ihm erhoffte. Vielmehr schlossen sich erbitterte Auseinandersetzungen um die Sicherung und Auslegung seiner christologischen Formel (die sog. »monophysitischen Streitigkeiten«) an, die wiederum dadurch wesentlich verschärft, ja vergiftet wurden, daß staatlicherseits die Glaubenseinheit für Kirche und Reich *erzwungen* werden sollte. Das aber brachte diesmal, weil inzwischen auch nationale Leidenschaften geweckt worden waren und sich vor allem in Ägypten und Syrien der Widerstand gegen das vom Kaiser aufoktroyierte Bekenntnis mit dem Bestreben verband, sich der byzantinischen Herrschaft zu entledigen, die Einheit von Kirche und Reich gerade in die allerschwerste Gefahr. – Diese sehr ernste Situation (samt der Bedrohung von außen durch Perser und Germanen!) muß berücksichtigt werden, wenn man verstehen will, warum nach Chalkedon kaiserlicherseits immer wieder Versuche unternommen wurden, zwischen Anhängern und Gegnern des Chalcedonense (vor allem aus dem alexandrinischen Lager) zu vermitteln. So auch Kaiser Zenon mit seiner vom Konstantinopeler Patriarchen Akakios ausgearbeiteten und nach Ägypten adressierten »Einigungsformel« vom Jahre 482, die zunächst einschärft, daß, wer immer sich nicht an das halte, was in Nizäa beschlossen worden sei, als ausgeschlossen gelten solle aus der Kirchengemeinschaft. Sodann werden Nestorius und Eutyches gleichermaßen verdammt, die ominösen zwölf »Kapitel« oder Anathematismen Kyrills (s. oben Abschnitt d) hingegen angenommen. Schließlich heißt es:

Wir bekennen, daß der eingeborene Sohn Gottes und Gott, unser wahrhaft Mensch gewordener Herr Jesus Christus, wesenseins mit dem Vater seiner Gottheit nach und zugleich mit uns wesenseins seiner Menschheit nach, . . . *einer* ist und nicht zwei. Denn wir sagen, daß die Wunder wie die Leiden, die er freiwillig am Fleische auf sich nahm, *einem* angehören . . . Die sündlose, wahrhaftige Fleischwerdung aus der Gottgebärerin hat ja keinen zusätzlichen Sohn beschert (προσθήκην Υἱοῦ οὐ πεποίηκε). Denn die [göttliche] Dreiheit (Τριάς) ist auch dann eine Dreiheit geblieben, als der eine aus der Dreiheit, der Gott Logos, Fleisch wurde . . . Jeden aber, der anders gedacht hat oder denkt, jetzt oder jemals zuvor, sei es zu Chalkedon oder auf welcher Synode auch immer, den verdammen wir . . .

i) Das Glaubensbekenntnis des Monophysiten Philoxenus von Mabbug (Budge, S. XXXV)

Der Westen unter Führung Roms reagierte auf das »Henotikon« mit der Exkommunikation seines Verfassers (»akakianisches Schisma«, 484–519). Dies zeigt das Dilemma, dem sich die politische wie kirchliche Führung im Osten gegenübersah: entweder durch eine Annäherung an die zahlreichen Gegner von Chalkedon im Osten die kirchliche Einheit mit dem Westen aufs Spiel zu setzen oder durch Annäherung an Rom als die Vorhut der Chalcedonenser die Abspaltung weiter Teile des östlichen Christentums, vor allem in Ägypten, Syrien und Kleinasien, von der byzantinischen Reichskirche zu besiegeln. – Welche dogmatischen Gründe für den Widerstand östlicher Theologen in der alexandrinisch-kyrillischen Tradition gegen das Chalcedonense maßgebend waren, mag folgender Text des Syrers Philoxenus von Mabbug (gest. 523), neben Severus von Antiochien (gest. 538) wohl des bedeutendsten Vorkämpfers der Ein-Naturen-Lehre (Monophysitismus) in der Zeit nach 451, verdeutlichen:

Wir verdammen das Konzil von Chalkedon, weil es in dem einen Herrn Jesus Christus, dem einziggeborenen Sohn Gottes, eine Unterscheidung vornimmt in Naturen, Attribute und Tätigkeiten, in himmlische und irdische Merkmale, göttliche und menschliche Eigenschaften. Es sieht ihn an, als sei er zwei, und führt so die Vorstellung von vier [Personen in die Dreieinigkeit] ein. Es betet einen gewöhnlichen Menschen an, und in jeder Einzelheit umschreibt es ihn als ein Geschöpf; es stimmt mit dem verderblichen Nestorius überein, der verflucht und zur Vernichtung bestimmt ist. Aus diesem und vielen ähnlichen Gründen haben wir das Konzil von Chalkedon verdammt und werden es [stets] verdammen. (A. Adam)

j) Aus den Anathematismen des 5. Ökumenischen Konzils von Konstantinopel 553
(ACO IV,1,1971, S. 240–242)

Kaiser Justinian (527–565), dem es noch einmal gelang, die Herrschaft der Vandalen in Nordafrika und der Ostgoten in Italien zu brechen und damit, wenn auch nur für kurze Zeit, das Reich auch im Westen wiederherzustellen, war von Anfang seiner Herrschaft an auch auf eine kirchliche Verständigung zwischen Ost und West bedacht, darauf, die Monophysiten zu gewinnen, ohne Chalkedon preiszugeben. Dem diente die Verkündung eines Edikts im Jahre 544, das die sog. »Drei Kapitel«, Schriften verschiedener theologischer Lehrer der Vergangenheit (Theodor von Mopsuestia, Ibas von Edessa und Theodoret von Cyrus), die den Monophysiten als anstößig erschienen, und neun Jahre später die Einberufung eines Reichskonzils nach Konstantinopel, das unter Einbeziehung Roms die »Drei Kapitel« endgültig verdammen sollte. Diese Verurteilung erfolgte, im engen Anschluß an ein kaiserliches Edikt von 551, in Form von 14 Anathematismen, deren wichtigste sind:

(3) Wer sagt, ein anderer sei der Gott Logos, der Wunder getan, und ein anderer Christus, der gelitten habe, oder [behauptet], der Gott Logos sei bei . . . Christus oder in ihm wie ein anderer in einem anderen (ὡς ἄλλον ἐν ἄλλῳ), und nicht vielmehr [bekennt], ein und derselbe sei unser Herr Jesus Christus, der Fleisch und Mensch gewordene Gott Logos, und [ein und] demselben gehörten sowohl die Wunder wie die Leiden an, die er freiwillig am Fleisch erduldete, der sei verdammt.

(5) Wer . . . nicht bekennt, daß der Gott Logos mit dem Fleisch hypostatisch geeint sei (σαρκὶ καθ᾽ ὑπόστασιν ἑνωθῆναι) und es darum bei ihm nur eine Hypostase oder eine Person (πρόσωπον) gebe und daß in *diesem* Sinne auch die heilige Synode von Chalkedon eine Hypostase unseres Herrn Jesus Christus bekannt habe, d.s.v. Denn die heilige Trinität hat keine Hinzufügung einer Person oder einer Hypostase erfahren, als der eine aus der heiligen Trinität, der Gott Logos, Fleisch wurde.

(7) Wenn jemand »in zwei Naturen« (ἐν δύο φύσεσι) sagt und dabei nicht bekennt, daß unser Herr Jesus Christus in der Gottheit und Menschheit erkannt werde, um dadurch [lediglich] auf den Unterschied der Naturen hinzuweisen, aus denen ohne Vermischung die unaussprechliche Einung erfolgt ist, ohne daß der Logos in die Natur des Fleisches verwandelt wurde oder das Fleisch in die Natur des Logos überging (οὔτε τοῦ λόγου εἰς τὴν τῆς σαρκὸς μεταποιηθέντος φύσιν, οὔτε τῆς σαρκὸς πρὸς τὴν τοῦ λόγου φύσιν μεταχωρησάσης) – beides bleibt nämlich, was es von Natur aus ist, auch wenn die hypostatische Einung erfolgt –, wenn er vielmehr diesen Ausdruck [sc. »in zwei Naturen«] zur Teilung im Sinne einer Trennung (ἐπὶ διαιρέσει τῇ ἀνὰ μέρος) an dem Geheimnis Christi benutzt oder, wenn er im Hinblick auf denselben unseren einen Herrn Jesus Christus, den fleischgewordenen Gott Logos, die [Zwei-]Zahl der Naturen bekennt, einen Unterschied zwischen dem, woraus er zusammengesetzt wurde, nicht in der Theorie allein (μὴ τῇ θεωρίᾳ μόνῃ) annimmt, einen Unterschied, der auch infolge der Einung nicht aufgehoben wird – denn einer ist er aus beidem und durch einen beides –, sondern die Zahl dazu gebraucht, um anzuzeigen, daß die Naturen getrennt sind und [je] eine eigene Hypostase besitzen (ὡς κεχωρισμένας καὶ ἰδιοϋποστάτους εἶναι τὰς φύσεις), d.s.v.

(8) Wenn jemand bekennt, die Einung sei »aus zwei Naturen« (ἐκ δύο φύσεων)[9], Gottheit und Menschheit, erfolgt, oder von »einer fleischgewordenen Natur des Gott Logos« (μία φύσις τοῦ θεοῦ λόγου σεσαρκωμένη)[10] spricht, dies aber nicht so versteht, wie es die heiligen Väter gelehrt haben, daß [nämlich] aus der göttlichen und menschlichen Natur infolge der hypostatischen Einung *ein* Christus ge-

bildet wurde, sondern versucht, aus derartigen Formulierungen eine Natur oder Substanz (οὐσία) von Gottheit und Fleisch des Christus einzuführen, d.s.v. (10)   Wer nicht bekennt, daß unser im Fleisch gekreuzigter Herr Jesus Christus wahrhaftiger Gott sei und »Herr der Herrlichkeit« [1. Kor. 2,8] und einer aus der heiligen Trinität, d.s.v.

k)   Aus dem Symbol des 6. Ökumenischen Konzils von Konstantinopel 680/681 (Hahn § 149)

Im Osten wurde durch die Beschlüsse von Konstantinopel 553 der Abfall von der Reichskirche und die Bildung monophysitischer Nationalkirchen (der koptischen in Ägypten und in dem von dort aus missionierten Äthiopien und der Jakobitenkirche in Syrien, die beide die im 7. Jahrhundert ins Reich einfallenden Perser und Araber mehrheitlich als Befreier begrüßten!) nur verzögert, nicht aufgehalten. Und auch im Westen hatte die dem Papst (Vigilius) abgenötigte Zustimmung zur Verurteilung der »Drei Kapitel« nicht die erstrebte Verständigung, sondern im Gegenteil ein förmliches Schisma zur Folge. Gleichwohl unternahmen die byzantinischen Kaiser und Patriarchen auch weiterhin den Versuch, den Graben zwischen Ein- und Zwei-Naturen-Lehre zu überbrücken, durch die Formel z.B., daß in dem Gott Logos nach der Inkarnation wenn schon nicht nur eine einzige Natur, so doch wenigstens nur ein einziges gottmenschliches Wirken (ἐνέργεια) oder ein einziger Wille anzunehmen sei (»monenergetischer« bzw. »monotheletischer Streit«). Am Ende jedoch, auf den Protest vor allem des Westens, aber auch von Männern wie Maximus »dem Bekenner« hin, wurde auf dem Konzil von Konstantinopel 680/681 der Dyotheletismus (»Zwei-Willen-Lehre«) zum Dogma erhoben. Damit kehrte man endgültig zur Lehre von Chalkedon zurück und gelangte die altkirchliche Christologie zu ihrem Abschluß. In dem in der Schlußsitzung (16.9.681) dieses Konzils feierlich verlesenen Glaubensbekenntnis heißt es u.a.:

. . . Gemäß der Lehre der heiligen Väter verkünden wir (κηρύττομεν) zwei natürliche Willensbewegungen (θελήσεις) oder zwei Willen (θελήματα) in ihm [Christus] und zwei natürliche Energien (ἐνέργειαι) ungetrennt, unverwandelt, ungeteilt, unvermischt, und diese zwei Willen fürwahr nicht . . . als in Gegensatz zueinander befindlich, sondern so, daß sein menschlicher Wille seinem göttlichen und allmächtigen Willen, ohne Widerstreben und Widerwilligkeit, folgt und sich ihm unterordnet . . . Wie nämlich sein Fleisch Fleisch des Gott Logos genannt wird und ist, so heißt und ist auch der natürliche Wille seines Fleisches dem des Gott Logos eigen . . . Wie [ferner] . . . sein hochheiliges, makelloses beseeltes Fleisch durch die Vergöttlichung nicht eliminiert wurde (θεωθεῖσα οὐκ ἀνῃρέθη), sondern in seinen eigenen Merkmalen und Bedingungen verblieb, so ist auch sein menschlicher Wille vergöttlicht und doch nicht eliminiert worden, sondern erhalten geblieben (σέσωσται) . . . Wir preisen aber auch zwei natürliche Energien ungetrennt, unverwandelt, ungeteilt und unvermischt in demselben unserem Herrn Jesus Christus, unserem wahren Gott: eine göttliche und eine menschliche Energie . . . Indem wir nun ohne jede Einschränkung das »unvermischt« und »ungetrennt« festhalten, bringen wir das Ganze kurz auf folgenden Ausdruck: Wir glauben, daß unser Herr Jesus Christus, unser wahrer Gott, auch nach der Fleischwerdung einer aus der heiligen Trinität sei, und sagen deshalb, daß an ihm zwei Naturen in seiner einen Hypostase durchscheinen, in der er sowohl die Wunder wie die Leiden während seines gesamten heilsgeschichtlichen Auftretens (οἰκονομικὴ ἀναστροφή), und zwar nicht zum Schein, sondern wahrhaftig, vollbracht hat, wobei der Unterschied der Naturen in der einen Hypostase daran erkannt wird, daß jede Natur in Gemeinschaft mit der andern das Ihre will und wirkt. Entsprechend dieser Lehre preisen wir (δοξάζομεν) zwei natürliche Willen wie Energien, die zum Heile des Menschengeschlechts in angemessener Weise (καταλλήλως) zusammenwirken . . .

Quellen: F. Loofs, Nestoriana, 1905; E. Schwartz, Acta Conciliorum Oecumenicorum, tom.I,vol.I, 1927–1930; tom.II,vol.I, 1933; vol.II,P.1, 1932; Euagrii Scholastici . . . ecclesiasticae historiae libri VI, MPG 86,2; E.A. Wallis Budge, The Discourses of Philoxenus . . ., Bd. 1/2, London 1894; J. Straub, Acta Conciliorum Oecumenicorum, tom.IV,vol.I, 1971; A. Hahn, Bibliothek der Symbole und Glaubensregeln der Alten Kirche, 3. Aufl. 1897 (Nachdr. 1962). – *Übersetzung:* A. Adam, Lehrbuch der Dogmengeschichte, I,1965, S. 356. – *Literatur:* A. Grillmeier – H. Bacht, Das Konzil von Chalkedon, Bd. 1–3, 1951–1954 (verb. Nachdrr. 1959 u. 1962); W. Elert, Der Ausgang der altkirchlichen Christologie, (hg. v. W. Maurer – E. Bergsträsser) 1957; J. Liébaert a.o. [Nr. 75] a.O., S. 104 ff.; A. Grillmeier a.o. [Nr. 75] a.O., S. 443 ff.; ders., Mit ihm und in ihm. Christologische Forschungen und Perspektiven, 1975, S. 219–385.

1. Vgl. dazu oben Nr. 89c m.Anm. 2.
2. Schon nach Meinung des Athanasius (s. oben Nr. 76) war im Nicaenum auch bereits die Christologie verbindlich entschieden, obwohl es nur sagte: »Fleisch geworden, Mensch geworden«.
3. Kyrill ist also an der Kritik an Apollinaris, wie sie bereits im 4. Jahrhundert geübt worden war, nicht einfach achtlos vorübergegangen.
4. Da dieser Ausdruck »hypostatische Einung« bei Kyrill mit dem andern »physische Einung« wechseln konnte (s. unten Abschnitt d, Anath. 3), blieb in den Augen der Antiochener der apollinaristisch-monophysitische Schein seiner Christologie bestehen.
5. Vgl. dessen in der Verbannung (seit 431) verfaßte Verteidigungsschrift (Liber Heraclidis), worin es u.a. heißt: »Was mich betrifft, so dankte ich, als ich dieses Schreibens [sc. der epistula dogmatica Leos an Flavian] habhaft wurde und es las, Gott dafür, daß die Kirche zu Rom ein orthodoxes und untadeliges Glaubensbekenntnis besitzt, obwohl sie im Blick auf meine Person zu einer abweichenden Entscheidung gekommen war« (nach der franz. Übersetzung des Liber Heraclidis von F. Nau, Paris 1910, S. 298). Da Rom auch jetzt nicht daran dachte, Nestorius zu rehabilitieren, blieb es dabei, daß dieser, schon frühzeitig selbst von seinen antiochenischen Gesinnungsgenossen im Stich gelassen, die Zeche für seine Kontroverse mit Kyrill ganz allein zu zahlen hatte!
6. Genau genommen war in Ephesus 431 nur die Suffizienz von N erklärt worden.
7. Gemeint sind wohl die Briefe 4 (s. oben Abschnitt b) und 39 (s. oben Abschnitt e) aus Kyrills Korrespondenz, obwohl man bei der Bezeichnung »Synodalbrief« eher an Brief 17 (s. oben Abschnitt d) denken sollte. Immerhin war Brief 4 in Ephesus 431 wie später u.a. in Chalkedon selbst als mit N vollständig übereinstimmend begrüßt worden.
8. Zwei griech. Handschriften (s. den App. bei Schwartz z.St.) bieten hier die Lesart »aus zwei Naturen«, was aber sicher nicht der Lehre des Chalcedonense und seiner Vorlagen entspricht.
9. Vgl. dazu oben Abschnitt f (Einl.).
10. Vgl. oben Nr. 75c m. Anm. 5.

94. Leo der Große und der römische Primat (aus: Sermon 4)

Leo I. von Rom hat sich nicht nur durch sein Eingreifen in die christologischen Streitigkeiten des Ostens (s. oben Nr. 93f) und später durch sein unerschrockenes und erfolgreiches Auftreten gegenüber dem Hunnenkönig Attila (452) und dem Vandalenkönig Geiserich (455) beträchtliches Ansehen erworben. Vielmehr ist er es auch gewesen, der dem Gedanken des Vorrangs des römischen Bischofs seinen klassischen Ausdruck verliehen und die Entwicklung römischen Primatsdenkens i.w. zum Abschluß gebracht hat. Blieb auch sein Protest gegen Kanon 28 von Chalkedon, welcher den Bischof von Konstantinopel dem von Rom rangmäßig gleichstellte, erfolglos, so gelang es ihm immerhin, die Kirche des Abendlandes seiner Oberhoheit zu unterwerfen. Wieweit freilich auch dieser Verwirklichung

Anspruch und Theorie voraus waren, lehren u.a. folgende Auszüge aus einer am Jahrestag seiner Ordination (29. Sept. 444) gehaltenen Predigt:

(2) . . . Aus der ganzen Welt wird einzig Petrus erkoren, der auch das Haupt aller berufenen Völker, aller Apostel und sämtlicher Väter der Kirche sein soll; obwohl es daher im Volke Gottes viele Priester und Hirten gibt, ist doch im **eigentlichen Sinne** (proprie) Petrus der Leiter aller derer, über die letztendlich (principaliter) auch Christus herrscht. Einen bedeutenden und bewundernswerten Anteil an
ihrer Macht gab also . . . die göttliche Gnade diesem Mann. Und wenn nach ihrem
Willen auch den übrigen Häuptern (principes) [des Gottesvolkes] **einiges** mit ihm
gemeinsam sein sollte, so hat sie doch, was immer sie anderen gewährte, stets nur
durch ihn verliehen (numquam nisi per ipsum dedit) . . .

Dies wird in der Folge vor allem anhand folgender Bibelstellen untermauert: Mt. 16,17–19 und Lk.
22,31 f. Das Fazit lautet:

(4)   Da wir also . . . auf göttliche Anordnung hin uns einen so mächtigen Schutz
(praesidium) zur Seite stehen sehen, wollen wir uns, wie es vernünftig und recht
ist, der Verdienste (merita) und der Würde unseres Führers (dux) freuen, indem
wir dem ewigen König, unserem Erlöser, dem Herrn Jesus Christus dafür danken,
daß er dem solche Vollmacht (potentia) verliehen, den er zum Haupt (princeps) der
gesamten Kirche machte. Wird demzufolge auch heutzutage etwas von uns in
rechter Weise vollbracht und verfügt, so ist dies dem Wirken und Lenken dessen
zuzuschreiben, zu dem er [Christus] gesagt hat: »Und du, wenn du dich einst bekehrt hast, stärke deine Brüder« [Lk. 22,32], und an den der Herr nach seiner
Auferstehung auf dessen dreimalige Beteuerung unwandelbarer Liebe hin dreimal
den so bedeutungsschweren wie eindringlichen Ruf ergehen ließ (mystica insinua-
tione ter dixit): »Weide meine Schafe« [Joh. 21,15 ff.]. Dies tut er [Petrus] ohne
jeden Zweifel auch noch heute und führt als getreuer Hirte den Auftrag (manda-
tum) seines Herrn aus, indem er uns durch seine Ermahnungen stärkt und ohne
Unterlaß für uns bittet, daß wir keiner Versuchung zum Opfer fallen. Wenn er
schon, wie wir zu glauben verpflichtet sind, diese seine fürsorgende Liebe dem gesamten Gottesvolk allerorten angedeihen läßt, wieviel mehr wird er dann seine
Hilfe uns, seinen Pflegebefohlenen (alumni), zuzuwenden geruhen, bei denen er
an heiliger Stätte in demselben Fleisch, in dem er unser Oberhaupt war, in seligem
Todesschlaf schlummert? . . .

Quelle: A. Chavasse, S. Leonis Magni . . . tractatus septem et nonaginta, CChr 138, 1973. – *Litera-
tur:* E. Caspar, Geschichte des Papsttums, I, 1930, S. 423 ff.; K.D. Schmidt, Papa Petrus ipse,
ZKG 54, 1935, S. 267–275; W. Ullmann, Leo I and the theme of papal primacy, JThS NS 11, 1960,
S. 25–51.

95. Aus der Geschichte der Nestorianer (Thomas von Marga, Geschichte der Vorsteher [Budge I, S. 260])

Sind es innerhalb der Reichskirche wohl nur wenige gewesen, die dem in Ephesus 431 als »Feind der
heiligen Jungfrau« und »Lästerer unseres Herrn Jesus Christus« verurteilten und nach Ägypten ver-

bannten Nestorius die Treue hielten, so wurde seine Christologie von der ostsyrischen Kirche auf persischem Boden, die bereits 424 ihre volle jurisdiktionelle Unabhängigkeit von der Kirche des byzantinischen Reiches erklärt hatte, auf den Synoden von Gondē-Šāpūr (Bēṭ Lāpāṭ) und Seleucia-Ctesiphon (484 bzw. 486) zur offiziellen Kirchenlehre erhoben. Kulturell hoch entwickelt, war diese nestorianische »Kirche des Ostens« Mittler des spätantiken Erbes an den Islam. Dazu war sie, obwohl der Zoroastrismus offizielle Staatsreligion war, »die eifrigste Missionskirche, die die Welt je gesehen hat« (J. Stewart). Besonders lebhaft war die meist von Kaufleuten, aber auch von berufsmäßigen Sendboten getragene Nestorianermission in Zentralasien und in China. – Hierzu, als letztes Dokument dieser Textsammlung, ein Auszug aus dem für die Geschichte des nestorianischen Mönchtums bedeutsamen Liber Superiorum des Thomas von Marga (9. Jahrhundert). Er handelt »über die Handauflegung, die der selige Mar Schubchalischo erhielt, um Metropolit von Gīlān und Dailōm zu werden«:

Er ging hinab zum heiligen Mar Timotheos[1]. Und als dieser alles über ihn erfahren hatte und sah, daß er in der syrischen Sprache und Lehre, ebenso auch in der arabischen und persischen Sprache unterrichtet war, da beschloß er, ihn mit dem Öl der Heiligkeit zu salben, ihm den Stab des Hirtenamtes zu geben und ihn als einen Hirten und Lehrer der barbarischen Völker auszusenden, die den Zaum der Lehre von Gott noch nicht erhalten haben und in deren Gebiet von den Zeiten der Apostel bis jetzt noch kein Verkünder und Evangelist des Königreichs der Himmel gegangen war. Und als er ihn davon unterrichtet hatte, dieses [Werk] auf sich zu nehmen und sich auf den Herrn und die göttliche Hilfe zu verlassen, die ihn begleiten und durch seine Hand diese irrenden Völker bekehren würde, weil es ein Werk vom Herrn sei, zu dem er berufen wäre, da übernahm er es mit Furcht und Freude. Und der Tag der Handauflegung des Seligen war voll allem Pomp eines Festes, das aller Freuden voll ist; und alle Häupter der Gläubigen, die gehört hatten, daß er die Bekehrung dieser Länder auf sich genommen hatte, statteten ihn mit viel Geld und mit den notwendigen [prunkvollen] Kleidungsstücken aus. Und mit der Kraft Gottes und den ehrbaren Schülern, die ihn begleiteten, ging er zu diesen Völkern. Es unterrichtete mich aber über all dies deutlich der in der Wahrheit Heilige Mar Abraham, der Katholikos[2], der mir sagte, daß er dort seinen Einzug mit herrlich großer Pracht gehalten habe, denn die barbarischen Völker verlangten danach, etwas von weltlicher Pracht zu sehen, wie um sie anzulocken und willentlich zum Christentum hinzuziehen. (G. Wießner)

Quelle: E.A. Wallis Budge, The Book of Governors, 2 Bde., London 1893. – *Übersetzung:* Originalübersetzung von G. Wießner, der auch die Auswahl besorgte. – *Literatur:* J. Stewart, Nestorian Missionary Enterprise, Edinburgh 1928; K.S. Latourette, A History of Expansion of Christianity, 2, 6. Aufl. 1938, S. 263 ff., 330 ff., 463 f., 467 f.; F. Heiler, Die Ostkirchen, 1971, S. 303 ff. (Lit.!); W. Hage a.o. [Nr. 61] a.O.
1. Timotheos I., gest. 819/821.
2. S. dazu oben Nr. 61 m.Anm. 3.

Register der übersetzten Quellen

Register der Bibelstellen

Register der Personennamen

Achileus 131
Addeus 189
Aeithales 171
Aetius 156
Afrem (Ephraem) 166f.
Agrippina 3
Akakios 222
Akkiba 21
Al-Biruni 107
Alexander (d. Gr.) 143
Alexander (v. Alexandrien) 131–136.
  146
Ambrosius 101.184–188.190
Ammianus Marcellinus 143.160.172
Ammonas 128
Ammonius Sakkas 75.85
Anaxagoras 74
Antiochus IV. 110
Antoninus Pius 28.35
Antonius (Triumvir) 4
Antonius (Eremit) 127–130.199f.
Apollinaris 163.169–171.181.193.218.
  225
Apollophanes 75.85
Aquila 78
Archilochos 161.163
Aristoteles 109.134.161
Aristoxenos 162
Arius 85.130–133.135;146.154.159.194.
  218
Arruntius 2
Arrian 19
Arsakios 162
Arsinous 59
Atarbios 162
Athanarich 178
Athanasius 104.105.127–129.132.146.
  149f.154–156.159f.163–166.169.171f.
  179.199.225
Attila 225
Augustin 93.101.108f.117–119.157.184.
  197–203.209f.212–216
Augustus 2.4
Aurelius 87.89
Aurelius Victor 111

Bahram 107
Bar-Kochba 20f.
Basilides 46.50.59.165
Basilius (v. Ankyra) 159

Basilius (v. Caesarea) 104.173–177.181.
  184
Bassus 8
Brutus 210.214
Buddha 107.109

Caecilian 117–119
Caecilius 95
Caesar 4.210
Caligula 111.113
Caracalla 78.86
Cassius Dio 21.86.88
Chairemon 75
Chrysipp 161
Cicero 1.86.209f.213
Cilo 28
Coelestin 218
Constans 150f.
Constantius I. 111.115.120f.190
Constantius II. 149–151.156.160.165.173.
  181.183
Cornutus 75
Cornelius 91.99
Cynegius 187f.
Cyprian 89.90.91.95–98.100.119.204

Damasus 173.179.181
Decius 6.88f.117
Demetrius 6
Demokrit 74
Diokletian 111–115.117.120.139
Diodor (v. Tarsus) 190.193
Dionys (v. Alexandrien) 88.90.100.104.f.
  160
Dionys (v. Korinth) 58
Dionys (v. Rom) 104–106.160
Dioskur 220f.
Domitian 111.113
Donatus 117

Ephraem s. Afrem
Epiktet (v. Korinth) 171
Epiktet (Philosoph 19f.
Epiphanius 105f.148.160
Euagrius 221
Eudoxius 181
Eunomius 156.181.194
Euseb (v. Caesarea) 84.86.88.91.99.104.
  107.110.120f.124.126.134.136–138.142.
  146

Register der Themen der Texte